U0421381

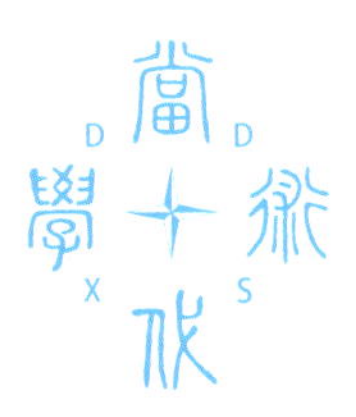

西周史

增补二版

许倬云 著

生活·讀書·新知 三联书店

图书在版编目（CIP）数据

西周史：增补二版 / 许倬云著. —北京：生活 · 读书 · 新知三联书店，2018.8 （2025.3 重印）
（当代学术）
ISBN 978－7－108－06345－8

Ⅰ. ①西…　Ⅱ. ①许…　Ⅲ. ①中国历史－西周时代
Ⅳ. ① K224

中国版本图书馆 CIP 数据核字（2018）第 145302 号

责任编辑　冯金红
装帧设计　宁成春
责任印制　董　欢
出版发行　生活 · 讀書 · 新知 三联书店
（北京市东城区美术馆东街 22 号 100010）
网　　址　www.sdxjpc.com
图　　字　01-2018-6029
经　　销　新华书店
印　　刷　河北鹏润印刷有限公司
版　　次　2018 年 8 月北京第 1 版
2025 年 3 月北京第 7 次印刷
开　　本　635 毫米 × 965 毫米　1/16　印张 27.25
字　　数　318 千字　图 192 幅
印　　数　26,001－29,000 册
定　　价　88.00 元
（印装查询：01064002715；邮购查询：01084010542）

当代学术

总 序

生活·读书·新知三联书店从1986年恢复独立建制以来，就与当代中国知识界同感共生，全力参与当代学术思想传统的重建和发展。三十年来，我们一方面整理出版了陈寅恪、钱锺书等重要学者的代表性学术论著，强调学术传统的积累与传承；另一方面也积极出版当代中青年学人的原创、新锐之作，力求推动中国学术思想的创造发展。在知识界的大力支持下，通过多年的努力，我们已出版众多引领学术前沿、对知识界影响广泛的论著，形成了三联书店特有的当代学术出版风貌。

为了较为系统地呈现中国当代学术的发展和成果，我们以上世纪八十年代以来刊行的学术成果为主，遴选其中若干著作重予刊行，其中以人文学科为主，兼及社会科学；以国内学人的作品为主，兼及海外学人的论著。

我们相信，随着当代中国社会的繁荣发展，中国学术传统正逐渐走向成熟，从而为百余年来中国学人共同的目标——文化自主与学术独立，奠定坚实的基础。三联书店愿为此竭尽绵薄。谨序。

生活·读书·新知三联书店

2017年3月

目　录

三联版新印本序

二十多年前，张光直邀约李学勤、王仲殊和我，四个人撰写中国古代四个时期的历史，他自己写商代，我的任务是西周，李先生和王先生分别撰写东周和秦汉。李王二位，对于出土的考古数据十分熟悉，如数家珍，于是他们撰写的两本书，都周详地交代了新出的考古资料，至今，还是很有用的参考书。光直的殷商和我的西周两段历史，却都是将文献数据和考古数据，结合在一起，希望对这两个时代的发展，有一番我们自己的解释。

在《西周史》中，我着重的是，西周从一个蕞小的部落，如何发展成为一个国家，而且建构了超越国家的封建秩序。我尽力描述西周在成立国家以后，内部的改变，尤其提出国家统治机制的发展，以至于职务专业化、逐步形成官僚体制的过程。我也提出，西周中叶以后，经济力量逐渐发展，呈现政治力量以外的社会力，例如，裘卫家族如何从皮毛商人，因其财富，一步一步踏入政治的上层。在文化发展方面，西周史的描述，着重在西周文化圈的扩张，甚至超越了政治力量的版图。

从那个时候到今天，二十多年来，中国考古学又有许多新的发现，在西周的部分，也有很重要的一些遗址出土，例如，周公庙的遗址，又如韩城芮伯的墓葬遗址，这些都提供了重要的信息。我在第一版的序文中，曾经提起过，古代的历法，不容易重新复原，因此，讨论古史不宜于斤斤较量年代细节。古人历法粗疏，如果日食、月食分别和初一、十五对不上号，古人就用连大月、连小月的方法加减日数，以求调整。若是要从谨严的历法，重建年月日，其实不容易。前几年出土的杨家村铜器铭文，果然说明了连续几年之间，干支和月日都有出入。

对于二十多年来的新发现，《西周史》本应重新改写，但是我已经是八十岁的老人，没有力气再重起炉灶。哥伦比亚大学的李峰教授，既有考古的田野经验，又有阅读文献的能力，他的新著，就是讨论西周的官僚制，用了许多新的材料，在我所讨论的官僚制度上，有更多的发展和说明。因此，我请求他为新版的《西周史》撰写长跋，交代这二十多年来种种发现的大概情形，使得《西周史》的读者，从这新数据上，可以想象还有多少应当涵盖的问题，可以讨论。我想将来有一天，李峰教授会自己写一部新的西周史，来代替我的旧作。

在新版出版前，我也有一些感想，伏枥老马，站立的力气都没有了，却是在梦中还希望嘶风嚼雪、骋驰草原。我也在设想，假如我有力气，重写西周史，我还想写些什么？

在旧著的《西周史》上，我只谈到政治结构和文化圈的问题，将来如果有可能，我希望有人能够在古代的民族历史上，有所探讨。第一个要问的问题，是周人自己的古代，究竟在哪里，又为何搬到陕西岐下？我一直在琢磨的，四千多年前，世界上究竟发生了什么事，以至于许多民族都要迁移，造成了民族与民族推移的压力？周人自己传说，曾经是陷于戎狄之中，然后才回复农耕，那一段陷入戎狄的岁月是在哪里？他们是走出了戎狄圈呢，还是气候容许他们重新发展农耕？这一个问题，是全球性的大问题，但在西周史上，既可以从中国北方新石器时代晚期，全面的发展情况着眼，也可以从周人自己的迁移史着手。如果这个问题回答得准确，也许我们可以知道，为什么周人自认为和夏人有特殊的关系，那是攀附还是回忆？

西周征服了商人，建立了一个众建亲戚、以藩屏周的庞大封建网。我们对于几个大国的封建，还可捉摸，例如，鲁齐是东方的前哨站，燕国是追逐殷商剩余力量而建立的北方国家。我们也知道，虢和晋是成周的北方屏障，卫和蔡是东南的犄角，这些都是姬周的亲藩。可是，我们并不很清楚，其他西周的封国，如何迁移？例如，也是姬姓的召公后代，燕国，初封何地？又为何在立国遥远的北方后，如何渐渐与中原隔绝？姬周同盟姜姓，齐国的前身，申和吕，从西东移的经过怎样？其他姜姓的封国，又封在何处？如果拿这一些事情，整理头绪，我们也许可以更清楚，西周封建网的布局，以及姬姓和同盟姓族之间的恩恩怨怨。

从《左传》、《国语》等古代的典籍，我们知道有一群无所归属的族群，所谓祝融八姓，他们并不出自同源，却是结合为一个互相支持的族群联盟。他们结盟的时间，可能早在新石器时期的晚期，也可能在商代扩张的时期，他们和新石器的古代文化系统中，哪几个系统有关系，后来又如何迁移和分散？这个线索，也可以在公元前四千年的古代大变化时期，找到一些痕迹。从典籍上所见，祝融八姓的芈姓，迁移到江汉一带，建立了楚国，逐渐发展为南方大邦。祝融八姓的其他族群，他们如何迁移、如何分散？散见于古书中的一些蛛丝马迹，也可供我们揣摩。

和祝融八姓类似的情形，则是沿海到淮河流域，徐和舒的发展，他们本来应当是在今天的山东和苏北地区。在周穆王的时代，据说徐国盛极一时，甚至威胁到周人的权力。从今天的地名上看，徐和舒这字眼，在江西、安徽都可以找到，这一条路约略地呈现从北到南的路线，他们和后世吴越的关系，是友是敌？和西边楚国的关系，又是如何呢？这些问题，在历史书上和史书的批注中，可能还有些地名可以考证，如果能够重建徐舒迁移的理由和路线，那么我们对于西周封建网以外的族群，又可以多一些理解。

以上所说，只是一个无能的老人，还在做梦。希望不久后，有年轻的学者们，在这些课题上，有所注意。

二十多年前，当时三联的董秀玉，在香港和我商量，将联经版的《西周史》，在三联出版简体本。当时，我的力气还够，秀玉正在壮盛之年。第二年在北京，她又介绍我认识了资深编辑许医农。最近我和秀玉很久没见了，从共同的朋友处知道，她还是精力过人，非常活跃。在为新版《西周史》撰序时，一方面我也在做一番检讨，另一方面，也怀念故人。秀玉和医农都还有一段好岁月，才会走到八十岁的老年。此处以祝福遥寄故人，长勿相忘。

许倬云谨序

二〇一一年三月九日

前　言

西周介于殷商和春秋之间。自从商代遗址遗存及大量卜辞出土后，商代文化、社会及历史的研究颇有可以依据的材料。今人对殷商的知识，可说超迈太史公的时代。太史公可能见到今人无法再见的载籍，可是太史公见不着商代的居室、墓葬及遗物，也见不着商人自己书写的龟甲卜骨刻辞。春秋之世的史事，有《左传》、《国语》两部大书，及诸子百家的记载，为史学工作者留下了极为丰富的史料。许多当时的事迹、人物及风俗文化，都斑斑可考。夹在中间的西周，论文献史料，只有《诗经》、《尚书》中的一部分，及春秋史料中追述西周的一些材料。在近代考古学发达以前，金文铭辞已有若干资料，足以补文献之不足。但是相对的说，有关西周的史料，比之商代及春秋，都远为贫乏。惟此之故，西周史在古史中是比较冷落的园地。

最近三十年来，中国考古资料大出。由旧石器文化以下，每一个时代都比以前有远为丰富的史料供史家董理梳爬。西周史也因此添了不少新素材。大致说来，这些素材包括三类，一是西周的遗址，如岐下的周原、长安的丰镐、洛阳的东都……以及数十处西周的墓葬和窖藏；一是遗址中出土的遗存，例如礼器、用器、工具、兵器、车马……一是若干青铜器的铭辞，使金文资料的总数增加不啻倍蓰，其中有些铭文，透露了不少前所未知的消息。到今日，累积的考古报告及专题研究的专书与论文，也已有数百种。只是综合性的西周文化史，尚未出现。本书作者不辞狂妄，竟尝试整理这许多累积的原始资料及研究成果。作者的目的不在为西周文化提出终极的论断，而毋宁是为了开一个端，譬如长途远行的中途，稍作逗留，为过去的累积作一个小结，俾便自己及有同样兴趣的史学同行，由此小驻的尖站，作更进一步的探讨。作者另一个目的则是为一般读者提供稍微通论的读物，俾知中国古代有这一段历史及其发展模式与形态。为了后一目的，本书的格式尽力避免作史料考证细节的讨论，也不加一个附注，只是交代了依据史料及前人论点的出处。作者本人只希望这样的体例，占了学术专著与通俗作品的执中点。——也许，两头都落了空！凡事成败，总由尝试开始，后果如何，在开手时殊不易逆睹；是以也只能暂时不管后果了。

西周史的若干中心议题，为史学同行聚论焦点的，至少可以有下列几项：西周的社会性质如何？封建的本质如何？商周文代嬗替的关系如何？周人以蕞尔小邦，开创了八百年的王业，这番业绩是如何成就的？凡此问题，我人由今日拥有的史料，颇已可提出若干初步的假设，起码不必再如三十年代作猜谜式的“论战”了。本书的中心议题，集中在“华夏国家”在西周时代的形成过程，也就是由西周的发展，观察中华民族及中华文化逐渐成形的过程。本书各章的讨论，都围绕这个议题，诸凡社会组织、经济形态、文化扩散、华夷关系，无不在这个主题下论述。

西周年代学，已是周代历史上的显学。年代学本来也应是任何史学工作的基石。不幸，西周年代学有许多根本性的难题，这些难题至今仍难解决。西周年代学待决的问题，一是周代开始的确切日期，一是各王的统治年数，而这两个问题又不可分割地纠缠在一起！自从嘉道以来，不少前辈学者提出了对西周积年与各王断代的意见，也已有好几家成体系的西周年历谱，如吴其昌、董作宾、陈梦家、白川静诸位先生的力作，都成一家之言。附表可代表主要各家的意见（图 1）（白川静，1975：324；劳干，1978；Nivison，1980，1980A；周法高，1971；屈万里，1971：787）。

图 1　各家的西周年代

各家说	武王	周公摄政	成王	康王	昭王	穆王	共王	懿王	孝王	夷王	厉王	受命至穆王	武王至共和	克殷年
古本纪年	—	—	—	—	—	—	—	—	—	—	—	100（穆元）	—	1111
史记	3	—	—	—	—	55	—	—	—	—	37	—	—	—
御览引史记	—	—	—	—	—	55	—	25	15	—	37	—	—	—
帝王世纪	7	7	30	26	51	55	20	20	—	16	—	133（穆元）	—	1122
通鉴外纪	7	7	30	26	51	55	10	25	15	15	40	133	281	1122
通志	7	7	30	26	51	55	10	25	15	15	40	133	281	1122
皇极经世	7	7	30	26	51	55	12	25	15	16	37	133	281	1122
通考	7	7	30	26	51	55	12	25	15	12	37	133	281	1122
通鉴前编	7	7	30	26	51	55	12	25	15	12	37	133	281	1122
今本纪年	6	7	30	26	19	55	12	25	9	8	12	100（+11）	209	1050
新城新藏	3	7	30	26	24	55	12	25	15	12	16	100（+10）	225	1066
吴其昌	7	7	30	26	51	55	20	17	15	16	37	121	281	1122
丁山	3	7	12	26	19	37	18	20	7	3	37	104（101）	189	1030
陈梦家	3	—	20	20	19	38	20	10	10	30	16	100（穆末）	186	1027
董作宾	7	7	30	26	18	41	16	12	30	46	37	100（穆元）	270	1111
章鸿钊	3	—	37	26	23	55	16	17	15	7	15	89（穆元）	214	1055
Yetts	3	—	30	25	19	55	15	3	7	32	20	132（穆末）	209	1050
周法高	2	—	24	25	19	23	15	2	15	34	18	103（穆末）	177	1018
白川静	—	—	25	35	26	31	17	14	19	39	37	—	—	1087
劳干	3	7				50	15	7			12		185	1025
雷海宗														1027
Karlgren														1027

这十几家不同的意见的歧异，主要由于依据的古史说法不同，也由于对金文资料中月相名词的了解不同。兹先说古史说法的不同。西周共和以后，年代可据，但共和以前诸王年代有待推定。单以武王伐纣年来说，刘歆根据《武成篇》的资料，以三统历推定武王伐纣年相当于公元前1122年。但是裴骃《史记集解》、僧一行在《新唐书》“历志”大衍历议订的武王伐纣年，董作宾先生推定相当于公元前1111年。其他的说法还有西周诸王中若干王的年代，分别见于《帝王世纪》等处。又《史记》“鲁世家”的鲁国诸公年代，可用来补共和以前诸王年代的空白。但是今本“鲁世家”和刘歆《世经》所引“鲁世家”，其年代又颇多不同。依据这些不同史料，各家各有选择，也各有其拼合迁就处，所得结果难免有歧异了。屈万里先生仅以共和以后诸王年代的若干异说及共和以前鲁公年代的两种说法合排，即可得到九种不同的西周积年（屈万里，1971：789—790）。

再说月相解释的问题。根据金文资料中年月日期推算时，对月相的不同了解，可以把同一月相名词放在完全不同的日期。金文中常见记录月相的名词，共有四个：初吉，既生霸，既望，既死霸。这四个名词指哪几天？王国维先生创为四分月相说，以为四词各指一个月由月初到月尾的四分之一（王国维，1959：19—26）。董作宾先生创为定点月相说，以为一个月只有月初（朔，或死霸、初吉）及月中（望或既生霸）两个定点，这个定点只有两天的游移，各称旁死霸及旁生霸（董作宾，1952）。由于古史资料只有年月及日子的干支，这一天属月之何日，可以因月相的解释不同而有歧异。不仅西周有年月日诸器的断代不同了，对于文献资料（如“武成”）中的年月日也各有不同的系属，连带的也就影响到推定各王年数有不同的算法。王董二家的说法，孰是孰非，不能一言决定。例如白川静先生从王氏四分月相为各周器断代的方法，陈梦家先生则大致上采董氏之说为其“西周铜器断代”一文的依据（陈梦家，1955）。近顷董说颇受劳干先生的批评（劳干，1978），但是刘启益先生则又根据新出的几件铜器铭文大体上肯定了定点月相说（刘启益，1979）。其实，周代金文中的四个月相名词，其出现频率并不均匀。初吉出现的次数远超过其他三词（劳干，1978：50—51；黄然伟，1978：64）。除非铸器专挑月初，这一偏颇的现象颇难解释。如果“初吉”只是“吉日”的别称，则月相的系属更有问题了。

正因为西周年代学上有这几大不易解决的难题，本书不拟勉强采取任何一家的理论，以假定各王的年代和西周积年。至少在目前，考古学的新发现还不足以解决这个难题。一本史学专书而没有十分肯定的年代学系属史事，这是无可奈何的抉择！本书的史事分配，大致上接受白川静先生所著《金文通释》或陈梦家先生所著《西周铜器断代》中各器的安排，因为二氏对各器所属世代，往往由形制、花纹及出现人名为组合标准。一段一段集合成组，排列其前后次序，诸王年代及总积年，反而不是首要的问题了。

本书叙述，以文献、考古、金文三项资料参合组织。金文史料，过去有《两周金文辞大系》一书为完全，今日则以白川静先生的《金文通释》与《补释》为最全的集子。因此本书举证铭文，只要《金文通释》（或《补释》）已采入的，均以该书为资料来源。至于对铭文的解释，则比较各家意见而择其最善者，却也不是全从白川氏之说。在附图中，本书选了若干新出或不多见的铭文拓本，以便读者。其原铭拓本未经录入者，概请查检白川氏原书，或其他著录金文的集子。

本书各章中，有三章以史事的叙述为经，其余各章，则以制度与现象的讨论为主，可算系于经线的纬了。这几章中的叙述仍上下贯穿。各章置于西周初、中、晚三段中最有关系的一段，并不表示所讨论的现象只见于这一时段。诸章经纬相维，惟读者善加注意。

三十年前进入台大，李玄伯（宗侗）师始为启蒙，遂对中国古史发生兴趣。后来董彦堂（作宾）师、凌纯声师、李济之（济）师由不同的方向又加鞭策。二十年前，王雪艇（世杰）先生及李济之师倡议修撰《中国上古史论文集》，由作者受命襄赞。该书经营甚久，集稿也很辛苦，但至今不得正式出版。今兹本书出版，一则纪念玄伯师、彦堂师、济之师三位先生，再则也求稍赎未能终始雪公交下任务之罪愆。

自从入台湾大学以后，多少年来未尝稍离中国古代史的园地。历年来受师长教诲之恩，既深且重。诸师中尤可感者为芮逸夫、劳贞一（干）、高晓梅（去寻）、石璋如四师及私淑仰慕的钱宾四（穆）先生，敬在此向各位先生虔致谢忱，并祝这几位学术界的大老身体清健。

本书付印之时，先母犹健在，此书出版时，先母已弃养，蓼莪之悲，终生长恸。本书撰写期间，往往冷落了曼丽与乐鹏，现在可以稍微多一点与妻儿谈话的时间了。本书编排校对，承林载爵、方清河、叶达雄、杜正胜四兄偏劳，谨谢四位。

本书的英文版，系由耶鲁大学出版社出版，除了加上由同事林嘉琳教授（Kathyrine Linduff）补入美术史部分外，英文版的“物质文化”一章也扩大了一倍，至于全书论旨则与本书大致无甚不同。

许倬云于匹茨堡

再版前言

本书出版迄今，已经逾年，去年并有幸获得两项金鼎奖。受奖时，念及先母，不但语不成声，实因此书属稿时，领取预付稿费，作为先母家用津贴，而款未用尽，先母弃养，稿费余数，竟拨入治丧费用！今日俸给稍丰，而一丝一忽不能奉养。树欲静而风不止，子欲养而亲不俟，人子之恸，昊天罔极。

这次修订本书，主要为改正若干易滋误解的词句，添加一章属稿时未见的考古资料，并且增列日常生活中的岁时及仪礼。另有数项考古发现，只得之新闻及友人通讯，考古报告出版后，当再陆续加添入书。其中最当注意者为：岐山地区古郃国的发现，当可进一步判断先周文化的成分；在陕北发现一座石堆城寨，其地点正在周人由晋西北迁，然后向泾渭地区南迁的路线上，有助于肯定本书已提出的假设。四川广汉地区，出土大批青铜人像及动物像，人像大如真人，而且十分写实，据说其年代在商周之际，是则不仅西周铸铜技术的水平，已相当发达，川陕间的文化关系，亦当重予估计。凡此诸点，其详细讨论，只能等待正式报告问世之后矣。

许倬云

于一九八七年元旦

“三联版”序

《西周史》第一版出版已逾十年，增订本中加了有关衣食住行及人生仪礼的部分，也已逾六年了。我的字迹潦草，亏得联经打字同人，居然认得！但是排印之后，终究有若干错误，我自己作“三校”，均在暑期返台之时，手头无书，全凭记忆，有时填补缺文，有时校正误笔，甚至竟有将未错之处反而改错之例。这次三联改排出版大陆版，得韩林德先生及中文大学数位同学之助，得以改正不少错误。但是校书如扫落叶，随扫随落，仍难避免有未找出来的错咎。

《西周史》问世以来，曾得到若干同行的批评。批评之一：“居然连周公的事迹也不提！”其实不仅周公未有专节，文王、武王、太公、召公……均未有专节。若要为历史人物作传，当然，这些人物都应有纪传。单以周公是“摄政”，抑曾称“王”，即可有不少文章。甚至，金文铭辞中，也颇有几位引人注目的人物，如明保，如中懋父，如毛公……也均有资格列入专节。但是，本书的重点是文化史，迥异于一般以政治事件为主的历史。文化的发展过程中，有些重要人物有其突出的贡献，此种人物大致是思想家、宗教领袖、文学家、艺术家及学术界的杰出之士。这些人参加了阐释过去、塑造未来的文化建构大业。政治人物对于历史与文化有其贡献，或发生作用（正负作用均有可能），则往往又兼具上述几项人物中之一部分功能。在西周文化史上，如果周公的确发展了天命观念，甚至发展了《易经》的阴阳之理，则周公即是文化史上的重要人物。但是，周公在文化史上的贡献，又与其摄政或践王位无明白可证的关系。在本书中，天命观念的讨论，占了不少篇幅，全在于天命观念的本身意义，无须系之任何个别人物。我治史的着重点为社会史与文化史，注意的是一般人的生活及一般人的想法。在英雄与时势之间，我偏向于观察时势的演变与推移。——也许，因我生的时代已有太多自命英雄的人物，为一般小民百姓添了无数痛苦，我对伟大的人物已不再有敬意与幻想。

中外学者对于本书中讨论先周文化及周人来路方面，颇有意见，大致以为岐山周原已是先周之所在，不须再引述钱穆与邹衡二位先生的意见，以致牵涉很多，枝蔓太甚。本书第二章附录中，饶宗颐一函即是此种看法。美国夏含夷先生（Edward Shaughnessy）在“Early China”的书评也持类似的观点。但是，周人先世最后落脚生根在岐山之下，更早必有其来历，而周原的先周文化也只是周人在这一地点留下的文化。钱、邹二位先生，各别从不同性质的史料建构了颇有意致的假设。傅斯年先生标出周人与夏人之间的关系，则又是另一自成系统的假设。三套假设配合成套，又颇能彼此合辙，是则综合三家假设，宁非也是颇为有趣的联缀？当然，这些假设还不能充分证实。另一方面，至今还未有其他更为引人的成套假设，提出更周全的解释。因此，本书中对于钱、傅、邹三家之说，也仍保留，当作一种可能性。毕竟，古史的资料太少，重建古史，宛如拼凑已经切割为千百残片的图画，而其中不少残片已永远失落。后世能做到的，也不过是拼成几块算几块，大可不必将别人拼成的残落一角，完全一笔勾销。

本书待补的缺失不少，我自己想做而一时做不到的工作中，有一桩是古代民族的分合与移徙。周人在先周时期的移徙，不过是古代许多族群移动消息中的一项而已。中国新石器时代，在各地区有不少地方性的文化，单从邻近文化的相似之处看，邻居彼此学习，自是文化传播的重要形态。不过，若是某一地点的上下相接文化层忽然有了显著的改变，甚至找不出应有的继承关系，则单纯的文化传播论即未必再是有效的解释工具了。这种的突变，即可能是由于后来的族群取代原有族群，成为当地的文化主人。另一种情势：某一文化出现的地区，疆域有所改变，或则广大的分布地区，竟然缩小了，或则原是一个小地区的文化，忽然扩散及于很广大的地区。前者发生之可能条件，也许是原有文化主人的族群，因为新来族群的侵轶，失去地盘，连带着其文化也不能在这一地区延续下去。后者发生之可能条件，则既可有单纯的文化传播，也可有因为族群控制疆域扩大而促成文化的传播。在新石器时代，各种地方文化的水平相去不远，文化活力突然高涨的可能性不大，而族群力量的消长则较为可能。

在华北的夏家店文化，上层与下层基本上是两种不同的文化，中间隔绝了一大段相当于殷周之际的变化。而且夏家店下层文化的分布地区甚为广阔。另一例子，二里岗时期上层的分布地区较殷墟时期为广大。然而，殷墟时期堪谓殷代青铜文化的盛时。这文化地域的收缩，当不能归之于殷文化陡失活力，——其中当有其他的因缘存在。说到先周的问题，客省庄文化压在周原先周文化的下面，而两者之间的时段，又当有一段殷文化的影响。同时，远在北方的朱开沟遗存的早晚两段年代相当夏至殷商，其中有一些却与渭水流域的客省庄文化有亲缘关系。是则泾渭地区与内蒙西部（朱开沟遗存）之间，其关系之密切，又胜于渭水与中原之间。这种关系，是否可能也由于族群的移动？然而，古公亶父逾梁山南下，所走的一条路，却又与客省庄—朱开沟的路线逆向，是否中间还有族群在这条路线上的进退？若由这一线索思考，周人祖先曾沦于戎狄，失后稷之故业，以至后来又复后稷之务，其传说即又饶有趣味了。

这几桩疑案，其时代均在公元前第二个千年期的中间。我们习惯以中原为中心的中国历史，往往忽略了中原以外，也有文化活动，也有族群分合。华北偏北部分，自西徂东，在这一段时期的变化，其实也会影响及于中原。推而言之，中原夏商周三代的共存而又更迭，也许其动源在于中原之外，也未可知。

举目往亚欧大陆的其他部分瞩望，公元前第二个千年期的中叶，几乎处处都有意义重大的族群移动。在中亚，印欧民族一批一批南下进入印度次大陆，根本改变了当地的民族成分及文化形态。印欧民族也西南行，进入西亚地区，引发了西亚的族群生态的变动，既有 Hurrians，Mittani，Hittites 之出现，又推动了 Amorites 的侵轶地中海东端海东走廊的地区，埃及受 Hyksos 的扰乱，以及“海上族群”（Peoples of the Sea）的活动，都与这一西亚—东欧地带的变动有关。我相信亚洲内陆，由中北亚东迤今日的西伯利亚及蒙古，以及南迤今日的新疆、西藏，也尝受族群连串大移动的波及，而有其一波接一波的“推背行”。解决这一串问题的钥匙，可能在内亚与北亚的考古成果，在中国的域外，而不在域内。

在中国域内，族群的“推背行”，也不会止于华北。不过，公元前第二个千年期的后半，中原有了大型国家：殷与周。这两个大型国家的动能，已不是早期部落或部落联盟的人群组织所能比拟。华北的东部向南，包括中原在内，不少族群的移动即不仅是“推背行”的连锁反应，还须加上中原大型国家具有引力与推力，征服与涵化。在这一主题下，我们应当对于传说中的多素材，另找一番认识。卜辞、金文中的记载，《左传》、《国语》、《山海经》、《逸周书》、《楚辞 · 天问》，……各处埋藏的传说，例如人方鬼方的族属，淮夷荆楚的兴衰，戎狄的分布，祝融八姓，风隗徐奄群舒的踪迹，甚至参商相仇，姬姜相亲，鸟官龙师的意义，……也许均可别有新解。

总之，中国古史上还有许多应予讨论的大事，本书只能就手上能掌握的部分，勉力重建几片古史片断的残片。还有不少题目，包括“族群移动”一项，必须俟材料更多，学力亦有寸进之时，再作努力。华夏民族的形成，当在西周之时，以其包容各种族群的气度，熔铸为一个有共同文化意识的民族。这一功业，完成之早，延续之久，为人类文化史上仅见。凡我华夏成员，当珍惜此一成果无使失落。此日作序，百感交集！

三联版的《西周史》能够问世，我必须向董秀玉、余丽嫦、韩林德、张忠培、童恩正、张学明、李广健、吕振基、范家伟、游子安、陈惠森诸位致谢。他们在不同的情况下，促成了此书的出版。

许倬云序于香港

一九九三年六月四日

增补本序

本书的增订本出版以来，也已有十多年了。这一时期，中国考古学的发现不少，只是在西周史的时段内，新出的资料，相对于新石器时代，还是比较单薄。本书的增补主要即是以山西晋侯墓出土的资料及燕国遗址出土的资料，由晋燕两国在西周封建体制的角度，申论有关中央—地方关系及封国多元文化的涵化问题。

至于先周文化问题，人各一说，主要在于“先周”一词的意义，各人有各人的看法。我自己对于“先周”的理解，可用河流为譬喻：长江发源于巴颜喀拉山下的涓涓细流，折而为金沙江，又入四川盆地，接纳了巴蜀的支流，东流出峡，遂为巨大河流，一路接纳汉水、洞庭诸水、鄱阳诸水，东流入海。若以万里途程上的各个汇流入江的支流而言，中下游诸水于最后那一段长江而言，当然在量与质两方面，都大于上游及发源地的水流。然而，上溯江源，终究还须提到青海的那些小溪流。同时，长江出峡以后，气势已成，则中游以下，当是长江的主体。

循此譬喻，我在补充先周文化问题时，特注意于碾子坡与岐下周原之间的关系。毕竟，周人自述迁来岐山的路线，是由北方南下的。在本书增订本中，收了饶选堂先生的教言及我的答复，作为附录。这次修补，本应将这两篇附录融入本文。但是，为了感激饶先生启迪，仍将两篇附录保留如故。

关于周人与夏人的关系，文化的渊源，不如集体记忆的认同。

傅斯年先生的观点，也毋宁是由周人的历史认同着眼。邹衡先生与钱穆先生提出的观点，于这一点上，也有互补之处。然而正如长江源头与下游江水的质量，这些远溯的渊源，对于西周文化的本质，关涉之处，未若近源重要。至于周人自认为夏雅，究竟是选择性的记忆，抑是后世的塑造，已不易断言。夏代在中国历史中所谓“三代”的地位，究竟是回忆，抑是投射？也值得考究。

修补本书，得杨红育、孙岩、李健菁诸位同学之助，特此致谢。

许倬云

一九九九年九月十八日

第一章

由新石器时代到商代

第一节　中原的新石器文化

在现在称为中国的这一大片土地上，远在五十万年前，已有“北京人”及其他古代人类留下了他们骨头化石和使用过的简陋工具。经过漫长的岁月，古人逐渐由采集食物发展到生产食物，他们留下的石制工具也由简陋而改良到分化为种种专门用途的工具。这就是考古学家所称的新石器文化了。在新石器文化时代，人类文化的发展，步伐比以前快多了。农业出现，从此人类可以有可靠的食物供应。长期的聚落出现了，从此人类的群居生活将日趋复杂。艺术出现了，从此人类可以用抽象的符号表示具象的实物，使人与人间互相交通的管道扩大到超越对话的时空限制。跨过这一步界线，人类事实上已踏进文明的境域，人类从此不再仅仅面对自然资源争取生存的机会，人类也必须面对自己所创造的环境与条件，学习怎样与同类相处。随着文明而来的新挑战，实际上由新石器时代到今天，一天比一天更趋激烈，然而追溯人类历史上转变的转捩点，新石器时代的“革命”当是影响重大的一次大关口。

今日考古学上所见中国最早的新石器时代，当是至少公元前五千多年的裴李岗—磁山文化。这是最近才认识的两种早期新石器遗存，时代比中原的仰韶文化要更早。裴李岗文化的遗址主要分布在河南中部，磁山文化遗址则在河北南部与河南北部。这两种文化的文化面貌互有差异，但是大致同时并存，当是华北新石器文化遗址中年代最早的了。以碳十四断代测定的年代来说，裴李岗文化有公元前5935±480年、公元前5195±300年（树轮校正后：5879年）及公元前7350±1000年三个数据。与裴李岗相同的莪沟北岗文化，有三个年代数据，则是公元前5315—前5025年（校正后：公元前5916—前5737年）。磁山文化遗址的三个年代数据测定是公元前5405—前5110年（校正后：公元前6005—前5794年）。这两种文化都已有农业。裴李岗文化的招牌器物是带足的石磨盘、石磨杆、狭长扁平的双弧刃石铲，和带锯齿的石镰，显然都是与农业生产有关的工具，陶制品中有猪头的陶塑。磁山文化遗址的窖穴中，出土过成堆的腐朽“谷”物，据判断可能是粟类。在磁山也出土了大量的猪狗骨骼。固然大量树籽、鱼骨和兽骨的出土，说明了采集食物仍占相当的重要性。农具、谷物和家畜的出现，无疑象征相当成分的食物，已由生产供应了。早期新石器文化毋宁仍是相当原始的文化，其陶器都是手制，但是烧成温度已可达到摄氏九百多度，器形已相当复杂，也具有若干纹饰，甚至还有少数彩绘。裴李岗—磁山文化的陶器器形中有不少也见于后来的仰韶文化。绳纹和彩绘更在仰韶文化中普遍出现。圆形方形半地窖式居住遗址，也是由裴李岗—磁山文化肇始，而同样见于仰韶文化的村落遗址中。凡此都说明了裴李岗—磁山文化是仰韶文化的前身（安志敏，1979：335—346；1979A：393—396）。

仰韶文化是黄河流域新石器文化的主流，分布广袤，遍及河南、山西、陕西、河北、陇东、宁夏、内蒙古南部、河南及湖北的西北部，包括整个中原地区及关陕一带。碳十四测定年代的数据也很多，大约为公元前4515—前2460（校正后：公元前5150—前2960年），延续时间二千多年。仰韶文化可以陕西的半坡村遗址为代表；当然，仰韶文化中也有若干以时间及空间差异而呈现的类型。仰韶文化显著发展了农业。村落的面积相当大，有数万到数十万平方米不等。居住遗址通常是方形或圆形的半地穴，分为内室、外室，地面平整，甚至有白垩面。室内往往有火堆烧过的遗痕。聚落常在河边的台地。有些条件优良的地点，遗址可以涵盖数层并不密接的文化层，说明当时的农业是游耕式种植方式。但是聚落的移徙往往取决于对耕作有利的条件，以致同一地点可以在先后都有人迁来建立定居的聚落。陕西西安半坡的遗址，即有至少两层文化层，一层的遗址及窖穴叠在另一层的遗存上面，而中间隔了草籽和树木花粉交替茂盛的土层。只有用“刀耕火种”的种植法，同一地点才有这种树木与茂草交替出现的情况。半坡聚落可有上百个居室遗址，居室与储藏用的窖穴都集中在聚落的中央，环以深沟。半坡遗址的北面，有一个公共墓地，集中埋葬着大人小孩的遗骸，生人与死者的地域显然已明白分开了。村中也有一座较大的房屋，可能是全村的会所，或其他“公共建筑”。由此推论，仰韶文化的聚落似乎已有一定程度的政治组织，也有了自群的意识。聚葬的公墓现象，反映了自群意识已超越了时间的限制。

仰韶的农业大约以种植粟稷为主；有好几处遗址的储藏窖穴都出土了粟类的谷物。半坡遗址还出土了装贮蔬菜种子的陶罐。家畜以猪狗为众，牛羊则较少。农具有耕作用的石锄石铲，砍伐用的石刀石斧，及一般刮削用的石利器。仰韶的农业当已有相当高的生产水平，村中储穴分布各处，足见生产已有余粮。

仰韶的陶器常有彩绘纹饰，为此，过去的考古学家曾以“彩陶文化”作为仰韶文化的别名。纹饰中，有几何图形及流动而不规则的线条，也有相当写实的或写意的图像，如鱼、蛙、猪、羊、人头之类。若干简单的刻纹及画纹，已有了记号的作用，有些学者甚至以为仰韶文化的陶纹已是书写文字了。

整体地说，仰韶文化在社会组织、生产水平及使用抽象符号三方面都有相当程度的发展。仰韶文化源远流长，在中原地区是主流，对四周邻近地区的新石器文化，也有不可忽视的影响（Kwang-chih Chang，1977：97—138；关于仰韶文化在半坡遗址的详尽描述，参看考古研究所等，1963）。

紧接着仰韶文化，在中原的晚期新石器文化是龙山文化，其分布更为广大，内容也更为丰富。仰韶文化的农业发展，因为食粮供应稳定了，导致人口的增加。于是一方面有溢余的人口形成更多的聚落，把文化扩散到前所未有人居住的地区，另一方面，也因为可以游徙的空间有限了，聚落居民不得不持久地定居在同一地点。各地龙山文化，因此而有相当的地方性；中原的龙山文化，遂有河南龙山、陕西龙山与山东龙山之分，其中以河南龙山文化为仰韶文化的直系后裔；至于山东龙山文化，在下一节将另行讨论。所谓河南龙山文化，分布在今日的河南省及晋南、冀南地区，主要沿着黄河的中下游。仰韶文化转变到河南龙山文化的中间形态是豫晋陕交界地区的庙底沟二期，其碳十四断代是公元前2310±95年（校正后：公元前2780±145年）。河南龙山文化的时代则是公元前2100—前1810年（校正后：公元前2515—前2155年）。陕西龙山文化的年代与此相当，也继承了庙底沟二期的新石器文化（安志敏，1979A：397—398）。

河南龙山文化在仰韶文化的基础上发展，而内容有了若干改变。农具中有了耒、镰与骨铲。农产品仍以粟稷为主，收获量则似乎大多了。木工的工具，不再是砍伐用的斧斤，而更多整治削切之用的加工工具。陶器中轮制的成分大为增加。村落有夯土筑成的围墙以资自卫，村落与村落之间显然有了战争。有些伤残骸骨成堆地丢在坑穴中，大约也是战争中的牺牲者。宗教信仰出现了，骨卜及特殊的葬仪，都足以说明这一发展的方向。器壁薄而硬的蛋壳陶，当不是为了日常生活所用，这种特制用具，大约也是为了宗教仪式而发展的。祖先崇拜，大约也已制度化了。在同一社群之内，社会地位及职业的分工，造成社会分化的现象，其现象也与社群的日趋复杂与日益组织化相关。前文曾提到，聚落比较有持久性，当然也因此可有更明白的我群意识，地方性文化之具有各别的特点，也足以表现这种我群意识。然而聚落分布的密度比前增加，群与群之间的接触与交流在所难免。邻近聚落之间必有相互影响，是以邻区地方文化的特色往往大同小异，由东到西，或由南到北，可见的文化差异都呈现渐变的过程，而难以找出截然可见的地方文化分界线。从整体来说，中原龙山文化的影响放射及于中原以外（Kwang-chih Chang，1977：151—155，169—171）。

第二节　中原四周的新石器文化

在东方，山东半岛及其邻近的海岸地区，大致上文化的年代几乎与中原的仰韶文化同样古老。目前考古学界大致以大汶口文化看作山东龙山文化的前身，大汶口文化可分为三个时期，碳十四年代是公元前3835—前2240年（校正后：公元前4494—前2690年），延续二千年之久。大汶口早期似受仰韶文化的影响，然而河南东部的仰韶文化也有接受大汶口影响的现象。大汶口晚期则深入豫中，对地方性的文化留下若干可见的特征。另外一方面，大汶口文化渡过渤海，使辽东的地方文化具有与大汶口文化相似之处；往南则深入皖北、苏北地区，都有大汶口文化的遗址（安志敏，1979A：396—397；文物编辑委员会，1979：186）。

大汶口早期的文化，石器笨重，只有磨棒、铲斧之属，陶器粗陋，全为手制，大都为红陶。中期则有长足的进步，石器的种类渐多，均为形状修整的磨光石器；陶器开始有慢轮修整，烧制的火候也可，若干质地细致的灰陶、黑陶，实启后世蛋壳陶的先河。社会阶层已有分化；大量家猪下颚的随葬，说明了家猪代表财富。大汶口文化的晚期，石器为精磨制品，陶器为轮制，而且有了胎质很薄的黑陶。最重要的发现，则为陶器上的若干书写符号，已经可称为文字了（文物编辑委员会，1979：186—188；山东大学历史系，1979：1—28；Kwang-chih Chang，1977：163）。

山东龙山文化，直接由大汶口文化发展而来，两者之间关系紧密，以致划分的界线有时发生混淆的现象。两者分布的范围也大致相合。山东龙山文化的碳十四断代是公元前 2010—前 1530 年（校正后：公元前 2405—前 1810 年），比较中原的龙山文化大致同时，而结束较晚。山东龙山文化与河南龙山文化之间的界线，也很不清楚，相邻地区的转变尤其显露渐变的现象，足见新石器文化的晚期曾有一番因交互影响而产生的文化交融（安志敏，1979A：397—398）。

山东龙山文化最突出的特点为高火候的黑陶，其蛋壳陶，尤为引人注目。小型铜制工具已经出现。骨卜及复杂而内容丰富的墓葬，均说明宗教信仰的影响。大量石制骨制的箭镞，及肢体伤残的骸骨，也足以说明战争已属常见（文物编辑委员会，1979：189—190）。

山东考古发现，指出由大汶口文化到山东龙山文化一系列是当地独立发展的新石器文化。固然山东的土著文化也与中原的同时代文化各有授受的交互影响，但基本上是独立于中原文化的文化系统。

在东南沿海地区，浙江余姚河姆渡的早期新石器时代遗址，虽然只是一个据点，不像仰韶及大汶口文化有广袤的分布，然而其与稍后的马家浜—良渚文化的系列关系，实具有重大的意义。河姆渡文化的年代据测定为公元前 4360—前 4315 年（校正后：公元前 5005—前 4790 年），与中原的仰韶文化早期相比，同时或稍晚。陶器是低火候的夹炭黑陶，有绳纹和刻纹。仅有少数彩陶，绘制过程颇特殊，系以灰白泥涂在黑陶上，再施以彩色，当有可能模仿中原的彩绘陶器而未得法。最重要的发现是稻壳的遗留，当属于迄今为止中国境内最早的栽培水稻。耕种用骨耜及木耜，也是农业发展上最早的例证。居住遗址是木结构的干栏式住屋。有小型木件用榫卯以装置木器。中国的建筑特色的木结构，似乎在河姆渡找到了祖先（安志敏，1977A：399—

401；浙江省文管会等，1978；浙江省博物馆，1978；游修龄，1976）。

马家浜文化是河姆渡的继续，分布地区在太湖流域，其晚期的崧泽中层，测定年代是公元前4090—前3050年（校正后：公元前4746—前3655年），是比前期的马家浜文化当还要早些，大致与仰韶文化的中晚期及大汶口文化的中晚期同时。马家浜文化中出现中原的鼎豆诸器及少量的彩陶，自然都是文化交流互相影响的后果。马家浜文化以水稻耕作为主要的生产。值得注意的是在邱城遗址出土了用砂、小砾石、陶片、贝壳和骨渣混合构筑营造的居住地面。居民并且开凿小型渠道，引导水源进入居地。这种水道的工程，当然由于多水的地理条件造成（安志敏，1977A：400；文物编辑委员会，1979：218；梅福根，1959；姚仲原等，1961）。

在马家浜文化上面，压着良渚文化，地域已由太湖流域扩大到包括江淮之间的地区，年代测定为公元前2750—前1890年（校正后：公元前3310—前2250年），与龙山文化同时，上限犹早于河南龙山文化。良渚文化有极薄的黑陶，胎壁之薄，可与山东龙山文化的蛋壳陶比美，不过黑色只是灰胎的表皮，颇易脱落，可能是仿制山东的黑陶。此外，良渚文化中也有一些彩陶和朱绘黑陶，当也是与中原文化交流的后果。农业水平很高，基本上是水稻耕作，稻种有粳稻、籼稻。至于出土的芝麻、花生、蚕豆、甜瓜子等实物，其年代仍在存疑之列。工具和用器有不少木制品和竹制器。石器已有多种应用途而生的分化，如石刀、石镰、石耜诸种田器。精美的玉器说明了当时社会已有礼器出现（安志敏，1979A：400；文物编辑委员会，1979：201，217—218；牟永抗等，1978）。

黄河中流的中原，黄河下游以至海滨的山东地区，及长江下游太湖流域的江浙地区，都各有其源远流长的新石器文化系列。这三大系统的相互影响，以及各系统本身的分化，又造成了新石器文化晚期的各型地方性文化，例如陕西的龙山文化、江汉地区的大溪—屈家岭文化、北边的河北龙山文化等等。

陕西的龙山文化，分布在关中的泾渭流域，也远达陕北和晋南。与河南龙山文化一样，陕西龙山文化大约也由庙底沟二期的基础上发展。陶器纹饰以绳纹为主，形制以鬲为最多。更往西去，陕西龙山文化的影响，使甘肃齐家文化也具有龙山文化特色。齐家文化基本上继承马家窑文化的传统。马家窑文化是仰韶向西传布的一支，齐家文化因接受陕西龙山文化而成为龙山文化的变型，正足以说明古代文化间往复激荡的局面（安志敏，1979A：396，398）。

江汉流域的古文化也有其单独的发展系列。大溪文化主要分布在川鄂三峡地区，延及湖北的西南部和湖南的北部。年代约当仰韶文化中晚期；有一个宜昌红花套的碳十四测定年代是公元前 2405±115 年（校正后：公元前 2995±195 年），当是稍晚的年代了。大溪文化以打制石器及红陶为主。陶器的羼和料为稻壳，可见其种植作物是稻。事实上，河南淅川的仰韶遗址有稻壳痕迹，则大溪有稻作当也由于自然环境比较适宜之故。河姆渡出现的栽培稻为时远早于大溪文化的时代，而且稻的栽培成功，必在南方，是以大溪文化接受南方影响的可能性很大。

屈家岭文化紧压在大溪文化上面；其分布范围则除了大溪原有地区外，主要分布在鄂北及豫西南一带。陶器的形制，有一部分承继了大溪文化的特色。蛋壳彩陶与庙底沟二期的遗物甚相似，而河南禹县也出土了屈家岭的典型高圈足陶杯，可见屈家岭文化与中原龙山的密切交流。屈家岭文化的测定年代是公元前 2550—前 2195 年（校正后：公元前 3070—前 2635 年）。屈家岭文化之后是江汉地区的青龙泉文化，似是龙山文化的地方性变型，有一个碳十四测定的年代是公元前 2030±105 年（校正后：公元前 2430±150 年）。屈家岭文化与青龙泉文化的农业也都是稻作为主，显然由大溪文化一脉相承的。屈家岭晚期墓葬，入葬的头骨多缺左右对称的门牙，说明当时有拔牙的习俗。在鄂东的黄冈螺蛳山遗址中出现屈家岭文化、青莲岗文化（现在名称是大汶口文化）和仰韶文化遗物共存的情形，而圻春易家山龙山文化遗址中有良渚文化因素。凡此，均说明江汉地区的新石器文化与东方及东南的两大文化系统有相当程度的接触与交换。鄂东在地理条件上，也许正是中原、东方与东南三个系统的接触点（安志敏，1979A：399；文物编辑委员会，1979：295—296；丁颖，1959）。

中国几个主要的新石器文化系统可用图示如下（图2）。

中原以北的地区，河北与山西两省的北半边，已与北方草原接

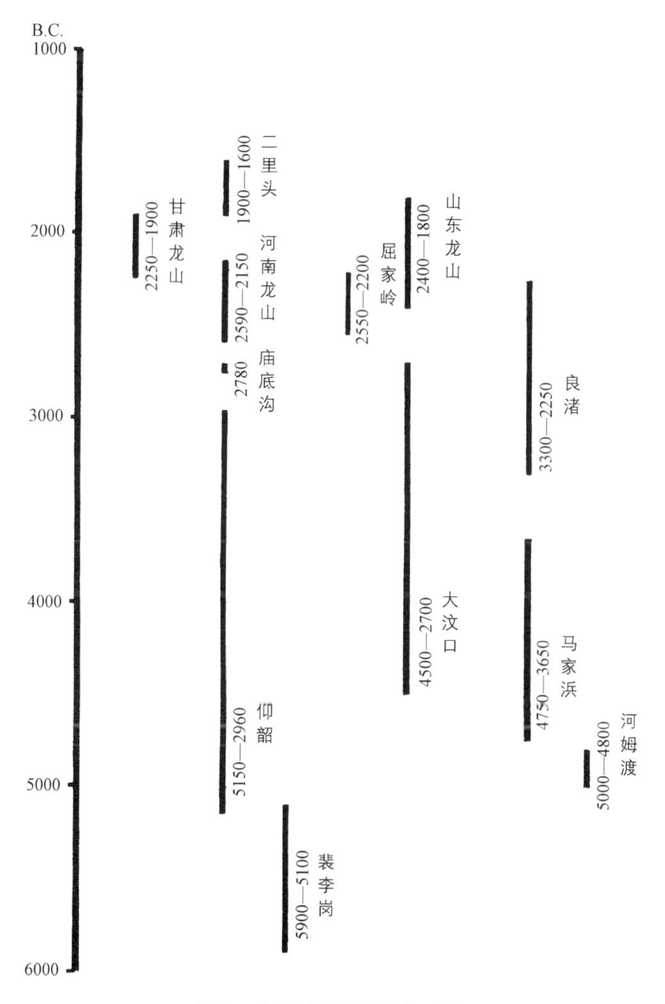

图2　主要的新石器文化系统

近，远离黄河中下游流域，地理环境迥异中原，当然另有其他地方性的文化发展，河北境内有三种主要的仰韶文化型，都与中原的仰韶有密切关系，但在北部的蔚县、涿鹿等地的仰韶文化则不属于上述三型，而和山西太原光社的彩陶相近。目前这一类型新石器文化的细节还待整理，不过有些考古学家已开始使用光社文化的名称（图3）。

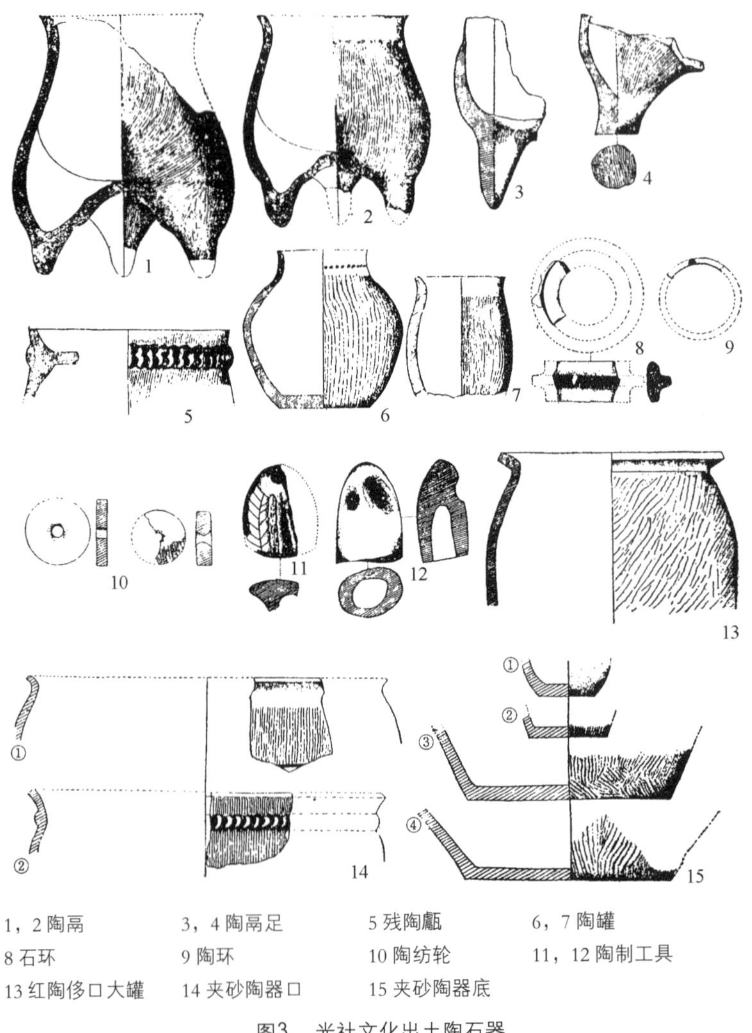

1，2 陶鬲　3，4 陶鬲足　5 残陶甗　6，7 陶罐
8 石环　9 陶环　10 陶纺轮　11，12 陶制工具
13 红陶侈口大罐　14 夹砂陶器口　15 夹砂陶器底

图3　光社文化出土陶石器

这个文化主要分布在山西的东北部及河北北部，不过其影响所及的地区可以远达内蒙、河套及陕西的东北部。光社文化的早期类型遗物，与河北龙山文化涧沟型相似，时代则早于二里头的新石器时代晚期。这一文化也有其延续的发展，其第四期约略相当于殷墟文化的晚期（邹衡，1980：272—274；文物编辑委员会，1979：36）。

这一个北支的龙山文化，自然不能算早，但仍有其地方性，与中原文化的传承系统相关联，而又有独自的历史发展。

第三节　商以前的国家与部落

千峰竞秀，各种地方性文化之间的刺戟及影响，相激相荡，部族间的冲突与竞争，创造了条件与需要，使社群的凝聚超越村落、社区的范围，也超越亲缘团体的范围。中国历史的传说时代，有尧舜禹的禅让，尧舜都只是及身而止，没有开创朝代，似乎到了禹的手上，权力才制度化，权力的转移才制度化，于是有了“三代”之首的夏代。大禹开创的夏，有许多考古学家以为就相当于新石器时代将过渡到铜器时代的二里头文化。

二里头文化的分布，主要在豫西伊洛颍汝四河流域为中心，但边缘所及，西到陕东，南到鄂东江干，东到皖西，范围相当大，也颇符传说中夏代的疆域。其碳十四测定的时代，是公元前2080—前1620年，也切合传说中夏代，公元前二十一至前十七世纪的年代。过去有人以二里头型为早商文化，最近考古资料显示，二里头文化的晚期文化曾经过急遽改变，最后呈现商文化的特征。是以，目前有人以为二里头文化晚期，正是夏商递嬗之际，而中期以前应当是夏文化（徐旭生，1959；邹衡，1980：103—104，131—138；关于碳十四的年代，佟柱臣，1975）。

二里头文化在偃师的遗址第三期（公元前1590—前1300年）出土一个大型宫殿基址（图4）。殿堂是一座30.4米×11.4米的大建筑，

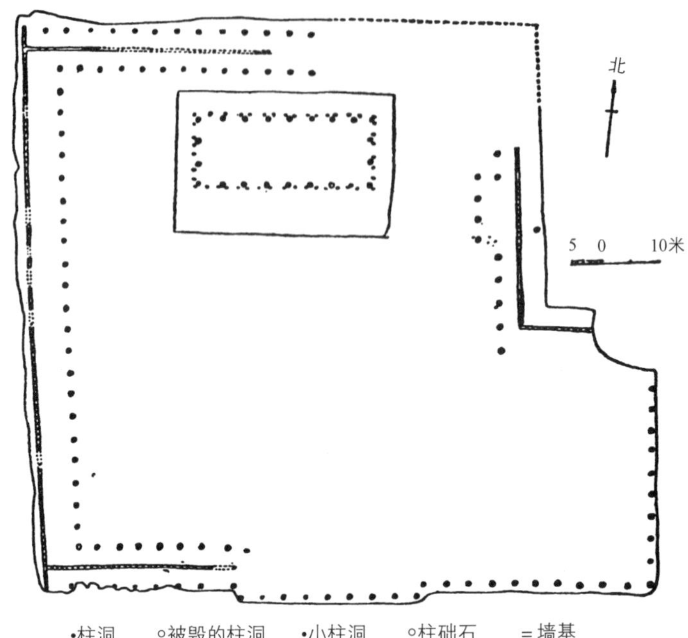

•柱洞　　◦被毁的柱洞　　•小柱洞　　◦柱础石　　=墙基

（1）河南偃师二里头文化晚期宫殿建筑基址平面图

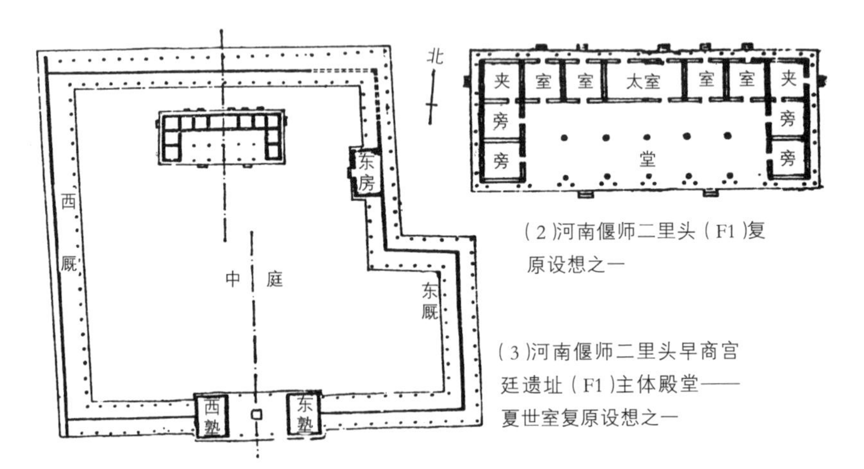

（2）河南偃师二里头（F1）复原设想之一

（3）河南偃师二里头早商宫廷遗址（F1）主体殿堂——夏世室复原设想之一

图4　河南偃师二里头文化宫殿建筑基址

坐落在方形夯土基址上，夯土台高出地面0.8米。夯土土方达二万立方米之巨，须十万工日始能完工，殿堂是面阔八间，进深三间的木结构，成列的柱洞有石础为底。屋顶大约是草顶。堂前大庭，面积约五六千平方米，足可容纳万人。宫殿四周有一组廊庑建筑。宫殿正门在庭内，是一座面阔八间的牌坊式建筑。整个宫殿，当年必定气象壮伟，象征了巨大的政治权力，足以动员十余万工，来建筑这个大型建筑。至于一般平民，大约居住在半地下室草顶的浅窖穴中（二里头工作队,1974；洛阳发掘队,1965；佟柱臣,1975：29）。青铜器中的工具，形体较小，如凿，多仿自石器、骨器。青铜兵器则有大型的钺与戈，及小型的箭镞，也多仿自石器。礼器仅见尊，仿自陶器，有陶范、石范及铜炼渣出土，分别出土于二里头及东下冯遗址。陶器上往往出现刻画符号，有的符号（如羌）根本就与甲骨文的文字相似了（洛阳发掘队，1965；邹衡，1980：135—144）。有大型宫殿，足见二里头已有了强大的政治组织，以动员相当的人力；其体制之差别，也足以说明政治权力的尊崇。有文字，似可指明二里头文化已踏进用符号交通的领域。铜器出现了，但仍以仿制石器陶器为主，可见其原始性。这些条件，的确符合国家初起、文明肇始的情况。

有了国家，并不意味中国已经统一在一个政治体系之下，甚至也还不在一个文化体系之下。夏的控制范围不大，大约只在黄河中下游，其他地区当是分别由各地的部族自己控制。史籍中记载了不少有关古代部族系统的零碎资料。近代学者，各自整理了一套分类法，区分古代的部族为若干大系统或大集团。例如蒙文通以为古代有江汉民族、河洛民族、海岱民族三大系统；徐旭生以为有西方的华夏、东方的东夷及南方的苗蛮三个集团；而傅斯年以为东夷与西夏两大集团的互为消长，实是古史上一大关键。蒙徐二位前辈在区分部族所属时，意见颇有异同，但其着眼均在古史的资料，而未曾十分注意考古资料。傅氏的学说，在五十年前，以为仰韶与龙山为对立的两个文化时，能熔铸文献与考古资料于一，颇具有说服力

（蒙文通，1933；徐旭生，1960；傅斯年，1935）。

最近若干新石器时代遗址中，颇有人类骨骸出土。根据新石器时代不同地区居民之间的体质差异，中国境内大致有下列数种族群分布：公元前四五千年，在渭河地区，仰韶文化的主人，具有中高颅，中等面高和面宽，眶形偏低，鼻较宽，中等身高。这一群人大概与华夏集团的族群有密切关系。鲁南苏北，黄河下游，新石器时代的居民有高颅，面较高，较阔，身材也较高，并且伴有头部人工变形及拔牙的风俗。这群人可命名为“大汶口人”，当与传说中的东夷集团有关。稍晚的庙底沟二期文化的主人则与这两族群有相当接近的关系。在华南地区，河姆渡新石器时代的居民有长头、低面、鼻骨宽平的特征。这个族群大约代表了长江下游种族，而与中原的古代族群不同。更往南去，闽广以及广西桂林的新石器文化，其时代已比较中原为晚。南方地区的新石器居民，长颅、低面，大概与河姆渡人的关系较近，而和北方种族不同，当是古代的苗蛮集团。以全体而说，这些人群都是蒙古人种的地方化，很少其他人种的成分（潘其凤等，1980）。

用今日的考古资料，及文献中的记载，配合在一起，二分或三分将都还不足以说明古代部族的系统。以中原的一支来说，华夏集团（或西方的夏，或河洛族），自然是重要的成分。但是如何划分陕西龙山、河南龙山，以及河北—山西的所谓光社文化的人群？又如祝融族，是中国古代的著名部族集团，其大部分开始在河南出现，居地为以后日卫和郑为中心的黄河左近，只有一个芈姓大约已在江汉之间。在商代，祝融集团才渐为商人翦灭而余种被逼南移，始居江汉之间（李宗侗，1954：Vol. I，16—25）。

如以地望来联系考古资料与古代部族，最切合的是东夷一系与大汶口至山东龙山之间的关系。这一个考古学上东方系统的古代文化，占住了山东半岛，向西可进入豫东，向北跨渤海而入辽东，向南进入皖苏的北部。据《左传》昭公十七年，郯子追叙祖先的来历，指出在东方的平原上原有一大批自认少皞后裔的部族。他们以鸟为图腾，是中国的旧族。傅斯年肯定这批部族是东夷，并且认为殷商也由东夷所建（傅斯年，1935）。最近邹衡考察先商文化的由来，指出殷商的老家当在先商文化漳河型的分布区，亦即太行山东麓，黄河以北与以西的地区，至于黄河以南，目前只有郑州南关外一处遗址而已（邹衡，1980：117，139）。这一地区与东夷风姓集团相邻，当可能使殷商与东夷发生很接近的关系，以致傅斯年可有殷商为东夷一分子的学说。但是殷商与东夷也不是完全密合无间的。纣伐东夷而没其身，是则殷商自居东夷之外。甲骨卜辞中征人方是常见的记载。则东夷（人方）一直在殷商直接控制的政治势力之外。

先商文化的地区，在二里头文化范围之外，则商在末代夏以前，是一个与夏共存而平行发展的政治势力。夏为河南龙山文化的直接后裔，商是河北龙山的上层，而后来商的势力代夏为中原主人。这个情势既符合两代文化圈并峙，又符合两个朝代递嬗代兴的说法。张光直主张夏商周三代相承、三国并存的看法实有其启发性的意义，而先殷与山东龙山文化的关系，未必是直线的相承。据邹衡最近的研究，先商文化可能是河北龙山文化的衍生物（张光直，1978；邹衡，1980：139，157—159，257—273）。当然，殷商在发展过程中，无疑撷取了东邻东海岸史前文化的若干因素，而构成其文化的重要特色（张光直，1976：151—169；Kwang-chih Chang，1980：344—348）。由河南龙山往西去，即是陕西龙山文化，直接碰上了本书的主题——西周的起源。下文将再申论。

大溪—屈家岭一系的文化，在地望上应可与前述祝融集团大致相当。但是祝融集团既然原在河南，则江汉之间的新石器文化的主人即须别有归属，徐旭生所划分三集团中的苗蛮集团差可当之。三苗的原居地，据《战国策》“魏策一”：“三苗之居，左彭蠡之波，右洞庭之水；文山在其南，而衡山在其北。”他以为衡山并不是今天的南岳，而是荆州以北，一条东西走向的山脉。三苗的居地即在今日湖北以及其南在洞庭鄱阳两湖之间的地区（徐旭生，1960：57—59）。

以大溪—屈家岭一系新石器时代的分布说，这一个广大的地区大部分可以相合，只是又嫌稍偏靠东些，几乎落在前文所述屈家岭与东方（山东）及东南（马家浜—良渚）两个文化发生交流的区域了。古代云梦大泽周延广阔，远超过今日洞庭湖的范围。彭蠡可能在江北，也不一定是今日的鄱阳湖（王玉哲，1950）。所谓左彭蠡右洞庭之说，只意味着三苗是湖泊地区的居民。后来在夏殷二代，原居河南的祝融南下，可能将三苗排挤出去了，也可能成为当地的统治群。

江南地区，是古代百越的居地。越族进入中国的历史舞台甚晚，到战国时代，始见越人参加中国的各种活动。在考古学上，太湖钱塘江地区有河姆渡到良渚文化一系列的新石器文化，而接续又有遍及皖赣浙闽的印纹硬陶文化，与中原传来的商周青铜文化共存（苏秉琦，1978）。这个现象正足说明江南有一个相当具活力的当地文化，能烧制火候很高的硬陶和带釉陶，但是却也不得不接受北方的文明挟青铜文化在南方建立据点。

由以上考古学资料与历史上所说古代部族的分布相配合，中国在夏商时代，显然是一个多元的小世界，其中每一个地方文化，都代表古代的一个族群。在河南龙山的基础上，夏人建立了在中原的优势地位。夏代似是中国第一个超过村落界限的国家，能够动员成万的劳力建筑二里头那样的宫殿（或宗庙），但是夏代可能只是若干部族中较强大的一个。“夏后”的称号，禹会万国的传说，禹死后启益相争的故事，以及启益的治权依靠百姓自动找他统治和讴歌，都说明了夏初的政权还未必能称为强固的国家。

商代在取代夏之前的所谓先商文化的时候，其文化发展的水平稍逊于以二里头为代表的夏文化。例如在建筑遗迹方面说，二里头文化有大规模的夯土建筑，而先商文化漳河型中，至今还没有夯土建筑出土。以青铜来说，二里头有相当大的钺、戈及礼器（鼎），而先商文化还只有较小型的小刀及箭镞。石器农具方面，二里头文化有梯形及矩形的石刀，是收割的工具，还有较大作牛角状的石镰。

相对的，先商文化的石镰很小，矩刀罕见，也没有梯形石刀。在陶器方面，器物形制花纹各有特色及特有的器皿。先商多鬲，夏器多壶；先商多楔形点纹，夏器则各种印纹均常见。夏文化中有白陶、硬陶及原始瓷片，均为先商文化所不见。以文字说，二里头文化陶器上有各种形式的刻画符号，其中若干已符合后世卜辞文字的笔画；先商陶器上也发现类似符号。二者大约均与大汶口文化的原始文字有关（邹衡，1980：140—144）。

第四节　商代的青铜、制陶与建筑

商代继夏代为中原主要的政治力量后，文化上有不少继承，而内容越来越丰富，创造了灿烂的青铜时代，大体上离开了新石器文化。商代文化的详细讨论，不在本书范围之内，最近张光直的《商代文化》（*Shang Civilization*）是一本最新的综合性著作，可作参考。本文只就商代超越前人的若干特点，作简单的讨论，以为周代文化发展的背景。下文拟就物质文化：青铜器、陶器、建筑；及组织与意念的文物：国家组织、农业、占卜、文字数项加以讨论。

中国青铜的源起，过去颇多“外来说”的聚论。近年来考古发掘出土的新资料，说明中国境内在青铜文化形成以前，曾有其萌芽阶段。现在青铜在中国本土形成的理论，有比前更具说服力的证据及逻辑。在陕西、甘肃和山东，分别有早到公元前三千年的铜刀铜镞出土（Kwang chih Chang，1977：274—279；Wen Fong，1980：1，36；Ping-ti Ho，1975：177—221）。先商文化只有小型铜刀及铜镞。早商以郑州遗址为代表，其早期的铜器中也罕见容器，早商文化的晚期则已有成套的青铜礼器。盘庚迁殷以后，可称谓商代后期，以殷墟文物为代表，青铜礼器、兵器及工具都已司空见惯，至今已有数千件出土。整个商代，青铜器甚多在当地铸造；冶铸方法为直接范铸，早期的范为一个模型作一个范，一个范作一器，无论大小均为浑铸。但小件器物，如镞，可以一范铸造数件，晚期的铸造方法仍为范铸，但铸造大器及形制复杂的器物，已为多范复合拼成。花纹的制作，系在陶模上描纹，用刀契刻，然后反印在铜范上。殷墟出土过一件残模，有已半刻的描纹。半浮雕的花纹则用泥条盘制，另外加在模上，而泥上也有刻纹。总之，花纹与铭文都是铸上去的。

灌注铜液系由俗称“将军盔”的坩埚，一次只能熔有限的铜液。铸造小型器物，少数“将军盔”的容量就够了。大器如司母戊鼎，重 875 公斤，高 133 厘米，长 110 厘米，宽 78 厘米。单以浇铜液言，须有二百五十多人操持七十个左右的“将军盔”，在极短的时间倾入范中。加上前后的制模、翻砂、修饰，以及其他相关工作，一时之间，即须三百多人方可进行。这样的作坊自然不是王室及贵族以外可以经营的。至于青铜的原料：铜、铅及锡，大致都在安阳附近可及之处均有矿藏，商代的冶铜作坊可以不假外求（北大历史系考古教研室，1979：32—36，44—47）。

商代的陶瓷工业，虽然远接新石器文化制陶的传统，在器形上有不少继承古代的陶器，但在技术上有极大的进步，已能制作高温焙制的硬陶及带釉的原始瓷器。这两种硬陶及带豆青釉的原始瓷都用高岭土制造，其原始地点大约在南方，其出土器以比例说，也是南方多于北方。无疑的，南方对北方的陶瓷技术有其一定的影响。

晚商的刻纹白陶，也以高岭土作胎，高温 1000℃以上烧制。色泽白净，陶质坚硬，即使置之今日，也当是佳品。至今只有安阳殷墟有此物出土。大约在当时也只有王室及王亲国戚方能使用。不论早商抑晚商遗址，陶器作坊都是面积大，残品多。而且窑址数十集中一处，附近还有房舍，似乎与陶器作坊有直接关系。制陶业能有如此规模，足见已是专业生产。有一处郑州的遗址，出现的残件多为泥质陶的盆甑之属，而缺少夹砂陶的鬲甗诸器。这种偏颇现象，只能由专业分工来解释。是以商代陶业，不再是使用者为了自用而制作，却是大量的生产某些项目，以供应使用者。至于供应的方式是分配，抑统由市场行为，则不易判断（北大历史系考古教研室，1979：48—50）。

商代的建筑，可由几个古城为代表。郑州出土的早商遗址是3500年前的古城，经过多次发掘，可判定有东南西北四面城墙。由夯土筑成，周长将近七公里，有若干缺口当是商代城门。夯土由“版筑”分段筑成；这种方法到近代犹在使用中。但因为古代技术不精，不能筑成垂直的墙，必须使用斜坡以支持城墙的高度。据估计，郑州古城城墙用夯土的土量约八十七万立方米，是二里头宫殿的四十倍，需用一千三百万个人工。如以动员上万的劳力也须四年左右方可完工。与此相应的后勤及组织，足以说明国家的组织力已达相当水平。城内居住遗址密集。在城内东北部有数处大型夯土台及房基。四周有不少玉件出土，当是宫室所在。城外也有不少遗址，由其性质判断，大都是普通农业聚落。但附近地区则有若干铸铜、骨器及陶器的作坊。农业及工业环绕王都，衬托了王城的自足性，但也说明了城市化的分工现象（河南博物馆等，1977）。

湖北黄陂的盘龙城是另一类型的城市。这座古城的残存，至今仍在地面。南北约290米，东西约260米，约略近方形。城墙也与郑州古城一样，用平夯及斜夯筑成。城内东北部高地，有大型宫殿遗址。城外则是小型房基，盘龙城只有郑州古城面积的二十五分之一。然而一切规制及城垣环卫宫殿的现象，均为郑州古城的具体而微，也都说明了商代城市的政治性与军事性（湖北省博物馆等，1976）。

安阳殷墟是最早发掘的商代城市，经过数十年断断续续的工作，殷墟大致的面目，已约略可知。这个地区的范围，当有二十四平方公里以上。洹水一曲，划分了王宫在南（小屯）、陵墓在北（西北岗）两大区。小屯周围遗址密集，当是中心，离中心渐远，遗址的密度也越小。居民的房址与小墓葬杂出其间，似乎一般居民并不葬在西北岗的陵墓区。居住遗址附近也有不少作坊，但并不见有作坊特别集中的“工业区”，当可能因为居民即是作坊工人之故（考古研究所安阳发掘队，1961）。

小屯本区之内，又可分为三区。甲组最北，有十五座平行的大型夯土台基，是长方建筑的基地。乙组居中部，有二十一座大型房屋成三列南北分布。甲组与乙组之间有一座方形夯土台基，当是坛墠一类遗址。丙组居西南部，有十七座排列整齐的夯土台基。乙组地下有很多水沟纵横其间。据推测，甲组是王宫，乙组是宗庙，丙组是举行仪式的地点。王宫宗庙筑在夯土台上，而一般居民则住在半地下室的窖穴中，但也有些住在地面上的建筑中（石璋如，1959）。小屯四周未见如郑州或盘龙城一样的城墙。如此大型都市，而缺少城垣，实属不可思议。不过，小屯遗址也有一条巨大的壕沟，宽 7—21 米，深 5—10 米，由西南蜿蜒向东北。这条深壕也许是防御工事（考古研究所安阳发掘队，1961）。

陵墓区有十一座大墓及 1222 座小墓，然而也仍有居住遗址及作坊遗址分布其间。每一座大墓，需用七千人工任挖土的工作，其规模之大可知。陵墓排列整齐，有长隧道及深达 10 米的墓穴。穴内殉葬的尸骨散延在隧道及墓穴中。陵墓由夯土筑实，夯土层内有不少人骨。陵墓四周有排列整齐的殉葬坑，埋葬王室的卫队（梁思永、高去寻，1962）。殷墟王陵的集中及其规模，诚为罕见，以致有人以为殷墟实际上不是国都所在，而是类如“陵邑”的都市（宫崎市定，1970）。此论可备一说，但尚不能作为定论。总之，商代城市的形态及建构，以郑州及盘龙城为代表，开启了后世中国城市的先河。

再论商代的宫殿建筑的意义。二里头的宫室，有殿堂、廊庑及大庭，大体上是对称的格局，已如前述。整个小屯地区的大建筑，也有其整齐的布局，分布在甲乙丙三组。殷墟的一座大型建筑，根据其基础作重建的假想图，当是建造在夯土台上，以列柱支撑茅顶，有层阶登上有重檐的大厅（石璋如，1954，1970，1976）。郑州的早商遗址，宫殿基础也有夯土台及成列的石础柱洞，基本上与小屯的情形无二致。盘龙城的宫殿是一座重檐回廊中有四室横列的格局（图 5）。面积虽只有郑州宫殿总面积的十分之一，却几乎全部占

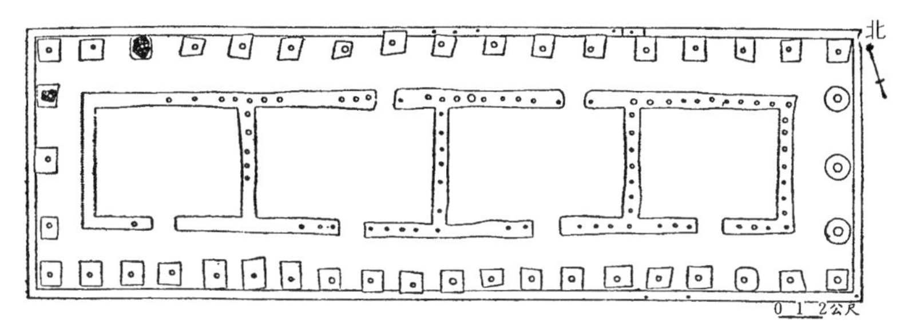

图5　湖北黄陂盘龙城商代前期宫殿基址F1平面图

据了城内的东北高点。三座基址前后平行，方向与城垣一致，似乎是统一规划的。由这几处的情形综合，商代的大型宫殿建筑技术已可相当清楚。大致先打基，再置柱础，石础及铜础都曾出现。列柱作为檐柱，中间立大柱则为了重檐覆屋。这些技术上的程序，与西周的建筑法似乎并无异致。但是一个遗址上几座大型建筑之间的关系，又与二里头的廊庑殿庭格式不同。房屋东西向者多，南北向者少。二里头那种左右对称，南北平行的规整院落，与西周的格式相近。而在商代的几个城市遗址中还难以重建这样子的格局（北大历史系考古教研室，1979：64—69）。

第五节　商代的国家

国家的组织，也许已见于二里头文化，但只能由考古资料作若干推测。夏代的国家，由传说中看来，刚刚踏入父子继承王位的政治组织。商代的政治制度可由卜辞中获知不少细节。商王王位的继承，按照《史记》“殷本纪”以来传统的说法，已是父子相承，而以兄弟相继以济其穷。张光直以为由商王干支命名的规律性推测，商王王位可能由三组十个亲属团体的成员分为二群或三群轮流担任（张光直，1963）。这种继承方法下的国家领导权较弱，而那十个亲属团体的权力则较强，也应当较为显著。但至今卜辞中却未见这一类团体的活动。商代的国都，在早期屡屡迁移，盘庚以后，则似乎确定不迁了。这种现象至少说明了盘庚以后王权已相当的稳定。商王的继承方式，至今尚不能有确切的解释，然而由传统的谱系看来，商王确定地并未实行周代那样嫡长继承的规则，更不论所谓宗法制度了。若单从祭祀的系统看，商室似乎仍有一个“直系”的观念。也许这样的王室传承，重点在宗教意义而未必完全是政治权力的意义上。大约商周制度在王位承继上确有不同（王国维，1959：451—459）。

商王国的中心是大邑商，至于这个大邑商是否即是首都所在，仍在争议之中（Kwang-chih Chang，1980：211—214）。商可能指商人的本土。商都常常迁移，一直到盘庚迁殷以后，大致就在安阳定都了。王都四周的一片直属领地，是卜辞中当作本土的区域，卜问天气收成及征伐，都冠以“我”字。这块直属的本土，大约也正是多子族及“妇某”率族众活动的畿辅地区。《尚书》“酒诰”，“越在内服，百僚庶尹惟亚惟服宗工”的内服，当即围绕天邑商的本土。《汉书》“地理志”：“周既灭殷，分其畿内为三国，诗邶鄘卫是也。”这块土地，李学勤据卜辞地名考证，当在沁水东北，太行山之东，商丘以北，曲阜以西的地区。“酒诰”的外服是侯甸男卫邦伯管领的地区。李氏以为在武丁时，服属于商的地区已西至山西中南部及晋陕交界，甚至越黄河而西。祖甲时，可能在西方失去若干地方，后来在廪辛、武乙、文丁手上逐渐取回。卜辞中征人方，董作宾以为帝辛征东方，李氏以为是帝乙时征取渭水中游，是商人西及最远处。商的南土在武丁时即已到达汉水流域。北方疆域则未易推知（李学勤，1959：37—60，95—98）。近来出土的湖北黄陂盘龙城商代遗址，是一个商代的城市，规模为郑州古城的具体而微，大约即是商人南土的一个据点吧。

超过外服，即是方国，其对商的关系是敌体。商的力量大时，若干方国降服或和平相处，否则侵轶商的田邑，与商作战也是常事。

李学勤细绎卜辞中的方国，分别考证，兹择要述之。土方𢀛方为一组，地望为在山西中部，与商人的接触，冲突规模不大，不过侵犯若干田邑，俘走十余人而已。危方、鬼方与微方是另一组方国。危方与鬼方常常是卜辞中同时卜问的题目。危方当在山西西南部，鬼方也在其邻近。危方时服时叛，有一次战事，俘获人数以千计，当是不小的部落。鬼方则是商的劲敌，《周易》“既济”：“高宗伐鬼方，三年克之。”“未济”：“震用伐鬼方，三年有赏于大国。”其令商人困扰可知。王国维著名的考证，以为鬼方与玁狁之属同为北方的游牧民族，则商人与鬼方的冲突，当是牧人与农人之间的斗争。商代南方无劲敌，北方则常有边患。周代也同此现象（王国维，1959：583—606；李学勤，1959：61—76）。

商人对西方之人泛称为羌，正与泛称东方之人为夷相同，羌方则仍是西方的一个方国，常与商人有冲突。对羌人的战争，动员了成千的军力，包括号为“王众”的“五族”，后者当是与王室有关的部族。被俘的羌人不是当做祭祀时的牺牲，即是当做奴隶。然而也有在商人武力中的多马羌，似乎是羌人御马的特种部族。羌人不止一族，在被俘的羌人中曾出现过羌人的两位方伯，则他们也有超越部族的联盟组织。商人曾征讨过羌方与龙方的联军，而二邦方、四邦方的集合名词指明了羌人的众多。在商代西方羌人未如北边鬼方、土方为患之烈。反之，商人常以俘羌为奴，而不以鬼方的俘虏为奴，可能反映商羌之间生产方式相同，可以为农奴，而北边的牧人却不能担任同样的工作。

人方的方位，据李学勤的意见，也在西陲。此点暂存疑。盂方、刀方、大方，均离天邑商不远，而盂方似乎也在西边。井方离商西更远，反而离周人的莽京可能近些，其详细地望不知（李学勤，1959：77—90）。此中人方的地望，未必如李氏所说在西，而可能仍是东方的方国（岛邦男，1958：387—400）。

东方与南方的方国，不常见于卜辞的战事记录。如果人方是董作宾所认定的东方方国，自然该是山东江苏一带的东方旧族，也就是商人称为东夷的人民。商亡以后，周人东征，这一大批东方居民始逐渐归属周人。商人在江汉之间，既有盘龙城这样的据点，当然必有其东南的经营。卜辞中常见东方与南方的方国及在彼处的征伐，大约由于商人在这两个方向有逐渐的经营而少武装的冲突。因此，商王国在东方与南方的边界也相对的较为模糊。考古的资料指明，长江以南颇有商代文化的分布，如吴城文化分布于湘赣北部，受商文化影响极深。又如苏皖两省沿江两岸的湖熟文化，是印纹陶为特征的青铜文化，与商文化平行发展，但受商文化的影响（北大历史系考古教研室，1979：136—143）。在东方与南方，商人的文化渗透力较为显著，而在北方与西方，则是以国家的形态形成政治力量，与别的部族争长短。

商人的国家权力，在那几百年中自然也有其独特的演变过程。由卜辞资料看来，晚商的政府组织相当复杂。商人重祭祀，王可能只是一个军事与政治的领袖，而自有巫祝之辈（如巫咸，如黄尹，如沚聀）担任宗教上的领袖。但到了晚商，王的身份有显然的改变，凡百事务都出之王的名义，而且死去的王就在上帝的左右为人间的代言人（陈梦家，1956：202，365，580—581）。另一方面，统治机构渐有分工的趋向。“小臣”原是家中仆役的身份，在卜辞中，小臣可以是十分有权力的人物。妇某与多子族原在本土管理族众，分别率众驻防，犹如满人的八旗制度。晚商末期的卜辞中，渐有分层治事的组织，也渐有监督官吏的监察人员。人类幻想的天庭，原是人间实况的反映。卜辞中以为上帝有凤为帝史，以监察世间，又以为天上有五工正，分科办事，正足以说明人世政府已有这样的组织。卜辞有在某一个地方以武力建立商王御史的记载，又有北御史的名号，是王权直接伸张于方国的现象（陈梦家，1956：504，572，510）。武职有亚旅的阶级：箙射马犬卫戍的专称，正说明了文武已分途，而且军队已由部族组织转化为专门的军事团体了（陈梦家，

1956：277，508—517；金祥恒，1974）。商人军队组织，也可由卜辞中记载看，步卒与射士均以一百人为一小队，三行各为左右中，合为一个作战单位（陈梦家，1956：513）。由考古资料观之，石璋如以为殉葬的军士按军事组织埋葬，当是五车为伍，五伍为行。每车有三名战士，左执戈，右为射士。殉葬的步卒，十人一列，另有一名武装较佳的战士埋在前列。这也可说是作战的最小单位了（石璋如，1951）。这样的军队，配备了铜戈、铜刀、铜镞及强劲的复弓，驾着由两匹马拖拉的战车，商文化国家的武装力是相当强大的。事实上，商代青铜器用于作为工具及农具的比例，远小于作为礼器及武器的数目。青铜文化的意义，也许正在强化国家的机能。周人在未来将在这个基础上更进一步。更重要者，商人由夏人继承了中原的霸权，而又扩大了领域，充实其组织。到西周从商人手上接下中原主人的地位时，古代的中国已不是仅有相当整合的文化，而且已有了相当充实的政治权力，以为更进一步凝聚的基础。

第六节　商代的农业与文字

以经济形态言，商文化在农业上有不可忽视的进展。商代的作物，如以“禾”部的卜辞文字计算，为数颇不少。不过，经常出现而且辨识无疑的作物名称，也不外黍稷、来麦、稆秜三类（于省吾，1957；张秉权，1970）。除了稻类不见于今日的河南外，至今小米和麦类仍是中原的主要粮食作物。据陈梦家的意见，卜问收成的记载，也几乎只问黍稷与麦类。大率在春间（正、二、三、四月）问种黍的好坏，秋季（九、十、十一月）问收获的丰俭。农作的过程为藉（踏耒而耕，亦即掘地）、黍（下黍稷种）、获（收获）、畬（储藏），正符耕、种、收、藏的四个阶段。商代农业卜辞中有粪尿之词，有人以为是用肥的证据，但也有人不同意此说，以为前者指壅土，后者也有疑义（陈梦家，1956：532—538；陈良佐，1971）。

商代农作似是大群劳动力集体协作。“王大令众人𣪘田”即是一例（陈梦家，1956：537）。殷墟晚期的一个窖藏中，曾发现了四百四十四把石镰，都有使用过的痕迹。同一窖藏中还出土了黄金页、雕石、铜器、玉器诸种贵重物件。足见这个窖藏不是一般平民贮藏工具的地方，也不是制造石镰的作坊。惟一可能则是农具由当时的贵族分发给属下农户。想来这些农夫工作时，也是成群的协作（邹衡，1980：89）。“众”之一词，是否奴隶，仍在争辩之中，可能为商人平民的集体名词（岛邦男，1958：481—484；萧璠，1981）。众是国人的基层，受王及统治贵族的指挥与控制，平时务农，战时服役。在族的共同体下负担师田行役的责任。由“小臣”一类官员监督着“𤅊田”也是可能的（Kwang-chih Chang，1980：225—227；张政烺，1973）。

商代农耕技术不高，田地不能继续使用而不失地力。裒田即是开发田地的制度。大量劳动力在合作垦荒方面的效力远比少数人手各自进行为有效。张政烺根据卜辞记载推测，裒田的第一阶段在盛夏夏至前后烧薙草木，及严冬冬至前后，剥除树皮使树木枯死。在用石器为主要砍伐工具时，只有经过这种方式才能清除大片土地上的林莽。第二步则是平整地面，疏解土壤，使成为可用的田地。水淹火烧杂草腐木，可以增加土壤的肥力。这时，地力已足，事实上已可种植了。第三步则是把大片田地的垄亩修整，有疆埒畎亩，可作良田了。张政烺认为这一连串工作，属于垦辟田地的过程，正合《诗经》“菑、畬、新”的三个阶段（张政烺，1973：98—102）。

商代的农业，还不够精耕水平。裒田大约正是由新石器时代“刀耕火种”的游耕逐渐开展。有些田地只要开到畬的阶段，就能使用了。有些到了第三阶段的“新田”。由于水利建设及用肥须在相当迟晚的春秋战国才普遍发展，这些“新田”的肥力也未必能长期不衰退，也因此在使用过一段时期后，仍不免抛荒以息地力。裒田遂未必以处女地为开发目标，而可能是经常在各片土地上轮流转的作业。

裒田之举在卜辞中有时见于某一方国，例如“令众人□入羊方裒田”，又例如“今日裒田于先侯”一类的记载。张政烺以为这是“寄田”，亦即到旁国去种田，并且引了《孟子》葛伯仇饷的故事，说明商人可派“毫众”前去葛国代耕（张政烺，1973：107—108）。其说甚有意致，可备一说。裒田某方，也未尝不可解释为类似汉代以后屯田的制度。卜辞中有命令“多尹”或某某人去从事裒田的记载，有的奉派裒田的人带有武官的衔头，如犬征的“犬”当是由狩猎时管猎狗的职位演变为武职。“尹”是阶级可高可低的官名，高官如伊尹，贵为宰辅。族尹则职司不外一族三百人之长（张政烺，1973：109—110）。这种情形，当是商人借裒田在别处屯养兵力，以巩固对于战略地区的控制，当然也仍是开拓疆土的举动。

裒田以族，则商代的耕种为集体的工作。前述数百件使用过的石镰贮存在贵族的窖穴，自然可看作这位贵族掌握了数百人的劳动力。前节论建筑时，曾指明都邑中有农业聚落错置分布其间。这个现象当由于农户直接由各贵族掌握，王也有直接统率的王众。一族、一族，居住在一个一个聚落。商代的生产能力无疑比新石器时代的水平为高。然而以农具而论，商代并无多少青铜农具供众人使用，出土的农具绝大多数仍是石、蚌、骨器。最多的一种是磨光的扁平石铲，当是挖土或松土之用。次多为蚌铲，即用自然河蚌的壳稍加磨制而成。骨铲则用牛的牙床骨剖裂后，再加修治而成。殷墟窖穴土壁上，有不少木耒的痕迹，均为双齿。这种耒，早在龙山文化即见使用，而迟到战国两汉仍见于文献，是中国古代最重要的起土工具。收割工具则有石镰蚌镰，须安装上木柄。早商还有一些矩形穿孔的石刀与蚌刀，则又比石镰为原始了（北大历史系考古教研室，1979：38—39）。农作仍用石器，商代生产能力之提高，似乎与生产工具无甚关系，毋宁是由于商代在人力的组织与运用方面，比前代较有效率。国家的形成，当是产生这种情况的条件。另一方面，商代的作物种类中有黍稷与稻秜，黍稷是华北作物的正系，稻秜则是在南方开始栽培的作物，商代农业无疑是一个南北交流的后果。

书写文字，自然是人类文化进展上的一大成就。如前文曾提过，陶器上的刻画纹是否均是文字仍在聚论未定。但大汶口晚期的几个陶纹，一则以其部分的配属已符合造字原则，二则有在不同地点出土的陶器，而纹样几乎完全一致，似乎已经约定俗成，是大汶口时迨已有文字了（山东大学历史系，1979：1—28）。商代占卜文字，属于一种有了特定功能而发展的文字，在当时必已有另一种比较正式的书写符号。如果由商代铜器的标识作为这种文字的选样，固无不可，但是其数量有限，目前讨论商代文字，仍非由卜辞下手不可。许慎《说文解字》，第一次将中国文字的造字原则归纳为指事（上下）、象形（日月）、形声（江河）、会意（武信）、假借（令长）、转注（考老）所为六书的六个范畴。唐兰约简为三书说：象形、象意与形声，象形与象意是古代图画文字，形声是声符文字。象形简单而具象；象意稍复杂而抽象。陈梦家进一步引申，谓象形假借和形声是从以象形为构字原则逐渐产生的三种基本类型，是汉字的基本类型，而均在卜辞中充分使用了。假借与形声中的一部分，形与义已无直接关系，然而这些发音的部分，原先仍是象形，后来始作为注音的符号。是以汉字以象形为基础，却大部是形符文字。象形的原则，也不能一切依样画葫芦。为了书写方便，若干简省变化的原则出现，以求约定俗成的效果。例如用部分（牛头、羊头、虎纹）来代表全体；用三个小点（小）来代表沙粒、汗滴、血迹；用指示特点的点画来标明所指（刃）；用分合单独图形，来表示某种的配合（二木为林，半门为户）之类。假借之说，即许慎所谓依声托事。字之意义有三，一是本义，如牛之为牛；二为引申，如日（太阳）引申为日期之日；三是假义，如羽象羽毛，却借用为明天之翌。凡假借字只能有假义，而象形和形声有本义，有引申义。凡此均为卜辞中已可找到的若干原则（陈梦家，1956：75—80）。如此商代的卜辞与西周的金文比较，也有若干不同：第一，新的象形难得出现，表示象形的产生，已告停顿。但是省变字形，仍在继续，至于有时反而变得繁体，则可能因西周金文的母体由商代较卜辞为正式的繁体演化。第二，形符（我们今日称为部首）逐渐定型，在卜辞中有从彳、从止、从辵三个书写方式，以表示遘逆的辵部。而西周金文中只从辵了。第三，西周金文加了若干新符号，如走部、心部、言部……第四，形符与音符的替代多于卜辞。第五，通假字出现了，原来有一字，却又借另一字以为代替。第六，虚字如哀哉之哉出现了。凡此六项变化，一部分是约定俗成的后果，属于演化而定型。一部分是由于适应时间与空间的差别，例如甲地方言不同于乙地，即必须用乙地发音加新的形声字，或创造新的假借字。文字孳乳，由此而生（陈梦家，1956：80）。总之，商代的文字从大汶口及其他古代书写符号发展为相当完整的文字，再由西周继承，实为后世汉字的祖先。商代约当汉字的成形期，商代国家在中原的优势地位，无疑地使这一个文字系统成为当时的主流。在中原以外，北方的夏家店文化，南方的吴城文化，也都有若干不易识别的符号，这些文字系统终究不能与中原已成形的商代文字系统抗衡。即使以卜辞文法来看，卜辞的词句构造基本上是以词的排列次序为造句的原则。这也是汉语的基本特性（陈梦家，1956：132—134）。中国古代方言众多，而由卜辞到西周（甚至到春秋以后的文言），文法构造大致遵循相同的原则，大约也当归功于商代文化的优越地位，遂使商代的书写文体成为当时的“雅言”（lingua franca）。

第七节　结论

综合本章的讨论，新石器时代的中国本部有好几个源远流长的文化体系相激相荡，文化的交换刺激，使文化内涵逐渐融合。文化集团间的竞争，创造了国家出现的条件（Cho-yun Hsu，1981）。文明的显现，大约与中国第一个国家政体（夏）同时。国家的组织力超迈个别村落之力所能及。夏商两代继踵接武把中心国家的控制范围扩大到包括历史上所谓中原的主要地区。有了国家的组织力，自然资源与人力资源都因而可以凝聚造成巨大的文化潜力。青铜与都市都因有了组织为后盾，始得凭借累积的能量而发展。青铜不用于生产，而用于武器及礼器，则又反馈给国家组织，使国家组织的有形力量及无形力量（如符号象征）更具有强大的控制潜能。农业的生产力增加，并非因为工具有何进步，而是部分地因为国家的组织能力可以动员农业劳动力开拓新田地。同时，拜文化接触之赐，商代接受中原以外文化的影响，在农业作物中，增加了南方的稻与西方的麦。建筑方法上把中原的夯土与南方的木结构结合为中国建筑方式的主流。山东半岛上已经发展的文字，在商代得到长足的进步，成为中国文字的主流。凡此，都是西周兴起前，古代中国地区已有的条件。西周将在夏商的基础上发扬光大，创造中国文化的母型。

第二章

周的起源

第一节　周人祖先

周室的祖先后稷（弃），据《史记》“周本纪”，是尧舜与夏禹的同时人物。后稷不论是一个实在的个人，抑或是一个时代的象征，至少是周人自己承认的始祖。周之为周，当然也就可说与陶唐虞夏同时已在中国古代的诸种部族中出现了。由这一时代到周文王的时候，周人经历了一千二百年的迁徙。周人的足迹及其与其他部族文化之间的关系，即是本章的主题。

据《史记》记载，后稷之子不窋，在夏后氏政治衰微时，去稷不务，不窋失官，奔于戎狄之间。不窋与后稷的关系，自来即为学者所怀疑；由汉以来，史家即认为太史公所记周初世系有错误（《史记会注考证》：4/4；胡承珙，1888：24/33）。大约后稷之名，原非官号，只是指周人为务稷的部族，“去稷不务”一语，本不是以夏后氏为主词，却是形容不窋领导下的周人放弃了原有的农业，改采戎狄的生活方式，到了公刘的时候，“复修后稷之业，务耕种”，则又由戎狄的生活，再变到农业生产的文化（同上），这一大段事迹，未必在两代之间发生。公刘到文王的父亲季历时，周人经历了四百年左右，如以《竹书纪年》及《后汉书》“西羌传”所载，殷王武乙与周人古公亶父同时为基点（陈梦家，1956：292），公刘至古公有十一代，与殷商世纪相比，公刘应该约略相当于商代“九世之乱”的尾声，盘庚迁殷的前夕（《史记会注考证》：3/19—25）。这时商人由频频迁都到都殷不再迁移，由王位继承的承序不定而至盘庚以后的父子相承。商人正在大变动的中间，公刘时代的周族所受殷商的压力可能比较小，也就有可以自行发展的余地了（关于殷商积年及盘庚以后的年代，参看陈梦家，1956：208—216）。

以上由文献上记载的周人祖先活动的传说，可以有三个阶段，后稷时代周人已发展农业，不窋以后周人奔于戎狄，以及公刘以后又以农业为主要的生产方式。若配合考古学的资料来说，农业在中原早在七八千年前即已发端，周人若在后稷时代始有农业，在中国的新石器文化中，应算是后起的。不窋以后又有数百年不再务农，也说明了周人的农业文化还不够稳定。不窋所“奔”的戎狄，已在农业文化圈外，由后稷开始以至古公的迁徙到岐下，周人大约只能是徘徊于农业文化圈边缘的一个集团。追索先周文化的地望也当由此着眼。

周人起源之地，学者从古代地名着手，总是在今日陕西泾渭二水一带找寻，遂谓弃始生之地邰在武功，公刘以后立国的豳在三水，古公以后所在的岐下为岐山一带（丁山，1935；齐思和，1946）。甚至考古学家追索古迹，也循此线索，以为周人先世迁徙范围，不过在泾渭之间兜了一个大圈子（石璋如，1952：357—376）。

与传统说法迥异，则为钱穆的周人始源于晋南的理论（钱穆，1931；反对其说者为齐思和，1946，但大体上仍与旧说相当）。钱氏之说，以为《诗经》“公刘”：“于京斯依”，“于豳斯馆”；及《史记》：庆节“国于豳”，其京与豳在汉代的临汾，今新绛县东北二十五里处。豳邠古今字，皆得名于汾水。汾水为一条古水，古公得名由此水。《水经注》“汾水注”，汾阴有稷山，山上有稷祠，山下有稷亭，当与后稷有关。又据《水经注》涑水经，闻喜附近有周阳故城，汾口西岸，则有韩城之周原堡。万泉县内井泉百余，正合《诗》“公刘”：“逝彼百泉”的景观，周之得名，也在此区。古公亶父受薰育戎狄之逼，止于岐下，所逾即是韩城西北的吕梁山，钱氏遂以为公刘旧居在晋南，当黄河之东，汾水之南，盐池西北的涑水流域。按地名随着人群迁移而搬家，历史上随处有之。周人在陕西住久了，其地名已深入人心，后人遂以为周人自古以来即居住在这些地方。如以钱氏之说，则周与豳都可能是古公由山西带来陕西地名，周人的祖先未必局促于泾渭之间。钱氏的理论虽有待证实，事实上也有相当的说服性，至少已是重要的一说（陈梦家，1956：292；Kwang-chih Chang，1980：249—250）。

第二节　考古资料上的先周文化

“先周”的定义，应有四个层次：由近及远，最晚的一段，文武建国以前，可说是先于周朝，其地区当是岐山周原；早些，古公亶父迁来岐山以前，是先于周人之为周人的时期；更早一段，是脱离戎狄的时期；最早一段，则是周人集体记忆中的远源。

这四个阶段中，远祖时期最不易追寻，更难证实。钱穆与傅斯年二氏追寻周的源头，都是有趣而不易证实的工作。然而，一个族群的集体记忆，虽有不少难以稽考的传说成分，对于该一族群的自我认同，仍有重要意义。至于考古证据能有用处的部分，当在先于周代一段及先于周人之为周人一段。前者是岐周诸遗址的文化，后者是迁来岐山以前，下文将有所讨论的碾子坡先周文化。这两段，时代差为接近，不难由文化谱系追踪。至于更早于此，文化谱系的族属疏远，演变线索未必清楚，则至多列为历史的可能性，却不能作为定论了。

由地名作推论，牵涉许多文字上的纠葛，而且地名可以由此迁彼，也无妨由彼迁此，其方法学的缺陷，实如双刃利剑，左砍右割，均有可商榷之处。考古学的考察，独立不依傍文献，殆可避免一些文献考证的缺陷。在陕西陇东地区，早于西周而晚于仰韶的新石器文化，是陕西龙山文化，或客省庄第二期文化。单由分布地区及年代顺序论，陕西龙山文化大有可能即是西周文化早期的形态。本文作者早年也曾持这个观点，而以为西周与客省庄二期文化之间，有其相承接的关系（许倬云，1968）。

此说之缺失，在于西周文化与陕西龙山文化之间，变化太过突然（张忠培，1980）。陕西龙山文化陶器表面，常见篮纹及若干方格纹，西周文化陶器中不见。沣西张家坡西周遗址中，也出现过有斜方格纹的陶器，但与上述方格纹甚异其趣。又如陕西龙山文化的斝、鬶、双耳罐，不见于西周文化层。陶鬲是两层均有的陶器，然而其形制花纹与制法均判若两种。由此，陕西龙山与西周两文化之间，地层虽密接，却似有过一次文化的突变。西周文化当仍有其祖先（北大历史系考古教研室，1979：144）。有的学者单由层位叠压关系，认为陕西龙山文化（客省庄二期）必是早期西周文化的祖先，其中的差别则是由齐家文化的影响而来（徐锡台，1979）。这个说法，进一步推论，即不啻单纯地把西周文化的一部分渊源，更往西推，推到甘肃的齐家文化。然而，由齐家文化与陕西龙山文化的关系言，一般总以为齐家文化从东往西发展，越靠近陕西龙山文化，其受后者的影响越深（谢端琚，1979）。齐家纵有反哺，当不能引起早期西周文化的突变。

邹衡的意见，认为西周文化的前期，应当称为先周文化，而先周文化又有其多元的渊源，邹氏借陕西宝鸡斗鸡台发现的周墓中所谓“瓦鬲墓”作为线索，认为瓦鬲墓延续的时间甚长，其中又可分为相连续的四期；这四期的绝对年代：第一期，早不过商王廪辛之时，晚不迟于帝乙帝辛之时；第二期，不会早于乙辛时代的早期；第三期的绝对年代在周穆王以前；第四期则在穆王之时（邹衡，1980：314）。第三期第四期约相当于沣西最早的西周墓。邹氏遂以为瓦鬲墓的第一及第二两期无疑代表了早于西周文化了。沣西马王村发现的两个灰坑，相当瓦鬲墓初期的一个坑直接压在西周早期的灰坑下面。由这个层位关系，瓦鬲墓代表的当是西周文化的前身而可称为先周文化的遗存。由丰镐地区相当于瓦鬲墓时代的考古遗存看，其中相当于瓦鬲墓第一期的遗物与墓葬，虽偶有发现，数量并不多。相当第二期的文化逐渐增加，而第三期的遗存则突然剧增，遗址与墓葬都普遍出现。第二期到第三期是克商前后，丰镐地区的周人经营了文化繁盛的时期（邹衡，1980：297—315）。也由于商文化的强烈干预及西周的旺盛创造力，先周到西周的过渡，也就完成了。

先周文化遗址的分布，遍及陕西境内，泾渭流域的宝鸡、凤翔、岐山、扶风、眉县、武功、兴平、周至、户县、长安、邠县、长武、麟游、乾县、耀县、泾阳、咸阳各处（邹衡，1980：315；徐锡台，1979：50）。以遗址集中的密度言，在长安丰镐一带、扶风岐山一带及长武附近各有一大群。典型的先周陶器也各由这三个地区出土的器物为代表。三群之中，长武附近的遗址时代最早，无论由地质、形制与纹饰看，长武下孟村出土的陶器比长安、岐山各处的都早（图 6）。以陶器纹饰为例，别处都有雷纹，显然受了殷商铜器花纹影响，而长武下孟村的陶器则只有方格纹，没有雷纹（徐锡台，1979：57—58）。长武远在渭河流域之外，居泾水上游，倒与传说中古公亶父迁居以前的地望相当。先周早期遗址地望迤北而不偏西，这是一个讨论先周文化的重要启示。

在 1980 年间，长武碾子坡先周文化遗址，有过几次发掘。据初步整理结果看来，碾子坡的先周文化，可分早晚两期，但以其器物形制言，有前后文化谱系上的同一性。碾子坡的晚期陶鬲，也见于周都岐邑的刘家村墓葬。两者之间的年代关系，碾子坡晚期稍早于刘家村。碾子坡遗址出土的木炭的碳十四年代七个数据，以其公元前 1285±145 年为适中，早于宝鸡斗鸡台、凤翔西村、长安客省庄和张家坡墓地，相当于文王或武王时期的先周墓葬年代。碾子坡先

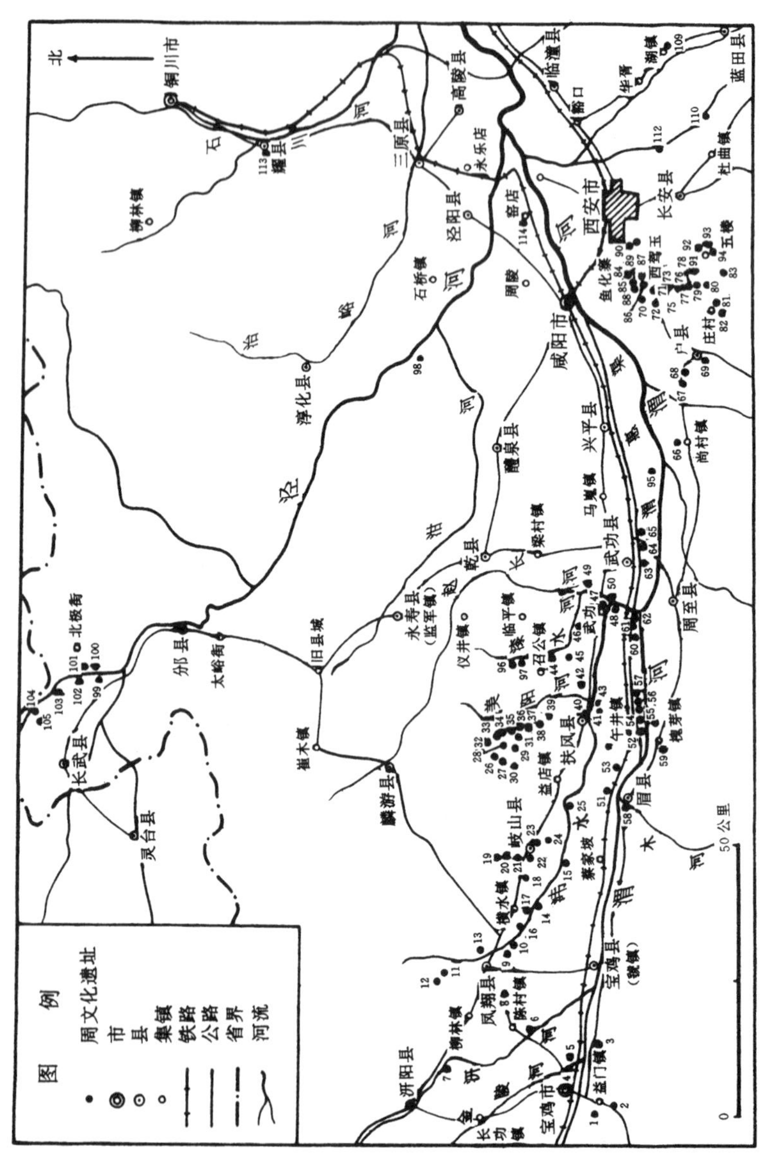

图6　关中周文化遗址分布图

周文化早期遗址的年代，应当略早于古公亶父的时期（中国社会科学院考古研究所，1989：123—142）。

李峰将碾子坡先周文化，与其邻近遗址代表的先周文化联系讨论，认为碾子坡居住与墓葬年代最早，斗鸡台、北吕、西村、郑家坡诸地稍晚，而丰京范围内的遗址最晚，已与西周相接（李峰，1991：265—284）。

李氏之解释，相当周密，而且与古公亶父南迁的路线相符。因此，周人迁徙是由北面沿泾水进入渭域，其来处是今日关中以北的地区。有人以为辛店文化、寺洼文化是与先周文化有血缘关系。李峰认为，先周文化居住遗址出土的陶制器皿，其种类与西面诸文化所有，颇不相同，先周文化不可能是其族属。倒是伊克昭盟的朱开沟文化，时代为公元前1685—前1515年之间，其鬲、豆、甗器形与先周文化有类似之处。李氏因此认为这是一个启示，如果泾水中上游有相当时期的文化，也许即是先周文化的源头（李峰，1991：280）。

先周文化已是高度发展的青铜器文化。商代文化在早商时代，已到达渭水流域，近日西安老牛坡即出土不少属于二里岗期的铜工具及器皿，蓝田也有之。西安附近并出现过冶铜遗址（保全，1981：17—18）。但先周文化中却不见早商的特征，而只显示了小屯期的晚商文化色彩（张忠培，1980：84）。由这一点来说，在渭水流域的先周文化是新到的外来文化。再以先周文化的下限说，岐山贺家村先周墓无腰坑，无狗架，也没有西周墓中常见的簋豆盂等物，恰反映了周人在西周以前曾有过其固有的特点（徐锡台，1980：7—11）。

先周青铜器受殷商青铜文化的影响，以其影响的深浅，可分为商式铜器、商周混合式铜器及周式铜器三大类。以兵器与工具为例，可以看出此中变化（图7）。邹衡又在礼器群，结合花纹形制与铜器上的族徽，考察了可能是铜器制作者的各族名称及其分布。第一类是商式铜器，形制花纹基本上与殷墟铜器类似，当是抄袭商器。可考制器的族别，有下列诸族。

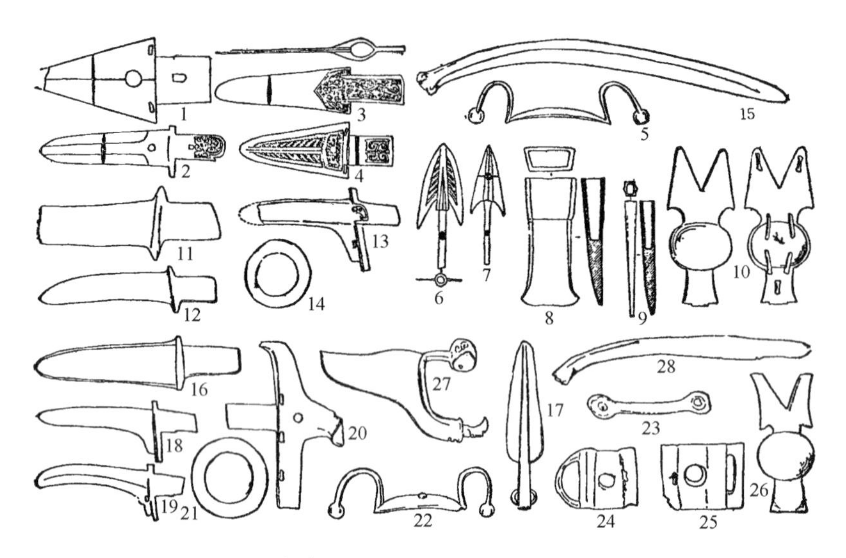

1,5,7,8,9,13,16,18,22,24,25 商式；2,3,4,6,11,12,17,19 商周混合式；10,20,26,27 周式；
1—15 第一期；16—28 第二期
1—9 岐山贺家村M1；10—14 宝鸡斗鸡台B3；15 斗鸡台15；16,17 长安马王村墓；18—26 宝鸡峪泉墓；27 泾阳高家堡墓；28 斗鸡台N4
1,4 铜大戈；2,3,11,12,13,16,18,19,27 铜戈；5,22 铜弓形器；6,7 铜镞；8 铜斨；9 铜凿；10,26 铜当卢；14,21 铜甲泡；15,28 骨刀；17 铜矛；20 铜戣；23 铜衔；24,25 铜镳

图7　先周文化青铜兵器、工具与骨刀

（1）[illegible]诸器：主要在陕西山西，可能是周人。

（2）山诸器：在陕西出土，周人。

（3）[illegible]诸器：在陕西铸造，周人。

（4）覃诸器：在陕西及安阳出土。覃可能为早期曾居住在殷墟的商人，但与山族关系密切，可能覃族的一支迁到陕西，发展了与周人的关系。覃有“亞”字，可能族人曾任商代的高级武职。

（5）陆诸器：有一件在岐山出土。陆与姞有婚姻关系，而姞是后稷元妃的姓，如果传说有点根据，姬周与姞的关系很早。陆姞姻娅，当也非商人族姓。

（6）史诸器：来历比较复杂，史由史官的职得姓，可以是商人

的史，也可能是周人的史。岐山出土的史氏诸器，可能是周人的史官子孙。

（7）酉诸器：酉的字形完全像商代早期常见的大口陶尊。酉器中有二件在殷墟出土，一件在陕西耀县出土，酉族可能为原居于殷墟的商人，后来始入陕西。

（8）𠭥诸器：作风为商器，最早二器在河北正定出土，其他诸器都出自陕甘，可能器由曾居正定的商人铸造，而陕甘诸器则系周人得自商人境内。当然也可能有其族人西迁而在陕甘自铸。

（9）戈诸器：为数极多，是商周金文中常见的族徽。其中出土地点可考者，绝大多数在陕西泾阳及河南安阳出土。该族墓葬中出土器物，有商式器，有周式器，也有商周混合式。西周中期的长安一带，仍有戈器出土。戈人的情形极复杂，邹衡以为可能非商非周，而是有其他来历的古老族群，甚至即是夏人戈氏的后裔。

第二类是商周混合式铜器，基本形制是商式，但经过周人加以改造，成为具有新风格的器物，在形制方面，如方座，如若干圈足。在花纹方面，如宽线阳文的变形饕餮纹、回旋转尾的夔纹。传世器物中有族徽者如㠯器，出土陕西泾阳，当是周人自铸。兵器中的戈矛箭镞均与商器不尽相同，有若干改变。

第三类是周式铜器，所谓周式，指周人自有的特殊形制，根本不同于商器。这一类器物数量不多，但具有明显的特征，如罐形的盉，广折肩的罐，都与先周文化中相应的陶器有一脉相承的关系。有一件罐上带似捕鸟形的族徽，考释诸家意见不一，姑释为𠦝字。带这个族徽诸器均为商周之际器物。𠦝族有曾带商人武职的亚形者，当曾在商人领下，善于捕鸟之族群，而后来居住在陕甘一带先周文化圈内（丁山，1956：80—86）。邹衡以为可能即秦人的祖先。𠦝族在卜辞中有之，数次奉命“田于京”、“裒田于京”、“𡧊田于京”，如果京为《诗》“公刘”中的京，这一个东方的部族，可能如张政烺之说，曾奉商人派遣，西去周地开荒（张政烺，1973：93）。先周兵器中也有独创一格者，如凸刃銎内戈，如“十”字形的兵器戣。戣也是族徽，疑周人。车马器中，有一种当卢，与商人的当卢形制极不相同。有一枚当卢带“夨”字族徽。夨诸器出土地很多，有些在宝鸡、陇县和凤翔，当是其原居地。其出土于河南洛阳及襄县等地的夨器，可能均为克商以后迁去东方的族人所铸。

邹氏综合的观察，以为商式铜器种类多，数量也多，混合式次之，而周式铜器最少，周人的青铜文化显然主要由商人的青铜文化借来。但其中混合式与周式固然无疑由周人自己铸造，其商式铜器，由其族徽判断，也大都由周人自铸，铸造的工匠，可以不妨为俘虏的商人，或学会了铸铜技术的周人。周人仿造多，直接由商输入者少，当可见周人已有了自己的工业技术，并不必进口成品。再以先周铜器的时代言，邹氏以为在先周文化的第一期铜器中，绝大多数是商式器，混合式器不多，周式器则仅限于兵器及车马器。先周文化第二期时，亦即商周之际的前夕了，商周混合式有显著的增加，礼器中也有了纯粹的周式器。这一过程，明白地指出周人由模仿到独创风格的青铜文化。先周陶器发展的过程则恰恰相反。周人在先周文化第一期的陶器，完全与殷墟陶器不同。到先周文化第二期，丰镐一带才有典型的殷墟陶器。这个现象，当为周人在陶器方面保持独立的传统，到接触频繁后，始接受商人影响。商人的青铜文化对周人则有压倒性的领先优势，周人只有在模仿之后，才逐渐发展自己的风格（以上均见邹衡，1980：309—333）。

第三节　周人的迁徙

如前所述，先周文化第一期当在商王廪辛康丁之时，不能晚于帝乙帝辛。在殷王世系上，廪辛康丁在位时间颇短，接下去的武乙则在位颇久。陈梦家先生据《竹书纪年》，定武乙在位三十五年之久。而其前康丁不过十年，其后文丁也只有十一年（陈梦家，1956：

210)。武乙是商王中颇多是非的君主，在他的手上，殷又迁离亳改都河北。据说他向天神挑战，做了天神的偶像，与他赌博。天神的代理人赌输了，武乙用革囊盛血，射破革囊，号为射天，大约以革囊中血漏泄，象征天神流血而死。武乙又远去河渭之间狩猎，据说在那里被雷电殛死（《史记会注考证》：3/24—25）。武乙之迁，商周之间也颇多事。据《后汉书》“西羌传”，当时，武乙暴虐，犬戎寇边，古公亶父逾梁山而避于岐下。这一件传说大约是在周人历史上有极大的意义，《孟子》“梁惠王下”，也说古公亶父为了避狄难而去邠逾梁山，止于岐下。周人迁徙，只有由亶父统率的一部分南下岐山，其未徙的周人，当仍在邠地。如果以长武一带先周文化第一期的遗址作为亶父迁徙以前周人的居地，在泾水上游与岐山之间，确有一片海拔一千多米的高地，横亘在泾水河谷与渭水河谷之间。郑玄所谓“梁山横长，其东当夏阳，西北临河，其西当岐山”（《史记会注考证》：4/7）。似即这一片山地。但是先周文化第一期在长武一带泾水上游发展，至多只能推溯到古公亶父的时代。周人在此以前自然还当另有渊源，而且还必须追溯到先周文化以前。

卜辞中有关周族的记录，大多在武丁之世，陈梦家即列出了十六条之多。其中最多的是命某族伐周，如：

“令多子族眔犬侯璞周”

“令多子族从犬厍璞周”

“令旃从仓侯璞周”

“令放族璞周”

“从仓侯璞周”

“氐系□□从仓厍璞周”

“王曰余其曰多尹其列二厍上丝眔[illegible]厍其彴……周”

“令上绯□璞周”

“璞周”

“医弗敦周”

“串弗𢦏周”

“令周”

“周不㞢𠦪”

“周弗其𠦪犬”

“周”

此中璞、敦、𢦏，都是征伐的意义。后面几点则对周可以下命令，也关怀周的禽获，则周可能已对商顺服了。武丁以后的卜辞，即不再有关于周人的记载（陈梦家，1956：291—292）。武丁为商代名王，传统的历史称他为复兴殷道的高宗，享国五十九年。卜辞中，武丁一代的占卜活动也最为多姿多彩，对外的接触也特别多（陈梦家，1956：269—298）。第一章曾说到商代四周方国的经营，武丁之世商与羌最多纠纷。武丁也在井方有事，李学勤以为井方更在周之西边。周人与商之间的战争，相当频繁，似乎很难以商人悬师远征为解。伐周统帅是犬侯，犬侯封地，丁山以为在今日河南商丘一带。其论证可备一说（丁山，1956：115—117）。如丁说果然，犬侯率众由豫东经安阳入晋南，颇有可能，若劳师远涉渭水流域，即不大合理了。由商周冲突的记录看来，周人祖先当以原在汾域为较有可能。

周人在武丁时进入商人的文化圈与势力圈，也是可能的事。事实上，在卜辞中有关周人的记录，似已称为周侯（岛邦男，1958：406—409）。武丁到廪辛之世，有将近一百年的时期。这一段时期，周人的祖先在何处落足，颇难考订。陕北的地理形势是一片黄土高原，纵列有黄河、洛水、泾水三条河谷，横排有这三条流域支流的河谷。陕北黄土高原的海拔，不过五六百米到一千米之间。河谷又有今日称为头道原二道原的台地，古代称为原隰。那些横排山河谷的上游每每只隔一条高岗（史念海，1963：40—44）。渭水谷地，地势更平，土地肥沃，新石器时代的末期，已有陕西龙山文化的主人在彼处落户生根，周人的祖先既僻处陕北，一时未必能挤进这片土地。然而先周以前的周人未必不能在比较少竞争对手的陕北与山西西部活动。

钱穆以为后稷起自晋南，公刘由戎狄中出来重新务农，也在山西的西南角。假设周人的祖先正处于北方游牧文化与南边农耕文化之间，钱氏的理论仍可站得住，不过当以古公亶父以前若干世为其理论范围所及，却不能把古公亶父以后的先周文化也仅置于晋南。

商人青铜文化具有优势文明的冲击力，是以在商人政治势力所及的外围，文化势力圈更为广袤。关中最好的河谷地带为渭水两岸以及泾水的下游。如上章所说，远在周人成气候之前，商人已经在此有所经营。商代青铜器出土于陕西者，有相当于郑州二里岗上层的器物，如空足鬲、空足鼎、空足平底斝及云雷纹锥足鬲，分别在西安、铜川、蓝田、麟游、扶风出现。相当于武丁以前商器的铜器则有岐山京当的一批窖藏，包括鬲、觚、爵、斝、戈各一件。相当于武丁祖庚祖甲之世的，则至少有眉县出土的一件云雷纹鼎，与安阳武官村及小屯的两件酷似。扶风白家窑水库发现的商代陶器群，也与这些铜器的发现互为佐证，说明商文化早已达泾渭地区。这些铜器并不完全仿照商器，也有由当地陶器传统中衍生的铜器形制（邹衡，1980：128，333—334）。泾渭河谷文化，应是当地文化与商文化的糅合体。不仅后来周人进入泾渭地区时必然会受到商文化的影响，先周文化仍在陕北时，因为密迩泾渭地区，也必然接受相当的影响。这是先周文化中很重要的一个成分，其中不仅有商文化的因子，还有陕西龙山文化与商文化糅合后的混合因子。古公亶父以后的先周文化，无疑接受这一个因素的影响，发展了周文化的主流。

先周文化的构成因素，当然又不止于此。先周文化以前的周人祖先，曾经奔窜于戎狄之间，到古公亶父时，戎狄的压力又曾逼迫周人南徙避难。周人与戎狄的接触，必然相当频繁。这些戎狄即是卜辞中的鬼方土方，王国维认为是后世猃狁一类的北方部族（王国维，1959：583—606）。山西中部与陕西北部，自古以来经常是中原的农耕文化与北方草原文化作拉锯战的战场。山西西部黄河沿岸属于商代中期以后的文化，自成一种地方性面貌，其分布地在保德、忻县、石楼、义牒、永和、灵石、平陆一带。除了有接近商式的青铜器外，这些地带出土了类似草原文化的器物，其最显著者为铜刀、铜匕、铜削、铜匙的柄把，成兽头状，有能摇动的铜舌（文物编辑委员会，1979：57—58；吴振录，1972；沈振中，1972）。在隔河相望的陕西绥德清涧一带，情形也相似，除了有与中原同类器物基本相同的铜器外，同出的马头铜刀和蛇形铜匕，完全与上述山西的刀匕相同，具有浓重的草原文物特色（文物编辑委员会，1979：125；黑光等，1975）。如果先周文化也在山陕间的黄河两岸发展，草原文化的因素自然不能排除，不过未必是先周文化的主要成分。

邹衡、徐锡台诸人考察先周文化，均以鬲的形制为线索。先周文化的鬲有联裆与分裆两类，一般以联裆鬲来自东方的山西地区，而分裆鬲来自西方的甘肃地区。东方的影响当来自光社文化。而光社文化的分布范围，大约东不越太行山，西去包括山西中部、陕西的东部与北部，甚至及于河套地带，往南则到达吕梁山区所谓河东一带。光社文化的时代，初期约略相当夏文化的晚期及早商时代，当是由河北龙山文化发展。中期不能迟于殷墟文化早期，亦即武丁之世；晚期则与殷墟文化的晚期相近（邹衡，1980：258，336）。光社文化的中期有联裆鬲出土，不论是平足的抑或锥足的，其形制均与宝鸡斗鸡台的鬲相似。光社的圆肩平底罐也与斗鸡台瓦罐酷肖（图8）。光社的中期比先周文化的第一期为早，则先周的鬲来自光社文化因素，殆无疑问（邹衡，1980：336；解希恭，1962：28—30）。

邹衡以为先周文化与光社文化有血缘关系的第二证据则是一种弓形器。这种东西的用途不明，但主要在山西的光社文化墓葬中发现，例如石楼、保德都有过此物出土，青铜制，也有赤金制（杨青山等，1960：52；郭勇，1962：34；吴振录，1972：66）。这种弓形器至今未在他处见过，当系光社文化的地方特色。邹衡以为周人铜器中有⼊为族徽者，可能即为反映这件器物的象形符号。带⼊字的

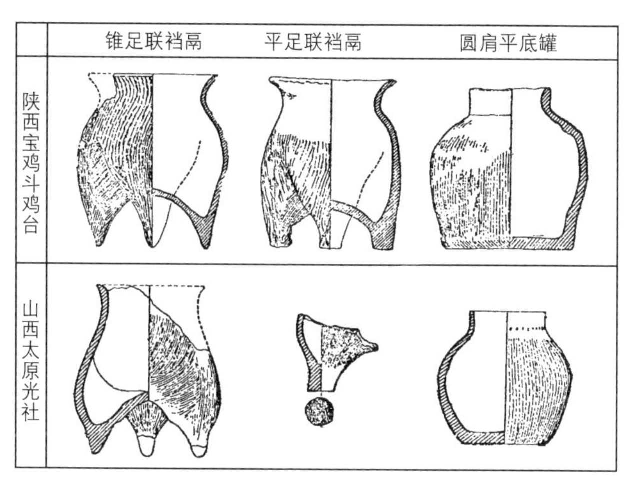

上排：斗（F8：70016）、斗（E9：5004）、斗（D6：103007）

图8　先周文化（上）与光社文化（下）陶器比较图

铜器多至六十余件，其中可考知出土者为七件。出土地分别在山西太原，陕西岐山，河南洛阳、濬县，以及辽宁喀左。据推测，𠆢族早期曾住在山西太原，后徙至陕西，而进入西周后，又迁至河南等处（邹衡，1980：336—337）。

周代铜器族徽中还有一个“天”，像正面垂臂、两腿分立的人形。“天”字诸器多到五十余件，出土地可考者为陕西扶风、岐山、长武、绥德、宝鸡，山西灵石，也有一器出于河南。在山西陕西出土的“天”器，分布地与光社文化及先周文化都有关系，也可推测天族可能先住在石楼、保德一带，然后迁往泾渭地区的长武、扶风、岐山一带（邹衡，1980：338—339）。至于他论证天氏及天黿、天兽诸器与黄帝族系的关系，与先周文化的渊源问题无关，可不必论。

本文前节曾引钱穆的理论，钱氏以为周人祖先起自山西，提出了若干古代的地名的证据。豳之地望，旧说都根据《汉书》“地理志”认为在陕西，即汉代的扶风栒邑。钱氏则以为豳亦作邠，从分从邑，当由汾水而来；栒邑的栒，亦当作郇从旬从邑，而郇瑕氏之地，《左传》、《国语》均谓在晋（钱穆，1931）。豳之未必原在泾水流域，徐中舒由《诗》的内容、名词，皆证明今本“豳风”不是西周初年之诗，“豳风”所咏也非陕西泾上的土风，由音乐用土鼓苇桴苇籥，以及今日所见“豳风”诸诗中的地名产物诸点，证明“豳风”为春秋鲁国的歌诗（徐中舒，1936）。徐氏所证“豳风”之豳不代表陕地之豳，甚为有理。但以为“豳风”代表鲁国师工的歌诗，仍有可商榷之处。鲁国为周公之后，在周初分封列国之中居特殊的地位，拥有“周礼尽在鲁矣”的特权。傅斯年以为《诗经》诸诗，有调有词，起兴犹如后世之填词，但填词的规律严，“起兴”式的填辞句入曲调，较填词为自由。《吕氏春秋》“音初篇”，列举了四方之音的起源，自是以为四方各有音声，不仅方言不同，用方言歌唱的音乐，也必然会不相同。依《吕氏春秋》之说，以“侯人兮猗”为越音的歌诗，是南音；以“燕燕往飞”起兴的为北音，今在“邶”、“鄘”、“卫”中；秦音即是西音，未提起兴之句为例；“破斧之歌”为东音，在“豳风”的“破斧”中。其中“破斧之歌”，《吕氏春秋》所述的本事是夏后孔甲田于东阳萯山的事，与《诗经》中今见“破斧之歌”中周公东征事全无相干，惟有用起兴为释始通（傅斯年，1952：Vol. II，67—70）。《吕氏春秋》“音初篇”所记，可能是传说。然而正因其内容与世所熟悉的《诗经》不同，其传说倒可能有古老的来源。祖先在豳创业的事，周人岂能不加追述。然而公刘之世，周人朴质未文，其歌诗是否有文字传下，大为可疑，是以“生民”、“公刘”诸诗，都用后世追述语气。然而音乐曲调，口耳相承，又有乐师保存因袭，大约即可留下“豳风”的名称，是以鲁人兼用四代之乐，而有击土鼓吹苇籥的土俗音乐。此说虽据《周礼》“春官·籥章”及《礼记》“明堂位”，材料似乎晚些。但礼仪为文化中最保守的部分，这些乐器之出现于鲁人乐队中，当仍由礼仪从古之故（徐中舒，1936：443—444）。鲁人如以旧乐谱新词，自然可以有徐氏所指“豳风”诗篇内容比较切合后世鲁国情事的现象，否则以东方之鲁而袭用远在泾上的豳总有难通之处。豳在《吕氏春秋》中既称为东音，泾上明明在西，焉可以东为号（徐中舒，1936：447）？如以山西汾上为邠之命名来源，则汾域与岐山周原相对而言，颇符合“东音”的名称。再以四方音中的北音为旁证，王国维引北伯器，证明邶为商代在北边的旧壤，当属之河北易县（傅斯年，1952：Vol. II，69）。本章前文曾指陈先周文化有草原文化的成分：商周之际，河北、山西，东至辽宁，西及陕北，有夏家店上层文化，具强烈的草原色彩，但也由与龙山文化同时的夏家店下层文化相接（文物编辑委员会，1979：39—40）。这一个文化与先周文化既然早有接触，北音之起源，大可不必等到召公之后封于燕时。

如前文所说，“豳风”既称为东音，当指以在汾水流域旧居发展的音乐，后来虽也无妨由鲁国乐工加入新词以歌咏本国的事迹，其乐调则当仍旧是邠土的谱子，乐具也是旧有的土鼓及苇籥。土鼓即土缶，先周文化中颇有大腹陶罐；苇籥当是芦苇所制的管乐器，苇管无法久存，在考古学上不能有所证实。籥是宗教性乐舞中的重要部分，“邶风·简兮”，说明在“万”的武舞中，舞者左手执籥，右手秉翟；“小雅·宾之初筵”中，籥舞笙鼓是祭祀列祖的乐舞方式。凡此均说明了籥在周人礼仪中的重要性。苇籥是籥中原始的一种，只有属之周人发展的最早阶段。土鼓苇籥作为反映先周文化的音乐，颇为相当。

由于周人的起源在山西，周人始终不忘本族与山西古族夏人的渊源。周人自谓夏的后人，认夏为正宗。《诗》“周颂”中，“时迈”：“我求懿德，肆于时夏”，“思文”：“无此疆尔界，陈常于时夏”，都以夏作为自己的疆域看待。《书经》“康诰”：“用肇造我区夏”，也是以夏为自己疆域（傅斯年，1952：Vol. II，88；Vol. IV，234）。夏代建国山西，及于河南，其疆域未及渭水流域。周人自同于夏的心理，只能由历史记忆中周人老家在山西为解释。傅氏以为周人是夏人的后代，其与殷商的争衡，代表古代中国东西两大族系的拉锯战（傅斯年，1952：Vol. IV，88—94）。傅氏之时，考古学的发现系以仰韶龙山两文化对峙为基本假设，因此他有夷夏东西对峙学说。今日考古学的新发现，肯定了第一章所说几个大文化系统并存的局面。周人与夏的关系，不能由地望确立，遂只能用历史渊源为说了。周人持此观念，更足说明前节周人来自山西的假设。

综合上述诸点，钱氏以为豳即邠，邠原指汾水流域的都邑，随着周人迁去陕西，邠的地名也搬了家。若比较泾水与汾水的情形，汾水支流众多，当一个“分”字，远比泾水合适。在泾水流域，这个从分从邑的地名，若别无更古的来源，实在太觉突兀。先周文化在东，故“豳风”仍保留东音的名称。“豳风”代表了周人开创时的音乐，无论后世配上哪一种歌词，其乐器则仍在礼仪性乐舞中出现。邹氏由考古资料中找到先周文化与光社文化的关系，又以铜器铭文的族徽追索有关诸族的迁徙路线为由今日山西迁入陕西。钱邹之说的结合，当可指出周人入陕西以前，原在山西汾水流域发展。其他密迩北方的草原文化发展的地区，是以先周文化中有草原文化的色彩（如蛇形匕首、马头铜刀之属），而周人祖先在不窋以后与“戎狄”混合及古公亶父受戎狄压迫而迁徙的传说，也因此很易解释了。

第四节　周人与西方羌族的关系

先周文化中，也有一部分由甘肃陇右接受的因子。邹衡仍以鬲的形制为追寻先周文化来源的指标，他以为分裆鬲是辛店文化与寺洼文化的特征。分裆鬲中高领有双耳而有细绳纹的一型，老家在甘肃洮河、大夏河一带，为先周文化分裆鬲的祖先。先周文化斗鸡台的圆肩罐也与辛店文化的双耳花边罐形制基本相似。凡此说明了先周文化的西来成分。邹氏更以铜器族徽[illegible]为线索追寻这一族的来源，邹氏以为此字是双耳分裆鬲的象形。周人克商以后，这种形制的鬲渐趋消失，[illegible]只以族徽的功能，传留在这一族的铜器上，带[illegible]字的铜器，多达百件，足见是周人中的雄族。由出土地点可考的十八件铜器推论，属先周文化的诸器出土于陕西扶风、岐山、长安一带；当商末或商周之际者出土山西灵石旌介墓葬；周初诸器出土于河南洛阳、安阳，山东黄县。另有二件，一出北京西周墓，一出辽宁喀左，似当商周之际。邹氏因此推论，这一族原住陕西，后迁灵石；克商以后，一部分迁入河南。至于安阳之器，可能是由外进入商之人所制，不必为商人。邹氏主张[illegible]代表的双耳分裆鬲既存在于陕甘两省的辛店文化、寺洼文化和先周文化之中，这个族徽代表的古代族群也应当包括在上述三个文化的主人之中。引申而言，先周文化中的一部分应是与辛店、寺洼文化有关系的古族。陇右在古代是羌人的大本营。寺洼文化的火葬又增强了寺洼文化和氐羌民族有关的推论（邹衡，1980：345—349；夏鼐，1961：11—49）。最近有人综合研究甘肃出土的几件陶塑人面及人头，发现甘青地区由庙底沟到马厂时期的陶塑人像都有披发的发式，额上并有短发。发式是区别部族的重要指标。甘青新石器陶塑有披发发式，周秦汉以来同一地区的羌族，据《后汉书》“西羌传”：“被发覆面，羌人因以为俗。”这一现象，不能只是巧合（胡顺利，1981：238；张朋川，1979：52—55）。同一地区辛店、寺洼文化与羌人的关系，自然也不言可喻了。

最近宝鸡茹家庄发现两座密接的西周墓葬，一为強伯及其配偶井姬墓，墓分甲乙二室；另一墓的墓主似乎是名字为“兒”的人，其与強伯夫妇的关系不明。墓葬年代则为西周昭穆之际。墓葬随葬品的形制与特色，显著地反映有两种文化同时并存。一是典型的西周铜器及其列鼎制度，　是形制迥异的一批铜器。在宝鸡附近，这个现象并非仅见。有数处墓葬都出土了典型西周器，夹杂一些没有纹饰而形状扁圆的异样铜器。陶器的情形亦然。典型的西周早期鬲可与若干形制不似西周物的陶罐同时出现。其中马鞍形口双耳罐也曾在寺洼文化中发现，而且列为寺洼陶器的主要特征之一。茹家庄墓葬的混杂现象，比之另一处在竹园沟发现的早周墓葬，后者反映的寺洼文化特色更为强烈。強伯与井姬的婚姻，可能使周人典型制度与寺洼文化的色彩又经过了一番融合过程（张长寿，1980）。茹家庄墓葬遗物群表现的文化混合，更可由井姬的婚姻得到进一步的意义。据《广韵》，井是姜姓之国（邹衡，1980：350）。井姬当可能即是姬姓女儿嫁给井国贵族弜伯的伯爵。姬姜婚姻的传统，早在姜嫄生后稷的传说开始。后稷是否确为姜嫄所生，并不重要。重要的是以姜嫄为女性始祖，遂将姬姜二姓联结为人类学上的两合氏族（moities）。姜羌为一词之二形（傅斯年，1952：Vol. IV，13），姬姜婚姻，也正是周羌联盟的表现方式。刘启益由金文中寻找周王的配偶姓氏，发现由文王开始，西周十二王，十一代，每隔一代即有一位姜姓的王后。这个模式不是偶然的。只有对偶集团的关系可以解释（刘启益，1980：89）。

羌在卜辞中经常出现，有时为商人的仇敌，有时为商人俘虏。羌人作为祭祀的牺牲，其例甚多，也有多马羌似是为商人牧马的羌人。此均已见前章。李学勤以为羌在商世有广狭二义。商人泛指西方的异族为羌，而羌方专指居于羌地的一个方国。该国大约密迩商境，是以有羌方侵入商邑的记载。商人动员兵力，动辄五族，也有具体提到六千人的记载。在廪辛时代的一次战役，羌人被俘的有两位方伯。由此均可觇知羌人的实力也不算小。李氏以为羌方的地望当在商西狩猎区附近，当今日山西南端及豫西一带（李学勤，1959：29—36，77—80）。傅斯年在“姜原”一文中，历考姜姓诸国迁徙路线，断定姜姓与四岳的关系：四岳实是四座大山，而四岳诸国即山中部落。姜姓大国甫与申侯由岳神降生。至于姜姓之本原，傅氏考定在豫西渭南许谢迤西的山区中，也就是《国语》“郑语”所谓“谢西之九州”（傅斯年，1952：Vol. IV，13—22）。《后汉书》“西羌传”列举历史上的羌人诸族：陆浑、阴戎、蛮氏、骊戎、义渠。其中义渠偏在陕西西北部，余者分布在渭南以至伊洛之间。范晔以为汉代之羌人偏居西服，实是迁徙的结果。然而考古学上寺洼文化与羌人的关系已如前述。综合本章所述各项资料，毋宁可说，晚商时候的羌人分布于陇右到豫西晋南的系列河谷山岳之间。其在商境西陲者号为羌方，与商人时有冲突；更往西去的一条线上，诸羌统称为羌人。这些羌人中居渭水流域的一支与周人融合。在豫西晋南的若干支则成为后世姜姓诸国。若干支成为春秋时代的姜戎氏人。而偏在陇右的一支，上承寺洼文化，下接汉代的羌族，大约是留在老家的一批。其情形正如女真入中原，仍有留在白山黑水之间的余种，保其故俗，后来成为满洲诸部（傅斯年，1952：Vol. IV，22）。

第五节　渭域创业

周人之入渭水流域的周原，遂与姜姓部族结合，古公亶父“爰及姜女，聿来胥宇”的史事，意味着有已居此地姜族的迎接。另一方面，渭水流域已有商文化的影响存在。姜族之外，此地也未尝不可能已有接受商文化成分的其他部族，例如陕西龙山文化（客省庄二期文化）的后人。渭域甚至还有商人自己西来开拓耕地的拓殖部队（张政烺，1973）。再回溯周人在武丁之世，因与商人密迩而有战争，无疑也会接受相当程度的商文化影响。总之，周人既有过去接受的殷商文化，又有在渭域接受的殷商文化，先周文化是相当成熟的青铜文化，也就不足为奇了。这一个成分，加上姬姓部族在山陕间发展的文化和姜羌部族由寺洼文化上发展的文化，三者合而为先周文化的主要内容。本文作者以前把先周文化看作移植在客省庄二期文化上的产物，把问题看得太简单（许倬云，1968：437—438）。其时，先周文化的考古发现不如今日丰富，演变线索也还不清楚，遂致错失。目前的考古资料，及若干考古学家的新研究，已可使我们对先周文化移植渭域前的阶段及成分，另作一番补充，补足前所未能做到的遗憾。

周人在公刘时代，大约始有相当的政治组织。《诗》“大雅 · 公刘”一篇描述了公刘率领族人武装移民的景象。带了武器，备了干粮，跋山涉水，由诗中语气看来，公刘率领的周人，离开了有“百泉”的地区，登陟高冈，往胥及豳地定居。而京也许只是指望台的大建筑，也就是政治中心。豳（邠）之取意汾水，如钱穆主张，已见前文。胥字在《毛传》训相，但“绵”诗中也有“聿来胥宇”一语，胡适由文法比勘，以为也是地名。丁山更进一步考定胥为“夏”的声讹，他并考证夏代末季所在的西河，当在今日陕西郃阳县附近（丁山，1935：92—93）。这一地点正为山西西部汾水流域到陕西西部泾水流域的中点。公刘的后代庆节更由此西去，而带着豳的地名以命名泾水地区的新地，也是可能的。

在胥与豳，周人举行了宗教仪式，“君之宗之”，亦即建立了族长的权威。这是政治权威的形态。军事上，周人组织了三个作战单位。“其军三单”一句，杜正胜以为指公刘经历多次战斗，始取得豳地（杜正胜，1979）。但丁山以为单是旜之简体，指族旗言，并以商人有左右中三军的制度解释“三单”，其说较胜（丁山，1956：61—63）。这是氏族军事化的组织形态，颇与满洲初有八旗时相似。经济方面，公刘实行“彻田为粮”，彻字确义至今仍难解决。不过这一句诗的上下文当连看一起读：“笃公刘，既溥既长，既景乃冈，相其阴阳，观其流泉，其军三单，度其隰原，彻田为粮。”此中有相度地形、安置军旅的意思。“彻田为粮”当可能如胡承珙所说是治田之意。彻固亦可解作税法，但《诗》“崧高”有“彻申伯土田”，“彻申伯土疆”句，“江汉”有“彻我疆土”句，彻均指整治疆界，不必拘泥于“贡助彻”的税法解，当然更不必着重在税法一义上，解释为“剥削”原居农民了（胡承珙，1888：24/40）。

如前文所说，“三单”可能指组织周人为三作战单位，也是管理单位，周人在公刘时代大约是一个由族长率领的武装移民，到达豳地之后，如将土地分配各人，整治田亩，以求定居。从接下去文字看，周人必须远去渭水流域求取厉石锻石，则当时的物质条件也就相当艰困了。公刘在郃阳一带的事业，使周人在后世与这一地区的关系始终藕断丝连。近来出土的一件辛邑陕矛是有莘国器。《诗》“大雅 · 大明”：“大邦有子，……缵女维莘”，文王的这位夫人是有莘的女子。莘的活动范围是“在洽之阳，在渭之涘”，约在大荔、郃阳一带，正与“胥”的可能地点相合（左忠诚，1980：4）。

公刘的儿子庆节迁豳，这个地方应当即是泾水流域先周文化第一期出土最多的长武一带。到了古公亶父的时代，周人又有一次大迁移，由豳迁到岐山之下，今日所称周原的地方。据《诗经》“大雅 · 绵”：“古公亶父，来朝走马，率西水浒，至于岐下，爰及姜女，聿来胥宇。”其迁移的方向是由东往西。若按传统以邠在泾西为说，由邠到岐下，应是直南，如由公刘所居的胥为起点计算，则有先在泾水流域立足的一番转折，再去岐下，“率西水浒”之说始为合理。也可能由庆节到古公时代，周人分布地区不限于泾西而已。古公亶父“陶复陶穴，未有家室”，不当以为古公亶父时代还不知道建筑房屋。商代遗址中，一般平民住的大都是半地下室的建筑。陕西龙山文化（客省庄二期）也多是半地下室的居室，“陶复陶穴”一语可能指太王（亶父）初到岐下，还未及建设，周人上下都住当地已常见的半地下居室，也可能只是描述周原一般农村在未有宫殿建筑前的景观。

“绵”的下文，太王占卜的结果，可在周原定居。第一步的工作仍是指定族人的居地：“乃慰乃止，乃左乃右”；以及分配土地整田亩：“乃疆乃理，乃宣乃亩”；正与“公刘”一诗中的情形相同。

《诗经》“周颂 · 天作”是颂赞太王的诗篇：“天作高山，大王荒之；彼作矣，文王康之。”荒，传统的解释是奄有的意思。然而“大雅 · 绵”：“柞棫拔矣，行道兑矣”；与“大雅 · 皇矣”：“作之屏之，其菑其翳；修之平之，其灌其栵；启之辟之，其柽其椐，攘之剔之，其檿其柘。……帝省其山，柞棫斯拔，松柏斯兑，帝作邦作对”两节比较，太王着实做了一番开辟山林的工作。“天作”一诗中的荒，当是指清理树木开荒辟土的功绩。在对太王的赞颂中，这一件工作是诗义的主旨，足见太王的功劳不仅在迁于岐下，而更在于大规模开辟土地，而文王的工作，则是在这个基础上使百姓安康。

公刘时代族长可能住在不很永久的庐旅。太王却进行了大规模的建设工作。诗中描述建宗庙宫室的步骤：画线、版筑、运土、堆土、筑墙、削平的各种嘈杂声音。许多房屋造好了，号令约束工作人员的大鼓声也咚咚不绝。造的房屋有宗庙，有冢社，有皋门，有应门。诗人的描述十分生动。

第六节　周原的遗迹

最近陕西岐山的凤雏村及扶风召陈村分别有周初的大型建筑出土，几乎可说是“绵”诗的注解。岐山凤雏村建筑遗址的时代，由于有祭祀殷王帝乙与太甲及记载殷王来田猎的卜辞，可以肯定这组建筑的始建年代当在武王克商以前，其下限则由出土陶鬲的形制，知道可以晚到西周晚期。遗留木柱的碳十四测定年代是公元前1095±90年，正是商代末季。是以凤雏村的建筑基址当在周人在灭商以前建设的都邑。文王武王的都邑在丰镐地区，岐山一带是古公亶父以来周人所都。后来纵然迁都，此地仍保留了若干建筑。凤雏村的早周遗址，应可反映太王、王季时代大型建筑的情形（图版1）（周原考古队，1979：34；王恩田，1981：77—78）。

这个宫殿遗址的房基占地1469平方米，以门道前堂和过廊构成中轴线，东西两边配置门房厢房，左右对称，整齐有序。堂前有大院子，由三列台阶登堂，左右各有台阶二组登东西回廊。堂后有过廊通后室，过廊两侧为东西两小院。前堂是主体建筑，台基最高面宽六间，道长17.2米，进深三间，宽6.1米。台基夯土筑实，但北壁用土坯砌成，上涂三合土，用以保护堂基。后室五间，面宽23米，进深3.1米，有走廊，地面为三合土灰浆面，后室后檐墙和东西两厢的北面山墙连接为一体。整个建筑的四面墙连接不断，堡中门门道切开。东西厢各有八室南北排列东西对称，前檐也有走廊，厢房地面也有三合土灰浆面（图9）。全部建筑有良好的排水设施，台基下有陶管构成的水道，或用河卵石砌成。所有台檐外面均有散水

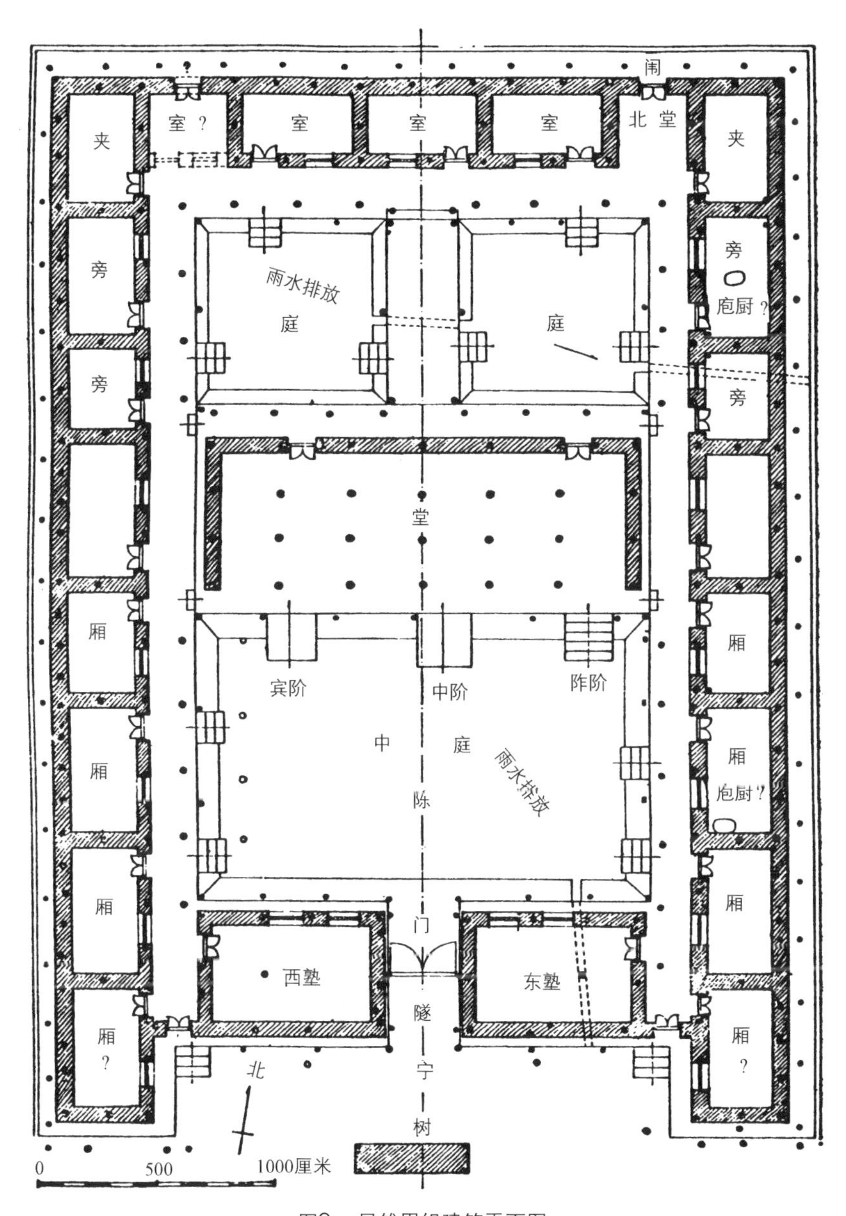

图9　凤雏甲组建筑平面图

沟或散水面，台基以夯土筑实，隔墙则是分层夯实。墙面以三合土装饰（周原考古队，1979：27—32）。

根据柱洞位置、屋顶芦苇束印痕，以及屋瓦残片，这一建筑大致可复原为一组整体的院落，前堂悬山顶或四阿顶，后室及两庑单坡顶或两坡顶，接合处连结不断，屋顶用苇束紧挨排列，屋脊用瓦，可注意到的特色为：①用散水管及散水面，处理排水和防水，以适应黄土湿陷的问题。②夯土墙和垛泥墙都有残段，前者用版筑；后者用草拌泥层层垛起，不齐的地方用砍刀削平，《诗经》“绵”所谓“削屡冯冯”，可能即形容砍削泥墙的工作。③已有土坯砖，用湿软草泥填入模中，刮平脱模晾干使用。最初可能用于填补夯土墙的空隙，后来转化为单独砌墙。④大量使用砂浆抹面，几乎全部台基、地面、墙面、屋顶内外都抹有灰面。古代的垩用蜃灰，但如此大量使用的灰面，恐不能仅靠蜃灰，可能已有烧石灰的技术。⑤屋顶用苇来代替椽子及望板，逐条紧压，苇内外都抹草泥。⑥出土了至今所知中国最早的陶瓦，数量不多，可能只用于屋脊檐口及天沟附近。瓦有阴阳板瓦及筒瓦。若干瓦上有环或瓦钉。⑦遗址中发现不少玉石或蚌壳制装饰物，可能是建筑装饰。⑧整个建筑构成四合院的基本特点，开后世中国建筑最正统的布局（图 10）（傅熹年，1981；杨鸿勋，1981：23—29）。

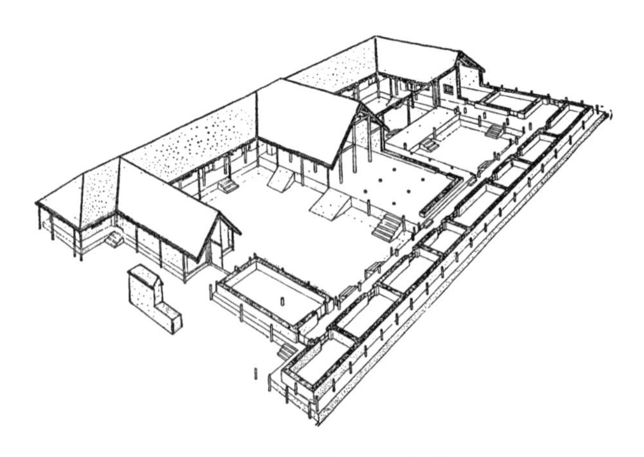

图10　凤雏甲组建筑复原图

结合文献及金文资料，王恩田以为凤雏村建筑各部分都可与古史记载的建筑名称，如屏、门、塾、中庭、大室、东西庭、寝、闱、厢、阙、庑等等若合符节。他并由建筑的体制及尺寸推测，认为凤雏村的建筑虽建于商末，应是周王王室的宫殿（王恩田，1981）。是以凤雏村的建筑遗址颇堪证实《诗经》“绵”所描述古公亶父统治岐下的景象。

在这个基址出土的遗物，以卜甲卜骨最多，约一万七千多片。其他器物有：陶鬲、陶罐，均具绳纹，为西周早期常见之物。瓷豆、瓷罍，均已施有薄釉。铜器包括铜泡、铜镞、铜片。有铜渣，显示铸铜工作在本地进行。玉石器制作精美，刻有几何花纹。蚌饰有蚌泡、蚌镞等。其中瓷器的出现，最有意义（周原考古队，1979：32—33）。

岐山京当，扶风法门、黄堆一带是一个面积广大内涵丰富的西周遗址，北以岐山为界，东至扶风的黄堆，西至岐阳堡，南至扶风法门，东西宽约三公里，南北长约五公里，除了凤雏的宫室遗址外，还在召陈发现西周中期的大型宫室遗址，其时代较晚，此处不宜赘及。两大基址的中间，另有数处有散水面，当也曾有建筑，似是早周都城岐邑的宫室宗庙分布区。在附近还发现西周制骨、冶铜、制陶作坊，平民居住遗址，及早至西周的墓葬群。制骨场出土数以万计的骨料，制陶作坊出土陶范，铸铜作坊出土大量铜渣。在这个范围内，历来出土了千余件西周青铜器，近年来出土的遗址及窖藏也极多（图 11）。这个地区在太王时代固是都邑，文王迁都丰邑以后，岐邑的地位仍很重要，陈梦家以为先秦文献中的周以及西周铜器铭文中的周，事实上仍指岐周。大约直到平王东迁以后，岐邑始沦落为秦人与戎人争战之地（陈梦家，1955A：139—142；陈全方，1979：45—49）。

第七节　商周间的关系

凤雏村出土的一万七千多片卜甲卜骨，都出在同一窖穴，窖穴打破房屋台基，时代应晚于房屋，这一大批甲骨中，已清洗出有文

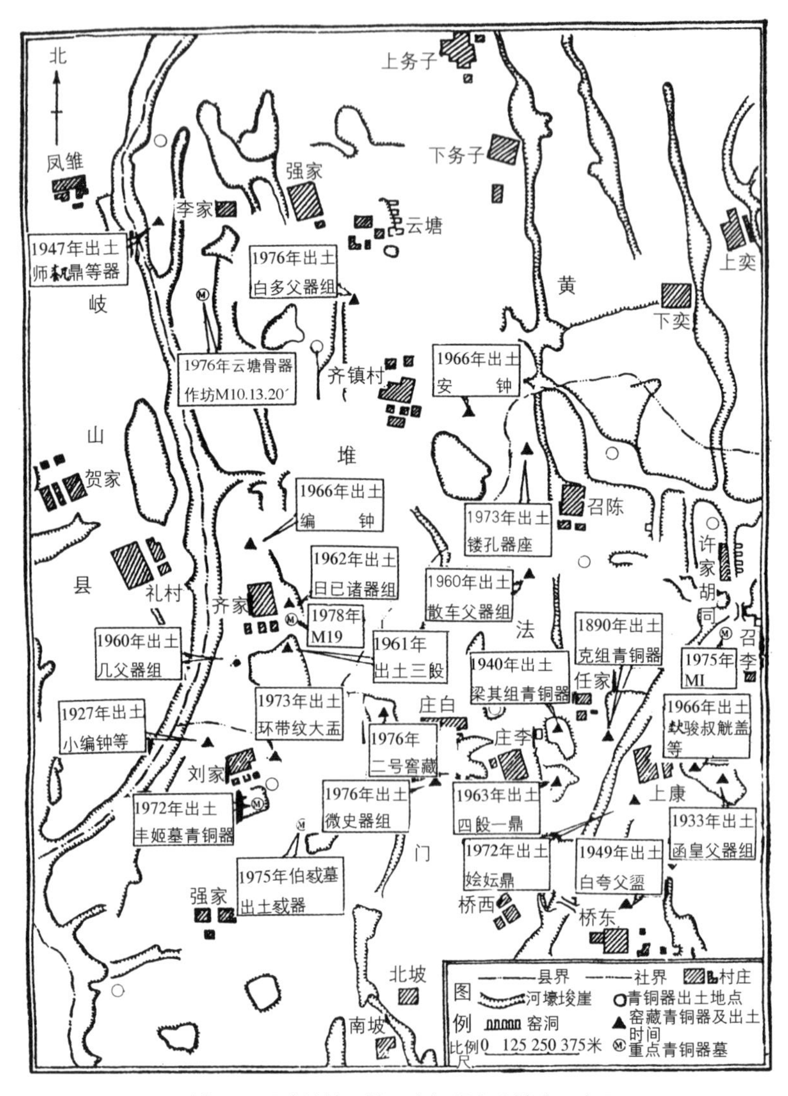

图11　周原遗址扶风地区青铜器出土地点示意图

字的卜甲一百九十多片，总字数为六百多字，每片字数不等，少的一字，多的三十字。据初步报告，可分卜祭祀、卜告及卜年、卜出入、卜田猎、卜征伐、人名官名地名、月相及记时，与杂卜等类（图12，图版2），足见内容之广泛。西周卜辞，一向罕觏。这批卜

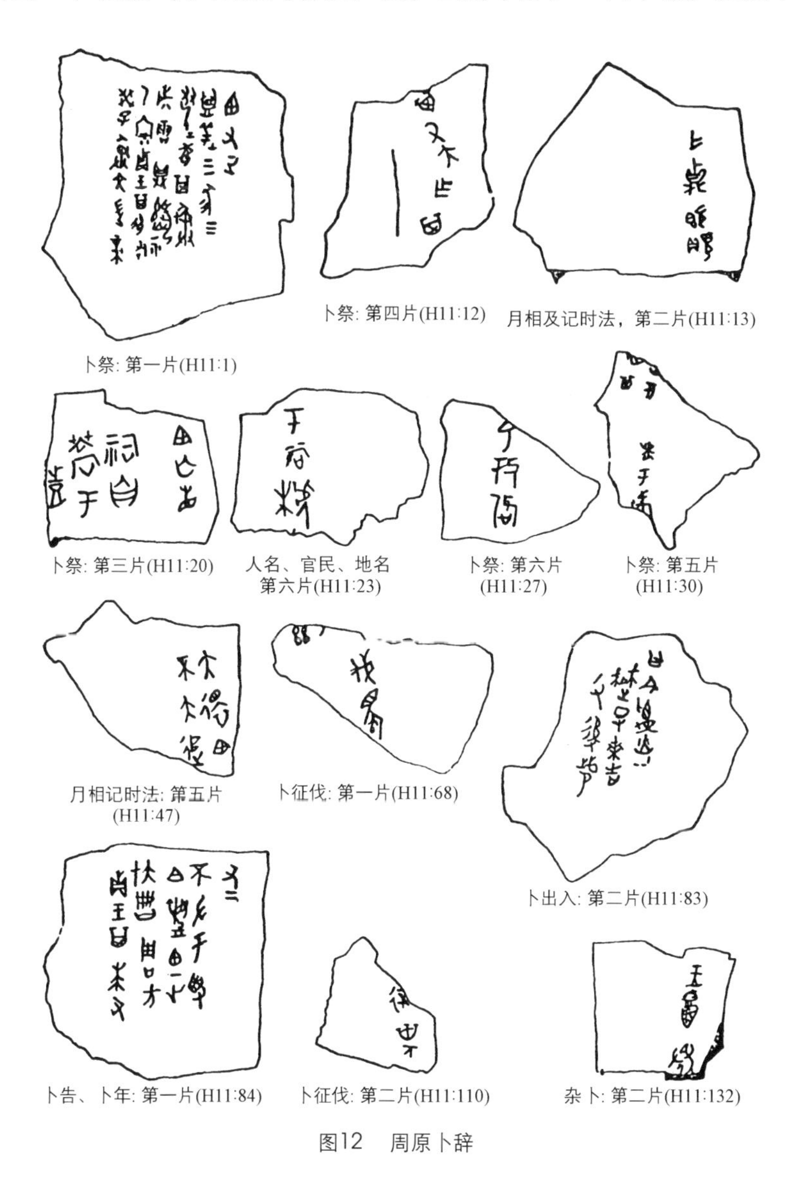

图12　周原卜辞

辞的内容类多属比较重要的事项，与商人凡事占卜的习惯不同。月相名称有既魄、既吉、既死霸等词，与金文中的用法一样，也反映与殷商卜辞的差别。有若干异形字，似是数字的排比，有人以为系卜卦数字。整治甲骨的方法，也很不同。凡此均足说明西周卜辞反映了商周制度的差异（周原考古队，1979A；李学勤，1981：10）。

这批卜辞中有若干条透露了周人与商之间的关系，可以作检讨商周关系的新资料（张光直，1980：212—215）。卜祭祀的一片卜辞："癸巳彝文武帝乙宗，贞，王其邲祭成唐，鼎祝示及二女。其彝血羊三豚三，囟有足。"文武帝乙即帝乙，成唐即成汤。用的牺牲是二女，三只公羊，三只猪。周人而祭祀帝乙与成汤，周人自是服属于商。另一片卜辞："王其桒佑太甲，曹周方伯，□囟足，丕左于受有佑。"周王求商人先王太甲的保佑，"曹周方伯"，原报告谓太甲告周方伯丰年厚足。然而"惟足"一词，与上文第一片的语尾一样，似指牺牲惟足。"曹"当即册，商人有典有册可能是册封周人为方伯的意思。或以为这些卜辞的卜主是商王，而不是周王（李学勤，1981：10）。然而周原与殷墟出土的甲骨，整治方法颇不相同。周原甲骨未必由殷墟携来。周原出土甲骨上的刻辞笔画极细，风格一致，不像杂有殷周二种卜辞（周原考古队，1981A：1—6）。退一步说，即使是殷人在周卜问，这一事实已可说明殷人视周为属国了。征之上文第一片，殷商与周有宗主属国的关系，史传又有周人为西伯的传统说法。周王受册为方伯，于是求太甲之灵庇佑，也是说得通的。卜田猎中有一片："衣王田至于帛，王隻田"，"衣"即殷，"一戎衣"即"一戎殷"，是则此片卜殷王来帛田猎。也惟有周人服属殷商，商王才能来周地田猎（周原考古队，1979A：39—40）。有人以"衣"为田猎的方式，但衣逐连言，有合逐之意（李学勤，1959：7）。"衣"在王前为限制词，即不能当作"合围"解。殷墟卜辞中，武丁之世有不少"璞伐"周人的记载，有时令多子族，有时令别的氏族；指挥的武将，有时是犬侯，有时是仓侯，也有别的将领"敦周""𢦏周”的记录。除了这些战事记录外，武丁时代的卜辞也有“令周”及周人有无猎获的占卜。似乎在武丁之时，商人颇用武力，卒使周人顺服。周人既服，接受商人命令，商王也就在卜问中关怀周人的情形。董作宾所找到“命周侯”一片卜辞，当系周人领袖接受了商王的封爵，与本文所列“曹周方伯”一语，可以互相发明（陈梦家，1956：291；董作宾，1929）。

武丁之后，周人臣服于商，有时称为周侯，然也未必即为殷商的内服诸侯（钟柏生，1978：20；张光直，1980：210—212；岛邦男，1958：408—409）。《史记》“殷本纪”谓武乙猎于河渭之间，遇雷震死。此处所列殷王来田猎的事，未必确指武乙。惟周地已为殷商田猎区，由这两件事可以互证。周人祭祀成汤与太甲，前者为商人创业的君主，后者是商初有数的贤王，有太宗之称。周人其实已将殷商的万神堂接收了。除这两位名王之外，傅斯年以为周人将商人的始祖神帝喾也引为禘祭的对象，又将商人先公相土，作为社神（傅斯年，1952：Vol. IV，223—228）。周人将帝乙列入祀典，有点奇怪。帝乙的功烈不能与上述几位商室祖先相比。惟帝乙是帝辛的父亲，与文王同时。祭文武帝乙的记载也许是文王时的卜辞。文王祭祀新故的封主君王，也未必不可能。《诗经》“大雅 · 大明”：“文王初载，天作之合，在洽之阳，在渭之涘。文王嘉止，大邦有子，大邦有子，俔天之妹，文定厥祥，新迎于渭，造舟为梁，丕显其光。有命自天，命此文王，于周于京。”这一段文王娶于商（大邦）的事，顾颉刚以为即是《周易》卦爻辞的“帝乙归妹”的故事（傅斯年，1952：Vol. IV，222）。此说如果确实，帝乙与周人关系异常密切，周人求他庇佑，自然也很可能。商周关系，遂同甥舅。“大明”还说“挚仲氏任，自彼殷商，来嫁于周，曰嫔于京，乃及王季，维德之行，大任有身，生此文王”，文王的母亲已是商人女儿（傅斯年，1952：Vol. IV，221—222）。文王母妻均来自商室，周人之接受殷商政治及文化影响，可说顺理成章了。

太王立下的制度，似与公刘时代族长权威的氏族组织不同。《史记》“周本纪”据“绵”诗归纳太王时有宫室宗庙，有五官有司。宫室宗庙的考古学证据，已见上文所述的凤雏村早周建筑。五官有司，在“緜”诗中有“乃召司空”“乃召司徒”之句，而岐山卜辞中有一片是“其微楚□氒燹，师氏受旨”，另有一片是“卲日竝乃克史”，又见师氏及史二职（周原考古队，1979A：39—40）。史是商之官名，常见于卜辞。师氏则不见卜辞，但在毛公鼎铭文中有师氏与小子、虎臣同列，白川静以为三者合而为三有司（白川静，1970A：680—682）。“绵”所举的司徒、司空，自是周人政府中的要职，在铜器铭文中则为𤔲土、𤔲马、𤔲工，称为三有𤔲。如盠彝所举即为佳例（白川静，1967B：316—317；李学勤，1957；周萼生，1957）。由这个官职名称反映的周人官制，与商制并不相同。一则除了“史”外，诸职均不见于卜辞中的职名。二则司土司马司工，均是分曹治事的制度。反之卜辞中小臣之类的名称，反映王者私属和公职不甚有分别。亚之称由亚次之阶级，旅之称由氏族军旅之混淆。凡此都不见分曹治事的明显迹象，五官五工可能是分司职事，但至少在卜辞中不见其详。若由《左传》定公四年所记殷遗民分属周封诸侯的记载，商人在周人灭商时仍是一族一族的氏族组织。商周制度在这一点上的区分，大约使周人的领袖可以直接掌握土地人民与武力，其对于各种资源的运用调度，周制当较商制灵活而有效。

周原卜辞中的一些异形符号，曾见于卜辞及若干商周铜器及陶器上，唐兰曾以为是某种佚失的古代文字，李学勤则以为可能是八卦符号。近顷张政烺作通盘的研究，以为这种符号是筮卦的数字，可能用来记录卦象。筮占来源甚早，是一种数字占，而与甲卜骨卜并用，也颇见于商代若干卜辞。是以张亚初等，以为筮占只是周承继商文化的传统（张亚初等，1981：153—163；周原考古队，1979A：41）。卜筮并用，颇见典籍，如《书经》“洪范”：“谋及卜筮”及“龟从筮从”之句，又如《左传》僖公四年“筮短龟长”之用于卜纳骊姬，但《周易》是筮占专书，易卦所见的故事也大半为周人故实，是以若说周人在接受商人的两种占卜方法时，特别着重筮法，而不像商人以甲卜为主要方法，也可看出周人在商化过程中自有取舍。因此，周人一方面接受商文化的物质成分，另一方面在社会组织上自出机杼，增加了自己的特色，遂使蕞尔小邦居然可以崛起西隅。

周原的卜辞也透露了一些周人与其他部族之间的关系。有一片卜辞记载“曰今秋楚子来告□后□”，与前文已举的“其微楚□氒燓，师氏受旮”一片，都似乎说明楚与周已有统属关系（周原考古队，1979A：39，40）。这个楚是否春秋时代的荆楚，尚不能确考。但《尚书》“牧誓”载武王誓师：“嗟我友邦冢君，御事司徒司马司空亚旅，师氏千夫长百夫长，乃庸蜀羌髳微卢彭濮人。”据说八国都是周人友邦。此处微与师氏均出现，楚可能也与他们同类了。董作宾曾由一片“伐芈”的卜辞，考订为商人伐芈姓之国。傅斯年以为即是荆楚，是祝融陆终之后（傅斯年，1952：Vol. IV，193—194）。《国语》“晋语八”：“昔成王盟诸侯于岐阳，楚为荆蛮，置茅蕝，设望表，与鲜卑守燎，故不与盟。”成王时的荆楚守燎，此处所举的楚也与视燓的任务有关。然则早周的楚大约不过周的附从，其地位甚至于不能与庸蜀等八国同列。“楚子来告”之词，无上下文，也许只不过报告边警，也许因为楚子来而告知神明，现在不能考订了。

周原卜辞还有伐蜀、代巢二残片（周原考古队，1979A：40）。蜀殆“牧誓”八国之一，大约早周用武力收服。巢位置不可知，是否“书序”所说南方国，不易推定，也可能即在周邻近。以上诸片卜辞，显示周人在岐邑时代已在南方及东南方颇事扩张。《诗》“大雅 · 绵”的“混夷駾矣”及“皇矣”的“串夷载路”均描述在西方及北方，也有所举动。据《竹书纪年》，武乙卅年，周师伐义渠，这是西北的征伐。周原一片卜辞：“□鬼𡿺乎宅商西。”介绍这批卜辞的报告者以为此处的鬼即是商代北方的强敌鬼方，也就是后世隗姓狄人的祖先（周原考古队，1979A：42）。

陈梦家辑录了《竹书纪年》佚文及《后汉书》“西羌传”注中所说早周与戎狄的关系，排比如下：

武乙之世，犬戎迫近太王，太王逾梁山避于岐下。

武乙三十四年，周王季历朝商。

武乙三十五年，季历伐西落鬼戎俘二十翟王，商王狩于河渭，大雷震死。

太丁二年，季历伐燕京之戎，戎人大败周师。

太丁四年，周克余无之戎，太丁命季历为殷牧师。

太丁七年，周人伐始呼之戎，十一年周人伐翳徒之戎，获其三大夫。

帝乙二年，周人伐商。

文丁杀季历。

这一系列与戎狄的战争，大率都在山西进行，西落之戎即后世隗姓的潞，当今日潞城附近。春秋时赤狄之中，潞氏最强，潞氏曾夺黎氏地。晋国的兴起，败赤狄，灭潞子，实底定北方的重要战役。燕京之戎，据《淮南子》“地形训”：“汾出燕京。”高诱注，燕京山名，在太原，汾水所出。余无之戎，当即春秋时代的东山皋落氏，在壶关附近，也有人以为皋落在垣曲附近。余无如与徐吾有关，则仍是隗姓，在潞境，为鬼方的一支（陈梦家，1956：292—293）。周人在山西的征伐，连连得胜，商人封季历为牧师，与周原卜辞显示周为商人属邦的情形，也颇吻合。然而周为商捍御北方的戎狄，却也使周人的势力伸展到商人北境。文丁杀季历，未尝不可能已感觉周人有坐大之势，而采预防之策。周人能在山西成功，可能有一部分原因是由于周人在先周时代与戎狄杂居，沾染戎狄文化，知道如何应付戎事。另一方面，山西汾域原是先周时代姬姓的旧地，打进山西，只能算是光复故物，至于因入山西而拊殷商之背，只是形势使然，却也未必不因此而启“实始翦商”的野心。

第八节　一个推测

周人祖先崎岖山陕数百年，直到进入渭河流域，始行稳定的发展。从不窋到季历，周人始终与北方的戎狄有不断的争斗。再由商人与鬼方等部族的纠纷来看，北疆也始终不能宁静。这一段时期，亦即是公元前十七、十六世纪到公元前十二、十一世纪，也正是欧西大陆有不少民族大移动的时期。公元前十七世纪 Kassites 侵入两河建立王朝，Hyksos 侵入埃及；公元前十四世纪到前十二世纪，埃及古代记载了不少“海上民族”的活动也正是高加索人南下地中海的一些事迹，例如詹森寻找金羊毛事，及古希腊的英雄史诗。雅利安人进入印度河流域改变了北印度的古代文明，也是公元前十五、十四世纪到前九世纪间的事（Clark，1977：84，89—91，158—163，275；Wilson，1951：185—187，244—260；Childe，1942：167—171，185—186；Oppenheim，1977：61—62）。据草原文化考古学研究的成果，游牧的草原文化在公元前 2000 年开始有扩散的现象：第一，由于以畜牧为生的牧群人口增加；第二，由于牧人们知道了骑马；第三，草原上气候变得干燥，生计困难。牧人们知道饮乳，及制作乳类制品，也比较单纯食肉增加了生存的条件。大致说来，中亚牧人扩散的第一个阶段始于公元前 2000 年。第二个阶段在公元前一千多年，游牧人群扩散及于天山、阿尔泰山及萨彦岭一带，甚至到了外贝加尔地区。第三阶段是公元前 700 年左右开始，匈奴及其族类在草原上的大扩散。与周人兴起有关的一般扩散，自然是这三个阶段中的第二阶段，甚至可以更狭窄地定为公元前 1500—前 1200 年间的草原牧群大扩散，使商周的北面与西北面都承受了源自中亚的间接压力（Shernatt，1980：254—255）。公元前 1500 年时草原与森林的接界在北纬五十六度左右；公元前 1250 年时，接界北移了二百英里，直抵北纬六十度左右（Watson，1971：42）。这是草原温暖，人口增殖的时期。气候的改变，据竺可桢的研究，显示在公元前1000年左右，中国地区曾有一段寒冷时期，延长到春秋时期才渐变暖。寒冷的移动由东亚太平洋岸开始，向西渐进经欧亚大陆到达大西洋岸，同时也有由北而南的趋势（竺可桢，1979：479，495）。由竺氏的曲线，当可猜度漠北与西北的游牧民族为严寒驱迫，会有南下可能。邻近中国内地陕晋两省北面的戎狄，在商末周初大为活跃，以致有商人与鬼方诸部的争战及周人为戎狄压迫而迁徙，遂也不足为奇了。

综合言之，中国的北疆是农业文化与草原文化相接的地方，夏家店文化即代表这两种生活文化的过渡与重叠的形态。在古代世界的其他部分有大规模的民族移动时，中国的边缘地带也可能感受到潮水似的脉动。周人由农耕变为“戎狄”，又由“戎狄”变回到农耕；他们居住的地点因为避狄人的压力逐渐由边缘移到较南的渭水流域。这种种过程未尝不是受在公元前第二个千年期后半整个欧亚大陆民族移徙脉动的波及。事实上，西周一代始终不能停止在西北两面与戎狄的争斗。至于这一段时期内为何有如此大规模民族移动，气候改变之外，究竟还有什么因素引发这个运动，目前很难有满意的解释。因为不是本书的重心所在，此处姑置不论。

总结本章，周人在先周的阶段，可能在山西汾水一带，承袭了当地的光社文化，以及若干草原文化，公刘的儿子庆节迁陕北泾水流域，太王避戎狄的压力，又迁移到渭水流域的岐下，在这一个阶段，先周文化又与陇右的羌人文化融合。同时，优势的商文化在每一个阶段都对周人有相当的影响。岐下先周文化也自然与土著的陕西龙山（客省庄二期）有文化交融的过程，而商文化的强烈影响在岐下时代更为显著。但是周人对商文化仍是有选择的接受。铜器的铸作，由模仿商器而逐渐发展周器的特色；陶器的制作则逐步脱离了地方色彩，与商器因交流而融合为同一传统。

周人由公刘时代的氏族组织及族长权威的军事性移民集团，经过两次迁移，到太王王季时，已发展为以农耕为主，有宫室宗庙及比较制度化的政治组织。周人的制度，有承袭商文化传统处，也有自己增加的特色。到季历时，周人一方面以商人属邦的地位，为商人与戎狄作战；另一方面，周人又逐步取回了山西老家的控制权，变成商国的威胁了。

附录：

谈西周文化发源地问题

——与许倬云教授书

倬云教授左右：前承惠赐大著增订本《西周史》，经细心拜读一遍。又荷远颁英文本巨册，至深感谢。顷得8月25日手书，谦光下逮，承命提供读后意见，敢贡一得之愚，以俟采择。大著初步综合考古文献两方面最新资料与论点，再加仔细分析，钩玄撷要，有裨于来学，沾溉无量，不待弟之饶舌。其中最基本之先周文化发源地及周人来历问题，公采用钱宾老早年之山西说及邹衡较近之光社文化说，糅合以畅论周人先世，发迹于山西，再伸展及于关中地区。此一观点，愚见期期以为不可。由于国内外尚有不少学者，仍为钱说所囿，故不惮觌缕，述其理由如下，以备商榷。

考古学界关于先周文化之探讨，从70年代以来，由于出土文物之丰富产生两种不同看法：一种受钱说影响，认为先周文化可能来自山西太原一带的光社文化，邹衡主之；另一种认为先周文化应来自陕西本地的客省庄二期文化，尹盛平等主之。80年代以后，新资料陆续发现，以上二说均不能取得地下遗物之有力支持，已为人所扬弃。最重要的是碾子坡遗址之发现，此一文化层面分布于泾水上游，自甘肃平凉、庆阳各地遍及六盘山陇山地带，足为文献所述早期周人居豳，提供考古学重要之实证。李峰《先周文化的内涵及其渊源探讨》一文，曾作综合性的论述，想必注意及之。大著页35引钱说以为豳、邠古今字，皆得名于汾水，汾水有一条古水，古公因之得名，又据《水经注·涑水注》，闻喜附近有周阳故城，汾口两岸有韩城之周原堡，万泉县内井泉百余，正合“近彼百泉”的景观，周之得名，正在此区。钱氏喜取晚出同名资料作为民族迁徙佐证，陈槃兄在其《春秋列国撰异》第七册骀及岐两条，有所辨正，如钱氏列举闻喜之姜嫄墓后稷陵，皆出后代好事者之附会，了不足信。槃庵历举四事以正钱氏周阳所在之岐出于移殖一说之非，论证确凿。余谓周语、周本纪具称不居戎狄之间，《史记正义》引《括地志》：“不窋故城在广川弘化县南三里。”《元和郡县志·关内道》三云：“庆州，古西戎地，……今州理东南三里有不窋故城是也。”又《顺化县》下云：“不窋墓在县东二里。”公刘居豳，即唐之邠州，《元和志·三水县》下云：“古豳城在县西三十里公刘始都之处。”唐人之说，非无根据。周原出土甲骨所见地名，如毕公、密、周方诸记载，均足证明旧说之可信，不必读邠为汾，牵涉到山西之汾水。至于古山古水，考《水经注·涑水注》云：“汾水又西与古水合，水出临汾故城西黄阜下。”杨守敬疏云：“通鉴：李渊入临汾郡，宿鼓山，胡（三省）注：鼓山在绛县北，鼓、古音同，盖即古水所出之黄阜也。一统志：古水在绛州西北古山下，亦名‘鼓堆泉’。”盖古山原亦称鼓山、鼓堆，与古公无涉。我于1981年在山西旅行一整月，曾至绛县访碧落碑，在夏县谒司马光墓，越中条山至盐池，涑水地区踏查所至，知非周先世活动之地，钱说纯出忖测，更证以近年泾水上游先周文化各出土实物情况，钱说已无商榷之必要。弟建议大著第三版宜从槃庵兄观点，删去山西一说，未知尊意以为然否？

又近年刘起釪论姬姜与氐羌关系一文，仍依旧说，主张周族原居泾水东漆沮二水区域。惟彼谓周出于氐，以周、氐二字音同纽，余无他证，似不可信。周与羌之关系，兄论之仍有未尽，有待进一步之探索耳。书复，并颂著祺

饶宗颐白

1992年9月10日

（原载《二十一世纪》1992年12月号 总第十四期）

古公亶父时代的先周

——谨答饶选堂（宗颐）教授

选堂教授道席：

接到第14期《二十一世纪》，得以拜读 尊函对拙作《西周史》的批评，甚为感佩。

尊函所示，李峰先生一文及碾子坡遗址报告，二文均在《西周史》撰写之后刊出，故未能列入拙作。碾子坡文化遗存之早期，据胡谦盈先生执笔之发掘纪略（《考古学集刊》第六辑，1989，页123ff.）订为古公亶父迁岐之前夕，其选择之碳十四年代为1285±145B.C.（按，《考古》1985年第7期所列碳十四年代则为2765±75B．P．，当815B．C．，及2690±75B．P．，当740B．C．，见该刊页656；似与纪略所提数据相距甚远，不知何故，谨附识）。李峰先生之讨论，亦以碾子坡先周文化之早期部分为古公亶父迁岐之前不久或稍晚时遗存，其他六处文化遗存则分别在迁岐后以至灭商以前诸阶段（李文，《考古学报》1991年第3期，页266—268），是则二文注意之先周时代，均以古公亶父迁岐之时为其上限也。但倬云所讨论之“先周”是包括三个阶段：（1）不窋以前之农业时代，（2）不窋以后周人奔于戎狄，以及（3）公刘以后又以农业为主要的生产方式（拙作《西周史》，页34）。拙作讨论周人迁徙，其古公亶父前后，其实与胡谦盈、李峰二位意见，并无差别。在拙作中，已指出先周文化遗址分布遍及陕西境内泾渭流域宝鸡、凤翔、岐山、扶风、眉县、武功、兴平、周至、户县、长安、邠县、长武、麟游、乾县、泾阳、咸阳各处。并注意各处遗址实属长安丰镐一带，扶风岐山一带，及长武附近三大群，而且长武附近遗址时代最早。是以倬云曾以为“长武远在渭河流域之外，居泾水上游，倒与传说中古公亶父迁居以前的地望相当。先周早期遗址地望迤北而不偏西，这是一个讨论先周文化的重要启示”（《西周史》，页36—37）。胡文指出，碾子坡文化居住遗址中出土牛、马、羊、猪诸种家畜骨头甚多，石制农具则数量甚少。于是胡文以为周人迁岐以前，畜牧发达，“也与古代文献透露周人早期社会经济生活所谓戎狄化的情况相一致”（胡文，页141）。李文在讨论先周文化来源时，承认辛店文化和寺洼文化均与先周文化存在密切关系，但以为均不可能是先周文化的来源，并谓“1977年、1984年，内蒙古考古研究所在伊克昭盟发掘了朱开沟遗址，《报告》作者认为第四段遗存相当于夏代晚期，第五段相当于二里岗上层时期。碳测数据表明第四段可能在距今3515到3685年之间。朱开沟的陶鬲、盆、甗等器形均与先周文化有类似之处。我们并不认为先周文化来源于朱开沟，但是朱开沟的发掘给我们一种启示：在泾水中上游有没有相当于这一时期的文化遗存？有，那也许正是先周文化的起源”（李文，页280）。胡、李二位之向北寻“戎狄化”时期先周文化来源，似与拙作所论周人奔于戎狄之阶段，用意接近。

不窋以前之周人历史，实在相当渺茫。钱宾四先生以地名讨论之方法，倬云亦并不以为可作定论，并特为指出地名迁徙之说，“其方法学上的缺陷，实如双刃利剑，左砍右割，均有可商榷之处”（拙作，页35），以示不敢盲从。（同理，尊函依据唐人著作之不窋遗迹，指实不窋之在庆州，公刘之在邠州，其方法学上之问题，亦有危险。）惟既然钱氏与邹衡先生意见有可以互补之处，在史迹渺远不可断言时，其假说亦应介绍于读者也。同时，周人事事攀援夏人，傅孟真先生在论“夏”“雅”之关系时，已详论之。周人与夏人之间，究竟是何缘源，今日仍不能断言。史阙有间，他日史料更多时，或可再作推论，俟诸他日耳。 尊函赐教，嘱咐将来修订拙作时，删去山西部分，谨领 雅教，当于修版时，视可有之资料，特加注意。——然而，此事皆在不窋以前事，与碾子坡文化遗存之讨论两不相涉也。

关于周人与羌人之关系， 尊函亦嘱多作推敲。在拙作中，倬云以为羌人活动范围，分布于陇右至豫西晋南的河谷山岳之间，其在商境西陲者号为羌方，与商人时有冲突。羌人中居渭水流域的一支与周人融合，而偏在陇右的一支上承寺洼文化，下接汉代的羌族，则大约为留居西羌故地者（《西周史》，页53）。考古学上辛店文化与先周文化，平行而不同。李峰先生在讨论羌人文化时，认为董彦堂先生所说商西与羌方密接之说，可在考古学证实："西土之西的羌方与辛店文化和晁峪一石咀头类型适当吻合。"（李文，页280）又以为"周人迁岐之后的另一件大事是周姜联盟的建立……刘家墓地的文化面貌……似乎正反映着姬姜之间的某种交流"（李文，页281）。是以李文与拙作之意见，亦相当一致。然而倬云之不敢在羌人问题上多作推测者，以汉代羌人、商代羌方、周初姜姓部族，三者之间之谱系，以《后汉书·西羌传》为重要线索，仍不能十分肯定也。将来修订拙作时，也当特别注意此事。

以上补充说明诸点，只为廓清若干　尊函所指示之问题，谨谢指教。敝意以为　尊函根据胡、李二位先生大文提出之先周文化地望，系古公亶父迁岐前不久所在，而无关不窋时代及更早之先周来源。倬云所以不敢于不窋以前多所论列，则因史料不足，宁可从缺，不宜武断也。

总之，先周来源问题，当分解为（1）周人领导分子（亦即后来王室）及其族众之移动，与（2）周人在移动过程中及定居岐山附近时，随时随地与周边其他族众交流合作两项问题。周人之文化，亦不能不是吸收各种来源之文化传承，取精用宏，遂能最后蔚为大国，以西方强族而三分有二，终于灭商也。谨复，并叩

研安

许倬云谨启

1993年3月11日

（原载《二十一世纪》1993年4月号　总第十六期）

第三章

克商与天命

第一节　周人的实力

《诗经》“鲁颂 · 閟宫”是鲁人追述祖德的宗庙诗，其中叙述灭商事业，“后稷之孙，实维大王，居岐之阳，实始翦商”，可知在周人子孙的眼里，古公亶父立国岐下是周人发达的起端，由太王王季到文王，周人把首都迁向渭水下游的丰镐一带。这一趋向正与后世秦国为了经营中原而逐步迁都东方的策略是一致的。有人以为周人能够灭商，是由于渭水河谷土地丰沃，宜于农业，南接褒斜，可以通江汉巴蜀（徐中舒，1936A：141）。关中自然是形胜之地，秦灭六国，汉败项羽，都凭借关中能攻能守的形势。但是秦汉面临的中原，却是分崩离析的局面，以渭水流域一隅的力量，对抗中原的若干部分，在国力上未必有悬殊之感。周人初起时的形势则不然，商王国包有中原，以商代遗址来说，东到海，北到河北藁城，南到湖北盘龙城，地大而人众，周人不过占了泾渭流域的狭窄谷地。周族人口也不会多。李亚农根据文王以百里起家及牧野之战周人戎车三百乘（《孟子》“公孙丑上”、“尽心下”，《战国策》“魏策”），来估计周人的人口数字。《商君书》“徕民篇”方百里的小国可能有五万劳动力："地方百里者，山陵处十一，薮泽处十一，溪谷流水处十一，都邑蹊道处十一，恶田处十二，良田处十四，以此食作夫五万。"若以三分之一的人口作为劳动力（作夫）计算，全部人口应有十五万左右。但李氏以为战国使用铁农器后的生产力，才足以养活如此庞大的人口。他以为一辆兵车须配属七十二个步卒及甲士，若总动员的人数当全人口的成年男子，则全部人口应在六七万之间。周初生产力低于战国不少，百里之地不能养活十五万人，而养活六七万人是可能的。李亚农并且举了一个旁证：《左传》闵公二年，卫遭狄乱，卫文公只有革车三十乘，人口五千多人，二十五年后才恢复革车三百乘的数字。三十乘时人口五千，三百乘时，人口当有五万人（李亚农，1962：666—669）。李氏计算方法，太过刻板。兵车与步卒甲士的比例是否如此固定，也还待考，然而周族在太王时始移民渭水流域，即使经过王季、文王两代的休养生息，总人口绝对不会十分众多，更不论与东方商王国的人口比高低了。

也有人以为周人善于农业，其农具比较精良，周人使用金属锋刃可能早于商人。极端之论，如郭沫若所主张，甚至以为周人可能已用铁制农具。保留一点的说法也认为周人用带刃的耜，商人用歧头的耒。耜的刃可用金属，自然较为锋利。是以凭借较优的农具大启土宇，辟地日广，复利用被征服的部族供农作之役使，遂立下战胜殷人的基础（李剑农，1962：17—20）。这种以工具决定生产力，以生产力解释历史的理论，自然是唯物史观的主要立场。

张家坡四周居住遗址的年代，早期一层当在成康以前，则相当于文王作丰的时代。由张家坡出土的生产工具颇可用来验证西周在灭商时的生产能力。生产工具可分砍伐切削和敲砸的工具、农具、手工业工具及渔猎工具四大类（图 13，图版 3、4、5）。

（1）砍伐切削工具：砍伐工具共有 88 件，绝大部分是石器，只有铜斧 1 件，铜刀 15 件。斧类中大都是采用天然砾石打制而成，仅在刃部稍微加工。51 件石斧中，仅 7 件是精工磨制的。而 9 件石锛及

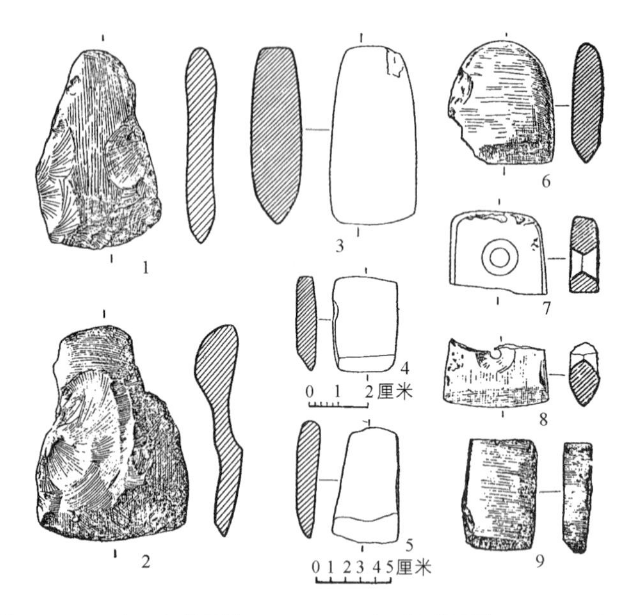

1 Ⅱ式石桥（T142∶4∶2） 2 Ⅰ式石斧（T155∶3C∶15） 3 Ⅳ式石斧（T456∶4∶4）
4石凿（T166∶4C∶1） 5石锛（T470∶1） 6 Ⅲ式石斧（T140∶4A∶4） 7 Ⅴ式石斧（T109∶4∶25）
8 Ⅴ式石斧（T202∶3∶9） 9石锛（H106∶4）

图13　张家坡西周居址的工具

1件石凿都系磨制。铜斧1件，长12.5厘米，形制较小，系铸成。铜刀15件都不大，最短的长14.2厘米，长的有残长20.2厘米，全长似也不会超过很多。刀柄均有环，刀尖大多向上弯。石锤9件，石棒2件，大都用形状适当的天然砾石制成。磨刀石则大约用来磨砺铜刀。

（2）农具：有挖土用的铲和收割用的镰。出土的铲有112件，石铲23件，蚌铲7件，其余均为骨铲，共82件，或由牛马的下颚骨制成，或由肩胛骨制成。铲子一类的工具都是刃部宽，顶端较窄，有的有肩，或在两侧有凹凸不齐的现象，大约原来都是捆缚有木柄的。从骨铲的使用痕迹看，刃都是偏刃，有竖行沟纹，大约是用于挖土点种的农具。刀和镰都是收割工具。刀共246件，镰只有90件，刀和镰都是石制或蚌制，蚌刀178件，蚌镰88件，在数量上占了绝大多数。据沣西的发掘报告，大量使用蚌壳制作农具或其他器物，是西周时期非常显著的特点。石刀的基本形状是长方形，系磨制。比较其他时代的石刀，西周石刀较宽，较厚，刀刃少偏刃，多由两面磨刃。刀孔或单或双，靠近刀背。蚌刀的情形也类似。这种刀用于收割谷物的穗子，现代尚有带孔铁刀绑扎在苇秆上，一手攀穗，一手持刀，掐断穗秆。镰的形状与近代镰刀相似，大抵在宽的一端用木把夹持，能齐根割取谷物。据原报告人猜测，西周应有耒耜一类木制农具，但未见出土。

（3）手工业生产工具：冶铸工具，有 4 件陶范都是制造车马饰件铜泡的内模或外范。有 1 件铸口余铜类似锛状。制陶工具，只发现陶压锤 13 件。铸骨器的工具，均为磨石。纺织和缝纫工具，只发现纺轮一种，但数量极多，有 233 件陶纺轮，另有 1 件用兽类股骨圆头做成，形似纺轮而重量太轻，不知何物。骨针 69 件，有针孔。铜锥 46 件，骨锥 213 件。角锥件数未详，都用鹿角尖磨制。

（4）渔猎工具：发现大量的骨角镞，有 310 件，大部分是用鹿角制成，兽骨制件较少。镞的尖端不利，大约只能用来捕杀小动物。铜镞 62 件，三刃两锋，有铤甚至还有翼，锋利的程度超过骨角镞，当用于猎大动物，也可用作武器。渔具只有 1 件陶网坠，似说明渔捞不是重要的生产方式。

（5）另有若干不明用途的工具，大多是有锥尖的骨器，似作为刻画陶器花纹之用（考古研究所，1962：80—94）。

由这些生产工具的情形推断，西周初期并未有大量的青铜农具，甚至也没有加了金属刃锋的农耕用具。黄土土壤较为松软，蚌铲骨铲已可奏功。割穗的刀多于割秆的镰，说明单位劳动力的工作效率不高。蚌器数量大，可由泾渭河流中就地取材。骨器则取自牛马，角器则为鹿角。渔猎生活中，当以取蚌及射猎鹿类与小动物为主。除了食用之外，蚌壳及鹿角、鹿骨都是制作工具的素材。斧斤之属自然是为了清除树木，开辟田野，也用于砍削木材作为建筑材料。

印证文献，《诗经》“大雅 · 绵”：“柞棫拔矣，行道兑矣”；“皇矣”：“作之屏之，其菑其翳；修之平之，其灌其栵；启之辟之，其柽其椐；攘之剔之，其檿其柘”；都形容灌木丛生，周人开辟耕地及道路的景象。“绵”：“周原膴膴，堇荼如饴”；也说明黄土土壤上覆盖了野草，却也用“如饴”一语，说明土壤的肥美，连野菜都带着甜味。这种厚而软的土壤，是蚌铲骨铲可以发挥用途的地方。“周颂 · 臣工”：“庤乃钱镈”正是禾锄之属，“奄观铚艾”正是镰之属。“灵台”：“王在灵囿，麀鹿攸伏；麀鹿濯濯，白鸟翯翯；王在灵沼，于牣鱼跃”；又佐证不仅有渔猎，而且有豢牲及养殖了。“周颂 · 我将”：“我将我享，维羊维牛”是肉食以牛羊为主；“小雅 · 无羊”：“谁谓尔无羊，三百维群；谁谓尔无牛，九十其犉”以下，全诗都是大群放牧牛羊的景色。如上章所说，周人的友族羌族，早已在陇右渭上活动，而陕西龙山文化（客省庄第二期文化）与齐家辛店寺洼诸甘青文化之间的关系，大约也由羌（姜）人为媒介。羌人为牧羊人，姜姓当也有其牧养文化，始从羊从女。周人在渭域的经济生活，相当地依赖牧养牛羊，甚至马匹，也可由大量牛马骨制器取得佐证。《诗经》“周颂 · 天作”：“天作高山，大王荒之，彼作矣，文王康之。”由太王开辟以至文王的发达，周人可说已有长足的进展。但是《书经》“无逸”：“文王卑服，即康功田功。”一方面追怀文王的勤劳，一方面也说明了周人的生产能力有限，即使文王也还必须自己下田，即使是典礼性的象征，至少可见周人的王室，不敢忽视农作。

由文献与考古资料的综合看来，周人的国势不足与商抗衡，周人的生产能力，至多站在商人的同一水平上，并没有突破性的发展，以支持周人生产力较高的解释。历史时代常见草原民族挟其快速马队，以少数人口征服人口较多的农耕民族。中国历史上这种例子屡屡出现。下文将探讨周人的作战方式，以观有无此种可能。

周人是不是拥有比较强大的武力？若以人数来说，商王国的人口多，属邦多，恐怕不是蕞尔小国的周族可以比拟。武器方面，商人已有战车，由两匹马或四匹马拖拉一辆直辕双轮的车辆，上有三名武装战士，远射用弓箭，两车相错时用戈矛一类的长柄武器，近身搏斗时则用短兵。一辆战车，配属若干名随车的徒卒。由小屯宗庙前人祭坑的安排看来，商代的战车是以步卒列为方阵居前，以车队及其所属徒卒随后，战车则以五辆为一组。队形大约是以左右中三队为列队的方式。步卒的编组由随葬铜矛十件一捆及西北岗排葬坑一排十坑每坑八至十人推测，大致以十人为一个作战单位。卜辞于军队人数有“左右中人三百”的记载，这三百人当是三百人队，构成一个较大的作战单位，可以独立担任战斗任务（北大历史系考古教研室，1979：76—79；杨泓，1977：83—84）。古代战车在作战上究竟有多少用处，颇有疑问。有人以为战车上的射士，在快速奔驶的战车上发射，可以发挥十足的威力；反对的意见则认为战车硬轮在崎岖不平的路面上行驶，必至颠簸不堪，反而影响了箭的准确性。若以车上执戈战士的冲击力来说，由于车前有马及车辕的长度，战士对刺的可能性很小。只有在两车错毂交驰时，战士可以互击，而车轴的长度减小了击中的范围，两车速度的和，也使这一互击的时机缩短为短促的瞬间。因此，车战的功能，大约只是迅速将战士运送到战场，车上的指挥官可以利用车台，取得较好的视野，以旗帜与金鼓指挥军队进退。主要的作战人员，也许仍是那些随车的甲士与步卒（H. G. Creel，1970：263—282；杨泓，1977：85—87）。自古许多学者纷纷讨论车乘与徒卒的比例，而得到一乘十人到一乘七十二人，种种不同的数字（金鹗，1888：15/8—13）。如果只以兵车担任今日指挥车的作用，则兵车与步卒之间并不必须有不可改变的比例，后人并不必强求其一致。

周人的武装配备，基本上与商人的装备相同。比较由考古资料上商周兵车的规格，周车稍微宽些，辕略长些，但差别也很小，可参看下面所附的比较表（图 14）。

图 14　殷周时代车子各部分尺寸表

单位：厘米

时代	出土地点、墓号或车号	轮径	辐数	轨宽	箱（舆）			辕（辀）		轴		衡长	驾马数	殉人数	出处
					广	进深	高	长	径	长	径				
殷	河南安阳大司空村175号	146	18	215	94	75	?	280	11	300	?	120	2	1	《考古学报》第9册
殷	河南安阳孝民屯第1号车	122	?	240	134	83	49?	268	7—8×5—6	310	5—8	?	2	1	《考古》1977年第1期
殷	河南安阳孝民屯第2号车	122	26	?	100	?	41	260⁺	前7×6 后9×5	190	5—8	?	2		《考古》1977年第1期
殷	河南安阳孝民屯南地车马坑	133—144	22	217	129—133	74	45	256	9—15	306	13—15	110	2	1	《考古》1972年第4期
西周	陕西长安县张家坡一号车马坑	129	22		107	86	25	281	6.5	292	?	240	2	1	《沣西发掘报告》
西周	陕西长安县张家坡二号车马坑①号车	136	21	225	138	68	45⁺	298	?	307	?	137	4	1	《沣西发掘报告》
西周	陕西长安县张家坡二号车马坑②号车	135	21		135	70	20	295	7	294	7.8	210	2		《沣西发掘报告》
西周	陕西长安县张家坡三号车马坑	140	22		125	80	44	?	?	?	?	?	2	1	《沣西发掘报告》
西周	北京市房山琉璃河一号车马坑	140	24	224	150	90	?	66⁺	14	308	8	?	4	1	《考古》1974年第5期
西周	山东胶县西庵车马坑	140	18	224	164	98	29⁺	284	8－10	304		138	4	1	《文物》1977年第4期

续表

时代	出土地点、墓号或车号	轮径	辐数	轨宽	箱（舆）			辕（辀）		轴		衡长	驾马数	殉人数	出处
					广	进深	高	长	径	长	径				
春秋	河南陕县上村岭1227号车马坑2号车	125	28	180	123	90	33	296^{+}	5.5—8	236	6.5	140	2		《上村岭虢国墓地》
春秋	河南陕县上村岭1227号车马坑3号车	126	25	184	130	86	30?	250^{+}	5.5—8.2	222	6.7	?	2		《上村岭虢国墓地》
春秋	河南陕县上村岭1051号车马坑1号车	107—124	25	166	100	100	?	300	6—8	200	6	100	2		《上村岭虢国墓地》
春秋	河南陕县上村岭1051号车马坑7号车	?	?	200	?	?	?	300		248	7	?	2		《上村岭虢国墓地》
春秋	河南陕县上村岭1811号车马坑1号车	117—119	26	164	130	82	?	282	6—8	200^{+}	8	?	2		《上村岭虢国墓地》
战国	河南洛阳中州路车马坑	169	18?	200?	160	150	?	340^{+}	12	277	10	141	4		《考古》1974年第3期
战国	河南辉县琉璃阁墓1号车（中型）	140	26	190	130	104	26—36	170^{+}	8	242?	10—12	170			《辉县发掘报告》
战国	河南辉县琉璃阁墓5号车（特小）	95	26	140	95	93	22^{+}—27^{+}	120^{+}	4	178	7	140			《辉县发掘报告》
战国	河南辉县琉璃阁墓6号车（小型）	105	26	185	120	98	30—42	205	8	242	14?	140?			《辉县发掘报告》
战国	河南辉县琉璃阁墓16号车（大型）	130	26+4	182	140	105	40	210	10	236^{+}	9—12	140			《辉县发掘报告》
战国	河南辉县琉璃阁墓17号车（大型）	140	26+4	180	150?	110?	（30—40）	215	10	242	14	150			《辉县发掘报告》

在武器方面，周人的武器有戈、矛、戟、剑及弓矢（图版 6 至 9）。商人的标准配备是弓、矢、戈（或矛）、楯及短兵。周人则有比较复杂的戟，基本是戈与矛的联装。不过商人早在藁城的商代前期的墓葬中已有戈矛联装在长木柄上的武器，周人的戟也未必是新武器（北大历史系考古教研室，1979：82）。周人新添的武器是剑。目前中国发现最早的铜剑是山西保德林遮峪出土的铃首剑，其年代相当于商代后期。保德地处晋北，这批文物与光社文化有相当的关系，其血缘近于先周。出土铜器中有好几件铜铃及带铜丸的镂空装置，再加上有两件赤金弓形饰，在在反映草原文化的特色。一些铜食器与酒具的花纹与形制都有浓重的晚商铜器特征，大约正代表中原与北方戎狄文化交融的情形（吴振录，1972）。铜剑在西周早期已普遍出现，陕西长安张家坡、岐山贺家村，甘肃灵台白草坡，河北北平琉璃河各处西周早期墓中都发现了一种柳叶状，无首无腊的铜剑（图 15）（北大历史系考古教研室，1979：170—171）。

剑为短兵，用于车战，只有在下车搏斗时发挥作用。草原文化

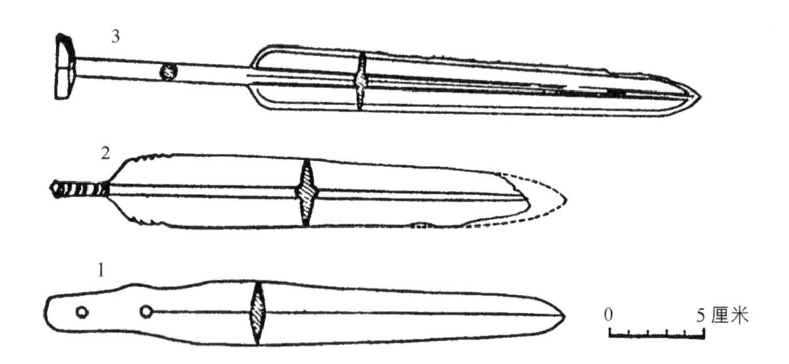

1 陕西长安沣西张家坡西周早期剑（M206：4）
2 河南洛阳中州路东周初期剑（M2415：18）
3 河南三门峡市虢国墓西周晚至东周初剑（M1052：155）

图15　西周至东周初青铜剑

中，剑的历史很久，可能因为骑马作战时，剑可刺可削，比斧钺、手戈为有用。步卒用剑接敌，也为利兵，《左传》襄公二十三年，范鞅用剑以帅卒即是一例。周人用剑取代了商人的短兵，甚有可能受了草原文化的影响。《逸周书》“克殷解”：“武王……先入适王所，乃克。射之三发而后下车，而击之以轻吕，斩之以黄钺，折县诸太白。乃适二女之所，既缢。王又射之三发，乃右击之以轻吕，斩之以玄钺，县诸小白。……又陈常车，周公把大钺，召公把小钺以夹王，泰颠、闳夭皆执轻吕以奏王。”（《逸周书》：4/2—3）“轻吕”，注谓剑名。《汉书》“匈奴传”记载汉使与呼韩邪单于订盟，“刑白马，单于以径路刀金留犁挠酒，以老上单于所破月氏王头为饮器者，共饮血盟”（《汉书补注》：94 下 /5）。高去寻以为轻吕剑即为径路刀。《汉书》“地理志”记载汉败休屠王，获匈奴祭天金人，左冯翊云阳县有休屠金人祠，及径路神祠三所。径路之为神刀可知（Chü-hsun Kao，1960）。《逸周书》的“轻吕”，名称不见他书，若周人因为与草原文化接触，以剑代商人传统的短刀，从而以神剑斩纣及二女的首级，也当然可解为一种魇胜的巫术行为。

附带一说甲胄的情形，商人的甲胄是整片皮甲制成，可以防护前面，但裹甲的战士不能自由活动。最近在山东胶县西庵出土西周的青铜胸甲，前胸由三片组成，全形呈兽面状（图版 10），宽 37 厘米，高 28 厘米。后背是两个直径 11 厘米的圆形甲泡。胸背甲边缘都有小穿孔，以钉缀在皮革或其他质料的甲衣上。青铜胸甲的长度和宽度，护体的宽度够了，高度不够，必是钉缀在甲衣上，始可弥补高度不足的缺点。甲由三部分组成，如将左右两侧甲片与鼻部折成 45 度角，三片合成的总弧度正好封合躯干的弧度，宽度也适合身体的宽度，杨泓据这项资料，加上在昌平白浮出土的铜胄以及护腿的小铜泡，复原了西周的甲胄全貌（杨泓，1977：84—85）。最近也有铜胄出土（图版 11），西周的甲胄，看来是比商代的整皮甲有用。

不过即使西周的剑比商代短兵有用，西周的甲胄比较合身，这些改进不足构成周人胜商的充分条件。西周征商的武力，据一般资料如《孟子》“尽心”、《书序》及《战国策》“魏策”，都是甲车三百乘，虎贲三千人，《逸周书》“克殷解”谓周车三百五十乘，《墨子》“明鬼下”则谓车百辆。即使以三百五十乘计，每车戎甲士一人由虎贲担任，整个数字也只有虎贲三百五十人，传统所谓虎贲三千人，大约有大部分不配属在兵车上。这些虎贲之士，可能是执干戈佩长剑的步卒？《左传》中不少形容步卒与车相配合的阵势。桓公五年周郑交战，郑师用的是鱼丽之阵，二十五辆兵车成一组，步卒五人一组，填补两车之间的空隙。看来整个战斗任务，步卒的责任也不轻。又如《左传》昭公元年晋人伐狄，狄人用徒卒，地形对晋人的戎车不利，晋人也毁乘作徒卒。是以顾立雅（H. G. Creel）认为周人的军队中步卒占极为重要的成分，而且不是未经训练的农民可以胜任（H. G. Creel，1970：276—291）。再则，周人的盟军，据《尚书》“牧誓”，是庸、蜀、羌、髳、微、卢、彭、濮八国。传统的说法，这些人都是西南夷诸国。徐中舒考证，以为彭、庸、濮均在汉水上游，髳在晋楚之间，也在汉水。羌为周人的老搭档，蜀即巴蜀之蜀，微、卢亦在西南（徐中舒，1936A：150—153）。凡此诸地，都是崎岖的山国，不是戎车所利。他们的军队极有可能也是步卒为主。后世中国与北方草原民族之间的冲突，中国常居劣势，主要由于胡人以骑射为主，快速的骑兵对付步卒，占尽了便宜。这是军事力量上极显著的轩轾，如果周人的兵种及武器与商人所具也无十分显著的差别，则周之胜商也不能由军事力量的强弱来解释。

第二节　实始翦商

周以蕞尔小国而能克商，既不能由经济力强弱作理由，又不能由军事力量的优劣来分高低，周之胜利当只能由战略的运用以寻求解释了。

本章首节曾提起周人由太王开始就有翦商之志。据《后汉书》“西羌传”注引《竹书纪年》，及《晋书》“束皙传”引《汲冢纪年》，王季一生为商人征伐西落鬼戎、燕京之戎、余无之戎、始呼之戎、翳徒之戎，而且获得商王的锡命与封号，但最后却被商王文丁拘执处死。有功而诛可能即因为周人的野心已经显露，引起商人的警惕，遂采先发制人的手段。《史记》“殷本纪”，文丁的父亲武乙猎于河渭之间，遭遇暴雷震死。武乙河渭之狩，未必只为了畋猎，大约也多少有以兵威镇慑周人以防反侧之意。暴雷震死又太古怪，未尝不可能是其他死因的掩饰。例如后世昭王南征不复，楚人诿过水滨，也是掩饰之词。王季是太王的幼子，其兄长泰伯仲雍，据《史记》“周本纪”，为了故意要把王位让给幼弟季历而出亡，在遥远的南方建国，即后世的吴国。吴为姬姓，见于金文；《左传》哀公元年、哀公十三年及定公四年，吴人君臣也都自称姓姬。而且《左传》哀公十二年晋昭公娶于吴，为了避同姓不婚的忌讳，当时称昭夫人为吴孟子，足见吴国为姬姓的事，不是春秋的新兴势力冒攀，连老牌姬姓的晋国也承认如此。长江下游离渭水流域虽远，周初也未必不可能有交通与联络。张家坡西周遗址出土了若干带釉陶片，陶胎作青灰色，陶质细致，表面有青色或黄绿色的釉。很多西周墓中都曾发现带釉陶片，地区分布由陕西长安、河南洛阳，到安徽屯溪、江苏丹徒都有之，而尤以丹徒、屯溪的西周墓中更为大量出现，器形也较中原一带为多样。原发掘报告认为这些在长安出土的带釉陶片的化学成分与原始的吴越青瓷接近，也与屯溪的硬陶片性质类似，而与北方的瓷器不同。因此他们以为张家坡陶片可能是在南方烧造的。夏鼐比较了各地釉陶的器形，以为大都属于屯溪出土的I式豆类，质料和釉彩也相同。张家坡釉彩陶都是残片，但仍可看出大多是豆盘的折肩处和足部的残片，似乎属于同一系统。就质料而论，也和南方硬陶相近，与南方汉晋时的原始型青瓷似乎有渊源关系（考古研究所，1962：94，161—165）。由江苏，经安徽，到陕西，陶器可以流传正启示了西周与东南有某种特殊的关联。至于泰伯仲雍为什么跋涉江湖，远去东南建立吴国，徐中舒以为不外以下两个原因：一为帅远征之师以经营南土，一为因与季历争位逃亡，受殷商卵翼立国东南。但他认为后者不可能，不仅泰伯季历的友于，史所明载；更重要的，如果商人收容周族逃亡的王子，当置国于周的近旁以害周，远置东南，殊无谓也。因此，徐氏主张，太王之世，周为小国，实力远逊殷商，正面冲突，势所不能，必先择抵抗力最小而又与殷商无甚关系的边缘着手经营。而且周人经营江汉流域，至迟已在武王之世。或者泰伯仲雍原来的目标是江汉流域，因楚之兴起而由江汉东徙于吴（徐中舒，1936A：143）。检讨徐氏的假设，楚的兴起当仍须俟诸后世。固然传说中有楚先王鬻熊已归周的说法，据《国语》“晋语八”：“昔成王盟诸侯于岐阳，楚为荆蛮，置茅蕝，设望表，与鲜卑守燎，故不与盟。”则成王之世，楚还不成气候，岂能在太王、王季时即有足以威胁周人远征军的声势？然而商人在湖北自有据点，盘龙城的遗址，俨然是镇守一方的气象。泰伯仲雍由渭河流域出来，经过汉水上游的河谷，进入湖北，其势不难，在湖北立足就未必容易。商人势力，可远到江西吴城。这支远征军也只有远趋长江下游，方可立足，后来周人克商之后，句吴这一着闲棋，没有发挥功用，但徐氏之说如果诚然，太王翦商的策略，实由泰伯仲雍南征为始。

文王继承太王王季的事业，号为西伯，俨然商西的霸主。第一步似乎仍是在西北两方戎狄中求发展。《诗》“大雅 · 绵”：“混夷駾矣，维其喙矣”，是为了困窘西北的混夷。同时，“虞芮质厥成，文王蹶厥生”，据《史记》“周本纪”，这虞（山西解县）与芮（山西芮城县）两个小国争地而取决于文王，入周见耕者让畔，惭愧而去。文王能得两国的信心，大约因为二国所在，本为先周旧地。虞与句吴的吴本为同名，传说是虞仲之后，可能在太王王季之时，就是姬姓之国。陕晋之间姬姓部族不少，如犬戎、骊戎，河北之鲜虞也是姬姓而视作戎狄，可能早在周之为周已存在（徐中舒，1936A：143，155）。凡此诸部更可能即是先周在公刘以前的同族。文王的势力大了，旧日同族遂折而又与之联系。是以“绵”末章“予曰有疏附，予曰有先后，予曰有奔奏，予曰有御侮”。周人的羽翼渐趋丰满，虞芮的归服，更开了东进的端倪。“皇矣”：“帝谓文王，无然畔援，无然歆羡，诞先登于岸，密人不恭，敢距大邦，侵阮徂共，王赫斯怒。爰整其旅……依其在京，侵自阮疆，陟我高冈。”密是密须氏之国，在今甘肃灵台，阮共两小国在今泾川县。征服密须大约是文王早期工作中第一件大事，为了纪念此役，分赐唐叔的宝器中还有密须氏之鼓在内（《左传》定公四年）。

灭密须氏的第二年，文王伐耆，《史记》“殷本纪”作伐饥。《尚书》“西伯戡黎”，文王伐黎。因为黎在山西上党（今日长治县），地属晋东，已迫近商本土，据说“殷始咎周，周人戡黎。祖伊恐，奔告于受”，警告商王，危机已经接近。《史记》“周本纪”又说“明年伐邘”，但除了此处及《尚书》大传外，别的记载中不见此事，邘，即盂，已入商王田猎区，地当今日河南沁阳，在黎的南方，居黄河北岸，黎邘两地，距离商王纣所在的朝歌已非常接近，而且濒山西高地的东边，俯瞰朝歌附近的黄土平原，直叩天邑商的大门（李学勤，1959：97）。祖伊惊慌也就在常理之内了。又明年，伐崇侯虎。崇之役是周人扩展史上一件大事，《诗经》“大雅·皇矣”：“帝谓文王，询尔仇方，同尔兄弟，以尔钩援，与尔临冲，以伐崇墉。临冲闲闲，崇墉言言，执讯连连，攸馘安安。是类是祃，是致是附，四方以无侮。”诗句形容崇城的难攻，周人使用了攻城的战具，终于获得重大的战果。又据《左传》僖公十九年，“文王闻崇德乱而伐之，军三旬而不降，退修教而复伐之，因垒而降。”是文王攻了两次才攻下崇城，其抵抗之烈可知。上章曾说过，商人在渭域也有垦殖的队伍，崇可能即是商人在渭水流域的重要据点。克崇之后，“大雅·文王有声”：“既伐于崇，作邑于丰。”旧说文王所建的新都邑，即在崇旧地。但俞樾以为崇嵩一字，崇当在今河南嵩县附近（陈槃，1969：379）。丁山、徐中舒并从俞说。至于作丰之说，丁氏释为作丰宫于镐的附近（丁山，1935：111）。新说较之旧说，似更合理。周人已经在山西境内的黄河北岸有长足的进展，如果崇是周的敌人，而又在丰镐附近，商人有可以随时切断周人进展之可能。如崇在河南嵩县附近，地当黄河南岸，抵孟津直南，平行于山西一线所至的黎盂一带，伐崇次年，文王去世，武王即位后几乎立即率诸侯会于孟津，当即是南北会师之举。

卜辞中有旨方，陈梦家以为即是上文“伐耆”的耆国，卜辞中记旨，有西吏（或西史）经纪，时时为商征伐晋南诸国（陈梦家，1956：296）。白川静认为旨方当是召方，其地域跨商西一大片土地，北至山西垣曲的邵亭，东至河南修武的召城，南至河南郾城的召陵及南召，均是这一商西雄族的分布地区。他以为召方原是殷商势力以外的古国，经商人压服，在召方立了监督的“西史”专制西道。在周人东进时，召族折而与周人合作，遂有周初与太公周公齐名的召公，同为一时重要的领袖。后来“召南”的地域仍在两周都城轴线的南方。周召分治的故事，当由召族分布原在晋南豫西一线（白川静，1973：171—185）。白川静对于召族是否姬姓，不予断定，只以为是非周非商的古族。按召公为姬姓从无别说，但向来不能决定其所自出。如果召族为姬姓诸族中由山西向南开拓的一支，则向西开拓的周人在东向图商时，同为姬姓的召族与周联盟，自在情理之中，崇为商人重镇，然在周召合击之下，恐也难为商守。周人在晋南沿河东进，殆也有召族接应。

丁山认为镐京是周人的首都，由公刘至武王底定，未尝有别的王京（丁山，1935：107—110）。按《史记》及《诗经》都谓作邑于丰在伐崇之后，《竹书纪年》文王三十六年，西伯使世子发营镐，是营作丰镐以前必然别有首都。最近周原发现岐山凤雏村与扶风召陈村两个大型宫室遗址，气象宏大，足为宗庙宫殿之用。而且遗址的层次判断，岐山旧都，由灭商以前的早周继续存在，迄于西周晚期（周原考古队，1979：34；1981：21—22）。相对的，丰镐一带，至今只有窖穴居住遗址，虽已有瓦及瓦坯出土，尚未见大型宫殿遗址。如以岐下两个遗址赓续使用的情形言，这个岐山的旧都，颇可能如丁山所说周人只有一个“京”。岐下正是“京”之所在。丰镐最初也许是经营东方的指挥中心，渐渐变为行政中心，而岐山的京，则始终保持其宗庙辟雍，为周人精神上及宗教上的中心。后世因为在克商之后召公营作洛邑，号为成周，渭水流域的旧地遂号为宗周。在克商以前，周人可能已有两都制度，以京为旧基地，以丰镐为前进指挥中心，因此周人实际上有三都：京、丰镐及洛邑。

周人在不断地经营。上文说过召方可能即分布在豫西豫南，召公图南国，江河一带是真目标。周初可能已着眼在此。昭王时的铜器宗周钟铭文：“王肇遹省文武堇疆土，南国𠬝子，敢臽虐我土，王𦎫伐其至，𢦏伐厥都，𠬝子乃遣间来逆卲王，南夷东夷具见廿又六邦。”（白川静，1967，A：261）南国指江汉流域，是则文武之时周已视南国为疆土。周人的势力已迂回到商王国的南面（徐中舒，1936A：145—146）。汉阳诸姬，为数不少，大多数在武王克商之后及西周中叶始建国。但如果南国早在文武之际已因召族的势力而服属周王，则周人在克商以前即在江汉流域建立若干据点，也未尝不可能（徐中舒，1936A：144—145）。郑玄《诗谱》周南召南，“至纣又命文王典治南国江汉汝旁之诸侯。”究竟纣命文王，抑文王自为，也就难说了。相对的，商在东方遭遇不小的麻烦。《左传》昭公四年，“商纣为黎之搜，东夷叛之。”昭公十一年，“纣克东夷而陨其身。”都说商纣时东夷与商之间有战事，纣明明不是在克东夷之后死亡，此处所谓“陨其身”，当指东夷之叛促成了商的失败及纣的死亡。至于黎之搜一事与东夷叛变之间的关系，徐中舒有所考定。他认为黎即上文西伯戡黎的黎，地居朝歌西北，应与“东夷”不相及。是以黎之搜是商纣为了遏止周人在山西的进展而作大阅，也许在商纣注目西边时，东方的夷族起而叛变。纣在东方的战役大约相当激烈。商胜了，克服了东夷，抚有夷众，但这些新服的夷人，口服心不服，《左传》昭公二十四年，“纣有亿兆夷人，亦有离德”，当为对商夷关系的描述。关于东夷的问题，当在周公克东夷的一段再提。

在西北方面，商也可能有麻烦，《诗》“大雅·荡”：“咨！咨女殷商……内奰于中国，覃及鬼方。”则周初认为鬼方也怨恨殷商。结合《易》“既济”：“高宗伐鬼方，三年克之”及“未济”：“震用伐鬼方，三年有赏于大国”，可知殷商与鬼方的战事，发生在武丁之世，而王季曾为殷商伐鬼方，立下功劳。纣之世，鬼方与商之间，已有周人的势力隔断，大约鬼方未必能成为商人严重的外患。纣的国力消耗，仍当在东夷方面的战争。

总之，整个情势，商人处于不利的局面。周人在北边已循晋南拊朝歌之背，由山西高地高屋建瓴，俯视商人王畿。中路一线，已克崇而入中原。南路一线，江汉已为周人疆土。这时商的东方，却又有大规模的东夷之叛！商纣的实力在东夷之役当然难免耗损，而周人因为商专注东方的肘腋，也许更得以在中原的南北多所经营。《左传》襄公三十一年：“周书数文王之德曰，大国畏其力，小国怀其德。”周人克商的大战略，已经接近完成。《左传》襄公四年：“文王帅殷之叛国以事纣。”周人的声势也就不小了。《论语》“泰伯”：“三分天下有其二，以服事殷。”以当时的“天下”而言，周人大约已居渭水流域，黄河中游之半，并加上晋南及江汉，而殷商占了黄河下游及东夷所在的淮上以迄海边。双方盛衰之分确已判然。

第三节　武王克商

武王继志，在即位后不久即观兵孟津，不期而会者据说有八百诸侯。证之后来牧野之战的兵力及同盟军只有西土八国，孟津之会八百国之说大为可疑。孟津之会，武王有军前宣言，即是《尚书》的

“泰誓”。今日传世的“泰誓”真伪殊不可靠，但由古书如《孟子》、《左传》、《国语》、《墨子》、《礼记》以至《说苑》、《汉书》所引“泰誓”佚文看来，“泰誓”内容大多是宣称自己有决战的决心，如《礼记》“坊记篇”引“予克纣，非予武；惟朕文考无罪。纣克予，非朕文考有罪；惟予小子无良”。又如《国语》“周语”引“泰誓”“朕梦协朕卜，袭于休祥，戎商必克”。又如《孟子》“滕文公下”引“我武惟扬，侵于之疆；则取于残，杀伐用张，于汤有光”（孙星衍，1815：30下/2—3）。都不像是传统所说武王因为“天命未可也”而退师的情形。周未在孟津之会后即全面进攻，传统旧说有谓殷贤人未去，有谓因夷齐之谏（孙星衍，1815：10/6—7）。真正的原因已不能稽考。孟津之会的确切年份，有谓在文王受命后十一年，有谓十三年，有谓在武王自己纪元的九年，诸说纷纭，未能断言。周初年代学是极为复杂的问题，此处以无关宏旨，暂不赘言。

孟津观兵之后二年，据《史记》“周本纪”，武王率戎车三百乘、虎贲三千人及庸蜀羌髳微卢彭濮人于正月甲子日清晨到达朝歌郊外的牧野。战前有一篇战誓（《尚书》“牧誓”），指斥商王纣的罪名：“惟妇言是用，昏弃厥肆祀，弗荅；昏弃厥遗王父母弟，不迪。乃惟四方之多罪逋逃，是崇是长，是信是使，是以为大夫卿士；俾暴虐于百姓，以奸宄于商邑。”据说诸侯会师的戎车有四千乘。纣发兵七十万人抵抗。这两个数字似乎都很可疑，当时殷商的总人口，以其疆域来说，未必能过一百万，如何能动员七十万众。诸侯四千乘的数字大于武王自己的武力十余倍，即使中原大半已在周人控制之下，合今日河南省大半及晋南一线，仍没有渭水流域十几倍的面积。周人可能已倾全国之师（说见本章前文），参加的会师诸侯未必也出动自己全部力量。《诗经》“大雅·大明”也只说“殷商之旅，其会如林，矢于牧野”，不提具体数字。战役的经过，“武成篇”：“罔有敌于我师，前徒倒戈，攻于后以北，血流漂杵。”既说敌人自动投降，又说战士的血可以使木棒漂起。此中自相矛盾之处，孟子早就提出了怀疑，感叹：“吾于武成取二三策而已”（《孟子》“尽心下”）。商纣在失败后自杀，庞大的商王国解体。然而周人并不能轻易地继承商王国的地位，周人还须作一番努力，创立一个新的统治制度。

最近有几件与牧野之战有关的带铭铜器出土，一是 1976 年出土于陕西临潼南罗村的利毁（图 16，图版 12），铭文为“珷征商隹甲子朝岁鼎克闻夙又商辛未王才𪫑自易又事利金用乍𣄨公宝𨽏彝”。

第二件是 1965 年在宝鸡贾村出土的𫶍尊（图 17，图版 13），铭文是“隹王初𨛭宅玙成周，复□珷丰福自天。才四月丙戌，王𪫑宗小子玙京室，日昔在尔考公氏克逨玟王，𦘒玟王受兹（大令），隹珷王

图16　利毁

图17　𣄰尊

既克大邑商，则廷告玗天，曰余其宅兹中国，自之辥民，乌呼，䘳有唯小子亡戠视于公氏，有爵于天𣪘令，敬享哉，叀王恭德裕天，训我不敏王咸𢍰。𣄰易贝卅朋，用乍□公宝障彝，唯王五祀”。

第三件是道光年间出土关中的大丰𣪘，铭文是“乙亥，王又大丰，王凡三方，王祀于天室，降天，亡又王，衣祀于王丕显考文王使喜于上帝，文王监在上，丕显王乍相，丕𥡐王乍赓不克三衣王祀。丁丑王乡大宜，王降亡勋爵复觵。唯朕有庆每扬王休玗障”。

兹先由利𣪘说起。该器铭文注释者众多。最为聚讼的部分是岁鼎二字，岁，或以为岁星，或以为岁祭——卜辞中常见的祭祀，或谓岁首的祭祀。鼎，或谓贞问的意思，或谓“则”字，或谓鼎的本字，意指周移商鼎（于省吾，1977；唐兰，1977；临潼县文化馆，1977；钟凤年等，1978；白川静，1979：323—338；田宜超，1980：1—10；张政烺，1978）。兹以本铭与凤雏村出土周卜辞比较，后者的贞，正写作鼎字（周原考古队，1979A：43 图五）。是则本铭的鼎字也当作贞字。岁是祭名无疑，不能作为祭的对象。铭文其他部分的争执较少，全文大意也颇清楚。武王征商之后，甲子那天早上，岁祭贞问，黄昏时即胜利而占有了商。辛未那天（即甲子以后七天），武王在𩰫地驻师，赏赐右史利铜料，他用来铸旜公隮彝。本铭的价值，在于证实了《尚书》“牧誓”及《逸周书》“克殷解”记载甲子克商的日子，而且战事也只有一天不到即占有了商。铭文不记月，是以对原来记载中的月份的矛盾，仍无法澄清。此处的岁祭：商人卜辞中这种岁祭的记载也不少（田宜超，1980：4—5）。武王伐商，奉文王的木主以征，《逸周书》“武寤解”：“约期于牧崇用师旅，商不足灭，分祷上下……神无不飨。”是则战事前以用戈杀牲的岁祭来致祷，也是可能的。

䣄尊铭文解释的问题比较小，各家的大意都相当接近。异见中较多聚讼的是第一句，唐兰释为迁都，马承源解为营造新都，张政烺认为是相室，白川静释为新邑既成，准备建为国都。作器的王，是成王。铭文大意：成王作新都，祭武王，祈福于天。四月丙戌，王告诫同宗的“小子”，他们的祖先奉事文王，文王受天命，武王克大邑商后，廷告于天，表示要居住在“中国”，以治理民人。成王勉励这些小子克肖祖德，尽劳敬事，以邀天福，然后记载䣄受赐三十贝，记年是王的第五年（唐兰，1976；马承源，1976；张政烺，1976；白川静，1978：171—184；叶达雄，1980）。对本节讨论较有关系的一点：武王新胜之余，已有迁都中原的打算，庶几在“中国”治理新克的大邑商。而这一计划在克商之时，即已禀告上天了。伊藤道治特举《逸周书》“度邑解”：“王曰，呜呼，旦，我图夷兹殷，其惟依天室，其有宪命。求兹无远天，有求绎相我不难，自雒汭延于伊汭，居易无固其有夏之居。我南望过于三涂，我北望过于岳鄙，顾瞻过于河宛，瞻于伊雒，无远天室，其名兹曰度邑。”以与䣄尊铭文比较，指出二者之间的类似，都以居中国与受天命相提并论。伊藤氏并且以为本铭的出现加强了《逸周书》的史料价值（伊藤道治，1978：41—42，51）。此处的“中国”观念，自然与周人自居为西土相对而言。中国与天命的相提并论，可谓中国正统观念的表现，周人动辄征引夏人，遂构成了三代相承的系统。

𣪕尊“复□珷王丰福自天”一语，唐兰以为天指天室，是行丰祭的所在，并且引三后在天以为证（唐兰，1976：60，及61注2）。如唐说果然，则𣪕尊铭文与“度邑解”的相似程度，又更进一步。天室之词又见于大丰𣪕，其中也有在天室举行的大丰。天室可能是大室明堂一类的具体的祭祀场所，然而也可能即指伊洛一带所谓“天下之中”的地区。殷人自号为天邑商，周人也如此称之（伊藤道治，1978：48—49；白川静，1962：14—15；陈梦家，1955：152）。天邑、天室，均谓天所依止，天命之所集。商人首都频频迁徙，“商”却另有固定的所在，卜辞中常见步自商，作战胜利归来，献俘也在商，并不指当时的首都。李学勤以为殷是政治上的首都，商是天邑商，大而言之，指商人居处的国土，居于四方之中，小而言之，则是有宗教功能的某一都邑，地点当在今日汤阴附近（李学勤，1959：8—15）。大丰𣪕、𣪕尊两铭中武王举行丰祭于天室，正是为了取得正统地位。《尚书》“召诰”：“王来绍上帝，自服于土中。旦曰：‘其作大邑，其自时配皇天；毖祀于上下，其自时中义。王厥有成命，治民今休。’”也正说明了治中国，以受天命的意思。大丰𣪕“风于三方”一语，伊藤氏承旧说谓周自居西方，三方为东、南、北。周既取代商为中国主人，风于三方，正是象征性的揽有四方，“度邑解”中的三涂、岳鄙、河宛，分别代表了南北东三个方向（伊藤道治，1978：49）。

大丰𣪕铭文两次提到“衣祀”：“衣祀于王”及“丕克三衣王祀”。前一语通常谓以衣祭来合祭先王。后一语则颇费解，陈梦家以为三是乞之误，指终止衣（殷）王的天命（陈梦家，1955：153）。也有人以为“三衣王祀”是祝祷周室的历命三倍于商（白川静，1962：

26)。最近周原卜辞出现，世人始知周人曾祭祀商人的先王成汤太甲与帝乙。“癸巳，彝文武帝乙宗，贞，王其邵祭成唐”，“贞，王其桒又大甲，𠀠周方白”（周原考古队，1979A：39—40）。武王克商，把商人一切罪状都归于商纣。武庚甚至还可奉商祀，商的先王当然更得适当的敬礼。《逸周书》“世俘解”在甲子“咸刘商王纣”之后，戊辰，武王迎祀文王；辛亥，“告天宗上帝”，“王不革服格于庙”，又对太王、太伯、王季、虞公、文王、邑考，“以列升，维告殷罪”。这一大串仪式，均在“庙”中举行。当时战阵之后，连战袍也未更换，即“格于庙”了。这个“庙”自然不是新建的周庙，当是在商人的神庙中行礼（李学勤，1959：9）。武王怀柔商人，而且又以接续正统自居，对周先王举行了殷人惯行的衣（殷）祀，当可解为“衣祀于王丕显考”，而对于殷的先王中某三位也有祭祀的礼仪，当可解“三衣王祀”。

第四节　周人的天命

结合利毁、𣄰尊、大丰毁、周原卜辞与《逸周书》的资料，颇可表现武王在克商之后，把商人的正统接过来，自居“中国”的合法统治者。为了这个缘故，武王必须取得天邑，居天位治斯民，却也不能不对商的先王有所尊礼，庶几肯定周室新得的天命。凡此行动，不必尽为政治宣传，古人对于天神上帝的信仰，已足以解释武王的行为了。天命只能降于居住“中国”的王者，这个观念，是中国数千年政治史上争正统的理由。溯其本原，当在𣄰尊见之。甚至“中国”一词，在中国文化中有极重要的意义。而其渊源，也当在𣄰尊代表的周初受命思想。

周人的受命观念，诚如傅斯年所指出，终于演变为天命靡常、惟德是依的政治思想（傅斯年，1952：Vol. III，191—110）。然而在讨论周初天命思想前，下文将先讨论商人对上帝的观念，以资比较。商人奉祀的神祇不少，以卜辞中有威灵作祸福的奉祀对象言，有风雨河岳之属的自然神，也有一大批先公先王的祖灵。“天”在商人的宗教信仰中并不等于最高神。上、下与帝是分立的（陈梦家，1956：580—581）。帝在商人宗教中的地位，也有其演变。帝字可作为先王庙号，其动词意义又可用于禘祭先公先王。这些语源上的变化用法即足显示帝与祖灵之间有其一定的关系（陈梦家，1956：562）。说到帝的初义，似可从其字形开始。卜辞的帝字，大率写作[illegible]诸形。而金文中有▽、▼者，因此《说文解字诂林》引吴大澂《字说》以为“古器多称且某父某，未见祖父之上更有等于祖父之称。推其祖之所自出，其为帝字无疑。许书，帝古文作[illegible]与鄂不之不同意，象华蒂之形。周窓鼎作[illegible]，聃敦作[illegible]，戳狄钟作[illegible]，皆▼之繁文，惟▽▼最古最简，蒂落成果，即草木之所由生，枝叶之所由发，生物之始，与天合德，古帝足以配天，虞、夏禘喾，禘其祖之所从出，故禘字从帝也”。又其《说文古籀补》：“古帝字作▼，如花之有蒂，果之所自出也，后人增益之，作[illegible]象根枝形。”其他诸位，又有作束薪说，以为帝象燎祭的束薪，如叶玉森主之；其衍生则为祭器说、标识法。诸说相较，仍以根蒂说较长。然而但由字形臆测，总嫌恍惚，帝的初义仍当由其神性讨论（岛邦男，1958：186—189）。

《礼记》“大传”：“礼不王不禘，王者禘其祖之所自出，以其祖配之。”李宗侗以为如果祖之所自出与其祖先是同类的人物，那就禘祭祖先，不必再谈禘“其祖之所自出”又加上“以其祖配之”如此复杂的说法。李氏遂以图腾的观念为解释，认为“祖之所自出”当是图腾而不是始祖的人物。他并且指出禘祭既为图腾崇拜的遗迹，其礼仪随族群不同而有差异。各代禘祭的礼节不同，而且其中可能尚有若干神秘的部分，以至孔子要说“禘自既灌而往者，吾不欲观之矣”（李宗侗，1954：266—267）。同李氏的理论推衍，商人的帝，既有图腾生祖的性格，其与商人的关系是特定的，专有的，而不能是普遍超然的。商人的神对商人有必须眷顾的理由，不必有道德的标准为给予佑护的要求。简单地说，商人的神是族群专有的守护者，而不是对所有族群一视同仁的超氏族神（徐旭生，1960：199—201）。

伊藤道治分析商人宗教的演变过程，认为在商人早期也有最高神灵的上帝，祖灵与自然现象的神都位在上帝之下。但对祖灵的祭祀逐渐规则化，祖灵对于子孙的护佑的观念，也渐趋确立。有若干祖灵以外的灵鬼竟也可设法编列入祖先的谱系。到商代末期帝乙帝辛时，祖灵的权威已完全确立，祭祀的规律也已固定，伊藤氏认为这一演变趋势与商人王权及族长权的渐趋强固是互为表里的现象（伊藤道治，1975：45）。相对的，商人神祇系统在早期可以不断扩大，吸收商人统治下其他族群的守护神。这种广为包容的能力，使多族群的商王国在精神上可以团结与融合（林巳奈夫，1970；伊藤道治，1975：77—79）。祖灵祭祀逐渐确立，商人统治群的自我意识渐渐强烈，宗教上有排斥他群的现象。原本是多族群的商王国竟因此而丧失了向心的凝聚力。伊藤氏引用董作宾旧派与新派轮流当权的理论，指出旧派祭祀先公先臣及自然神，新派只祭祀先王祖灵，他并且由此发挥，提出氏族制在商末的崩坏（伊藤道治，1975：112—117；董作宾，1964：1/2—4）。根据伊藤氏的理论，商末政治与社会组织的演变也使上帝的性格收缩为统治族群的祖灵，而并不具有超族群的普遍性。

李宗侗与伊藤道治二氏的理论，各有立场，其所持的论证方式也迥不相同，但二者都指出商代末期的上帝是一个极具族群独占的守护神，而不是普遍的裁判者，至上帝与祖神的结合，实为禘祭的特色。帝固可为特祭的对象，但禘祀是宗庙的祭祀则为卜辞资料可以证明的事实（岛邦男，1958：211）。在周的立场，这样的大神，不能不具有意义。周人以蕞尔小邦，国力远逊于商，居然在牧野一战而克商。周人一方面对如此成果有不可思议的感觉，必须以上帝所命为解，另一方面又必须说明商人独有的上帝居然会放弃对商的护佑，势须另据血缘及族群关系以外的理由，以说明周之膺受天命。于是上帝赐周以天命，是由于商人失德，而周人的行为却使周人中选了。《诗经》“大雅·皇矣”颇能描写周人自以为受命的过程：“皇矣上帝，临下有赫；监观四方，求民之莫。维此二国，其政不获；维彼四国，爰究爰度。上帝耆之，憎其式廓。乃眷西顾，此维与宅。”上帝的身份，已是万民的神了，他极关怀四方人民的生活，一次又一次对于已受命的统治者失望。最后上帝向西望，挑选了西方的国家作为自己的地方。“皇矣”下文中上帝保佑周人开辟山野，护持王季建国，又三次指示文王攻灭密与崇，也告诫周人必须服从上帝的意志。

“大雅·荡”则以文王的口气，举出了商人——毋宁说商王纣，所犯的罪状：“荡荡上帝，下民之辟，疾威上帝，其命多辟，天生烝民，其命匪谌，靡不有初，鲜克有终。文王曰咨，咨汝殷商，曾是强御，曾是掊克，曾是在位，曾是在服，天降慆德，女兴是力。文王曰咨，咨女殷商，而秉义类，强御多怼，流言以对，寇攘式内，侯作侯祝，靡届靡究。文王曰咨，咨女殷商，女炰烋于中国，敛怨以为德，不明尔德，时无背无侧，尔德不明，以无陪无卿。文王曰咨，咨女殷商，天不湎尔以酒，不义从式，既愆尔止，靡明靡晦，式号式呼，俾昼作夜。文王曰咨，咨女殷商，如蜩如螗，如沸如羹，小大近丧，人尚乎由行，内奰于中国，覃及鬼方。文王曰咨，咨女殷商，匪上帝不时，殷不用旧，虽无老成人，尚有典刑，曾是莫听，大命以倾。文王曰咨，咨女殷商，人亦有言，颠沛之揭，枝叶未有害，本实先拨。殷鉴不远，在夏后之世。”此诗据诗序以为召穆公所作，但其语气，当是周初说明得国的原由。诗中一方面彰露商人的过恶：聚敛、强暴、好酒、不用善人、不用旧人，以致内外怨愤。另一方面，这首诗也指出，天命无常，能使国家兴起，兴国却也未必善终。夏代失天命，亡了；殷商不以夏代为鉴，也亡了。殷鉴固然不远，周鉴自然更在目前，此中“天命靡常”的观念已经显然。

而且夏商周三代的更迭，已具有历史的教训。

《诗经》“大雅·文王”则更发挥此义：“文王在上，于昭于天，周虽旧邦，其命维新。有周丕显，帝命不时，文王陟降，在帝左右。……文王孙子，本支百世，凡周之世，丕显亦世。……假哉天命，有商孙子，商之孙子，其丽不亿，上帝既命，侯于周服。侯服于周，天命靡常，殷士肤敏，祼将于京，厥作祼将，常服黼冔，王之荩臣，无念尔祖。无念尔祖，聿修厥德。永言配命，自求多福。殷之未丧师，克配上帝，宜鉴于殷，骏命不易。命之不易，无遏尔躬，宣昭义问，有虞殷自天。上天之载，无声无臭，仪刑文王，万邦作孚。”周虽旧邦，当指周是夏人之遗，再次受命，以代殷商。文王在上帝左右，则指明文王不是上帝，只是帝的助手，文王的后代应当昌盛，商人的子孙却应该接受天命已改的事实，做周人的臣子。相对的，无论殷人周人都当修德，以自求多福，天命是否更易，全在人自己的作风。这三首诗的精神，说明了周人对天命的认识，以及周人因此而时时以天命靡常自诫。

相当于《诗经》的周初天命观，在《尚书》中更触处可见，傅斯年据“周诰”十二篇（“大诰”“康诰”“酒诰”“梓材”“召诰”“洛诰”“多士”“无逸”“君奭”“多方”“立政”“顾命”），列举“命”字的出现共一百又四处，其中七十三处指天命，或上帝之命，而殷革夏命，周改殷命均是提到天命时最常见的语汇（傅斯年，1952：Vol. III，31—38）。此处所列十二篇“周诰”均是涉及周初事迹，天命观念在周初的重要，由此可知一斑。傅斯年追溯天与上帝的地位，以为商人的上帝在宗祀系统内，商王自以为是帝子，而周人祖先稷，在《诗经》“大雅·生民”中只是姜嫄之子，虽然姜嫄因为“履帝武敏歆”而生子，其与上帝的血缘关系终究是比较含糊的。他又以为商人的帝可能指喾，《国语》“鲁语上”：“周人禘喾而郊稷，祖文王而宗武王。”则更明白地将商人的“帝”拉来作为周的“帝”了。周人借了商人的上帝，上帝不能再有“宗神”的性格，由是而成为普遍的上帝（傅斯年，1952：Vol. III，81—82，90；徐旭生，1960：201；池田末利，1964）。

兹再论“天”以自然体作为崇拜对象的神祇。傅斯年不赞成“天”由周人始为神祇，认为天字虽不见于卜辞，上帝之为最上神，已隐含“天”的观念。诚然，卜辞中之天字，或作“大”的同意字，如天邑商；或作地名，或作人名，卜辞中至今未见任何以天作神明解者。换句话说，卜辞确有作“天”字字形的字，事实上却并无用作苍穹意义的例子（岛邦男，1958：214）。傅斯年以为卜辞不是议论之书，又并非记录当时一切语言之物。因此“今日不当执所不见以为不曾有”（傅斯年，1952：Vol. III，90）。对傅氏之说，持异议者仍至少可有两点：第一，卜辞是卜祭祀的记录，祭山川河岳尚有卜，祭天之礼，若不是没有，则也必然是大祭，《春秋》三传屡见“卜郊”的记载，可为例证。商时若有郊天之祭，卜辞中必不致一无所见。卜辞所记均属祭祀，在这一点用默证，似乎并无不当。因此，推广而言，卜辞殊乏祀天的证据。由于商人上帝是祖神宗神型的最高神，虽不沾染自然现象的天，帝仍不失为最高神。第二点，卜辞中用作相当于“天”的达名，并非没有，此字即“下上”的“上”，“下上若”，“下上不若”中的下似指百神，而“上”则是天神。上而且也兼指天，大丰毁，“文王监在上”，上是文王所在的位置，显然周金承袭了卜辞中以“上”表“天”的用法。这种用法迄于《春秋》，依旧可见，例如《左传》宣公二年：“用能协于上下，以承天休”；《论语》“述而篇”：“祷尔于上下神祇”。可见卜辞中并非没有天的观念，只是用“上”来代天，于是天帝在卜辞中就成为上帝了。上帝在卜辞每为合文，并可说明未用“天”来表示这个观念。至于卜辞中的“天”没有苍天义，也没有神明义，但《诗》《书》及周金文中突然有了这种用法，很难说是周初短短时期能发展出来，毋宁说是采用卜辞中的“天”字形式，而赋予与“上”相似的实质，甚至加上神明的意义（有些学者认为“天”为神祇之义仍见于卜辞，如孙海波，1934：Vol. I，P1；金祥恒，1959：Vol. I，R1；李孝定，1965：Vol. I，13—21；认为天不作神祇解者，如齐思和，1948：23；陈梦家，1954：93；H. G. Creel，1970：495—496）。然而采用“大”义的天，却也不能说全出偶然。王国维以为，“古文天字本象人形。……其首独巨。案《说文》：天，颠也；《易》睽六三：其人天且劓。马融亦释天为凿颠之刑，是天本谓人颠顶故象人形。殷墟卜辞盂鼎之[illegible][illegible]，所以独坟其首者正特著其所象之处也。殷墟卜辞及齐侯壶天作二，则别以一画记其所象之处。古文字多有如此者，如𠄞𠄟字，𠄞字之上画，与𠄟之下画，皆所以记其位置也……此盖古六书之指字也”（王国维，1959：282—283）。王国维之说，深得许叔重要旨。“天”之能被采用于周金以代丄，大约即以人的上端表明其位置，着重其指意，而用以称头顶上面的苍穹长空了（岛邦男，1958：215—216）。此说主张者不少，如吴大澂、罗振玉、章太炎之辈，均是。神明的天，其中也同时含有自然义，如《诗经》“小雅 · 巷伯”：“苍天，苍天，视彼骄人，矜此劳人”，是仰告苍天。“小雅 · 小明”：“明明上天，照临下土”，是自然的天为照临监督下土的主宰。“周颂 · 敬之”：“敬之，敬之，天维显思，命不易哉，无曰高高在上，陟降厥士，日监在兹。”此处“日监在兹”而人类须加敬的天，也就是高高在上的天。凡此均是兼具自然及神明两义的天，也可见天的本义中，自然义甚为浓重，当只能归于其原义即是自然义。

周人崇拜自然的天，殆亦有缘故。由先周以至克商，周人活动范围全在晋陕甘黄土高原的西半边，地势高亢，雨量稀少，平均年雨量在每年五百毫米以下，比之秦岭汉水区有一千毫米年雨量，相去甚远。是以晋陕甘黄土高原上，除夏季暴雨，难得几天阴雨，地上植被，也因此只有农作物及小灌木，这一带地形，虽有起伏的塬梁峁沟，但颇少高耸挺拔的大山。因此周人日日看到的是经常晴朗、笼罩四野、直垂落到视线尽头的一片长空，这样完整而灿烂的天空，当能予人以被压服的感觉。由于苍天的无所不在，到处举目四瞩，尽是同样的苍穹，默默地高悬在上，因此天地就具备了无所不在、高高监临的最高神特性。反之，殷商王畿所在的地理情况，照卜辞看来，附近有不少田猎区，猎物包括犀牛、野猪及麋鹿。今日的河南一片平坦，殷商时代可能有若干森林，甚至沼泽存在。这种地形上的居民，其眼中所见的天空，比较支离破碎，也就未必有高亢地区那种天空慑伏人心的力量。于是商人最高神的来历，由祖神之一逐渐演变而来。

以上所说，自然只是一项假设。然而也并非全无佐证。佐证之一：前引《诗经》“小雅·小明”，“明明上天”一类的诗句，显然描写这种崇敬的心情。迄于秦汉之时，除天子有“上帝”、“泰一”之类祭祀外，官家认可的许多有关天的祭祀，莫不在雍州境内。例如《汉书》“郊祀志”下�有“天神”，又立玉龙山仙人祠，及黄帝、天神、帝原水，凡四祠于肤施。《汉书》“地理志”高陵条：谷口则有天齐公祠。殆均是“雍州积高神明之隩”的固有祠礼。

佐证之二：在古代传说中，天与帝常起冲突。《史记》“殷本纪”：“帝武乙无道，为偶人，谓之天神，与之博，令人为行。天神不胜，乃僇辱之，为革囊盛血，仰而射之，命曰射天。”又《史记》“宋世家”，宋君偃也有“盛血以革囊，悬而射之，命曰射天”的故事。两项传说出奇的肖似，都表示殷人对“天”的仇恨和揶揄。后一故事固然可能纯为抄袭前者而来。也可能武乙时，商人鄙视周人，伐周前，行呪术以弱周。宋为殷后，宋康王兴兵四击，号为巨宋，有志于复兴故国，再度向天行魇魔法，也并非全不可能。《山海经》“海外西经”：“形天与帝至此争神，帝断其首葬之常羊之山，乃以乳为目，以脐为口，操干戚以舞。”这位猛志未已的悲剧英雄，也许即是向《山海经》中最高神——“帝”——挑战而失败的“天”神。形刑古通，形天者，刑残之后的天。一般言之，《山海经》似为东方系统的神话书，夸说后羿，尊崇王亥帝俊，诩东方为“君子之国”。东方的传说把敌人的神形容得甚为不堪，正是古今相同的宣传技巧。

《山海经》中另有二则传说，可与形天故事相比。一为“海外南经”：“羿与凿齿战于寿华之野，羿射杀之。在昆仑虚东，羿持弓矢，凿齿持盾（一曰戈）。”一为“大荒西经”：“有人无首，操戈盾立，名曰夏耕之尸。故成汤伐夏桀于章山，克之。斩耕厥前。耕既立无首，走厥咎，乃降于巫山。”都是东方英雄与西方敌手的斗争，胜利归于东方的英雄。尤其夏耕之尸一节和形天故事的相近，令人惊奇，似可作一件事的两种叙述法。上面两项佐证中，天神祭祀遍布陕甘，说明了天神崇拜的地域性；而射天故事及形天传说也说明了帝与天两个观念的转移，并非完全是意念的演变，其中仍有族群对峙与竞争的可能。总之，“天”之属于周人固有信仰，不无蛛丝马迹可寻。

天之用作神祇义，在周初史料中已相当普遍。据顾立雅统计，《周易》中有八次。《诗经》中有一百零四次作天神意，而帝或上帝只有四十三次。《尚书》的“周诰”十二篇中，“天”为神祇义，见了一百十六次，而帝或上帝只见二十五次。顾立雅选用金文中，天见了九十次，帝或上帝只见四次。金文中“天”字，大部分（七十七次）用于天子一词中，三次为皇天君或天君。纯作“天神”之义者仍四倍于“帝”出现的次数（H．G．Creel，1970：494—495）。

由自然天发展出的天神，其性质当然不能与祖宗神的帝相同。因此周人的禘祭对象只有帝喾一人——而帝喾之居上帝位，如前文所说，当由殷商继承而来。后稷参加郊祀只是配天，迥异于商代以帝祭普施先王先公的情形。于是“文王陟降在帝左右”，于是“文王监在上”，于是“三后在天”，都只能“在”，而不能与天或帝合一。天笼罩四野，无所不在，然商周之际的文化中心到底在中原，是以“中国”地上的中心，接“天中”的最合适所在，也就在“中国”。前文讨论武王在“中国”立新邑的计划，殆可作为对天神的肯定。

脱开祖宗神型的天帝，以其照临四方的特性，如前文所引《诗经》诸例，是公正不偏的裁判者，决定地上的统治者中孰当承受天命。傅斯年在“性命古训辨证”中，举“周诰”、“大雅”的天命靡常观，称为人道主义的黎明。“大雅”诸篇的例证已见前引，不复述。“周诰”之可信诸篇，发挥商丧天命，周受命之说甚详，反反复复不外说明商先王何以保天命而后王又何故失天命，以及文王何以又集大命于厥身。一方面告诰殷遗，一方面勉励周人，使知创业艰难，守成也须兢兢业业（傅斯年，1953：Vol. III，91—92）。此种记载太多，毋庸遍引，惟以“酒诰”为例：“我闻惟曰：在昔殷先哲王，迪畏天，显小民，经德秉哲。自成汤咸至于帝乙……在今后嗣王酣身，厥命罔显于民，祗保越怨不易。诞惟厥纵淫佚于非彝，用燕丧威仪，民罔不衋伤心。……故天降丧于殷，罔爱于殷，惟逸。天非虐，惟民自速辜。”殷坠厥命，是由于人事不臧。又如“多士”：“非我小国敢弋殷命，惟天不畀允罔固乱，弼我；我其敢求位？惟帝不畀，惟我下民秉为，惟天明畏。我闻曰：‘上帝引逸。’有夏不适逸，则惟帝降格，向于时夏。弗克庸帝，大淫泆，有辞；惟时天罔念闻，厥惟废元命，降致罚。乃命尔先祖成汤革夏……自成汤至于帝乙，罔不明德恤祀。亦惟天丕建，保乂有殷；殷王亦罔敢失帝，罔不配天，其泽。在今后嗣王，诞罔显于天，矧曰其有听念于先王勤家？诞淫厥泆，罔顾于天显民祗。惟时上帝不保，降若兹大丧。惟天不畀不明厥德，凡四方小大邦丧，罔非有辞于罚。”是则更由夏殷交替为例，引申出天命惟在民命的历史法则了。傅斯年以为周人倒并不只以天命为宣传，而对自己子孙及百姓也谆谆告诫，要他们明白“祗若兹德，敬用治”的道理，明白一切固保天命的方案，皆在人事之中。傅氏归纳“周诰”理论，“凡求固守天命者，在敬，在明明德，在保人民，在慎刑，在勤治，在毋忘前人艰难，在有贤辅，在远憸人，在秉遗训，在察有司；毋康逸，毋酣于酒，事事托命于天，而无一事舍人事而言天，祈天永命，而以为惟德之用”（傅斯年，1952：Vol. III，92—99）。

这一人道主义的萌芽，一方面肯定了“天”的作用，另一方面也肯定了夏商周三代的统绪，周既与夏有其特殊的历史关系，三代相承的理论，又不啻说明了周人光复故物，受命惟新的双重合法性，然而其真对后世中国历史有影响者，天命论的重要影响绝非夷夏东西更迭做主的光复观可以比拟。从此以下，中国的朝代更易，必须引征天命。“天不可信，我惟宁王之德延。”(《尚书》“君奭”)“人无于水监，当于民监。”(“酒诰”) 则又将天命归结为人主自己的道德及人民表现的支持程度了。这是中国天命与民意结合的开始，迥异欧洲中世纪时王权来自神意的观念。推源根始，如此重大的观念的突破，虽由于周人对自己胜利合法性的解释，却也未尝不可能植根于商代长期在宗教观上的摸索。上文所引“君奭”“酒诰”两句格言，据原文都是引用古人的成语，傅斯年遂以为此种思想的发端，或在商代的知识分子。这些守典守册之人，多识多闻却又不负实际政治责任，不对任何朝代族姓有其恶欲，遂有突破官家思想约束的可能 (傅斯年，1952：Vol. III，99)。

殷商祭祀的形式，董作宾以为有新派旧派两大系统。武丁时代代表旧派，祭祀对象极为庞杂，卜问的问题也无所不包。祖甲时代代表新派，祭祀对象限于先王，连世系遥远的先公也排除在整齐划一的祭祀礼仪之外，更不论先臣及种种自然神了 (董作宾，1965：103—118；1964：Vol. I，2—4)。关于商代制度的二分现象，张光直在考古资料方面，也有证实 (张光直，1965)。诚如伊藤道治所说，新派的作风缩小了殷商的包容性，以致不能容纳异族的神祇，造成被统治族群的离心离德。从另一个角度来看，新派当令时，问卜的问题大都为例行公事。卜事的稀少表示鬼神的影响力减少了，相对地当然较重视人事。祀典只剩了井然有序的五种，轮流地奉祀先王先妣。礼仪性的增加毋宁反映呪术性的减低。若干先公先臣的隐退，则划分了人鬼与神灵的界限，在在可见重人事的态度取代了由于对鬼神的畏惧而起的崇拜，这是“新派”祭祀代表的一种人道精神。另一方面旧派祭祀有其包容性，也可转化为公正不偏的神祇观念，摆脱祖宗神的局限性。在祖甲以后，新派旧派更迭当权，两者也许泾渭判然。但在周人阵容中的知识分子，以及周人克商后的殷遗多士，当年两派竞争的情势已不复存在；两派观念中的新成分竟可无妨合流，为新时代提供新的神道观志。如果这番猜测的发展果然发生于殷商之际，这一思想上的大革命，当可称为中国文化演变中一个极重要的事件，不仅安定了当时，而且为后世儒家政治哲学开了先河，为中国政治权威设下了民意人心的规制与约束。

第五节　结　论

综合言之，周人以蕞尔小邦，人力物力及文化水平都远逊商代，其能克商而建立新的政治权威，由于周人善于运用战略，能结合与国，一步一步地构成对商人的大包抄，终于在商人疲于外战时，一举得胜。这一意料不到的历史发展，刺激周人追寻历史性的解释，遂结合可能确曾有过的事实（如周人生活比较勤劳认真，殷人比较耽于逸乐）以及商人中知识分子已萌生的若干新观念，合而发展为一套天命靡常惟德是亲的历史观及政治观。这一套新哲学，安定了当时的政治秩序，引导了有周一代的政治行为，也开启了中国人道精神及道德主义的政治传统。

第四章

华夏国家的形成

第一节 迁殷遗民

商代统治黄河中下游的广大地区，当然有其凝聚权力的方式。张光直归结商王国的统治机构，以为一则以法律与王权集中掌握资源，另一方面以庞大的亲族组织，以血缘关系与国家机构相辅相成。商代的血缘组织为族，地缘组织为邑。二者相比，邑为政治权力的所在，卜辞中却不能明显地看出邑的层级关系。族则是很显著的层级结构（Kwang-chih Chang，1980：158—165）。林巳奈夫发现商铜器的族徽有层级的关系；张光直也发现同一族徽的铜器，在纹饰方面有其特色（林巳奈夫，1968；张光直，1970）。一个族徽可以衍生若干次级的族徽，正是层级的特征（图 18）。

族群组织在中国古代，原有姓氏宗族各种名称。各别有其原始的意义及相应的组织方式。大致说来，姓是同祖的血缘集团。李宗侗以为是由远古图腾制度演变而成（李宗侗，1954：7—10，35—37）。姓也指人民，自然以姓为群；氏则是政治性的单位，也是姓的分族；宗是宗法制度下，按祖先祭祀的礼仪特权分级的序列；而族则原有在军事上的意义，指在同一旗号下的战斗单位；寖假则成为

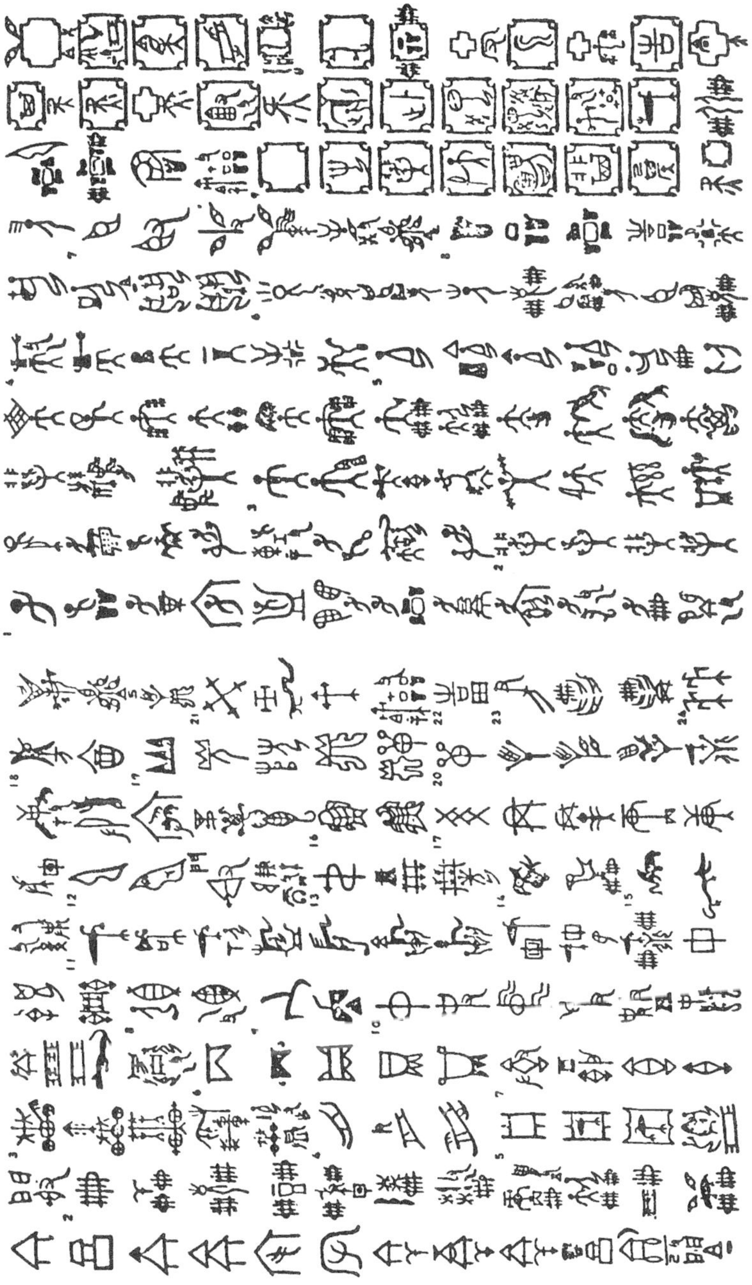

图18　商代族徽

人群的通称。到春秋时代，上述诸词的用法，已经相当的混淆（杨希枚，1954、1955；丁山，1956：33；江头广，1970：109—114）。

商王国以族为显著的统治结构，征战及生产多以某族、多子族……为单位，大率系于后妃、王子及重臣（Kwang-chih Chang，1980：163）。王畿以外，某侯之属，大致为戍守的商人。方国有与商敌对，也有与商友好，甚而服属于商。这些方国在卜辞中号为多方，数字可多到三十余。其中可知者，如周方、羌方、鬼方、土方、召方、盂方、人方，都是商周之际的重要族群（Kwang-chih Chang，1980：248—259；岛邦男，1958：384—385）。其中周为姬姓，羌为姜姓，鬼方媿姓，召方似不是子姓，可能也是姬姓，人方可能是大皞少皞之裔的风偃诸姓。方国大率以子姓之外的异姓为多。是则商的政治势力，仍以“姓”为国家的基础，其中再分出若干氏或族。在这个基础上，周人如仍以“姓”为基础，其文化水平只是商的附属，人数又不多，周人势难在胜利之后建立长期稳定的政权。本章讨论即针对这点，以观察周人建立国家的特色。

周既克商于牧野，先有一番扫除工作，据《逸周书》“世俘解”，武王在牧野之役后第六日，即曾命召伯伐越戏方，第八日命侯来伐靡，集于陈，第十八天胜利归来。第十九日命百 伐卫。第三十七天命陈本伐磨，百韦伐宣方，荒新伐蜀。第四十二天，三将归来献俘。“世俘解”总结武王的战功，“武王遂征四方，凡憝国九十有九国，馘磨亿有十万七千七百七十有九，俘人三亿万有二百三十，凡服国六百五十有二。”“世俘解”的可靠性：经近人研究，顾颉刚以为“世俘解”其实即是真的《尚书》“武成篇”，著成时代当在西周（顾颉刚，1963：Shaughnessy，1981）。屈万里以为“世俘篇”不是“武成”，成书稍晚于武王，但属西周时代的产物则无可疑（屈万里，1965）。由武王命将分伐各国的情形看来，都只在数日之内即已奏厥功。论距离往返时日未有超过十天，扣去作战时间，则其地大率均在殷商附近。屈万里以为不外河南、山西，后日郑卫诸国境内（屈万里，1965：329—330）。

武王伐国有九十九国，服国有六百五十二；加起来总和是七百五十一国。而《史记》“周本纪”谓武王孟津之会，诸侯不期而会的有八百国。两相比较，国数相差不远，大约周与殷商各有七八百个友邦或服属的小国。“世俘解”的“亿”，在古代等于十万。“亿有十万七千七百七十有九”一语，十当为七之误（屈万里，1965：328）。武王伐国九十九，其馘磨与俘人的和为四十八万七千八百零九人。这个数字分属九十九国，每国大约有五千不到的人口。战功记载，失实在所难免，真正的人口当比此数为小。那些未经攻战即已服从的殷商与国，大致都是小国。而馘俘人数之中最众者，当然应是殷商本国的战士与人口。如果以四十八万作为底数，其他服国的人口数字也相当此数，则周人克商之役，征服了百万东部平原上的人口。周人自己的实力，在上章约略估计，姬周本身的人口，只有六七万人，后来逐渐扩张，受周人支配的人口仍只在黄土平原的边缘，其人口密度未必能与繁盛殷富的殷商本土及其四周地区相比。总之，周人仍只是少数，却必须设法控制东部平原的广土众民。

周人第一要务，自然在建立新政权的合法地位。本书的第三章已有讨论。周人有效控制被征服人口的方法之一，则是把商人迁移到周人直接控制的地区。1976年，陕西扶风庄白出土了一百零三件青铜器，有铭者七十四件。最早的是商器形制，而作于商末周初。整个窖藏当是微史家族历代所传之各种礼器。时代由周初直延到西周末年。其中最重要的一器史墙盘，铭文长达二百八十四字，叙述西周文武成康昭穆的事迹及史墙自己列代祖先的功业（图19）。史墙时代当在共懿之世，史墙盘当作于共王时（周原考古队，1978：4）。史墙盘铭的释文颇多，各家在细节上颇有异同，但大意则相差不多（唐兰，1978；李仲操，1978；裘锡圭，1978；徐中舒，1978；李学勤，1978；陈世辉，1980；白川静，1979：340—397）。兹以李学勤的释文抄录如下：

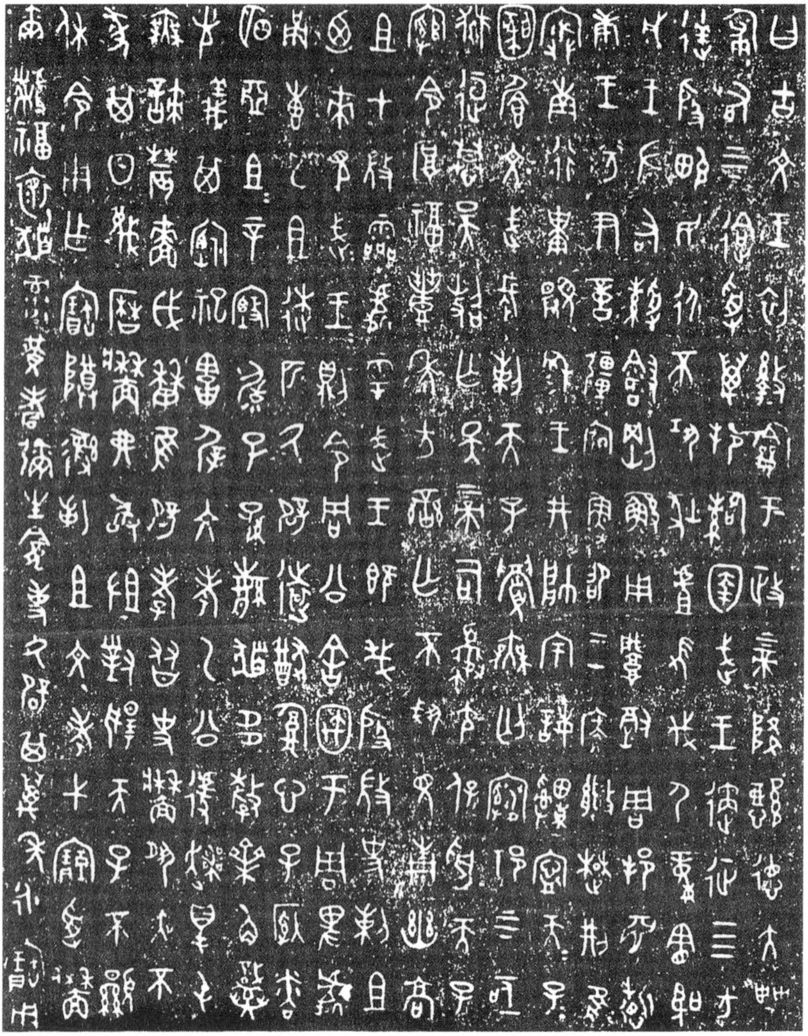

图19 史墙盘

曰古文王，初𢆶和于政，上帝降懿德大甹，匍有上下，迨受万邦。𩊚圉武王，遹征四方，达殷，畯民永不巩狄虘，𢦚伐尸童。宪圣成王，𠂇右𢦏𢿚刚鲧，用肇𢽤周邦。𣶃𢘅康王，兮尹啬彊。弘鲁邵王，广𢿚楚荆。隹寏南行。𩔈𧠍穆王，井帅宇诲。𩗍宁天子，

天子圂屦文武长剌，天子釁无匄。䜌祁上下，亟狱逗慕，昊쬞亡臭。上帝司夒，允保受天子綰令，厚福丰年，方緣亡不䫉见。青幽高且，才敚需处。雩武王既𢦏殷，敚史剌且乃来见武王，武王则令周公舍圓，于周卑处。𤔲叀乙且，逨匹氒辟，远猷匔心子䀠。沓明亚且且辛，䆃毓子孙，繁猶多孷，擠角龔光，义其𥜋祀。害屖文考乙公，遽趯，𦧝屯无谏，農嗇戉𣀂隹辟。孝畜史牆，夙夜不㒸，其日蔑曆。牆弗敢沮，对䰝天子不显休令，用乍宝障彝。剌且文考，弋䆧受牆尔髗。福褱猶录，黄耇弥生，龕事氒辟，其万年永宝用。（李学勤，1978：150）

大意则为，当初文王的政治得到普遍的拥护，上帝降命赐德，文王拥有天下的万邦。武王开疆辟土，征伐四方，击败了殷人，不必惧怕北方狄人，也得以征伐东方的夷人。成王时代则有刚直的大臣辅政，康王继续成王的事业，整理疆土。昭王南征荆楚，穆王也遵守教训，下文称颂当时的天子（大约是周共王）能继文武的功烈，国家安定，天子长寿，厚福丰年，长承神佑。下半段是微氏一家的简史，说到高祖原居于微，在武王既伐殷之后，微史烈祖始来归顺武王，武王命令周公把他安置于周人本土。乙祖仕周为心腹大臣。第三代亚祖祖辛教育子孙成才，子孙也多昌盛。史墙的父亲乙公努力经营农业，为人孝友。史墙自己也持守福泽，长受庇佑。

此铭中值得注意之处不少。铭文记载了文武至昭穆各代的史实，昭王南征荆楚的事，得以证实。武王时北方的边患未消，东夷也仍待征伐，均堪补足周代史实。最重要的则是微史一族的家史。史墙的祖先中三位用乙辛为名号，与殷商风俗相同；似乎微氏为殷人之后。徐中舒甚至以为微氏的高祖即殷三仁之一的微子，而烈祖则是殷后宋国在周的质子（徐中舒，1978：144）。然而烈祖居史官之职，微史一家的家徽的册形，家族中也有作册的职务。如果真是宋国的"质子"，职务当不仅为史官，也不致到下一代才发达。据丁山的意见，眉微一声之转，卜辞中的眉国早在武丁之世即已有之，不必限于微子之封（丁山，1956：89）。这一家的史官职务似为世袭。大约微史的祖先即是商人的史官，归顺周武王后，属于“殷士肤敏”之列，继续为周室担任史官的职务。微史归顺后迁居宗周，也见于同出的另一件铜钟的铭文，“雩武王既𢦏殷，敚史刺且来见武王，武王则令周公舍寓以五十颂处”（周原考古队，1978：7）。微史一族由周初迁入宗周，以至西周晚年窖藏这批铜器，大约始终未曾离开周公分派他们居住的居地。他们的家系可由铜器的年代及铭文排列：

高祖—刺祖（乙公）—亚祖辛（辛公，作册折）—丰（乙公）—史墙（丁公）—微伯痶

共为七代，折、丰、痶诸器上往往有𣪕标志，无疑是这一族的族徽，其下端的两个册字，则说明世袭作册史官的职位（周原考古队，1978：3，5，8）。

对于某族铜器出土于别处的现象，有人以为是族群迁徙的证据，也有人以为可能是战时胜利者劫掠或和平来往时的赂赠。春秋战国时代，后者一类的例子不胜枚举。不过微史一家窖藏的铜器，其铭文记载迁徙，其窖藏包含一家数代的积存，则以这种证据证明迁徙，也就很可取信了。

白川静首举上章已介绍的㓝尊为例。㓝尊记载武王克商，有经营东都之志。但㓝尊在宝鸡出土，似乎反映武王建新都的意愿一时未能实现，仍以宗周为基地，遂有不少殷人旧族迁入陕西。陕西各地出土殷器甚多，其著名者如宝鸡斗鸡台的几群柉禁，及父辛卣，凤翔出土的散氏诸器，眉县出土的大盂鼎小盂鼎，均与㓝尊相同，当是克殷以后渐移入陕。白川静甚至以为殷人旧族之迁徙入陕，可能与周人利用东方较为高度的农耕技术进一步开发渭水河谷，以为周王朝建立经济基础。是以陕西诸器中常有关于土地所有权的记载，

如散氏盘记载散与夨之间的土地所有权的争执，近来出土的裘卫诸器也记载土地的交换（白川静，1977：18—19）。史墙盘铭也对于农穑经营有特出的描述，颇堪支持白川氏的假设。然而以张家坡及丰镐西周遗址的农具与殷墟农具对比，两者之间殊无显著的差别，则白川氏所谓以东方发展的高度技术来开发陕西之说，仍难肯定。大约庶殷之西移，正如秦迁天下富户十二万以实长安，及汉代三选七徙以实陵邑一般，不外乎以东方旧殷隽彦放在周人王室耳目可见处，一则强干弱枝，安东方的反侧；二则也借重殷文化孕育的人才，为新王朝服务。

这些西徙的庶殷，大约是成族地搬进陕西，是以终西周之世，这些族群并未解散。在西周晚季，宗周一带仍多诸夷，未尝不可能即是这些族群。其详将见于周东迁的一章（白川静，1977：19—20）。此类族群中有明白的线索可追者，厥为郑族。

卜辞中原有子奠，丁山以为虽不能决定为武丁之子，抑小乙之子，要为殷商的王子。其后裔居洧水之滨的郑父之丘，在殷商为南郑，在周代则为东郑（丁山，1956：87—89）。侯奠为领有奠地的氏族，是殷代有力的支裔，白川静以为殷商的侯称，不大给予外族，而且在祭祀的卜辞，奠常参与，奠的休咎也常见于王室的卜问。奠也时奉王命征讨或筑城，是以郑实为扼守殷商王畿南方的雄族。在卜辞中，郑已有南郑、北郑、多郑之称，则郑在殷商已有迁徙分化，大约已扩展及于北到卫，南到新郑，以今日郑州为中心的豫中地区（白川静，1973：367—414）。克殷之后，郑人中有一部分当在西迁之列，地名随着迁徙的人群而在陕西有名为奠还的地点。宣王之世，郑桓公受封于郑，是在陕西华县的棫林。但厉王时代的寰盘已有郑伯的称号，而其配偶则是郑姬。白川静以为这是异姓的郑伯，治下仍是西迁陕西的郑人。郑国因此有西郑南郑之分。厉宣之际，周室大乱，郑桓公为司徒，据《国语》“郑语”、《史记》“郑世家”及《竹书纪年》，宣王的母弟受封于郑是为桓公，后来伐郐居郑父之丘，及为司徒，“和集周民，周民皆悦河雒之间，人便思之。”又谓“甚得周众与东土之人”。是则华县之西郑与郑父之丘的南郑，并非郑桓公东迁寄孥之后始有关系。大约东西两地的郑人，始终有相关的联系。也许桓公之能在东方得一立足点竟拜受领有郑人的帮助（白川静，1973：422—424）。

《左传》昭公十六年，子产为了晋卿韩起买玉环的事追述郑国东迁经过：“昔我先君桓公，与商人皆出自周，庸次比耦以艾杀此地，斩之蓬蒿藜藋而共处之，世有盟誓以相信也。曰尔无我叛，我无强贾，毋或匄夺，尔有利市宝贿，我勿与知。恃此质誓，故能相保，以至于今。”此处的商人一向只以为单纯是商贾之意。如果郑桓公东迁寄孥之地，恰在旧日郑族所在的南郑，则“商人”的定义，大约正指周初西徙的殷商旧族。商贾的定义，反而可能是后起的了，周之东迁，晋郑是依。郑能在寄孥之后成为可依恃的东方重镇，未尝不可能由于有旧郑的支援。这是中国古代的《出埃及记》，郑人重返旧地，属于例外。其他一些在周初西徙的庶殷，大约就此留在陕西了。

总结这一段，武王克商后的一项重要措施是将东土俊杰成族地迁到陕西，强干弱枝，也使东土人才能为周用，所谓“殷士肤敏，祼将于京”的“京”，可能指宗周的周京，而不是成周的宗庙，这一措施也可说是西周建立新国族的第一步。大量东方族群遗物多出于关中，尤其扶风岐山一带，足以说明周原旧地是移徙族群徙居的集中点之一（杜正胜，1979：506—510；岐山县文化馆，1976：26）。

第二节　周人与殷人的交融

与上述徙民政策相对应，周人在殷商旧地容忍商王室的残余势力继续存在，《逸周书》“作雒篇”：“武王克殷，乃立王子禄父，俾守商祀，建管叔于东，建蔡叔霍叔于殷，俾监殷臣。”所谓三监，也不过是三支屯戍的周军，未必能真有建国于东的规模与气象。武王死后，“三叔及殷东徐奄及熊盈以略”，这三支部队与殷商旧人联合了东方的部落全反了。《尚书》“大诰”说到这次叛乱，甚至“西土人亦不静”。周人本族之中，固然也可能有三叔党羽在西土响应，但是反侧的西土之人，更可能即是西徙的庶殷。《史记》“周本纪”，据《尚书》“金縢”及“大诰”，以为讨伐东方乱事的主持人是周公。《逸周书》“作雒篇”则谓：“周公召公内弭父兄，外抚诸侯；元年夏六月葬武王于毕，二年又作师旅临卫，政殷，殷大震溃，降辟三叔。王子禄父北奔，管叔经而卒，乃囚霍叔于郭凌，凡所征熊盈族十有七国，俘惟九邑。”周召两公都参与了这次克殷以后的大征伐（关于周初东方的情势，参看杜正胜，1979A：170—186）。

西周铜器铭文中颇多东征之役的记载。著名梁山七器之一的大保𣪘铭文：“王伐录子耶，𠭯厥反，王降征令于大保，大保克芍，亡谴，王□大保，易休余土，用兹彝对令。”（白川静，1962A：58—66）录子耶在另一器上作“天子耶”，也只有殷商孑遗王子禄父犹能居天子之号。而这位“大保”，则因七器中有称召伯者，大保无疑是召公（白川静，1962A：60—67；陈梦家，1955A：96—99）。另一件保卣的铭文：“乙卯，王令保及殷东或五侯征兄六品蔑历于保。”（白川静，1962A：175—189）此铭中的保，也当是召公（黄盛璋，1957）。东国是殷商的整个东方，其征讨之责都属保的任务。五侯，陈梦家以为是指武王时齐鲁燕管蔡等五国，黄盛璋以为指薄姑氏及其共同作乱的四国，白川静以为五国为国名，五侯即名字为“征”封于“五”地的侯，属殷商旧人（陈梦家，1955：157；黄盛璋，1957；白川静，1962A：184—186）。以文义联贯言，五侯通上读为顺，“征”上面不冠封号，也是金文常例。陈说的五国有已叛（管蔡），有尚未徙封到东方（燕齐鲁）。黄说在三家中最长，薄姑氏等五国，与余土相邻，余土可能是徐方。大保七器出土于寿张梁山，地居北上燕土的中途，则未始不可能正因召公追逐北逃的王子禄父，而其后裔徙封于燕。前举史墙盘铭特别提出北疆的威胁，证之王子禄父的北奔，殷商与北方某些族群似有联盟性质的关系。

周公一系的参加东征之役，也有金文的记载。1924 年凤翔出土的𠭯方鼎铭文：“隹周公于征伐东夷丰白尃古咸𢦏，公归禦于周庙，戊辰酓秦酓公赏𠭯贝百朋，用乍障鼎。”（白川静，1965A：117）陈梦家以为尃古即薄姑，薄姑与奄君是武庚叛国的同盟，丰为古丰国，在今曲阜西南方。《左传》昭公九年：“蒲姑商奄，吾东土也。”则齐鲁之封于山东，正为了监视蒲姑与奄（陈梦家，1955：168）。又，明公𣪘：“唯令明公，遣三族伐东或，才□鲁侯又囚工，用乍肇彝。”（白川静，1962A：133—139）明公是周公之子明保，见于令彝（图 20）（白川静，1962：278—286；陈梦家，1955A：88）。明公与鲁侯并见，鲁侯是伯禽，明保是君陈，铭文中囚工一语不易释，总之是鲁侯对

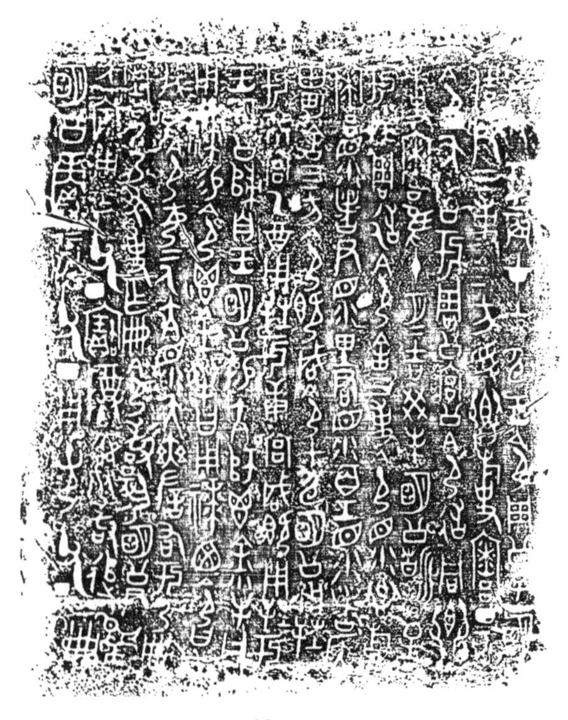

图20　令彝

明保伐东国的部落，有所支援，则无可疑。是以东征之役中，周公父子兄弟均有任务。

其他与东征有关的金文资料，趞卣："王令趞截东反夷，疐肇从趞征，攻開无啇，省于尸，身孚戈，用乍宝障彝，子子孙其永宝。"（白川静，1962A：206—209）攻開无啇，陈梦家释为攻登无敌，当是战将自叙功勋（陈梦家，1955：173）。此铭谓王亲令战将，是成王也在前线了。

雪鼎："隹王伐东夷，濂公令雪眔史旗曰，以师氏眔有嗣，逡或（或）戡伐腺。雪孚贝雪用作窨公宝障彝。"（白川静，1962：217—221）员卣："员从史旗伐會，员孚金，用乍旅彝。"（白川静，1962A：225—226）两铭涉及三级的指挥层次，濂公又必居周召二公之下，大约也是东征大军的一支野战军。會，陈梦家以为是曾（陈梦家，1955：174）。如为會，当即郑桓公寄孥的鄶，地近新郑，居商王国之南。如为曾，当即鄫，居郑国东境，接近峄县（白川静，1962A：225）。无论如何，这支军队的活动范围为郑州附近，属于东征军的南翼。令毁："隹王于伐楚白，才炎，隹既死霸丁丑，乍册夨令，障宜于王姜，姜商令贝十朋，臣十家鬲百人，公尹白丁父兄于戍戍冀嗣三，令敢扬皇王宦，丁公文报，用韻后人享，隹丁公报，令用弃扬于皇王，令敢皇王宦，用作丁公宝毁，用障史于皇宗，用卿王逆遹，用廏寮人，妇子后人永宝，鸟形册。"（白川静，1962A：257—273）此铭涉及的人物有丁公，即齐侯吕伋，姜姓的领袖。所叙述作战地点，炎即郯。陈梦家以为在山东半岛的龙山（陈梦家，1955A：78）。白川静谓相关人名作册夨可能即宜侯夨。宜侯原封虎方，而中方鼎所记为南国的作战，白川静遂谓炎当在淮水上游（白川静，1962A：261）。楚自然不是后世的荆楚。鲁南也有楚，是则这几件铭文，所指的都是在中原东南的战事，与殷东徐奄熊盈的扰攘范围相符合。

由此处数器铭文看，三监之叛后，周人的征伐战线拉得很长。北到梁山，南到淮上，由殷商王畿往东，张开一个扇形，包含了山东及其南北邻近地区。参加的人物，包括周公、召公及太公的儿子。这次战事，对周人的新王国是一个严重的考验。战事过后，周人不能不采取进一步措施，充实周王国的凝聚性。

建立东都成周和在东方分封大批姬姓与姜姓诸侯配合在一起，为周王国的统治打下了稳固的基础。这个基础上，不但有姬姜的宗族控制了战略要地，更在于经过一番调整，周人与东土的部族糅合成为一个文化体系与政治秩序下的国族。殷商自称大邑，却无“华夏”的观念。这些周王国内的各封国，自号华夏，成为当时的主干民族。

早在武王克商时，如前引𫊸尊铭文所说，周人已有移居中原的打算。武王死后，辛苦的东征，更促成了建立东都的计划。据《尚书》“康诰”和“召诰”，新都洛邑是由庶殷建筑的，主持工程的大臣是周公与召公，而工程的分配则经过殷商邦国的领袖，“召诰”所谓“周公乃朝用书，命庶殷侯甸男邦伯，厥既命殷庶，庶殷丕作”。足见商人的社会组织并未解体，庶殷的动员仍须由这些侯甸男邦伯经手。新都既成，据“洛诰”：“周公曰：王肇称殷礼，祀于新邑，咸秩无文。”则是周王整体地接过了对殷商神祇与祖先的祀典。又说：“周公拜手稽首曰：王命予来承保乃文祖受命民，越乃光烈考武王，弘朕恭孺子来相宅，其大惇典殷献民。”则是礼敬殷商的贤人——用今天的话说，也就是殷商的社会领袖，协和殷人的目的在使殷商化而为周，“万年厌于乃德，殷乃引考。王伻殷乃承叙万年”，两族永久地合而为一。

大批殷商王士，周王称为殷多士，迁居于洛。《尚书》“多士”：“猷，告尔多士，予惟时其迁居西尔。”传统的说法，以“迁”为迁入洛邑，固然洛邑地点，是在殷墟之西，但仍在旧日王畿之内，迁西也不为甚远。征之本章前节所说，郑微人迁入陕西的史事来看，第一批“迁西”可能指迁入宗周。如此，下文接下去以夏之众士服事殷商方可引申“予一人惟听用德，肆予敢求尔于天邑商”，以比喻殷人服事于王庭。而新建的大邑既建立，才足以容纳伐奄后的大批殷遗。“多士篇”：“尔乃尚有尔土，尔乃尚宁干止。”及“今尔惟时宅尔邑，继尔居，尔厥有干有年于兹洛，尔小子乃兴从尔迁”。二语似乎又指陈殷人仍居住旧日的城邑，拥有旧日的土地。但殷遗既已迁入洛邑，不能说仍居住原地。惟可说殷商的贵族依旧领有原来的采邑及属民。周人在这几篇诰命中再三声明殷商的原有社会结构不必改变，目的自然在安抚殷商的遗民，却也同时利用新邑洛巩固周人的统治。洛阳东郊周代遗址的残存中有二十几座殷遗民墓，其版筑、墓制、腰坑、犬骨、陶器、蚌器、画幔等，仍多保持殷俗。发掘人以为这种情形反映了殷遗仍保留畋田继居、自成聚落的情形（郭宝钧等，1954）。新邑大约有两个城，一为周王的东都，一为殷遗迁入的成周。汉时记载，尚知道这一番典故。《汉书》“地理志”河南郡：“雒阳，周公迁殷民，是为成周……河南，故郏鄏也，周武王迁九鼎，周公致太平，营以为都，是为王城，至平王居之。”王城在西，成周在东。然而两地合称则是新邑。

周金文中也有不少有关成周的记载。如作册翻卣，“隹明保殷成周年”；臣卿鼎，“公违省自东，才新邑”；臣辰卣，“隹王大禴于宗周，徣寴莽京年，才五月既望辛酉，王令士上眔史寅殷于成周”；厚趠方鼎，“隹王来各于成周年厚趠又償于濂公”；翩鼎，“王初□□于成周”；史兽鼎，“尹令史兽立工于成周”；盂爵，“隹王初桒于成周”（白川静，1962A：311，323，341—342，358—359，366—368，386）。都以在成周的大事为纪时。成周或新邑也成为东方诸侯活动的中心。

嗣后成周有殷八师六师驻屯，常任镇抚东南的战斗任务，例如小臣謎毁：“䖒东夷大反，白懋父以殷八师征东夷。”（白川静，1966：721—722）禹鼎：“亦唯噩侯駿方，率南淮夷东夷，广南国东国，至于历内，王□命乃六自殷八自曰□伐噩侯駿方，勿遗寿幼，肄自弥宋匌匩弗克伐噩。”（白川静，1969B：450）此中六师可能是周王的部队，殷师既明白冠以殷号，殆为殷人的部队。舀壶有“作冢嗣土于成周八师”之语，而小克鼎有“舍命于成周遹正八自之年”的记载，曶壶为懿孝之器，小克鼎更是晚到厉王时（白川静，1968B：149；1969C：514）。八师而有成周之称，当指在成周的原来的殷八师（白川静，1973：360—365）。其统率的军官，当即为成周师氏，如彔刻卣：“王令刻曰：䢅淮夷敢伐内国，女其以成周师氏，戍于古自。”（白川静，1967：203）康王时南淮夷与周之间的故事，成周师氏更经常出动（陈梦家，1955A：108—111）。

成周的殷遗多士似乎有一定的兵役义务，师旂鼎记载了这么一件规避出征任务的事：“唯三月丁卯，师旂众仆不从王征于方，䨻吏毕友弘，以告于白懋父在莽，白懋父乃罚得䝾古三百寽，今弗克毕罚，懋父命曰义敹，䢅氏不从毕右征，今毋敹其又内于师旂，弘以告中史书，旂对厥賫于障彝。”（白川静，1966：753—761；陈梦家，1955A：85—86）白懋父是成王时大将，曾任北征的统师，师旂大约是征于方时白懋父手下的将领。这些“众仆”应当隶属“右”队，师旂可能即是右队的主将，“众仆”没有出征，因此该受罚交罚金给师旂，旂在另一鼎上有“用乍文父日乙宝障彝”，铭末有析子孙的族徽，又一器则有“用乍父戊宝障彝”，庙号及族徽均是殷器常见，师旂为殷遗后裔，殆无可疑（白川静，1966：765）。

综合言之，成周建立后，不少殷遗贵族迁居。他们并未沦为奴隶，而仍保留自己的田宅领地并臣属。殷遗多士是殷八师的成员，在平时也保持军队的编制与指挥体系，例如师旂是“右”军的主将，手下有若干必须从征的众仆。这支殷遗的军队在周人高级将领（如白懋父）的统率下，经常参加周王在东方与南方的征讨，由周初到西周晚期，时见记载（Creel，1970：305—308；陈梦家，1955：171）。白川静甚至以为师氏这一族，都是殷遗后人，却在周人的王室工作（白川静，1973：261—279）。师旂属于殷遗，已如前述，有庙号与族徽可征。但近来凤雏村出土的西周卜辞中已有“师氏”的官称，则克殷以前，周人已有此称，当然也就可有此族姓，将所有师氏全归于殷遗，似乎未妥。然而，无论如何，殷商的一部分人口与周人的一部分人口在成周混合组成这个新首都，则无可置疑。

商王的领土有一部分属于微子之后，是为宋。另外有一部分是周王子康叔治下的卫。《尚书》“康诰”叙述康叔在卫的使命，康侯𣪘的铭文：“王朿伐商邑，祉令康侯图于卫，𣴎𤔲土𨕖眔图乍厥考障彝𠂤。”则记康侯由原封国康移于卫的事（陈梦家，1955：161—164；周法高，1951：18—27）。康叔移封的原因，自然在于监视宋国与其他的殷民；然而康诰却处处嘱咐康叔必须继续殷商的法律，尊重殷商的传统。《尚书》“康诰”：“小子封恫瘝乃身……已汝惟小子乃服，惟弘王应保殷民，亦惟助王宅天命作新民”；“王曰：外事汝陈时臬司，师兹殷罚有伦……汝陈时臬事罚蔽殷彝”；“王若曰：往哉封勿替敬典，听朕告，汝乃以殷民世享。”又告诫康叔必须进用殷商的贤人与长老。如“酒诰”：“予惟曰：汝劼毖殷献臣，侯甸男卫矧太史友内史友。”“康诰”：“汝丕远惟商耇成人，宅心知训。”甚至对于殷人的饮食习惯也必须宽容，不必重责，“酒诰”：“又惟殷之迪诸臣惟工，乃湎于酒，勿庸杀之，姑惟教之，有斯明享。”综合言之，卫侯的任务是怀柔殷民以建立稳固的政权。

康侯𣪘铭文中，𣴎司徒一词，陈梦家释作沐司土。沐即卫地旧名的妹邦，沐伯似为妹地之伯。陈梦家以为这位沐司徒也是文王之子，而认为康侯𣪘的作器实为沐司土，不是康侯自己（陈梦家，1955：164）。此器铭末的族徽𠂤在商器常见之，则𨕖可能不是文王之子，反而是殷商旧族的后人（杜正胜，1979：514）。卫国有康侯为诸侯，不能再有另一位王子任妹邦的司土。兄弟二人同作一器的例子也不多觏，此器可能是𨕖作，但因在康侯治下，“眔图”之图不是人名，当作边邑（鄙）解，或如宜侯夨𣪘“遂省东国图”当解作疆域（白川静，1963A：156）。如果𨕖是妹地旧族，则正说明了康侯履行了以殷商旧族帮助统治殷遗的政策了。

《左传》定公四年有一段著名的记载，说明周初分封各国个别分配到若干殷商旧族："昔武王克商，成王定之，选建明德，以藩屏周，故周公相王室，以尹天下，于周为睦，分鲁公以大路大旂夏后氏之璜，封父之繁弱，殷民六族：条氏、徐氏、萧氏、索氏、长勺氏、尾勺氏。使帅其宗氏，辑其分族，将其丑类，以法则周公。用即命于周，是使之职事于鲁，以昭周公之明德。分之土田陪敦，祝宗卜史，备物典策，官司彝器，因商奄之民，命以伯禽，而封于少皞之虚。分康叔以大路，少帛，綪茷旃旌，大吕，殷民七族：陶氏、施氏、繁氏、锜氏、樊氏、饥氏、终葵氏。封畛土略，自武父以南及圃田之北竟，取于有阎之土以共王职。取于相土之东都，以会王之东搜。聃季授土，陶叔受民，命以康诰，而封于殷墟。皆启以商政，疆以周索。分唐叔以大路、密须之鼓，阙巩沽洗，怀姓九宗，职官五正，命以唐诰，而封于夏墟。启以夏政，疆以戎索。"

此节中康叔封于"殷墟"，"启以商政"一语，正与上文"康诰""酒诰"所说怀柔商人的政策相合。康叔分到的七族，主要是有技能的氏族，如制陶、造旗、作繁缨、铸铁锅的专门人才，还没有包括沐司土一类的旧族在内，分配给鲁国的殷民六族，仍保留其宗氏分族的组织，帮助鲁侯伯禽，治理商奄之民，山东出土的铜器铭文中，至今尚不见可以说明鲁侯左右也有殷商旧族的证据。但鲁有亳社，屡见于经传。如《左传》昭公十年，"平子伐莒取郠，献俘，始用人于亳社"；哀公七年，"师宵掠以邾子益来，献于亳社"；都以战俘献于亳社，用人作牺牲，也在亳社。《春秋》哀公四年，"亳社灾"。传统的解释，以亳社为亡国之社，武王班赐诸侯，以为儆戒。《左传》闵公二年："成季之将生也，桓公使卜楚丘之父卜之，曰男也，其名曰友，在公之右。间于两社，为公室辅，季氏亡则鲁不昌。"季氏是鲁首辅，而以"间于两社"为其权威的象征。《左传》定公六年，阳虎专鲁政，"盟公及三桓于周社，盟国人于亳社"，更明白表示了姬姓公室属周人系统，国人则仍保有亳社的信仰，是以鲁的社稷是以两元为基础。《礼记》"祭法"："王为群姓立社曰大社，王自为立社曰王社，诸侯为百姓立社曰国社，诸侯自为立社曰侯社。”大约正因周代在东方封建，或在殷商旧地，或在其他族群久居的地方，这种二元的现象遂为礼仪之常了。前引《左传》定公四年的记载，鲁与卫“皆启以商政”，鲁国对于商人的社祀始终敬礼不怠，也可说是忠于立国的使命。

卫与成周，都在殷商直接控制的王畿附近，鲁则位置在殷商东方重要方国（奄）的旧地，周人在这三个据点的控制，都以怀柔政策，仰仗殷商旧族的合作与服务。周文化原系商文化的衍生，殷周共存遂使古代中国核心区的文化基本上呈现殷周同质而延续的现象。甚至在陕西的宗周，由于有大批殷遗移居，而其中又不乏担任祝宗卜史的职务，无疑对周室的典章文物也有深远的影响。

第三节　周人与其他姓族的关系

核心区内是商周相融合的局面，核心区外则情势又不同了，又须牵涉若干古老的族群与周人的相激相荡。江头广据人名从字义抑从译音，划分中国古代的族群为二大类。一群是姬姓、姜姓与子姓，人名都有命义可循。这一群正是上述核心区内商周交融的族群。以译音为人名的族群则有下列各类，并各有音译的实例：

（1）嬴姓

莒——庶其、朱鉏、去疾、展舆、庚舆、务娄、瞀胡、灭明、牟夷、苑羊牧之、乌存

秦——任好、铖虎、奄息

徐——章禹

（2）姒姓

杞——姑容、匄、益姑、郁厘

越——句践、适郢、寿过、姑浮

(3) 姬姓

吴——寿梦、诸樊、余祭、夷昧、句余、蹶由、掩余、烛庸、庆忌、苦雒、弥庸、寿过、设诸、门巢、寿于姚

(4) 芈姓

楚——若敖、斗谷於菟、艾猎、率且比、句卑、舆罢、浮余、橐师、宣谷、巫臣、负羁、相谋、宣僚、州犁（楚例甚多，未全录）

(5) 曹姓

邾——邾侠、车辅、将新、蘧篨、貜且、捷菑、庶其、卑我、徐鉏、丘弱、茅地、射姑、夷鸿

小邾——犁来、郳甲

(6) 诸子国

赤狄隗姓——瘤咎如、潞婴儿

姜戎姜姓——驹支

白狄——鼓戴、肥绵皋

莱姜姓——浮柔、舆丁

所谓音译者，如《春秋》襄公三十一年“莒人弑其君密州”，而《左传》同年，“莒人弑其君买朱钮”。又如邹与邾娄，同是一国，只是语音缓急而有别名（江头广，1970：22—74）。

归纳这一大群以音译为名字的族群，则又可归为祝融集团包括己、董、彭、秃、妘、曹、斟、芈八姓，徐偃集团的嬴、偃、盈诸姓，夏人后代的姒、己、弋诸姓，及南方的吴越，北方的戎狄。凡此都在古代中国核心地区之外围。核心地区的族群，可称为中原族群；外围的族群则可称为边缘族群。中原族群的文化系统适当第一章的仰韶—龙山系，边缘族群文化系统则祝融集团地区约略相当于屈家岭文化圈，徐偃集团地区约略相当于大汶口文化以下的东方沿海文化圈。夏人后代的姒己诸姓所在，约略相当于第二章的光社文

化一系列，在中原龙山文化圈以北的文化。戎狄所在，属草原上文化；吴越文化所在则为长江下游河姆渡以至良渚的文化系列。周人对边缘族群的地区，可能因为文化距离较大，不可能采取完全与其在殷商地区相同的文化融合政策。大体上，周人仍是对土著文化及土著族群以融合为主，而控制与对抗只在融合不易时始为之。

唐叔所封的地方是晋。前引《左传》定公四年给唐叔的封地是“夏虚”，受命“启以夏政，疆以戎索”，陈槃缕析前人对晋初封地望的考证，以为唐叔受封实在晋南，今日翼城附近。近顷考古学的发现，在洪赵、曲沃、侯马一带发现有西周早期遗址。翼城城关凤家坡和洪赵坊堆村、永凝东堡出土的大量西周早期铜器，以及多处西周早期遗址，提高了唐叔建国晋南的可信性（山西省文管会，1955，1959；解希恭，1957；北大历史系考古教研室，1979：155）。

唐叔的功业，据晋公盦，早在武王之世，即已“膺受大命，左右武王，广司四方，至于大廷，莫不事王”；唐叔可能是武王之弟，甚至长于周公（陈槃，1969：1/36—47）。商世的晋南诸国，与商对抗时多于和平相处之时。周人翦商，逐步向东进展，也取途晋南一线，已见于第二章。唐叔受封晋南，很可能早在武王之世，并不须等到三监之乱以后。以唐叔的任务，异于康叔与伯禽，不在怀柔殷遗，而在确保殷商北方的一线。山西是夏人旧墟，周人自命为夏人的后裔。“启以夏政”一语，不啻谓尽可能保持周人的本来面目。山西在商时已有戎狄，鬼方为晋南方国之一，然亦为戎狄。亘西周之世，晋人必须与戎狄周旋。《左传》昭公十五年，晋史官籍谈说：“晋居深山，戎狄之与邻而远于王室，王灵不及，拜戎不暇。”晋人的处境艰困可知。曲沃代晋，晋始逐渐取得优势，终于凭借戎疆的人力物力，蔚为春秋时代的第一大国。所谓“疆以戎索”一语，殆为晋国有戎化趋向的原因。唐叔受赐“怀姓九宗”，怀与媿槐相通，是鬼方的姓（王国维，1959：590—593；1968：13/4—6）。殆是周人在晋南的一部分鬼方降服后，即派唐叔率领周人，在鬼方的旧地建立有职官五正的政权。

《左传》定公四年，唐叔的疆域没有明白的四止，也许正因为唐叔处戎狄与中国之间，原有开疆辟土的任务。晋国历世由南渐渐向北开拓，沿汾水而上，终于底定北方，此是献公以后事业，不在西周之世，此处不赘。汾水流域属黄土高原，比较高旱，必须有水利工程方收灌溉之效。山西的农业晚至战国，仍以豆藿为主，这个地区的文化特色自然与中原黄土平原的黍稷农业文化不同（松田寿男，1965）。由于地居北方草原与中原之间，山西的土著文化早在商代已呈现草原文化与商文化交流混合的特色，例如商代遗址，每有商代铜器具与小铜铃，刀剑柄作兽首、蛇头，及弓形器出现（吴振录，1972；杨绍舜，1981；文物编辑委员会，1979：58）。是以在唐叔封地上，原就有异质文化彼此融合。晋国数百年对戎狄文化的交流，使晋国文化中呈现相当的戎狄特色。晋国公室常与戎狄通婚姻，《左传》成公十三年，“白狄及君同州，君之仇雠，而我婚姻也。”献公配偶中有大戎狐姬、小戎子、骊姬，文公娶狄人二女及季隗都是例子。晋国在春秋时，公族不盛，固然是由于晋国内乱的后果，也正可与鲁卫郑三国公族特强对比，说明晋国的宗族组织未必与中原周制完全一致。晋国公位继承的系统，常二分而有“耦国”的现象，大异于嫡子继承制（宇都木章，1965：134—137）。可能也与草原文化成年儿子分产外住，成年王子分领人众外移立帐的风俗有关？

1992—1994 年，在山西曲沃天马，由考古学家发掘了晋侯的墓地，共有十七座大墓，年代当为西周中期早段至春秋初年。八代晋侯与侯夫人的墓葬，专属一个地区，其旁侧并无其他人物的中小墓葬，墓群也不见昭穆排列的位序。这一现象似乎反映晋国君主独尊的地位，摆脱了宗族组织的牵绊（李伯谦，1997：51—60）。春秋时代，晋国废除公族公行制度，将这些宗族名位分配给有功的卿大夫子弟，当有其历史背景。

唐叔的封晋，受当地土著文化的吸力，可能发生一些离心的倾向，以致晋国文化多少与中原有些不同。但是，从另一角度看，晋国在中原直北融合了中原文化与草原文化的族群，无疑为周人确立了北面的屏障，若不是有西周早期立下的基础，晋国在日后未必能完成经营北方的工作。

殷商的北面偏东是燕国，燕国是召公之后。陈槃综合傅斯年、小川茂树等人的意见，以为燕之初封在河南郾城，三监之乱后，召公驻军徐奄，遂有诸燕器出土梁山之事；及伯禽封鲁，召公遂移封北土，在易州建立燕国（陈槃，1969：1/79—82）。前引梁山诸器中大保毁有大保奉命征录子耶的铭文。武庚在失败后，《逸周书》"作雒篇"："王子禄父北奔"，则召公追奔逐北，也是可能的事。近来考古发现北京近郊昌平白浮村出土西周木椁墓，年代在公元前1120±90年，正当西周初期。房山琉璃河黄土坡西周墓葬更出土有匽侯赏赐的若干铜器。是以燕建国于今日北京附近，殆无疑问。白浮村西周墓葬的内容，与陕西沣西西周早期墓葬在形制、葬俗及随葬物品的类型各方面，均甚相似，燕地有周人居住，也可有考古证明（北京市文物管理处，1976；琉璃河考古工作队，1974）。带有匽侯字样的铜器，也出土于大凌河流域（晏琬，1975；北洞文物发掘小组，1974）。杜正胜根据出土诸器铭文文末的族徽，认为作器者多为殷商旧族。诸器形制花纹也与殷器相类，铭文中的父母名讳，也常见干支命名，如父乙、父辛、父壬、母己，仍沿殷商旧俗。北洞出土的斐方鼎，铭文"丁亥，𠭯商又正斐嬰贝，才穆，朋二百。斐扆𠭯商，用乍母己障"。这位𠭯在殷器文公丁毁曾参加征人方之役，而在此处又是燕侯手下的大将了。鼎底有亚形及㠱侯矣铭文。斐方鼎旁置有㚔父辛鼎，而河南濬县辛村的亚矣卣也和㚔甗同出。辛村墓葬的墓主陆，是服事卫侯的殷遗，㠱侯矣器则频频在北京附近出现，斐又是𠭯的手下将领，各项关系颇堪寻味（晏琬，1975：277）。房山琉璃河黄土坡出土的复尊铭文："匽侯赏复冂衣、臣妾、贝，用作父乙宝障彝。"铭末有㗊族徽，墓中出土随葬品极多，有大量兵器，并有人殉一人（琉璃河考古工作队，1974：

314)。杜正胜据这一类的例证，推断当时的匽侯手下，有若干东方旧族，从征幽燕，也就葬在北方。这些人有臣妾之赐，有贝朋之赏，墓葬内容颇为丰富，杜正胜以为殷遗东方旧族在燕国可能仍保持原有的氏族组织，也当仍有其领地采邑。在北土的东方旧族与周人共同享有统治者的地位（杜正胜，1979：522）。

这些殷遗，也可能是原在北方的殷商诸侯及其部属。1977 年在平谷县刘家河发现一座商代墓葬，属于商代中期。其中出土了一批青铜礼器，都具有中原典型商器的风格，还出土了一件铁刃铜钺，其刃部由陨铁锻制，与藁城出土的铁刃铜钺一样，墓中出土的金耳环与金臂钏，则说明与夏家店下层文化有一定关系（北京市文物管理处，1977）。在琉璃河董家林有一座殷商古城，古城因遭大石河泛滥破坏，残址南北长度不明，东西长 850 米。除南面外，古城三面均有护城河。城墙结构分为主墙、内城附墙和城外平台。有两处城基夯土被西周墓葬打破，可见年代早于西周。有一处打破夯土城基的墓葬，其出土陶毁，形制与安阳殷墟同类陶器相同，可见古城年代应在商末或更早。黄土坡遗址出土了二百余座墓葬和十余座车马坑，现已发掘的只有六十余座墓葬。墓葬可分四期，第一期在商代晚期，第二期在成王以前，第三期在康王前后，第四期在西周中期或更晚。铜器中有匽侯赐臣下的铭释。董家林古城密迩黄土坡墓地，这座古城应即是燕国的都城。墓地可分 I 区和 II 区。有人殉的墓葬都在 I 区，而该区中均为中小型墓葬，普遍有殉狗的现象，随葬陶器都为鬲、簋、罐的组合，葬俗和安阳殷墓基本相同。在 II 区内的墓葬，不论大小，未有人殉发现，狗殉也不多见。随葬陶器是鬲罐的组合，有匽侯铭刻及有重要青铜器的大墓，都在 II 区（琉璃河考古工作队，1974）。

由董家林古城的情形说，燕侯在此建都以前，这里已有相当规模的城市。其复杂的防御设备，说明了这座古城的重要性。由黄土坡墓葬的两区歧异现象说，I 区殆是原殷遗的墓葬，其中没有大墓。II 区是贵族墓地，都已不再遵循殉人殉狗的殷商风俗。II 区中青铜器上，颇多受大保赏赐或匽侯赏赐的铭文，纪念的对象则是带干支名号的“父乙”、“太子癸”等人物。如果Ⅱ区包括随召公北来的周人及东方旧族，I区则是保持殷商文化的普通人民。I区的墓葬可能即是该地原居民的后代。是以燕国所在，也许原来即是殷商的方国，而且是同一文化的方国。

武庚在失败后北奔，殆为北方有仍忠于商的方国。更往远处说，殷商始祖神话——玄鸟传说，酷肖满洲天女传说与高句丽朱蒙传说，殆也由于环渤海地区的古代居民本有文化上的渊源（傅斯年，1952：Vol. IV，32—41）。另一方面，昌平白浮村的西周椁墓中，出土一些有鹰首或马首的青铜武器。这类武器过去在内蒙、河北、辽宁一带屡有发现，也提供了西周文化与北方文化系统的关系（北京市文物管理处，1976）。

1986年，在北京琉璃河发掘的1193号西周大墓出土的铜罍与铜盉，两器铭文如下：

> 王曰：“太保，隹乃明。乃鬯享
> 于乃辟。余大对乃享，
> 令克厍（侯）于匽（燕）。旃：羌、马、
> 叡、雩、驭、微。克宙
> 匽入土眔（及）厥嗣。”
> 用作宝障彝。
> （璃璃河考古队，1990）

这一铭文透露了两项消息：第一，始封的燕侯是克，不是召公自己。这位始封的燕侯，一般认为，如由周公封鲁、元子伯禽就鲁的情形类推，召公也是以元子就封，而自己留在中央辅佐王室。第二，铭文列有六个族名，与初封鲁侯授殷民六族，封康叔授殷民七族，情形相似。只是此处六族，羌族可认为周人战友的羌人，显

然不是殷遗。其他五族是何族属，各家考证解释并不一致。大致言之，其中可能有殷人遗民，也可能有原在北方的一些族群。旃，如作“事”解，有管理之义，则又与鲁晋二国的“授”稍有差异（戴春阳，1997：152—163；陈平，1997：252—268）。对于燕国始封诸侯是谁及燕国所属族群的数字，也有不同的解读（殷玮璋，曹淑琴，1991：1—21）。

从燕国墓葬及出土青铜器族徽看，殷人在燕国地位不低，其与姬周燕侯的关系，是辅佐合作，而不是被征服的奴属（张剑，1997：269—273）。

燕地各处考古遗存，燕山南北及辽西都具有地方性的文化系列。此处不拟将考古所见的地方文化，与文献上所见的族群贸然挂钩认同。姬燕携周人与殷人族群，立周于北方，出土于辽西的西周铜器，当也可能是姬燕从属的分封贵族所铸。但是，燕山地区在燕国建国时，夏家店下层文化占了优势地位。这个地区的土著青铜文化，仍属于北方青铜文化系统，其中有中原商文化的影响，却不能等同于商文化本身。更往前看，夏家店下层文化，是在燕山地区发展的土著文化，源远流长，虽与龙山文化有互相影响之处，但保持鲜明的当地特色。这一文化的族群，当是姬燕建国时的当地土著。姬燕建国以后，商周文化有其发展的优势，燕山北麓仍是土著文化；燕山南麓的土著文化，与中原文化关系较密切，发展为围坊上层类型及其继承者张家园上层类型。辽西地区，则由魏营子文化发展为强大的夏家店上层文化。凡此形势，都发现姬燕四周，都有当地自己发展的土著文化，周人的政治势力，并不足以涵化土著（韩嘉谷，1995：61—82）。

姬燕局促于几个土著文化之中，又远离中原，其发展的形势相当有限。这一个例，呈显周人分封体系中，迥异于齐鲁的情形，也不同于唐叔所封的晋国。齐鲁皆密迩中原，遂能涵化土著与周人所带来的殷周文化。晋国虽离宗周与成周都不远，四周为戎狄，夏政戎索，均有强大影响，是以春秋的晋国文化，也有戎狄色彩。燕国则在春秋之初，即难以在琉璃河地区立足，燕桓侯（697—691B.C.）不能不迁都临易。嗣后，燕受山戎侵迫，遂求救于齐桓公，始得以勉强存在。若比附文献中的族群，这些土著文化，可能有山戎，也可能有带浓郁游牧文化的狄人。姬燕的范围之内，多种文化各有谱系，有交流，但也有分歧发展——这是一个涵化不成功的个例（韩嘉谷，1995：74—76）。

因此，由考古资料看来，燕地西周势力的建立，显然与卫和成周的情形相似，是商周二族上层的交融与合作，而底层则仍是殷遗为基本成分的当地居民。但在燕地，当地的居民可能又不是殷商本国的人民，而是住在北方的一个支派，甚至只是受殷商文化影响的当地土著，经过商周合力征服始建立为燕国。燕国方言与内地不同，燕北方言则颇与朝鲜接近，至汉时燕代一系语音仍有特色（陈梦家，1955A：126—127）。燕国在春秋时期，不甚参与内地诸侯的会盟，未尝不可能正因其文化中有东北地方文化（如夏家店下层）的成分，不免自外于中国。

周人封建东方的另一大国为齐。殷商王国的东方，风偃集团之所居，是前引禹鼎的东国，也即是《诗经》中的大东，指泰山迤南及迤东的地区。齐之初封本在河南宛西之吕，其移封济水，也与封鲁燕卫三国的情形一样，是为了镇抚三监之乱以后的反侧（傅斯年，1952：Vol. IV，1—11）。《史记》“齐太公世家”：“于是武王已平商而王天下，封师尚父于齐营丘，东就国道宿行迟，逆旅之人曰：吾闻时难得而易失，客寝甚安，殆非就国者也。太公闻之夜衣而行，黎明至国。莱侯来伐，与之争营丘。营丘边莱，莱人夷也，会纣之乱，而周初定，未能集远方，是以与太公争国。”这段叙述以太公封齐在武王伐纣之时，自有时代错误。也有人因这段叙述与《说苑》所记郑桓公及厘何争国的故事太相像而怀疑其历史性，莱人与齐人之间的战争，《春秋》经传屡有记载，至襄公六年，齐始灭莱（公元前 567 年)。是则齐莱之争,早在西周即已开始,亦未为不可能(上原淳道,1965)。《礼记》"檀弓":"太公封于营丘,比及五世,皆返葬于周。"齐国初建时,情势之不稳定,可想而知。

成王东征,平服商奄,有鲁齐镇抚东国,然而东国为古代著名部族的旧居,到春秋时犹有谭纪莒郕任宿句须不少小国,大都为大皞少皞等古族的苗裔。齐国处于异文化的部族群之中,真有困难,事所必然。《史记》"鲁世家":"鲁公伯禽之初受封,之鲁三年而后报政周公。周公曰:何迟也?伯禽曰:变其俗,革其礼,丧三年,然后除之,故迟。太公亦封于齐,五月而报政周公。周公日:何疾也?曰:吾简其君臣礼,从其俗为也。及后闻伯禽报政迟,乃叹曰:呜呼!鲁后世其北面事齐矣。"这一段记载,有后世应验的预言,未必全是史实。然而齐鲁之政相较,春秋时,鲁以周礼旧邦自居,齐则颇违于周制,那句"从其俗为"可能正是齐鲁相异之所在。

由考古资料说,山东半岛已不在中原文化核心区之内。早在新石器时代,山东的大汶口文化即在中原的仰韶—龙山系统以外,独树一帜(山东省文管处等,1974)。商代文化的遗址在山东分布甚广,但仅有济南大辛庄早期遗存相当于中商的二里岗期(山东省文管处,1959;蔡凤书,1973),此外各处遗址和出土铜器多属商代晚期(齐文涛,1972:3—5;文物编辑委员会,1979:190)。是以山东进入商文化的势力圈,为时较晚。成王东征的对象是随着三监之乱起兵的东方诸侯,齐国建立,这些响应武庚的东方族群都已降服;其时向齐挑战的莱人,可能本在商文化的边陲之外。齐国的建立,任务正在绥靖商王国最濒临海边的地区,这里的族群成分也殊为复杂,有商奄遗民,有熊盈之国,有莱人一类的东夷;齐人自己是姜姬联盟,同来的周人队伍中,不可能没有姬姓成分。春秋时代的齐国,仍有国子高子号二守,位列齐国上卿,世为齐国的巨族。《左传》僖公十二年:"王以上卿之礼飨管仲,管仲辞曰:臣贱有司也,有天子之二守国高在，若节春秋来承王命，何以礼焉，陪臣敢辞……管仲受下卿之礼而还。”这二大卿族，殆即周初配属在姜姓之国的周族后代。是以齐国内部及四邻的族姓繁多，情形不若卫国单纯。《左传》僖公四年，管仲引述齐国在周初的任务：“昔召康公命我先君太公曰：五侯九伯，汝实征之，以夹辅周室。赐我先君履，东至于海，西至于河，南至于穆陵，北至于无棣。”五九殆均为成数，山东小国众多，至春秋之世犹然。齐国在封域四周有征伐的全权，周初的王命正反映齐国环境的特殊。

齐国在众多族姓共处的情形下，其凝聚实力，一方面如前文所举，从其土俗；另一方面，齐人大约也尽力组织混合的统治势力。黄县旧城小刘庄出土的启卣，铭文：“王出兽南山，寏遡山谷，至于上厌，滰川上，启从征堇不夒，乍且丁宝旅隮彝，用匄鲁福，用夙夜庭事，戉箙。”启尊铭文：“启从王南征，更山谷，在洀水上，启乍且丁旅宝彝，戉箙。”卣盖有“𠕁父辛”铭辞。启的祖父用丁辛名号，似是殷遗。启二器的时代，据判断为昭王时物，是则昭王之世，殷遗仍有为山东贵族的例子（齐文涛，1972：5—6；白川静，1978A：185—189）。

在1951年黄县曾出土了八件㠱侯的铜器，1969年在烟台又出土了㠱侯鼎。㠱国女儿有叔姜、孟姜、姜无，是以㠱当为姜姓国。师寰𣪕：“王若曰，师寰𡚬……令女率齐币、㠱𠩺、僰屃左右虎臣正淮尸。”又明公簋记载的“遣三族伐东国”，这三族可能即是齐、㠱与𠩺（莱）人（齐文涛，1972：8—9）。是则齐人能发动的军队有同姓之国，也有当时仍为外族的莱夷。㠱侯器也曾在燕国出现，已见前文；可知齐国附近的㠱，南征北讨，颇为活跃。㠱侯的封地在烟台黄县之间，正当莱夷北面，殆是齐人的一支偏师，驻防海嵎，以镇抚莱夷。除㠱以外，纪（己）与向也是姜姓，都在齐东，前者在寿光县，后者在莒县附近（杜正胜，1979：517；陈槃，1969：164—166，175—178）。莱人亦号为姜姓，然而姜姓一向在西方分布，忽然在山东半岛有此一支夷化的姜姓，颇堪存疑。揆之云贵土司的冒用中国姓氏，莱之姓姜，殆亦冒用。齐国的同姓，如曩纪向为诸侯，而不为齐之分邑，可能即因太公“简其君臣之礼”，遂未有层级式的封建系统。《国语》“齐语”管仲重组齐国为乡鄙，似乎齐国未有鲁卫那样的宗族分邑(沈刚伯，1974)。《史记》“齐太公世家”齐国太公以下三世是丁公吕伋、乙公得、癸公慈母，均以日干为名号。姜姓而袭子姓的命名习惯，殆为东土多旧族，齐公室也“从其俗”之故。齐地宗教别有系统，《史记》“封禅书”有记载齐国八神将的信仰。包括天主、地主、兵主、日月之属，在卜辞可见的殷商宗教信仰之外另立系统。地主祠泰山梁父。泰山为山东圣山，然泰山原在霍，本是姜姓国族尊祀的宗神，古称太岳。姜姓移殖豫南，以嵩山为岳神。移殖山东者，又携泰山名号来山东（陈槃，1980：409；1969：430—433)。则又是移殖族群的信仰与土著信仰交融汇合为一了。

祝融集团，族姓甚繁，分布也广。《国语》“郑语”，祝融八姓有己、董、彭、秃、芸、曹、斟、芈。己董彭为夏商所灭，秃姓舟人为周所灭，只有“妘姓邬、郐、路、偪阳，曹姓邹、莒，皆为采卫，或在王室，或在夷狄”，此外斟姓无后，芈姓则有后世的荆楚。祝融之后，有一部又与少皞之后的盈姓部族混合。《逸周书》熊盈之国，已混二者为一。偃姓群舒，也即是嬴姓的徐。秃姓舟人，明是祝融后代，又有偃姓之说（陈槃，1969：241，269，289)。这一大批混合的族群，大率分布在山东半岛，南经江苏安徽，迤逦及于汉东（杜正胜，1979：525)，居周人东方诸国的东南方。

周人在这一带也先后封建不少姬姓诸侯。《左传》僖公二十年所谓汉东诸侯，二十八年所谓汉阳诸姬，皆属此类。其中大约以随为最大，蔡为后援。金文史料中有1954年在江苏丹徒烟墩山出土的宜侯夨𣪕铭文：“隹四月辰才丁未□□珷王成王伐商图，徃省东或图。王立于宜，南乡，王令虎侯夨曰：繇侯于宜，易䰜鬯一卣，商瓒一□，彤弓一彤矢百，旅弓十旅矢千，易土，厥川三百□，厥□百又□，厥□邑卅又五，厥□百又卌，易才宜王人□又七生，易奠七白，厥甶〔千〕又五十夫，易宜庶人六百又□□六夫，宜侯夨扬王休，乍虎公父丁隮彝。”（图21，图版14）（白川静，1965A：531—553；陈梦家，1955：165—167；1955B；陈邦福，1955；郭沫若，1956；唐兰，1956；岑仲勉，1956；Noel Barnard，1958）

此器既提到成王，若王为生称，则在成王世，若为谥法，则在康王之世。铭文读译各家颇有歧异。惟珷王成王连读，此器当以康世可能为大。细处姑不论，主要的差别在“图”字及宜侯原封的国

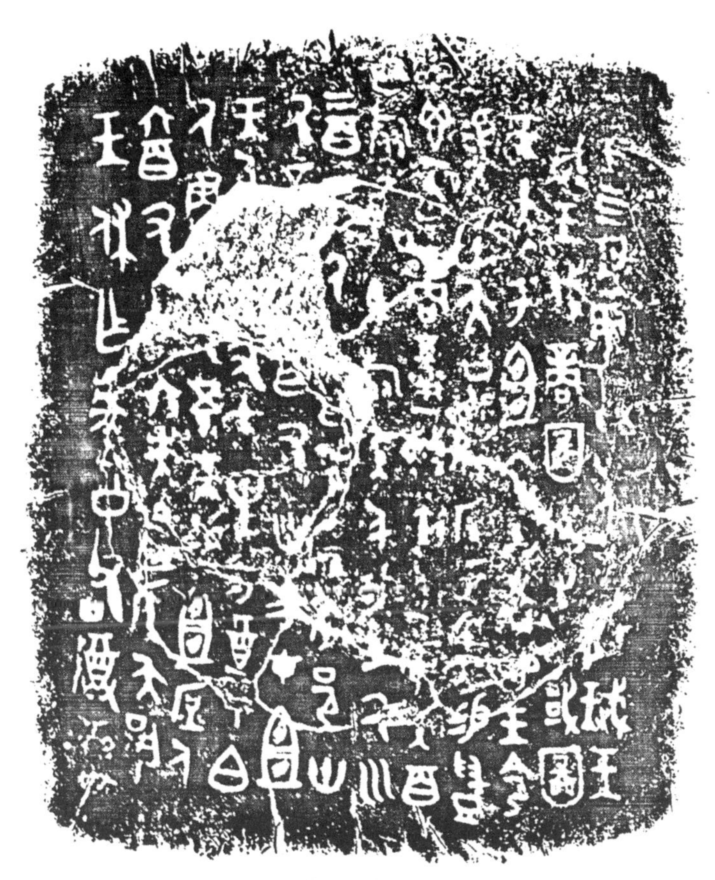

图21　宜侯夨毁

名。郭唐二氏以图为图像，余人则译为都鄙之鄙，亦即附近疆域。兹从后译。宜侯原封虔，唐氏以为是虞的早期写法，并谓当是由吴国的仲雍移封，岑氏谓宜当是俎，亦即周公之后的胙侯。白川静则以为虔为虎，虎方在卜辞中为一方国名，地点可能在淮水上游。白川氏并以为安州六器中，中氏诸器"惟王令南宫伐反虎方之年"，即为同一虎方。安州六器出于孝感，中甗又有成汉之语，故李学勤以为虎方在汉水流域。中鼎下文，"王令中先省南国"，省视南国的文法与省视东国的文法完全一致。安州六器的年代，陈梦家也以为是成康之世，在武庚之叛以后（白川静，1965A：557；1966A：790；李学勤，1959：99；陈梦家，1956：77）。陈梦家谓夨曾见于洛阳出土的令方彝、令尊和令毁，凡此诸器又与作册大鼎在铭末都有鸟形册的族徽，其父考为父丁，也与令器所记相同。陈梦家遂谓夨在令彝任王室的作册，在令毁从王东征伐楚至炎，而在本器则从王巡省东国（陈梦家，1955：167）。

综合诸说，大约夨是殷遗，入周之后任作册于王庭。周王伐封代旧有的方国虎方，平定后以夨为虎侯，及至巡省东国，又由虎移封长江流域为宜侯。夨受封的土地，因为铭文不清晰，不能明解，至少知道有田有邑。至于夨受封的人民，则有三种：郑可能即是殷商的郑，也许夨原是郑人，随西徙的郑人入周。"王人"唐郭均以为是殷遗沦为周王的私人，可以整族分配给诸侯如《左传》定公四年所说殷民六族七族之例。陈邦福以为是周的下士。二说对比，陈说为长。如以《春秋》经传的用法为证，"王人"每指王室的代表或军队。夨如系殷遗身份，自然在郑人之外，王室不能不派遣若干周人同去。齐以太公之功勋地位，尚有国高二守，殷遗受封，有若干周人在宜，也是可能的。"易宜庶人"则是宜地的土著了。这批宜庶只有六百多人，大约不是指宜地的全部人民，而是宜侯公室直属的民户。因此宜侯新组成的统治集团，本身即是一个殷周与土著的糅合，其模式与前述卫、鲁、晋、燕、齐各国的情形并无二致。

周　氏

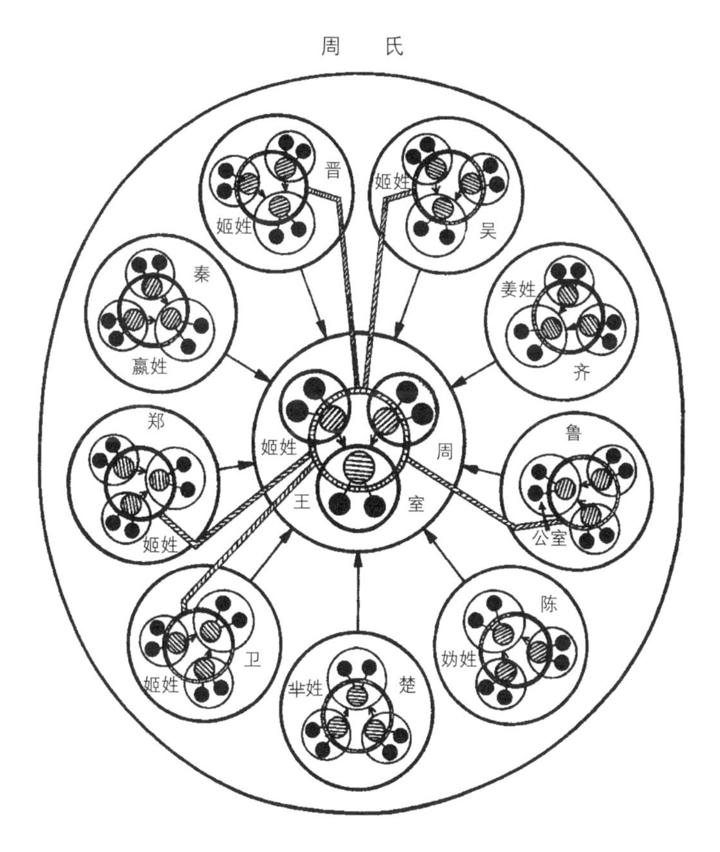

1. 图解所绘仅代表周氏社会集团的一部。大小圈点规律化系为制图便利，主旨在说明大型氏族的可能结构，及其与姓族的关系，而无关乎大小集团的实际数目。
2. 白圈代表姓族集团。同属于一个姓族而图中不能以白圈包括者，则以白线相连（如姬姓各宗支）。
3. 姬、姜、妫、嬴，均假定为父系姓族，而均属于统治阶级。
4. 白点代表姓族中的宗族分支。姬姓王室有其王族子嗣，为鲁晋郑卫吴各宗支子嗣，而各宗支公室又自有其公子公孙。
5. 黑点表示被统治的异姓族属。在鲁晋卫三集团中至少可代表初封时的殷民或怀姓。
6. 姬姓王室及诸侯公室的王公子嗣各自统治一部分异姓族属，分别附属于王室公室。于是形成大小的氏族组织。
7. 氏族集团于此以黑圈为代表，其统属关系以箭矢符号表之。周鲁郑晋卫陈楚秦吴于此均是氏族。
8. 周氏于此就是一个以姬姓天子王室政治集团为最高统治者，而包括分封（或结盟）的若干姓族和氏族的大型氏族。

图22　春秋时代社会组织——姓族氏族之关系

第四节　结　论

总结本章，周人在三监之乱后，始全力以赴，着手建立有效的统治，尤其着重在对东方各旧姓居地的分区控制。姬姓与姜姓的重要成员各有控制一个地区的任务。成周、卫、鲁、晋、燕、齐……各占战略性的地区。至于各国的内部，则以周与殷遗及东方旧族结合为基本原则，对于殷周以外的土著，则一方面以商周融合的势力楔入，另一方面也以“夏政”“商政”“戎索”来迁就当地文化。古代以姓族为集群条件的局面，遂因此改观，成为以诸侯相融合的新组合。兹以杨希枚的图式来说明周人建立的各国新秩序（图 22）。此图虽由春秋时代的资料绘制，仍颇足说明周初新秩序的终极形态，至于各封建诸侯间的联系，颇赖祭祀（同姓）与婚姻（异姓）。终于在这个秩序的基础上凝结了一个强烈的“自群”意识，后世的华夏观念，当由周初族群结合而开其端倪。

第五章

封建制度

第一节　分封的本质

成康之世，实是西周建国的成形期。东方的叛乱底定了，姬姜的诸侯在东方巩固了立足点。显然周人认为成康之世是安定的开始。1976 年新出的史墙盘（图版 15），对于成康两世的评价是“宪圣成王，𠂇右毅龣刚鲅，用肇彻周邦。朏譮康王，兮尹啬彊”。其中文字未易全解。如果放开一些小异，则诸家意见大致都以为此段说成王开始以法度治理周邦，而康王则厘定了各处的疆土（唐兰，1978；裘锡圭，1978；李学勤，1978；陈世辉，1980）。这一段话基本上颇符合《左传》昭公二十六年：“昔武王克殷，成王靖四方，康王息民，并建母弟以蕃屏周。亦曰吾无专享文武之功，且为后人之迷败倾覆而溺入于难，则振救之。”公元前 516 年王室内乱之后，晋人纳王于成周，王子朝列数周代各王的大事，可以代表周人对本朝历史的了解。由这一节文辞看，成康之时是周人封建亲戚的时代。《左传》僖公二十四年，周王计划以狄伐同姓的郑，富辰反对以狄人伐亲属，也回溯周代的封建：“昔周公吊二叔之不咸，故封建亲戚以蕃屏周。管、蔡、郕、霍、鲁、卫、毛、聃、郜、雍、曹、滕、毕、原、酆、郇，文之昭也；邘、晋、应、韩，武之穆也；凡、蒋、邢、茅、胙、祭，周公之胤也。”《荀子》“儒效篇”：“（周公）兼制天下，立七十一国，姬姓独居五十三人。”两段资料均以封建姬姓诸国的史事归之周公。但是富辰所说周公封建动机为了三监之乱中管蔡的背叛；如以此为封建亲戚宁非自招祸患？大约富辰之说及《荀子》的记载均以周公为周初创业的代表人物，不应胶柱鼓瑟以为周初封建完成于周公的时代。史墙盘和《左传》昭公二十六年的记载，均可解释为周人封建大致在成康之世完成。

成康之世，据说四十年刑措不用，号为太平。究其实际，北方并未完全肃清。康王时代的小盂鼎铭文残缺，不见全貌，但由其残文看来，周人与鬼方之间，曾有十分激烈的战事，献捷礼上呈献的战果有四千八百余馘（斫下的首级），俘虏有一万三千八十一人，掳获马若干，车三十辆，牛三百五十五头，羊三十八只。第二次又呈献了若干首级俘虏车辆及马一百四十匹（白川静，1965C：682—692）。另一方面，南方的淮夷及荆楚，迟至昭王之世仍未完全纳入周王国的势力圈。上述史墙盘对于昭王的记载是“广能楚荆，隹寏南行”，恰证实了昭王有南征之行的传说。成康时代有不少器铭具有南征的记载，如𡨦𣪘、过伯𣪘、𤔲𣪘、小子生尊以及安州六器的中氏诸器，均有“伐南国”“省南国”的事（白川静，1966A：771—793）。

成康之世，周人的封建，大约只用于在中原，亦即殷商旧地，加上在东方与北方开拓的疆土，如齐燕诸国，往南则不过及于淮汉一带，所谓汉上诸姬。周室封建事业大成于成康，则说明了所谓封建亲戚，以藩屏周室，属于周初建国工作的一部分，并不是在后世仍继续推广进行的常制。周人与姜族的封君中，大部分在成康之世已经建国了。即使后世仍有少量新封国出现，如郑国，其数量不能与周初所封的等量齐观。这一现象特有的时间性，对于封建的性质当有所启示。

封建究竟是什么？由于人类历史上曾数度有过类似的情况（如中古的西欧及近古的日本），封建制度成为史学上的一个课题。一方面，西方史学传统对欧洲封建制度的研究，引发了史家对东方类似现象的兴趣，进一步以封建制度当作比较研究的对象（Coulborn，1956）。另一方面，在马克思唯物史观的史学系统中，封建社会是一个介于奴隶社会与资本主义社会间的阶段，唯物史观的学者必须要在中国历史上确定一个封建时代，甚至削足适履也在所必行。中国的分封制在秦统一以后基本上即已结束，而中国的资本主义社会又迟迟不出现。于是中国的马克思史学家不能不在这一矛盾中找出路，不能不以如何划分资本主义未出现以前的中国历史，甚至分封制度本身，是划归奴隶社会？抑划归封建社会？都是近三十年来聚讼的焦点（Cho-yun Hsu，1979：453—475；逯耀东，1979：141—166；历史研究编辑部，1957；王思治，1980：27—29；傅筑夫，1980：1—23）。

西周分封制度的本质，颇可借柳宗元的话说明，《封建论》："彼封建者，更古圣王尧舜禹汤文武而莫能去之，盖非不欲去之也，势不可也。势之来，其生人之初乎？不初无以有封建，封建非圣人意也。彼其初与万物皆生，草木榛榛，鹿豕狉狉，人不能搏噬而且无毛羽，莫克自奉自卫。荀卿有言，必将假物以为用者也。夫假物者必争，争而不已，必就其能断曲直者而听命焉。其智而明者，所伏必众，告之以直而不改，必痛之而后畏，由是君长刑政生焉。故近者聚而为群，群之分，其争必大，大而后有兵有德。又有大者，众群之长又就而听命焉，以安其属，于是有诸侯之列，则其争又有大者焉。德又大者，诸侯之列又就而听命焉，以安其封，于是有方伯连帅之类，则其争又有大者焉。德又大者，方伯连帅之类，又就而听命焉，以安其人，然后天下会于一。"又说："盖以诸侯归殷者三千焉，资以黜夏，汤不得而废。归周者八百焉，资以胜殷，武王不得而易。徇之以为安，仍之以为俗，汤武之所不得已也。"（《全唐文》：582 / 2—5）柳宗元以为封建制基本上是政治权力层级分化，其渊源甚早，几于生民之初即已开始，随着社群组织的扩大而逐步向更高的政治权力会聚。商周的封建，事实上是基层地方社群政治权力的延续。许宗彦在《读周礼记》的一段话，正可为补充柳宗元《封建论》："武王观兵孟津，诸侯会者八百，此皆二代之所建。至于纣时，其地之广狭，固未必悉仍其初封，文武抚而有之，要与之相安而已，岂得而易其疆界哉，武王克商封国七十有一，所可限以封土之制者惟此，而其封，取之所灭国与隙地。"（许宗彦，1829：1／36—37）柳许二氏的意见，均立足于周在克殷之后，没有改易疆界的能力。本书第四章，也讨论了周人必须在各地区与殷人旧族及当地土著建立"三结合"的政治权力。周初的情势颇符合柳许二氏描述的局面。

这种"三结合"的分封，其中主动的结合力量自然是周人与友族的宗亲子弟，他们也是最居优势地位的成分。这是一批外来而居上层的分子。Eberhard 认为西周分封，事实上是建立在征服形势上的社群重叠，周人姬姜及其族类是高踞在当地土著之上的新成分，也是封建结构的上层（Eberhard，1965：24—30）。Eberhard 早期的立场，以为西周的征服是土耳其种或蒙古种的东来（同上：28，注1；参看 Eberhard，1942）。姜姓与西藏族的羌人有关系，已如本书第三章所述，姬姓与西北游牧土耳其族的关系则至今不能证实。分封制下的社群叠合，基本上是不稳定的形态，叠合的成分彼此之间的文化差距越大，其不稳定性当然也越大。西周分封诸国，诚有内部文化二元性的现象，例如鲁国有周社与亳社的并存。然而西周各封国在历史上未见有因不稳定而覆灭的个例。相对的，各国在春秋时代表现的地方性特征，正说明了封国内部都曾有过相当程度的同化过程，以整合新的地方性文化。是以周初在东方各封国内部的文化成分之间，其文化差异是存在的，却未必是极大。事实上，中国北方由陕西到山东的平原上，在新石器文化的晚期，各地方文化之间已有交流与互相影响的现象，尤以相邻文化之间的差距，表现为逐渐的转变。这个以华北黄土平原为领域的大文化圈，也就是夏商二代的活动范围（Kwang-chih Chang，1980：361—364；张光直，1978）。周初分封各国，大致也在这个范围内。成康时代，克殷已数十年；对这个范围的控制已大体完成了，也因此封建七十一国的工作即在成康时代，此后则不再有很多可以封国的空间了。

昭王以后对南方的经营，一则说明了黄河流域黄土平原文化对外的扩展，再则，也说明了淮汉地区是中原文化与江淮地区土著文化的交界。由大溪文化一脉相承的屈家岭文化，是江汉流域的新石器传统，与中原文化间的差距颇大。殷商文化虽然也远达江汉地区，到底只是点状的扩散（Kwang-chih Chang，1980：305—306，320—321）。因此，周人在北方黄土地带的优势，虽是征服，却不应当作异民族间的征服与被征服，而是大文化圈内族群间关系的重组合，以周人的族群代替殷商族群居于主要的地位。分封制度，在这一层意义下，是统治族群与各地土著族群的重叠关系。

回到分封制度的本身来看，直接有关的史料在文献上有《左传》定公四年的那一段记载及《诗经》“大雅·崧高”和“韩奕”，在金文铭文中则为西周早期的宜侯夨毁及中期的大盂鼎。《左传》定公四年的文字，已在上章引过，不再重复。鲁卫唐三国个别的分配到若干礼器，如车、旂、弓剑、革鼓、玉器，若干成族的殷民，若干官职的属吏（如祝宗卜史、职官五正）以及指定大致疆界的土地（例如少皞之虚、殷虚、夏虚）与该地的人民（例如商奄之民）。分配给诸侯的殷民，如以其族名推测，当是有专门技术的工人，如陶氏作陶，繁氏作繁缨，而且保持其原有宗族的组织，所谓“帅其宗氏，辑其分族，将其丑类”。在有关鲁侯的一段中，还提到“分之土田陪敦”，杨宽以为土田陪敦，即是《诗经》“鲁颂·閟宫”：“乃命鲁公，俾侯于东，锡之山川，土田附庸”的“土田附庸”，而且也即是金文铭文中出现的“庸”，当是指附着于土地上作为“庸”的耕作者，庸也即是仆庸。在鲁的奄民，就是这种附着奄地的原居民（杨宽，1965：81—82；伊藤道治，1975：232—236）。是以由定公四年的记载言，一个分封的侯国，拥有三批属民，一是担任官司的人，一是分配的殷民旧族，一是附着在封地上的原居民。

由《诗经》的“崧高”及“韩奕”两诗来看，“崧高”：“亹亹申伯，王缵之事，于邑于谢，南国是式。王命召伯，定申伯之宅，登是南邦，世执其功。王命申伯，式是南邦，因是谢人，以作尔庸。王命召伯，彻申伯土田。王命傅御，迁其私人。……王遣申伯，路车乘马。我图尔居，莫如南土，锡尔介圭，以作尔宝，往近王舅，南土是保。”其中也提到王室颁赐的礼物，如车马及介圭，王室分拨的“私人”以及“于邑于谢”的“谢人”，“以作尔庸”。属民中有王室的人同去，借召伯的力量立国，而以当地的原居民作为仆庸。“韩奕”：“奕奕梁山，维禹甸之，有倬其道，韩侯受命，王亲命之，缵戎祖考，无废朕命，夙夜匪解，虔共尔位，朕命不易，榦不庭方，以佐戎辟。……韩侯入觐，以其介圭，入觐于王，王锡韩侯，淑旂绥章，簟茀错衡，玄衮赤舄，钩膺镂锡，鞹鞃浅幭，鞗革金厄。……溥彼韩城，燕师所完，以先祖受命，因时百蛮。王锡韩侯，其追其貊，奄受北国，因以其伯，实墉实壑，实亩实籍。”韩侯不是初封，只是因朝觐而再受王命，确定合法的诸侯地位。因此，韩侯受王命戒饬，敬奉祖考的典型，正与金文中锡命礼的语气一样。韩侯受赐的礼物也不外旂章车马装饰及衣服，也与《左传》所述颇为一致。韩国初立时，燕师完筑城邑，而“因时百蛮”，语同“崧高”的“因是谢人”及《左传》的“因商奄之民”，也指藉百蛮（包括追貊之属）的服役，以服事韩侯。韩已立国颇久，却仍述及立国之初由“燕师所完”，其情形颇似“崧高”中屡次提到申国是“召伯是营”。二例合观，可能曾有召伯的人留在申国，有燕师的一部分留在韩国。《左传》僖公二十四年，晋侯重耳借秦国的力量入晋。“晋侯逆夫人嬴氏以归，秦伯送卫于晋三千人，实纪纲之仆。”又《左传》闵公二年，卫亡于狄，齐国帮助卫文公复国，其时卫国的遗民，只有男女七百三十人，另有别邑共滕之民五千人。齐国派遣三百乘的兵力及甲士三千人留戍在卫文公的左右。这两件事都属春秋时，但借此二例或可说明诗中“召伯是营”及“燕师所完”二语的意义，至于召伯之众及燕人是否在申韩长期留驻，则不易考知。

成康时代的宜侯夨毁，全铭已见上章，兹不具引，其中锡命虎侯移封于宜，赏赐的礼物也是若干彝物及弓矢，以及“易土，厥川三百□，厥□百又□，厥□邑卅又五，厥□百又卅”，比较前引《左传》及《诗经》的记载为精确，然而仍不易明白其确实四止。唐兰以为虎侯当是虞侯，本铭亦即泰伯仲雍受封吴国的记载（唐兰，1956：79），可备一说。“易才宜王人□又七生，易奠七白，厥丮〔千〕又五十夫，易宜庶人六百又□□六夫。”明列了三种属民，王人与奠，都以姓为单位，当是一个一个宗族，与《左传》殷民六族七族的情形相似。王人可能为周人，奠人则可能是殷代旧族郑人，随虎侯南戍。“厥丮”若干人，可能是附属于上述二类高级属民的服役人口，在宜庶人则是宜地的原居民，相当于《左传》的陪敦与金文的附庸（白川静，1965A：529—552）。

也属于成康时代的大盂鼎（图23），其铭文记载盂受锡命继承乃祖南公的职务，受民受疆土，先列举赐予衣服车马旂饰及“易女邦嗣四白，人鬲自驭至于庶人六百又五十又九夫，易夷嗣王臣十又三白，人鬲千又五十夭，遟□□自厥土”（白川静，1965C：651—672；高鸿缙，1962）。人员的分配与宜侯夨毁的比例也很相似。邦嗣以下当是在盂地的服役人口，相当于宜侯夨毁的在宜庶人。夷嗣王臣以下则相当于在宜王人那一项的服役人口。王臣的“臣”，人数少，而又有“伯”的尊称，显然不是低级奴仆，汪宁生以为此处之“臣”，并不是奴隶，而是职司服役人口的管理人员（汪宁生，1979）。人鬲的定义，有人以为是俘虏，也有人以为是俘虏转化为奴隶，也有人以为是可以按簿册校点人数的服役人口。不论语源如何，人鬲是服役的人口则无可置疑（杨宽，1965：100—110；徐中舒，1955；贝塚茂树，1962）。

图23　大盂鼎

𤇾𣪕（又名周公𣪕、周公彝、邢侯𣪕）也是成康时代有关赐民姓的铭文：“隹三月，王令𤇾众内史曰：菁井侯服易臣三品，州人策人章人。拜𩒨首。鲁天子寍厥顺福，克奔走上下帝，无冬令𩠩又周，追考对不敢㒸，卲朕福盟，朕臣天子，用册王令乍周公彝。”（白川静，1965C：592—603）这是赏赐邢侯三群臣属的册命。州人等三群人，据白川静的意见，都是殷王畿附近的居民（白川静，1965C：588—599）。陈槃以为三者都是东方国名，邢侯初封邢丘，赐以东方旧族，便是居三国的故地，是以《左传》闵公二年邢迁于夷仪，仍在邢国的旧地（陈槃，1969：266—267）。以此例延伸，则姬姓诸侯迁封于已臣服的故国，也认作为赐民姓，而不以封地为其内容。

综合文献与金文资料所见，西周分封并不只是周人殖民队伍分别占有一片东方的故地，分封制度是人口的再编组，每一个封君受封的不仅是土地，更重要的是分领了不同的人群。杨希枚以为古代赐姓制度，实是分封民姓、族属，与“胙土”、“命氏”合为封建三要素，其说至确（杨希枚，1952，1954，1955）。赐姓是赐服属的人民，胙土是分配居住的地区，而归结为命氏，其中又包括给予国号（如鲁，如宜）、告诫的文辞（如“康诰”）及受封的象征（如各种服饰礼器）。命氏实系代表了由原有族属分裂为独立的次级族群。西周的分封制在族群衍裂以组成新族群的意义，大于裂土分茅别分疆土的意义（杨希枚，1955：195—197）。这制度的出现及发展，正是前承殷商以“族”为社会构成分子的阶级（Kwang-chih Chang，1980：162—165）；新封的封国，因其与原居民的糅合，而成为地缘性的政治单位，遂逐渐演变为春秋的列国制度（Richard Walker，1953；Choyun Hsu，1965：78—100）。因此，分封制下的诸侯，一方面保持宗族族群的性格，另一方面也势须发展地缘单位的政治性格。

第二节　诸侯徙封的例证

至少在周初，分封制度甫开始发展时，诸侯封建“封人”的性格强于“封土”的性格，诸侯的地著性还不强固。周初各国每多迁移，也正反映了分封性似不必地著某一地点，而是以人群为本体的性格。顾栋高《春秋大事表》曾列了二十个曾经迁徙的国家：蔡、卫、晋、郑、吴、秦、楚、杞、邾、莒、许、西虢、邢、罗、阳、弦、顿、鄀、犬戎、鄋瞒。其中至少八个是周初始封，三个可能是古国而在周初列入周人的封建系统中。陈槃列考春秋诸国，找出顾表不云迁而实迁，且有曾经数迁而距离也甚辽远者，又有七十一国之多：鲁、滕、吴、北燕、宋、薛、小邾、宿、祭、申、向、凡、息、郜、芮、州（一）、邓、巴、梁、荀、贾、郧、绞、州（二）、牟、滑、原、徐、樊、鄗、霍、江、冀、鄫、须句、毛、聃、邗、韩、蒋、沈、六、巢、莱、越、黎、吕、钟离、偪阳、郜、铸、杜、胡、骊戎、卢戎、介、百濮、根牟、潞氏、留吁、茅戎、无终、鲜虞、有鬲、斟灌、斟鄩、扈、邳、仍、骀、蒲姑。此中有古国，有蛮夷，但几乎有名的周初姬姜各国，均在这批有迁徙经历的名单上。陈氏又指出，诸国迁徙距离，动辄数百里，或至千里以上（陈槃，1969：16—17）。

下面是几个迁国的例子。鲁国，姬姓，始封在河南的鲁山。其后周公经营东方，“乃命鲁公，俾侯于东”，始迁移到山东曲阜。是以在春秋时，河南许昌仍有属于鲁国的“许田”，周公后人应侯的封地，也仍在鲁山县附近（陈槃，1969：22）。

卫国，姬姓。传统的说法以为康叔封于卫是始封。但周法高据康侯毁铭文考订，以为康叔始封于康，是周的畿内国。三监之乱后，康叔始移封于妹土，是为卫国（周法高，1951：24—27）。

滕国，姬姓。始封可能在卫地的滕，后封山东滕县（陈槃，1969：33）。

郑国，姬姓大国中出现最晚的诸侯，始封君是厉王的王子。旧都咸林，在陕西同华之间。平王东迁以前，郑即东迁新郑，在河雒之间，定十邑之地以为国（陈槃，1969：56—69）。

吴，据说太伯仲雍在江南立国，是姬姓诸国中最早者。钱穆以为山西河东的虞国，即为泰伯虞仲之国。至于此国与南方的吴，有无关系，尚不可知（陈槃，1969：76）。

北燕，召伯之后。傅斯年以为原封地在河南郾城。三监之乱后，召公经营北方，徙国河北玉田县，又再徙蓟丘。上章曾举燕地的考古发现，颇可证匽侯的迁移（陈槃，1969：78—80)。顾颉刚以为燕在迁河北以前，曾经迁入山西境内，太岳之北，管涔之南，汾水上游，泽以燕名，山以燕名，戎以燕名，是以此地可能一度为燕的领土（陈槃，1969：694）。

杞，姒姓旧国。周初在河南杞县。春秋以前已徙鲁国东北与山东莒县及曲阜县相邻，今日新泰县出土杞器颇多，当即其在山东的地点（陈槃，1969：123—125）。

莒，嬴姓。周武王时封之于介根，在琅　；后迁莒，又徙丘县之渠丘，离莒县二百里。介根，《左传》作计斤，音与渠丘、莒均相近。又周齐鲁三国均有莒邑，甚至在文王时的宗周附近也有莒，地近盂及密阮，当在今泾川灵台两县附近。此莒与东方的莒关系不可知。仅以周齐鲁均有莒邑，已可觇知莒人迁徙之频（陈槃，1969：138—140）。

申，姜姓大国，在河南南阳。陈槃以为春秋时郑国境内亦有申，地在今河南汜水县内，正当嵩山北麓下，《诗经》“大雅·崧高”：“维岳降神，生甫及申。”申在其圣山之下，甚为合理。周宣王以申伯镇南国，所谓“于邑于谢，南国是式”，则已在嵩山以南三百余里的南阳了（陈槃，1969：153—154）。

纪，姜姓国，在山东寿光县。但莒国又有纪城，殆是纪旧地。春秋初，齐迁纪三邑，《春秋》庄公四年，“纪侯大去其国”，其人民也跟着迁去，实是迁国（陈槃，1969：166）。

西虢，姬姓国。旧都在陕西宝鸡县，幽王时东迁，国于下阳，在山西平陆县，近世陕西凤翔出虢虢仲毁，毛伯彝有虢虢公，则虢原封可能在凤翔附近（陈槃，1969：171—175）。

向，姜姓。原在河南孟县的向城，后迁山东莒县。又经传中屡见向地，地点分别在山东、河南、安徽诸处。陈槃以向小国寡民，数经迁徙，但其迁移之迹，已不可考（陈槃，1969：176—177）。

邢，姬姓，在河北邢台县。但陕西宝鸡渭南出土铜器，有邢伯、邢邑之号，则原封地在邢丘；闵公二年齐桓公迁邢于夷仪，在今日山东聊城县境（陈槃，1969：195）。

息，姬姓。本在齐国南鄙，后移河南，在新息县，故后为新息（陈槃，1969：195）。

郜，姬姓。春秋时齐、宋、晋均有郜城，陈槃以为是郜国数迁的遗迹（陈槃，1969：197）。

邓，曼姓。本在黄河以北，后在郾城召陵，居上蔡、居新蔡又在其后，而最后则在湖北襄阳，其迁徙路线由北而渐南（陈槃，1969：214—215）。

蓼，己姓，祝融氏古国。原在山东定陶，后迁河南唐河县（陈槃，1969：243）。

鄫，姒姓。幽王时尝与申及西戎害周，丁山以为其居地当在澮水流域，即河南密县荥阳附近，离另一姒姓国杞之原居地杞县不远。《左传》襄公元年时鄫已东迁柘城睢县间，离澮水三百余里。僖公十九年，鄫子为宋公邾子用于次睢之社，此时已在鲁国邻近，当即山东峄县鄫城。鄫以姒夏之后逐步由河南迁入山东，在中途曾遭遇僖公十六年齐鲁宋陈卫郑诸国联军的阻挡，终于国君被用为牺牲，以取悦东夷部落的神社。鄫东迁路线与杞相同，但这一段迁徙的过程极为辛苦（陈槃，1969：299—303）。

韩，姬姓，始封在武王时。地望有多种说法，陕西的韩城、河北的固安、山西芮城的韩亭。雷学淇的说法，以为始封近燕，后迁陕西的韩城。陈槃同意雷说，但主张西迁所在是山西芮城的韩亭（陈槃，1969：340—345）。然而揆之齐鲁卫燕的前例，武王之子建国的韩，在北去依燕建国之前，当也先在西方立国。是以最可能的迁徙路线是由陕西韩城迁河北固安，所谓因时百蛮，奄受北国，后来则因狁夷所逼，而播迁中土，宣王时韩侯来朝，已在山西芮城了。

吕，姜姓大国，与申并称。殷代姜族活动在今豫西晋南，始封时受土本在霍太山附近，亦属晋南。其后扩及嵩山附近，又移河南新蔡，终于移河南南阳宛县附近。可能又有一部分移殖山东莒县及江苏铜山县境内（陈槃，1969：430—433）。按吕申与山东的齐均是姜姓重要成分。齐侯原为吕侯，则吕东迁部分中仍可能有以吕为名称的支系。召伯经营南国，也是周人向江汉进展的趋势，申吕均南移河南南部，正是这个战略的反映。

这些封国均曾远迁数百里甚至上千里之外，则随封君迁移的族群，一定是分封的主体。以姬姓与姜姓封国迁移的路线来看，都由河南移往更东方或南方的新领土，为周室建立新的藩屏。在新的地方，这些族群叠居在原居民的上面，构成封建的统治阶层。《礼记》“王制”：“天子诸侯祭因国之在其地而无主后者。”所谓“因国”，也就是这些分封族群所君临的土地。统治的族群在“因国”集中居在都邑之中，是即国人，而“因国”的原居民，散居在各处的聚落中，是即野人。

第三节　氏族组织

国人为了在“因国”新地保持团体的凝聚力，必须维持一定的组织。宗族氏族殆是最可能的形式。不仅分配族群时有殷民六族七族的名称，如《左传》定公四年所载。即使周人自己的组织也是以族为单位。有名的班毁最近失而复现，铭曰：“惟八月初吉在宗周，甲戌王令毛伯更虢城公服。屏王位，作四方望，秉繁蜀巢，令易鋚勒，咸，王令毛公以邦冢君，土驭□人伐东国痛戎，咸。王令吴伯曰以乃自左比毛父，王令吕伯曰以乃自右比毛父。趞令曰以乃族从父征，出城，卫父身，三年静东国，亡不咸斁天畏，否俾屯陟……”（图 24—26）。铭中趞为何人及毛公是谁，在何代，均是聚讼之点（郭沐若，1972；白川静，1966B：34—49）。又如明公毁：“惟王令明公遣三族伐东国”（白川静，1963：132）；及毛公鼎：“命女粗嗣公族雩参有嗣，小子师氏虎臣雩朕执事，以乃族干吾王身。”（白川静，1970A：680）诸铭中的族均是亲族单位。在春秋时代，族仍保持这种凝聚团结为一体的特性。《左传》成公十六年，“栾、范以其族夹公行”，仍是以族为作战单位。

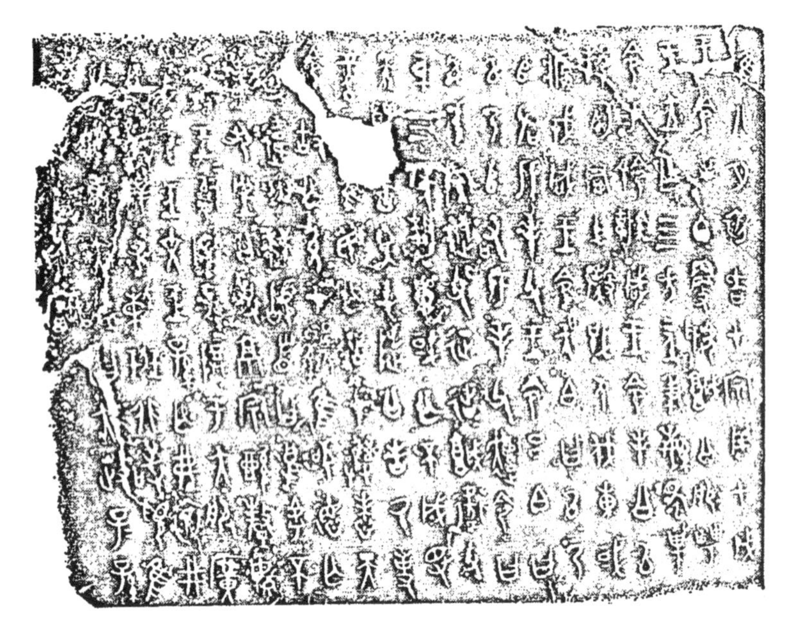

图24　班簋腹内铭文拓片

图25　班簋（残）

图26　班段腹内铭文

传统上以周代的宗族组织，有大宗统御小宗的宗法制度。若以春秋时各国宗族分化为宗与氏的现象言，宗法制度诚然存在，而且宗与氏对其成员的权威仍很有力（李宗侗，1954：192—196）。在金文铭文中，宗法制度并不明显可见（H. G. Creel，1970：380—381），但周代封国以诸姬为多则是事实（H. G. Creel，1970：376）。可能为成康间铜器的也毁："也曰拜韻首，敢眍邵告朕吾考，令乃鴅沈子，乍絅于周公宗，陟二公，不敢不紭休同公，克成妥吾考以于显显受命。乌虖，隹考肇念自先王先公乃枚克衣告剌成工。𠭰吾考克渊克□沈子其颣褱，多公能福。乌虖；乃沈子枚克蔑，见猒于公，休沈子肇斁狃贮責，乍丝毁，用𩛥乡己公，用格多公，其丮哀乃沈子也唯福，用水霝令，用妥公唯寿。也用褱𡎐我多弟子我孙，克又井斆，欧父乃是子。"（白川静，1966B：7—26）这一段铭文，不易通读。可知者，沈子是周公的后人，据说沈是鲁的附庸小国，"多公"指鲁公室，为沈子的大宗，而祝福及于“多弟子”则是大宗分出来的小宗。沈子是小宗，故有此祝辞。

西周金文中每见小子之称，其中有的是国王自己的谦称，有的是官名。但也有一些“宗小子”、“小子某”、“某小子某”，则可能都是小宗对大宗的自称。宗小子是大宗，小子某是王室的小宗，某小子某则是王臣家的小宗（木村秀海，1981）。如䎶尊中的宗小子，唐兰以为是周王室的宗族（唐兰，1976：60；参看白川静，1978：175—176）；盠驹尊，“王弗望厥旧宗小子”（白川静，1967B：329），也是这种用法。小子某的例证，如小子生尊（白川静，1966A：783）。某小子某的例证，如九年卫鼎的颜小子具叀夆、卫小子家逆（白川静，1978A：268—273）。

宣王时的琱生毁二件，都记载了小宗与大宗的关系。在第一毁的铭文中琱生报告于“君氏”。君氏，相当于女君、君夫人。接下去则改称伯氏，指的是本宗的主妇。铭文末节又提到召伯虎自述“我考我母令”。显然召伯虎居于大宗，君氏是召伯虎的母亲，琱生是召氏的支庶，官职是大宰，在朝中地位不低。但在本家大宗的前面仍是恭谨听命的小宗。第二毁，召伯虎听狱有功获得赏赐，因此分给琱生，召伯虎自述“为伯”的地位及受“我考幽伯幽姜令”。琱生为此荣宠作器，“对扬朕宗君其休，用作朕烈且召公尝毁”，称召公为烈祖，称召氏为“宗君”，都可解释为宗族制度的证据（白川静，1971：841—872）。

考古发掘的西周墓葬，反映了西周宗族制度的可能存在。陕西宝鸡斗鸡台，有三十六座小型墓，分别排列为二至六个墓的墓群，每群中的各墓，或相对，或纵列，代表较为亲近的血缘关系。各群间同在一个墓地，又当表示彼此间也有一定的关系。换句话说，这个墓地当属于一个大家族，而大家族之中又可分若干较小的次级单位（苏秉琦，1954；北大历史系考古教研室，1979：189—190）。

长安沣西西周墓地，张家坡的一百三十一座坟墓，分布四处。其中第四地点的四十八墓，大约分布为三组，每组各成单元，但又难截然分开，当代表墓群属于一个家族，族内又分为三个支族。张家坡第一地点有五十三座成人墓，十七座小孩墓，车马坑四座，也可分为六组，排列方式也有规律可循（图 27）。甚至有一墓居中，左右二列对称，殆是按昭穆排列的方式。这六组可能代表了同一族的六个支族。有一组又有南北二列对称，则又是支族下的小分族了（考古研究所，1962：113—116；北大历史系考古教研室，1979：190—192）。宝鸡斗鸡台和长安沣西张家坡的墓葬群，以小型墓为主，可能均是一般平民的墓地，因此反映的族制，也大概是一般平民的制度。

濬县辛村的卫国墓地，规模甚大，包括大型墓八座，中型和中小型墓二十九座，小型墓二十八座，另有车马坑二座，马坑十二座。各墓排列井然，位次尚有痕迹可见。八座大墓集中墓地东西两边。最早一墓居东南。四区之间分散有中型墓及小型墓，而小型墓则集中在北部一区。这个卫国贵族的墓地，显然以八个大墓为主体，其余诸墓，或其从人，或为其亲属（郭宝钧，1964：3—6；考古研究所，1979：192）。

河北房山黄土坡西周时代的燕国墓地，已公布的有二处。第一处有四十一座墓，都是南北向排列，可分六组，其中第一组又分为两群，第二组又分为三群，第四组也分为两群。各墓排列，或并列，或错列。第二处有十四座墓，也均为南北向，又可分为两组，排列方式或并列或错列。这是燕国贵族墓地，其中不同的组群，可能表示一族中的不同分支。每一群中各墓规模相仿，但有的组群中有一座比较大的墓葬，也许是属于族长或家长（琉璃河考古工作队，1974：309；北大历史系考古教研室，1979：193—194）。

上村岭虢国墓葬群（图 28）有二百三十四座墓，四座车马坑，

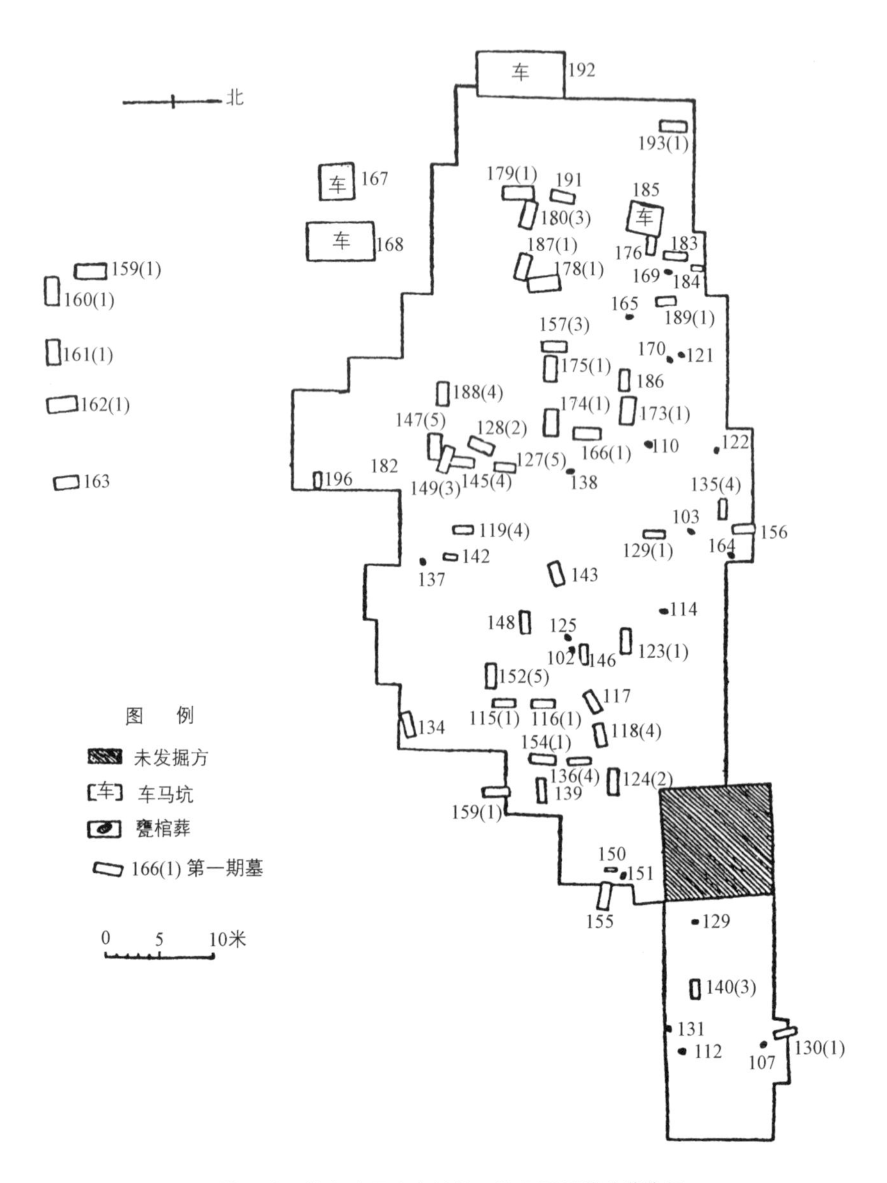

图27　陕西长安沣西张家坡第一地点西周墓葬墓位图

1055、1619、1672、1675、1693、1694、1744、1745、1747—1749、1759—1764、1766、1770、1779、1788、1789、1798、1799、1812、1823、1829、1838、1842 等二十九墓因故未画入此图

图28 河南三门峡市上村岭虢国墓地墓位图

一座马坑。各墓虽有大小，却均为南北向排列，从整个布局看，可分为南北中三组。南组以一座五鼎墓为最大，其西为两座三鼎墓，而二鼎墓和一鼎墓分散各处。北组以虢太子的七鼎墓居西，另有五鼎墓居其北面。中组以一座三鼎墓居中，八座一鼎墓散置四方。以上的三组区分，各以较小的墓葬拱卫最大而随葬鼎数最多的大墓，似乎表示有三个支族，各占一组（考古研究所，1959：图一乙；北大历史系考古教研室，1979：194）。

西周的族制，自然不是任何人发明的，更不是为了分封制度而设计的。然而，这种以亲属血缘为基础的宗族组织，超越了地缘性团体。西周的分封诸侯，一方面须与西周王室保持密切的关系，休戚相关，以为藩屏；另一方面，分封的队伍深入因国的土著原居民之中，也必须保持自群之内的密切联系，庶几稳定以少数统治者凌驾多数被统治者之上的优势地位。是以现实的考虑，延长了周室的诸姬及异姓亲戚的族群意识与族群组织，在中国古代典籍上留下了宗法制度，驯致西周王权式微后，这份亲属的意识成为春秋诸姬间主要的维系力量。

传统的说法以为周有五等爵：公侯伯子男，如《春秋》经文所记各国会盟次序，俨然如有这些等级位号。然而傅斯年早已指出，这五等爵的等级制度与《尚书》、《诗经》及金文资料均不能相符合。公伯子男都是一家之内论尊卑长幼的名称，原义并非官爵，也无班列，侯则是由射侯发展的武士之义。金文中侯伯二称最常见，傅氏所谓“伯为建宗有国之通称，侯为封藩守疆之殊爵”，颇可说明分封制下，一方面率领锡赐的族群，是为伯，一方面君临戍守的因国食邑，是为侯。家指人众，国指疆土。男之对侯，有隶属的意义；子之对伯，有庶长的分别。前引沈子，即是鲁国的庶子（傅斯年，1952：Vol. IV，97—129；又参看陈槃，1969：686—687；H. G. Creel，1970：324—334）。封国由家族分化演变而来，殆已可以无疑。

西周的封建自是因周室征服中国，分遣其人众以控御四方，封建制度的建立，并不伴随着生产工具的改变。正如上章曾论到，周初生产工具基本上与商代用具，同一水平。赖德懋（Lattimore）曾以为封建制度的发展，与所谓“治水的东方式农业”有关（Owen Lattimore，1962：547）。然而西周分封，北至燕，南至汉上，西起渭域，东极海滨，农业与给水关系随处而不同，至今典籍与考古资料，都未见有水利设施。是以周人封建制度的本意，是为了军事与政治的目的，颇不必用经济发展的理论当作历史演化过程中必经的一环（H.G.Creel，1970：342—345）。

第四节　封建制的层级

西周早期不见封建制度的五等爵位号，并非意味着西周没有层级的位序。正如顾立雅（Creel）指出，为了实际需要而发展的分封方式，会逐渐制度化而衍生春秋时代分明可见的贵族礼仪（H. G. Creel，1970：341—342）。实则严整的封建等级化及其礼仪，在西周中叶以后已渐渐发展成形。墓葬习俗即反映这种制度化的等级。

西周早期的墓葬中，至今尚未有商王王陵同级的大墓出现。由现有的资料分类，最高一级的大墓是濬县辛村的卫侯墓。墓室大而深，都有椁室和南北墓道，殉葬的礼器与兵器都甚丰富，有车马坑埋车马。人殉的例子仅一见。中型墓，见于陕西宝鸡、岐山、长安，河南洛阳、濬县，北京房山、昌平诸处，共二十余座，规模比大墓为小，都有椁有棺，有的并且重椁。河南洛阳东郊的中型墓并有墓道。一般都有随葬的礼器和车马器。大多数中型墓中的礼器因被盗而不能确知器类组合。最常见的为鼎、毁及鬲。墓中常有兵器，当属于中等贵族。中小型墓则一般无墓道，墓室皆作长方竖穴。随葬器物少于中型墓，大部分不出车马器。这些墓葬的主人大约有末级的贵族，也可能是较富裕的平民。西周早期小型墓，由已发表的资料计算，有一百四十座左右，将近中型墓与中小型墓总和的两倍，其面积均甚小，长方形竖穴以有棺无椁者为多。随葬品为数甚少，大都是陶器，一般不见铜礼器。有些全无随葬品，甚至连附身之棺也没有，只用席子裹尸。这四种墓葬，代表了社会上的四个阶层，但是不见森然有序的礼仪差别（北大历史系考古教研室，1979：196—202）。

西周中期以后，亦即穆王以后，墓葬制度呈现系统化的等级位序。各种铜器出土的数量及组合，逐渐形成一定的比例。一般言之，甗、豆、盘、 只出一器，壶出二器，鼎为奇数，皀按鼎数少一器，为偶数，鬲也随之而增减。同墓诸鼎的形制、花纹及铭文均相似，只是尺寸依次递减，号为列鼎（郭宝钧，1959：11，43—59）。《春秋公羊传》桓公二年，何休注：“礼，祭天子九鼎，诸侯七，大夫五，元士三也。”《仪礼》“聘礼”和“公食大夫礼”都记载了天子九鼎，国君所用。大牢的肉食种类为牛、羊、豕、鱼、腊、肠、胃、肤、鲜鱼、鲜腊。七鼎大牢是卿大夫所用，比前者的食单中减去鲜鱼、鲜腊。五鼎少牢，以羊为首，《仪礼》的“聘礼”、“既夕礼”、“少牢”和“有司彻”诸篇均有记载，减去了大牢的牛及肤，是大夫食用的标准。《孟子》“梁惠王下”：“前以士，后以大夫；前以三鼎，后以五鼎。”也证实了这一级是大夫所用。三鼎较五鼎的肉类又减去羊及肠、胃，只剩了豕、鱼、腊，是士一级的食用标准。《仪礼》“士昏礼”、“士丧礼”、“士虞礼”、“特牲”都如此说，只有“有司彻”的三鼎是羊、豕与鱼。最低的一鼎食则盛豚，属于士的常食，“士冠礼”、“士昏礼”、“士丧礼”、“士虞礼”和“特牲”均有记载。皀用来盛黍稷，偶数，《礼记》“郊特牲”：“鼎俎奇而笾豆偶。”比鼎数少一件。传世铜器中也有过列鼎，如颂鼎有三件，小克鼎有七件，仲义父鼎有八件。考古资料，可由附表（图29，图版16）列出鼎数多少与墓室大小、棺椁层数、铜礼器数字、兵器种类与数量、车马器与车马之数量等各项间相应关系（北大历史系考古教研室，1979：204—205；杜乃松，1974；邹衡，1974；史明，1974）。表中未列陕西张家坡第222号墓出土的五件陶质列鼎（考古研究所，1962：122），及扶风庄白的一批青铜器中的四件铜列鼎（史言，1972），这两处发现，均属西周中期，在穆王以前，当为列鼎制度开始系统化的时候，也是礼仪反映封建已经在制度化了。

表中所列的九鼎出自湖北京山的曾国国君墓中，墓已残破，出土九鼎七毁缺了一毁。与曾侯墓相当的是河南濬县辛村的卫侯墓，墓道及棺椁俱尚可见，但墓中鼎毁已被盗。卫侯三墓中有一墓出土青石编磬的两件，也只有诸侯方可有之。卫墓附近有车马坑，埋车十二辆、马七十二匹，一车六马，正是国君身份的车仗。九鼎墓无疑是国君一级的墓葬，与典籍所记相符。

七鼎墓可以上村岭的虢太子墓为代表。随葬品丰富，车马坑中有车十辆马二十匹。该墓出土七鼎六毁，另有一套编钟，正是国君级稍逊一级的体制。

西周五鼎墓有七座，三座为西周中期，两周之际两座，东周初期的两座。在虢国墓地中，未被盗的五鼎墓有两座也与虢太子墓一样，都是双棺一椁，但规模较小。有车马坑，各殉五车十马，减七鼎墓的车马数为一半。出土五鼎四毁四鬲。这一级墓主当属于中级贵族。

三鼎墓为数不多，总数不到十座。长安斗门镇普渡村的长由墓出土了成套礼器及一套编钟。虢国墓地的三鼎墓，两座规模与五鼎墓相似，一座较小。都有车马器而无车马坑。诸墓大都是单棺。墓主身份，大约是卿大夫以下的低级贵族，相当于士的一级，故可用主马，而不能自具车马。

一鼎墓为数最多，共二十余座，其中五座属西周中期。墓室较小，单棺有椁。多数随葬有兵器及车马器，但没有车马坑。出土礼器为一鼎一毁。虢国墓地未经盗掘的一鼎墓有十九座，单棺有椁，有的也有双棺。出土有一鼎而无毁。少数墓有车马器，无车马坑。一鼎墓外，有十余座西周中期至东周初期的二鼎墓。但二鼎形制不

图29 列鼎与墓

鼎级	地点	墓号	时期	墓室结构	
				墓室大小	椁 棺
九	湖北京山宋河坝	曾侯墓	东西周	?	? ?
七	河南三门峡市上村岭	M1052	同上	5.8 × 4.25—13.3	一 二
五	陕西宝鸡茹家庄	M1甲	西周中		一 一
	河南三门峡市上村岭	M1706	东西周	4.4 × 3.3—11.56	一 二
	同 上	M1810	同 上	4.4 × 2.95—15.2	一 二
	河南郏县太仆乡	郏 墓	东周初	?	? ?
	陕西户县宋村	M3	同 上	5.2 × 4.5—6.5	一 一
三	陕西长安普渡村	长由墓	西周中	4.2 × 2.25—3.65	一 一
	湖北随县熊家老湾	曾国墓	东西周	?	? ?
	河南三门峡市上村岭	M1705	同 上	3.62 × 2—9.15	一 一
	同 上	M1721	同 上	4.2 × 2.7—8.50	一 一
	同 上	M1820	同 上	4.5 × 3.55—8.35	一 二
	陕西宝鸡福临堡	M1	东周初	3.75 × 2.1—14.5	一 一
一	陕西岐山贺家村	M5	西周中	3.4 × 2.55—5.7	一 一
	陕西长安普渡村	M2	同 上	2.8 × 1.04—1.65	? 一
	北京昌平白浮村	M2	同 上	3.35 × 2.5—4.35	一 ?
	河南三门峡市上村岭	M1702	东西周	4 × 2.7—8.4	一 二
	同 上	M1707	同 上	2.6 × 1.1—4	一 一
	河南洛阳中州路	M2415	东周初	4.4 × 3.47—11.05	一 二

注：此墓为合葬，墓室大小、车马坑以及人殉等都不便计算。

葬内容的相应表

铜礼乐器										兵器				车马器				车马坑		备注
鼎	毁	鬲	甗	豆	盘		壶		其他	戈	矛	剑	其他	軎	辖	衔	镳	车	马	
9	7 -1	9	1	2	1	1	2	1	盆3							8	10			残墓
7	6	6	1	1	1		2	1	钟1+9 小罐1	4	6	2	镞41	2	13	17	16 4	10	20	
5	4																			注
5	4	4		1	1	1	2			2	2		镞52		6	9		5	10	
5	4	4	1	1	1		2	1		2	1			2	4	10	8	5	10	
5	4		1		1	1	2 1		盆1簠4罍2	5	1			6	6	9				残墓
5	4		1		1	1	2							2	2	2	4		12	殉5人
1 3	2	2	1		1		1	1	钟3觚2爵2						1					殉2人 残墓
3	4 2		1		1	1	1		卣1 勺1 罍1 方彝1 罍1											
3	4				1	1	2		小罐1	2	1	1	镞15	2	2		3			
3					1	1				1	1	1	镞20			2	1			
3	4	2	1	1	1	1	2		簠2小罐1罐1											
3	2		1		1	1	2		盆1 勺1									?	?	
1	1									7	1		漆盾4 骨镞5			4	8			
1	1	2							爵2尊1勺1											残墓
1	1						1			18	1	2	盔盾等	6	2	2				
1					1	1														
1																				
1					1	1			盆1舟1勺1	1		1	镞5	2	2	2				

类，不能算是列鼎。墓的规模体制与一鼎墓相近，当只能算是同一级的墓制（以上均见北大历史系考古教研室，1979：204—212）。

礼仪的系统化与制度化，一方面意味着一个统治阶层的权力已由使用武力作强制性的统治，逐步演变到以合法的地位来象征。另一方面，规整的礼仪也代表统治阶层内部秩序的固定，使成员间的权利与义务有明白可知的规律可以遵循，减少了内部的竞争与冲突，增加了统治阶层本身的稳定性。相对的，统治阶层也为了安定而牺牲其灵活适应的能力。西周中期开始的礼仪系统化，在春秋时代演变得更繁琐，同时周东迁以后，王权失去了原有的威望，僭越的事也更常见。在西周的后半期，殆是封建礼仪走向系统化的阶段。

第五节　主从关系

礼仪中最重要的自然是策命礼，经由这个典礼，周王对其臣属，赏赐种种恩命，一次又一次地肯定了主从的关系。事实上，铜器铭文中绝大部分是这种策命礼的记录。文献中的资料，《尚书》诸篇，全为诰命，《诗经》“大雅·江汉”及“常武”两篇是策命的韵文。《左传》定公四年周公举蔡仲一段，也属策命的节录。春秋以后，策命仍不乏见于记载，齐桓晋文两次朝觐，都有王室的策命，其文辞仍一贯地保存了西周策命的格式与语气。

传统经学中治礼的学者，根据三《礼》及《左传》、《尚书》，颇致力于周代王室礼仪的考证。由现存的金文资料，齐思和、陈梦家有系统地重建了周代策命礼的一般细节（齐思和，1947；陈梦家，1956：98—114）。策命礼通常在王宫的大室或王朝的宗庙举行，也偶尔可在臣下的宫室举行。王在天未亮（昧爽）即到达行礼的地点，天一亮（旦）王就在行礼的“大室”接见受赐臣下。所谓大室，当即行礼所在宫室宗庙的正殿，本书第二章描述岐山凤雏村周代建筑，前堂后室，堂前有庭，当即可用以说明大室与中庭的位置。

扶风召陈村的西周建筑遗址，时期由西周中期到晚期，正是封建礼制极为严整的时代。建筑遗址广大，初步看来。是一群高台上四阿重檐瓦顶的大型宫室。格式虽未必是四合院式的布局，仍有中庭与正堂，两旁有东西室，堂前有崇阶。在这种建筑里举行策命礼，威仪棣棣，也颇为相称（周原考古队，198l；傅熹年，1981A）。

行礼时，受命的臣下，由其傧相（右）导引入门，立于中庭，王则南向立于东西两阶之间。策命是预先书就的简册，由秉册的史官宣读，有时秉册是一人，宣读是另一人。王在当场命令宣读，其口头命令也记入策命中。策命的命词，则以“王若曰”为起句。策命详简不一，其内容通常包括叙述功劳，追述先王与臣下先祖的关系，列举赏赐实物及官职的项目，以及诫勉受命者善自步武先人功烈。以大盂鼎为例，这几段即完全不缺。《诗经》“大雅·韩奕”：“韩侯受命，王亲命之，缵戎组考，无废朕命，夙夜匪解，虔共尔位，朕命不易，榦不庭方，以佐戎辟。”接着列举韩侯觐后受赐车马服章，也正合上述策命金文的体例。行礼常在宗庙，诫勉之词常引述祖德，凡此均可反映策命礼是如何的传统化了。成康之世，周王往往亲命，成康以后，则由近臣内史或尹代王宣命，也足以反映策命礼渐走向形式化的方向。

至于赏赐礼物与恩命的内容，如由一百六十余件有赏赐的金文铭辞统计，赐赏臣下赤巿、朱黄、玄衣、赤舄一类服饰有六十余器，赏赐车马及其附件（攸勒）或旂章弓矢的各二十余器，赏赐土地奴仆和玉器的各十余器。是以赏赐也有一定的差别（史明，1974：88，注4）。在礼仪制度化时，象征性的赏赐与实物的赏赐同样可为受者珍视。周人策命礼中大量出现特权象征的服饰旂章，正说明了封建结构已有明确的阶层分化。

不仅王对臣下有策命，诸侯对臣下也可有策命。如《左传》昭公三年：“郑伯如晋，公孙段相，甚敬而卑，礼无违者，晋侯嘉焉，授之以策曰：……‘赐女州田，以胙乃旧勋’，伯石再拜稽首，受策以出。”即是晋侯对臣下的策命。有一件成康时代的麦尊，记载井侯接受了周王的策命与赏赐，井侯为此对于井侯自己臣下作册麦也赏赐以金，麦为此制作这件铜尊，以为纪念（白川静，1965B：629—644）。又如耳尊：“侯各于耳□侯休于耳，易臣十家。长师耳对扬侯休，肇乍京公宝隣彝。”（白川静，1965A：580—583）“耳”是“京公”封在“长”地的属下，接受侯的策命。王对诸侯或高级贵族有策命，诸侯及高级贵族对自己臣属也可以有策命。阶层化的结构显然已逐渐形成了。

“委质为臣”即是确定新主从关系的手续。周礼对于宾主双方接受贽礼的形式极为注重。平等的两方互赠礼物，不外肯定友谊。策名委质，则相当于确定君臣的关系。《左传》僖公二十三年，晋怀公执狐突，要求他召回跟从公子重耳的两个儿子。狐突答复：“子之能仕，父教之忠，古之制也。策名委质，贰乃辟也。今臣之子，名在重耳有年数矣，若又召之，教之贰也。”可见策名委质的礼仪，正为了确定主从之间的君臣关系。一旦委质，虽死不贰。《国语》“晋语九”，晋师围鼓，执鼓子，有鼓子的臣属夙沙釐，自动跟随故主，他的理由：“臣闻之，委质为臣，无有二心，委质而策死，古之法也。”夙沙釐认自己是鼓子的臣属，不是“鼓”这个地方的臣属。其君臣关系不系于封国，而系于封君（杨宽，1965：360—364）。在这一制度下，君臣关系是特定的，不是在宗族血亲的关系下衍生。狐突不能干涉二子委质于重耳，正表示君臣关系乃是个人间的约定，不能继承祖先的关系。

更有可注意者，这种层级隶属关系的向下延伸，不仅只是个人与个人之间建立主从关系，封建的主从与宗族的关系也是相重叠的。赏赐的恩命，由父子相续，孟毁：“孟曰朕文考眔毛公趞仲征无霁，毛公易朕文考臣，自厥工，对扬朕考易休，用宦兹彝乍厥，子子孙孙其永宝。”（白川静，1966B：31—33）是则父亲立的功劳，父亲亡故了，遂由儿子代父接受。兄弟对于大宗也是相当于臣属的地位，虘𣪘：“虘拜稽首，休朕匋君公伯，易厥臣弟虘井五邑，易表胄干戈，虘弗敢望公伯休，对扬伯休，用乍且考宝隮彝。”（白川静，1966C：98）此处君公伯与厥臣弟对称，伯是长支，弟仍“对扬伯休”称颂长支的福址，再为祖先制作尊彝。大约弟支的祖先并不包含在长支之内，是以弟当不是公伯的亲弟，弟大致是小宗对大宗自称。另一件是父子间赐与的例子，效尊：“隹四月初吉甲午，王雚于尝，公东宫内乡于王，王易公贝五十朋，公易厥顺子效王休贝廿朋，效对扬公休，用乍宝隮彝。乌虖，效不敢不迈年，夙夜奔走，扬公休亦，其子子孙孙永宝。”（白川静，1966C：86—89）此“公”锡儿子“效”受之于王的贝，“效”大约不是承嗣的儿子，遂对父亲不仅当作父，也当作君。而且自矢忠诚，当系对于大宗的臣属关系。本章前文曾引了沈子也𣪘，沈子是周宗（即鲁族）的小宗，正与效尊之情形相似。凡此诸器铭文，均说明了封建层级关系在成康以后已兼跨于君臣及宗族两方面了。

单纯由金文的策命记录中看，似乎周王对于臣属只是赏赐礼物及土地人民。臣下对君主的回报，在金文中最常见的是恭谨的颂扬与祝福，所谓“对扬王休”，并且自矢子子孙孙永远以君主的恩命为荣宠，永远宝用这件器皿，以为纪念。君臣关系应当有比较更实质的内容。臣下由君主处取得的任务，诚然只是由赏赐而肯定。除此之外，诸侯还各别地接奉特殊的使命。如《左传》定公四年，诸侯的任务是“以藩屏周”，晋侯的使命是“使之职事于鲁”，也就是以鲁地的资源担任为周室屏藩。齐侯的使命，据《左传》僖公四年：“昔召康公命我先君大公曰：五侯九伯，女实征之，以夹辅周室。”诸侯一般性的义务，不外军赋与贡献，军赋是对于周王提供军力，参加周王的征伐。班𣪘铭文，吕伯吴伯都须以其族，做主帅“毛父”的左右翼，共同担任征服东国的任务（郭沫若，1972）。又如大保𣪘铭，王降征命于大保讨伐录子；明公𣪘铭，王令明公遣三族伐东国，均属此种征发之例（白川静，1962A：61；1963：133）。又如《诗经》“大雅·韩奕”，燕师代韩筑城；“大雅·崧高”，召公为申伯彻土田；也当是守望相助的例证。贡献之例，如《左传》僖公四年，齐桓公伐楚，以“尔贡包茅不入，王祭不共，无以缩酒”为口实，楚人也避重就轻，承认有罪。是各国方物之贡，似有常例。又如《左传》昭公十三年，子产争贡赋轻重：“昔天子班贡，轻重以列，列尊贡重，周之制也。”更明说周有班贡的制度。对于王廷的臣工，使命尤为明确，重要的职务，如毛公鼎铭文简直就是任毛公为当朝首辅的职务（白川静，1970A）；次之则盠方尊，盠奉命职司六师与八师，以及司土司马司工三有司，俨然文武兼管的大臣（白川静，1967C：314—317）；更次之，则奉命管理林牧及仆御臣妾诸项事务（白川静，1967C：311）。

据文献资料，诸侯受王命发遣，有命圭为信物（图版17）。《诗经》“大雅·崧高”：“王遣申伯，路车乘马，我图尔居，莫如南土。锡尔介圭，以作尔宝，往近王舅，南土是保。”又如“大雅·韩奕”：韩侯入觐，以其介圭。”据《周礼》“考工记·玉人”郑玄注：“命圭者，王所命之圭也，朝觐执焉，居则守之。”似非无因而发。《国语》“周语上”：“古者先王既有天下，……以教民事君，诸侯春秋受职于王，以临其民，大夫士日恪位著，以儆其官。……犹恐其有坠失也，故为车服旗章以旌之，为贽币瑞节以镇之，为班爵贵贱以列之，为令闻嘉誉以声之。”车服旗章，常见于金文；贽币为贽；瑞节，即命圭一类的信物。在命圭上，大约明白记载任务及官职的名称。《国语》“吴语”：“夫命圭有命，固曰吴伯，不曰吴王。”则命圭的内容也是众所周知的。诸侯的命圭，属于“国宝”，如《左传》文公十二年，“郕……大子以夫钟与郕圭来奔。”郕太子携郕国的信物出奔，正如后世官员必须印不离身。甚至卿大夫也有命圭，《左传》哀公十四年：“司马牛致其邑与珪焉而适齐。”杜预注：“珪，守邑信物。”征之上文策命也可行于诸侯与其臣属之间，卿大夫有命圭也就不足奇了（杨宽，1965：354—356）。

夏鼐考察商代玉器，利用发掘得来的资料，作为分类、定名和推测其用途的依据。据其研究结果，商代玉器之中，过去以为是圭的，大多数是一些工具和武器。有的圭形石刻，没有锋刃，不能作为武器或工具，但他认为仍可能和尖头直身的戈、边刃的刀及上端斜刃的刀有关（夏鼐，1983）。如果夏氏之说成立，则文献中西周的圭，当系由实用的器物，转变为瑞玉。这种用途，或系与西周发展的封建制度，相伴而生？

诸侯的任务是否完成，据说尚须时时考核。《尚书大传》："古者圭必有冒……天子执冒以朝诸侯，见则覆之。故冒圭者，天子所与诸侯为瑞也。……无过行者得复其圭，以归其国。有过行者留其圭，能改过者复其圭；三年圭不复，少黜以爵；六年圭不复，少黜以地；九年圭不复而地削。此所谓诸侯之朝于天子也。"此处的制度，太过完备，倒像战国以后有了上计制度后的情形，西周未必如此。王国维考证《尚书》"顾命"有"周书顾命考"、"周书顾命后考"及"书顾命同瑁说"三篇（王国维，1959：50—67，69—70），以为"顾命"中："太保承介圭，上宗奉同瑁"，其圭瑁即是王的信物。所谓同瑁，即古之圭瓒，用来和圭相合，以验其真伪，牝牡相合，便是真圭，其制可与战国秦汉的"符"相比。此说如为真，则周人的命圭即不是仅为了礼仪的目的了（杨宽，1965：358—359）。《白虎通》"崩薨篇"："诸侯薨，使臣归瑞圭于天子何？诸侯以瑞圭为信。今死矣，嗣子谅暗三年之后，当乃更爵命，故归之，推让之义也。"《白虎通》以汉时的制度推测，古代未必如此。但诸侯世子嗣位，须再受命，殆是周室的常规，伯晨鼎："隹王八月，辰在丙午，王命瓶侯白晨曰，飼乃且考，侯于瓶。易女秬鬯一卣，……用夙夜事，勿灋朕命。"（白川静，1968A：29）瓶当即韩。《诗经》"大雅·韩奕"，也有一位再受命的韩侯："韩侯受命，王亲命之，缵戎祖考，无废朕命，夙夜匪解，虔共尔位。"韩的先祖受命北国，并非这位来觐的韩侯。金文与《诗经》的记载互相比证，极为相像，都有策命，都追述祖德，都勉励受命者夙夜从事，都有衣服旗章车马之赐。是可互证周代有这种朝觐以俟命的制度。

介圭是在王与诸侯间持以为信的玉件，信物却不限于圭。颂鼎与善夫山鼎两铭，都提到“反入堇章”的事。颂鼎（图 30）大约是厉宣时代器，颂受命管理成周的仓储，在受命及奉颁若干服章之赐后，“受令册，佩以出，反入堇章”，然后称颂天子，作器以纪念“皇考龏叔，皇母龏姒”（白川静，1968C：159—164）。善夫山鼎是宣王时器，善夫山在接受管理人员仓储的命令及颁赐的服章后，也是“受册，佩以出，反入堇章”，作器以纪念“皇考叔硕夫”（白川静，1969A：357—361）。两铭的反入堇章，或同于《左传》僖公

图30　颂鼎

二十八年晋文公受策命后，“受策以出，出入三觐”。《左传》的三觐，杜注以为作三次见王解。以《左传》文句与此处二铭对比，都是受策（册）以后，“出入三觐”或“反入堇章”（白川静，1968C：162—163）。琱生𣪕二件，第一件提到琱生向召氏进纳瑾圭，以报答大宗召氏所赠的大章。第二件中，琱生有典献，伯氏（召氏）则报之以璧（白川静，1971：851—853，872）。琱生两𣪕铭文，不易通读，以可知的部分言，两铭都有玉件的交换，也提到典册的记录，而玉件的圭，曰大章，曰璧。由此类推，“反入堇章”也与受策（册）有关系。《尚书大传》所谓复圭留圭之说，如以各持玉件为瑞信的解释，“反入堇章”二例，颇可证其不为无据。玉瑞与典策合举，可能意味着对于受命者可以执策以考核其工作成绩。《诗经》“大雅·江汉”记录召虎受策命的事，列数召虎平定江汉的功业，再说到文武受命时，召公的功劳，然后策命召虎，“厘尔圭瓒，秬鬯一卣，告于文人，锡山土田，于周受命，自召祖命。”赐圭瓒的举动正是肯定召虎合于继承祖业的资格。周代礼仪，极为繁琐，其意义也极隐晦。惟以上述诸例梳爬，也可推知策命锡圭之礼，在其雍容进退的表象下，也有执左券以责成功的意义。如以为周代君臣只忙于一些空泛的仪式及套语，只是未作深考的误解。

周金铭文中有蔑历一词，其意义不甚清楚。自来解说甚多，大多在嘉奖勉励一义上做文章（于省吾，1956）。唐兰以为蔑作功伐，历作经历，二字合言，正如后世的伐阅。在彝铭里被蔑历或自我蔑历的人，都不是最上层的贵族，大致只是大夫一级（唐兰，1979）。唐说极有理，穆王时代的长由 ，即有穆王蔑长由及长由蔑历的语句，长由大约是穆王飨醴井伯时的陪侍大夫，也许还只是井的臣属，是以有此被夸奖之词（白川静，1967B：342—346）。《左传》襄公十九年：“夫铭，天子令德，诸侯言时计功，大夫称伐。”其末句正可解释蔑历的意义及其限于大夫阶层的情形。诸侯不称功伐，是以周代铜器铭文中没有蔑历诸侯的词句。铭文只记赏赐锡命，不记考核成绩，然典策与瑾圭的作用，正寓校课的意义。

第六节 结 论

彝铭内容王臣受命职司的个例较多，诸侯受疆土人民的个案较少。惟本文列举诸例，已显然可见两种策命在形式上并无二致。如此，则封建诸侯，也是分派特定的职司（李志庭，1981）。若以西欧中古封建的契约关系来讨论西周分封的封建制度，二者有可以相比处，也有不须相比处。西周诸侯以典策与瑞玉代表相约的任务，以礼物与荣宠申明其责任。这自然已是约定的关系了。诸侯的子孙必须朝觐以再受命，正表示约定的关系仍是存在于王与诸侯个人之间。策命必称扬祖先功烈及双方祖先的关系，则又不外重申列代旧约了。西周分封，以姬姜为主，其中已有血亲与婚姻的韧带，休戚相关，其来有自。天子与诸侯，诸侯与臣属，并不是新发展的投靠与依附。反之，西欧中古历史，异族一波一波地侵入，旧人与新人之间，及新来的异族彼此之间，原无君臣血亲姻娅诸种纠葛。在无秩序中，澄清混沌，建立新秩序，主从之间的权利与义务必须明白规定，也必须在神前立誓许愿，以保证彼此信守不渝。这点是西周历史与西欧历史相异之处，也因此导致两种封建制度各有其特殊的形式。

当然，西周的封建社会也有确立个人间主从关系的制度，是即委质为臣的约束。因此，西周的封建制度，一方面有个人的承诺与约定，另一方面又有血族姻亲关系加强其固定性。二者相合，遂有表现于彝器铭文的礼仪，礼仪背后，终究还是策名委质的个人关系。上对下有礼，下对上尽忠。史官读命书，受命者受策。加之以赏赐，信之以瑞玉，正是为了确定双方的权利与义务。

第六章

西周中期的发展

第一节　康王之世的经营

第五章讨论的分封制度，是西周建国工作中重要的一环，基本上，分封诸姬及友姓（如姜姓）的工作，在武王、周公与成王的手上，完成了极大部分。《左传》昭公二十六年，王子朝追述本朝的历史，其中叙述西周早期的部分：“昔武王克殷，成王靖四方，康王息民，并建母弟，以蕃屏周，亦曰吾无专享文武之功，且为后人之迷败倾覆而溺入于难则振救之。至于夷王，王愆于厥身。诸侯莫不并走其望，以祈王身。”在康王夷王之间，空白了一大段。这一段正是西周中期，而在厉王奔彘，共和以后，应算是西周的晚期了。近来出土的史墙盘，对这一段也有简略的叙述，紧接在成王肇彻周邦的下文：“㝬䛠康王，兮尹啬疆。弘鲁邵王，广能楚荆，隹寏南行。祗覭穆王，井帅宇诲，䌛宁天子。天子圝赓，文武长剌……厚福丰年，方蛮亡不䢅见。”（白川静，1979：349—355）铭中的当今天子，无疑即是共王。本章即以第一段时期内周的大事为主题，尤其着重在西周王室向四方扩张的工作及周人与其他文化的关系。

康王息民，这是一个休息的时代。金文中诸王，共懿的名号，都曾见过，康王的名号却在此第一次出现，白川静以为召彝铭中的休王即是康王生号（白川静，1965：478），康则是谥号。“休”在周代铭辞中是休善的意思。历史只说成康之世刑措不用四十年，是西周的太平岁月。史墙盘铭对康王之治只能说“㝬䜌”，说他“兮尹啬彊”，看来颇为空泛。其实康王之世并非如此无可称述。

说到分封，上引《左传》昭公二十六年，康王也曾并建母弟。以后世可知的国名稽考，陈槃追究春秋列国，诸姬中有三十四国封于武王成王及周公之世。加上姜姓、子姓及召公之后，又有至少五六个列国。陈氏列国爵姓的研究中，可考为康王王子的只有焦贾两国。成王之子，康王母弟的国，一个也找不着（陈槃，1969）。如以这一统计言，康王之世似乎没有再举行大规模的分封。但史墙盘中的“兮尹啬彊”，如按裘锡圭解释为“分君亿疆”，亦即分封诸侯巩固周疆的意思。如此，则康王的功业又显然以分封疆土为主要可记述的大事了（裘锡圭，1978：27）。其实，周初分封，也本来不仅三四十个姬姓诸侯。《荀子》“儒效篇”：“（周公）兼制天下，立七十一国，姬姓独居五十三人。”《荀子》原文列分封之事于周公名下，大约也只是以周公为建立周朝制度的“箭垛子”，其实这七十一国，当是周初列代所封。周初五十三个姬姓国，现在所知的只有三十多国，其中封地又几乎都在镐京到成周一条轴线上及其两侧（李亚农，1962：627）。其余的二十个左右的姬姓诸侯到哪里去了？这些诸姬，可能即是封在稍微偏南的地方。

《左传》僖公二十八年，“汉阳诸姬，楚实尽之”；又定公四年，“周之子孙在汉川者，楚实尽之”；都已是追述往事。然而至少在僖公二十年，“随以汉东诸侯叛楚”，则汉东还有一些新服属于楚而未十分甘心的旧诸侯。随是否姬姓，是一疑案，高士奇根据《左传》定公四年，吴人向随索取逃随的楚昭王之辞，以为随是姬姓。陈槃则据僖公二十八年，诸姬已尽的说法，致疑于随是姬姓之后（陈槃，1969：209）。1979年，随的故地，湖北随县，出土了一批春秋墓葬和铜器。其中有一件戈，铭文：“周王孙季怠孔”，另一件戈，铭文：“穆王之子，西宫之孙，曾大工尹季怠之用”（随县博物馆，1980：36）。这个墓葬，离1978年出土的曾侯乙墓相去不远。其时代应为春秋中期，楚灭陈（公元前479年）以前（同上：38）。是则曾国即是周王之后，传世颇久的曾侯簠是曾侯为叔姬嫁往黄国所制造的媵器，更可证明曾是姬姓之国（李学勤，1980：55）。或谓曾即是随，因为随县是随故地。但古代的国家甚小，疆界未必与后世县界相同，曾与随是否同国，犹待更进一步的资料。西周末期到春秋早期的曾国，文物斐然可观（鄂兵，1973；随县考古发掘队，1979），《春秋》经传皆未见及，却是姬姓诸侯。类此的其他姬姓当仍不少，大约均在楚人扩张过程中被楚并灭了，于是国名不见于典籍。

曾国是穆王之子的后人，汉上淮上的诸侯，包括同姓与异姓，甚可能大都是在康王以后的西周中期分封。在周初武王成王之时，周人经营的方向是东方及北方，而在中期，西周经营的方向是南方。南方又可分为偏东的淮上及偏西的汉上两个地区，而前哨据点都可远抵江干。西周中期的王室对于西方与北方，也不是全无行动，只是以周的战略言，大致是在西北采守势，在东南取攻势。

西周对于东南的经营，典籍记载不多。成康南征的事，只有《竹书纪年》康王十六年，“锡齐侯伋命，王南巡狩至九江庐山。”这一段记事，恰和丹徒烟墩山出土宜侯夨𣪘的记载符合。宜侯夨𣪘：“□□珷王成王伐商图，诞省东或图。”（白川静，1965A：534—535）陈梦家初以为成王是生称，则此器是成王时物，但大多数的解读，都以珷王成王连读，铭文遂为后世追述武王、成王时立国的事迹，则此器为康王时物了。宜侯由虎侯徙封南方丹徒附近，发生在康王南巡江上时，自然也颇说得过去。

周初名器有大盂鼎、小盂鼎二件。陈梦家等人根据形制内容各方面考订，均当是康王时物，尤其小盂鼎铭中用牲于武王、成王的句子，更可知已在康王之世（陈梦家，1956A：93）。大盂鼎记载了盂受赐车服，并受命“敏谏罚讼”及视察疆土的使命（白川静，1965C：666）。小盂鼎今已亡失，铭文拓本讹落亦多，不易通读，但由内容大概仍可知是一项在二十五年献礼的记载。大致内容：盂征伐鬼方得胜归来，献俘于王，也告捷于宗庙，王廷的大小官员都参加这一隆重的仪式。盂呈献的战果，包括“执嘼二人，隻聝四千八百□十二聝，孚人万三千八十一人，孚马□□匹，孚车卅两，孚牛三百五十五牛，羊卅八羊”（白川静，1965C：691—692）；战果列单之后有一段缺泐太多，文意不明，又接下去“执嘼一人，孚聝二百卅又七聝，孚人□□人，孚马百四匹，孚车两□□”，似是第二次战役的战果（同上，693）。盂征鬼方，有如此大的战果，可知由商代以来即是北边强族的鬼方，颇受重创。盂的战果分为二次呈献，如果第二役是第一役以后的扫荡，则由第二役获馘之数远少于第一役，当可觇知，第一役之后，鬼方力量已大不如前。同时，征鬼方可以俘获万余人，双方出动的战斗及后勤人力，必然极为庞大。《史记》失载此事，殊为奇怪。康王在位年数，据传统的说法是二十六年。小盂鼎系年在二十五年，自然已在康世的结束期。大约终康王一生，南巡到过江干，北伐则大败过鬼方，真要说“天下安宁，刑措四十余年不用”，可能只指成王后半期及康王前半期而言。

周初青铜器班毁，久已失落，十年前又在废铜堆中找出来（第五章，图24—26）。铭文字句，得由原件查封（郭沫若，1972）。班毁铭文记载毛公东征的事迹。大致意思，周王命令毛公接替虢城公掌管繁、蜀、巢三地的政令，统率“邦冢君、土驭、□人，伐东国痟戎”，并命令吴伯率师为毛公左翼，召伯为右翼，另外由趞率族从征，担任近卫，三年之后东国平静了，毛公派人告捷。这位作器者名字为班，自号是文王王姒的圣孙，为了纪功而作（郭沫若，1972；白川静，1966B：34—59）。班毁的时代，有谓成康时器，有谓昭穆时器。断定此器时代的关键是毛公与班为同一人还是两个人。唐兰以为班是毛公的子侄辈，则器为康昭之世物（唐兰，1962：38）。但器虽可晚至昭穆之世，这件东征之事却是追述毛公任统帅时的战役，仍可能是早到康王之世的事。黄盛璋以为这件事发生在康王二十五年以后，应属昭王初年，小盂鼎中反映的国力，周仍可获得重大战果，而在昭王之世，周人战斗力不如前，于早班毁反应的只是一大堆空话，却没有具体的战果可说。东国反叛，三年才平静，也可觇见规模之大了（黄盛璋，1981：78）。

第二节　昭王与南征

昭王之世的事情就多了。史墙盘，“弘鲁邵王，广能楚荆，隹寏南行”，着重了昭王南征的事迹，符合传统上昭王伐楚的记载。其实昭王之世的北疆，也不很宁静。新近在河北元氏西张村出土的臣谏毁：“隹戎大出于軧，井侯搏戎，诞令臣谏以□□亚旅处于軧从王□□。□谏曰拜手稽首。”据李学勤考订，此器为昭王时作。臣谏受命率师驻防軧国，辅助邢侯搏击“大出”的戎人（李学勤等，1979）。是以当时北边的戎患，颇仗北路诸侯抵挡。

至于昭王南征的记载，史籍金文颇为不少。《史记》“周本纪”：“昭王之时，王道微缺，昭王南巡狩不返，卒于江上，其卒不赴告，讳之也。”《竹书纪年》：“（昭王）十六年伐楚，涉汉遇大兕；十九年，……祭公辛伯从王伐楚，天大曀，雉兔皆震，丧六师于汉，王陟。”这一件事，是当时人所周知的公案。《左传》僖公四年，齐桓公伐楚，楚人来问罪状。管仲答复：“昔召康公命我先君太公曰：五侯九伯，女实征之，以夹辅周室，赐我先君履，东至于海，西至于河，南至于穆陵，北至于无棣。尔贡包茅不入，王祭不共，无以缩酒，寡人是征。昭王南征而不复，寡人是问。对曰：贡之不入，寡君之罪也，敢不共给。昭王之不复，君其问诸水滨。”管仲之问，楚人之答，都证明了昭王南征不复的事，无可疑问。

金文中伐楚的铭辞不少。𨸏毁，“𨸏从王成荆，孚，用作𩰫毁”（白川静，1966A：773）；過伯毁，“過白从王伐反荆，孚金，用作宗室宝隮彝”（同上：776）；䝿毁，“䝿駮从王南征，伐楚荆。又得，用乍父戊宝毁彝”（同上：778）；及小子生尊，“隹王南征，才□，……小子生易金，鬱鬯，用乍毁宝隮彝，用对扬王休，其万年永宝，用卿出内事人”（同上：782—784）。诸器时代，陈梦家列在成王之世，认为与安州出土的“中”氏诸器，同样记载武庚之叛，南方熊族响应，成王南征伐楚的事（陈梦家，1956A：77）。唐兰则以为这些铭文都与昭王南征有关（唐兰，1962：37）。白川静根据花纹及书法的特点，也将小子生尊各器归入昭王时代（白川静，1966A：772，782，786）。中氏诸器记及伐虎方，而荆从未有虎方的称呼。伐荆之役不能与陈梦家所举中氏诸铭相涉（同上：792）。以上𨸏毁诸铭都提了“孚金”，有人遂以为昭王南征的目的即在于打通南方金属产地的运输路线，并且举证曾伯霥簠，“克逖淮夷，卬燮䌛汤，金道锡行，俱既俾方”；及晋姜鼎相似的铭文，谓晋人曾人曾经同伐淮夷，为了南方多锡金（唐兰，1962：37；郭沫若，1957：186）。这时的南国或南方，大致仍指汉淮之间的地区，还未到春秋以后楚国所在的江汉地区。

另有一组与师雍父师犀父有关的器铭，不少涉及征伐淮夷的事。如竞卣：“隹白犀父以成师即东命，戍南夷。”（白川静，1967：154）𢊁鼎：“隹十又一月，师雝父省道，至于䣄，𢊁从。”（同上：178）有人谓䣄即徐舒，淮上大邦，也有人谓䣄是姜姓的甫，为周人南征的支援据点。又遇甗：“隹六月既死霸丙寅，师雝父戍在古𠂤，遇从，师雝父肩，史遇使于䣄侯，䣄侯蔑遇历，易遇金，用乍旅甗。”（同上：184—186）由此铭可知，䣄侯是与周人友好的诸侯，又不在战地，方才必须有人特地访䣄为使者；甫是姜姓四大国之一，徐舒正是淮夷一家，则遇奉使的䣄当以甫的可能性较大。另有䍙觯，也记师雝父出征事："隹十又三月既生霸丁卯，臤从师雝父戍于𤞷𠂤之年。"（白川静，1967：190）𤞷𠂤即古𠂤，同为师雝父驻戍的地点。稓卣也提到此处："稓从师雝父，戍于古𠂤。"（同上：195）而彔𣪘："白雝父来自㝬，蔑彔历。"（同上：199）又提到㝬地。彔的另一器彔䧹卣，更说明了此役的目的："王令䧹曰，䲨淮夷敢伐内国，女其以成周师氏，戍于𤞷𠂤，白雝父蔑彔历，易贝十朋。"（同上：202—204）联系这一批材料，陈梦家以为周军的师雍父统帅，六月戍于由。命遇使于甫，十一月师雍父省道至于甫。淮夷入侵，彔奉王命戍于由。由即古𠂤。陈氏并以为由即《诗经》"扬之水"："戍许"的许。陈氏的断代，以花纹中的大鸟形为标准，定诸器为康王时物（陈梦家，1956C：107—111）。但白川静则断代为昭王时代，以为彔伯䧹卣铭文赐车马与西周后期同，字体也接近穆王时代的作风（白川静，1967：229）。兹以昭王时对于淮汉地区的活动较多，故仍列这一批器于昭王之世。

1976年扶风庄白又出土了几件有关伯䧹的铜器（图31），其中两件是䧹追述与淮夷作战的武功。方鼎二："䧹曰乌呼王唯念䧹辟刺，考甲公，王曰肇吏乃子，䧹達虎臣御滩戎。"又𣪘一："隹六月初吉，乙酉才堂𠂤，戎伐䜴，䧹率有司师氏㑹追御戎于䣙林，博戎㝬。朕文母竞敏启行，休宕厥心，永袭厥身，俾克厥啻。隻馘百，执𬙊二夫，孚戎兵、𥍰、矛、戈、弓、备矢里、胄，凡百又卅又五叙，孚戎孚人百又十又四人。衣博无斁于䧹身。"（扶风县文化馆等，1976：52，53）唐兰认为这次滩夷的战争，直抵棫林，即西郑附近，䧹奉命率王的近卫虎臣堵截，俘获了敌人百余，武器称是。他认为滩戎是居于泾洛一带的西戎，而不是淮夷（唐兰，1976A：33—34，38）。原报告人则仍以为是伐淮夷的战事，而且认为是西周中期器（扶风县文化馆等，1976：55）。这一批新出的铭文，足可补正陈梦家集合的南征诸器，说明昭穆之世，周人在淮夷方面也不是完全主动，淮夷也曾远侵到内地。

鼎铭文

簋铭文

图31　伯𢦚

昭王十九年南征，在江上淹死了。然而在六师俱丧前，昭王做到了慑服南方的工作，宗周钟："王肇遹省文武堇疆土，南国𠬝子，敢臽虐我土，王𦎫伐其至，𢦏伐厥都，𠬝子乃遣闲来逆邵王，南夷东夷，具见廿又六邦，隹皇上帝百神，保余小子，朕猷又成亡竞，我隹司配皇天王，对乍宗周宝钟。"（白川静，1967A：260—269）本铭中的𠬝子，据杨树达的意见，是经传中的濮，也就是《左传》文公十六年提到的百濮（杨树达，1959：136）。总之，当是南方一个邦国的君主。周人讨伐后，能令东夷南夷二十六邦都来朝见，周的声威，可谓已到顶点。至于铭中邵王，自然是昭王无疑，或谓"邵"作"见"解，是动词。但来逆邵三个动词相叠，词意不顺（郭沫若，1957：52）。昭王此举，当在十九年南征前，也可能在接见了百濮君长后，继续南下，疏于防备，遂至有江上的大败。盛极而覆，西周再经过穆王一代，也就渐次衰微了。

第三节　穆王之世

穆王以喜欢出游著称。《左传》昭公十二年："穆王欲肆其心，周行天下，将皆必有车辙马迹焉。"为此，中国第一部小说《穆天子传》，传述了穆王驾八骏见西王母的故事，事属不经，兹不具论。穆王之世，南方仍不很平静。《后汉书》"东夷传"记载了徐偃王的传说："徐夷僭号，乃率九夷，以伐宗周，西至河上，穆王畏其方炽，乃分东方诸侯，命徐偃王主之。偃王处潢池东，地方五百里，行仁义，陆地而朝者三十有六国。"据传说，穆王在得到善马后，令造父御以告楚，一日而至，于是楚人大举兵而灭徐。白川静举班毁铭文毛伯三年静东国的事与徐偃王传说相比证（白川静，1977：67—69）。然而《穆天子传》是小说，其中人物未必可信，班毁的班未可遽订为穆王之世的毛公。即使毛公班为穆世人物，班毁明明追述班受命于统帅毛父的经过，班的辈行低于毛伯，则毛伯静东国的事，不当在穆世，已如前文所说。

昭公虽在南征中牺牲了，周人在南方的势力则自此而稳定。淮夷成为经常向成周纳贡的属邦。说将详于"西周的衰亡与东迁"一章。周代的东夷南夷，包括淮汉两河域的大小夷族，其中也有若干《春秋》经传的淮上汉上的列国。春秋时代的楚，在西周时还未扩充至此，是以楚人可以把昭征不复的事推诿不知，"君其问之水滨"。西周建国之初，征东夷的目标，包括山东沿海，以至淮上一带。东邦宁静了，康昭二世的问题在南淮夷，亦即淮上的夷人。金文东夷南夷互见，其故即在淮夷地当成周的东南方。自昭王以后，淮夷大致宾服。西周再度有东南之患，当已在夷王孝王之世了。

穆王对于西北，也有一番征伐。据《史记》"周本纪"及《国语》"周语"，穆王将征伐犬戎，祭公谋父认为不可轻举妄动。祭公谋父除了用耀德不观兵为理由外，还特地提出犬戎自从大毕伯士二君以后，对周职贡不亏，而彼时的犬戎国君树敦也能率旧德，必有以防御周人之道。穆王不从谏。用兵的结果，仅获得四白狼、四白鹿，外藩却从此不来朝周了。这一段史事，在金文铭辞中未见有可以比证的史料。存此以见穆王时周人国力的充沛。

穆王获八骏，遂由造父驾御遨游的传说，自然不能据为典要。但当时重视马匹的蕃息，则有新出的盠驹尊可以作为证明。盠驹尊是在郿县出土的，器形是写实的马形（图版18）。铭文："隹王十又二月，辰才甲申，王初执驹于㡿，王乎师豦，召盠，王亲旨盠驹，易两。"（图32）尊盖上有两铭，一是："王䖒𩡧驹㡿，易盠驹，用厥雷，骓子。"另一铭："王䖒㔽騳，易盠驹，用厥雷，骆子。"（白川静，1967B：324—333）执驹是周王亲自参与的礼仪，象征对于蕃殖马

图32　驹尊

匹的重视。为了礼仪而作的铜器作马形，赏赐的礼物也是两匹小马，而还特地标出幼马的品种（郭沫若，1961：312—319）。赐马成两，似作驾车用，不是作为祭祀的牺牲。大鼎：“隹十又五年三月既霸丁亥。……王乎善夫驱，召大以厥友，入攼，王召走马雁，令取雒駶卅二匹，易大。”（白川静，1970：583）此器为懿孝时物，易马卅二匹，恰合八乘，显然也是驾戎车用的。盠驹尊和大鼎铭都提到“㡿”或“攼”，该地大致是周王室的牧场所在，有“走马”主持。穆王时对马政的重视，可能遂衍生了造父调养八骏的传说。今本《竹书纪年》孝王“五年，西戎来献马；八年，初牧予汧渭”；未知所据。夷王“七年，虢公帅师伐太原之戎，至于俞泉，获马千匹”。则有《后汉书》“西羌传”引佚文，当是汲冢原文。大致西周对西北用兵，获取马匹也是原因之一，主要马源仍仗在牧地蕃息。《史记》“秦本纪”，周孝王使秦的祖先非子在汧渭之间主持马政，正是为了这个目的。同时，非子一家既善养马，又能使“西戎皆服”，遂得封于秦。这段故事适足以反映渭水上游牧地西戎与华人杂处的情形。

第四节　共懿孝夷四世

共王、懿王、孝王、夷王四世，周政乏善可陈。《国语》“周语”共王灭密，《史记》“齐世家”及《公羊传》庄公四年，并记夷王烹齐侯哀公于鼎。西周仍颇有力量可以处置诸侯。但共王以卜四王的继承，不循周室长子继承的传统。共王死了，子懿王即位，懿王死了，却由共王弟即位，是为孝王，孝王死了，诸侯复立懿王的太子为夷王。王室多故，诸侯干涉王位继承。夷王可能颇符人望，《左传》昭公二十六年，王子朝叙述列王，说到“至于夷王，王愆于厥身，诸侯莫不并走其望，以祈王身”。但王威陵夷，也由夷王开始。《礼记》“郊特牲”：“下堂而见诸侯，天子之失礼，由夷王以下。”受诸侯拥戴而得王位，恩出自下，对诸侯也就摆不起天子的威风了。西周中期，这四王的时代，锡命之礼频繁，官职的制度也时有发展，凡此均见次章。恩命频繁，职官猥多，国力在浪费中渐渐消耗，都是周政将败的征象。

对外关系方面，北边外患日亟，《汉书》“匈奴传”：“懿王时王室遂衰，戎狄交侵，暴虐中国，中国被其苦。”今本《竹书纪年》懿王二十一年，虢公帅师北伐，犬戎败逋，及前引夷王七年虢公伐大原之戎，获马千匹。大致只记胜利而不记败绩。此时可能为了国力不充，已有培植京畿强藩以资捍卫之事。善夫克即是此中显著的例子。在克氏诸器中，大克鼎记受赐大批土地人民，小克鼎记受命遹正成周八师，克钟记载，“王亲令克，遹泾原，至于京师”（白川静，1969C：504，515，536），克氏遂为岐山强族，一时收拱卫的功效，终久则成本末倒置的形势。这样的强族越多，周王室的权威也就越小了。

对于南方，周王也有不少事故。新出的启卣，“王出兽南山，寏遡山谷，至于上侯滰川上，启从征”；启尊，“启从王南征更山谷，在洀水上”（白川静，1978A：187—189）。由关中向南，进入渭南汉中谷地，是为南山，南山的水路，大都为汉水的上游。启从周王南征，可能由汉水出荆楚。或谓启南征是扈从昭王（齐文涛，1972）。但另一件也有“上侯”行宫地名出现的不晢鼎，由其花纹器形判断，当是穆王、共王时器（周文，1972）。则启诸器的时代也当在穆共之世了。周王出汉水上游南征，自然是为了荆楚一带的经营。

1974年在陕西武功出土的驹父盨盖：“隹十又八年正月，南仲邦父命驹父即南诸侯，逹高父见南淮夷，厥取厥服，堇夷俗，豕不敢苟畏王命，逆见我厥献厥服，我乃至于淮，小大邦，亡敢不□具逆王命。四月，还至于蔡，乍旅盨，驹父其万年，永用多休。”（白川静，1978：223—224）原报告人系此器于宣王，把铭中的南仲邦父认为即是《诗经》“大雅·常武”的“南仲大祖，大师皇父”（吴大焱等，1976）。然而驹曾在师奎父鼎出现，职务为内史。师奎父鼎是井伯诸器之一，为共王或孝王之时物（白川静，1968：515—517）。䣄受命巡视诸侯，也是西周中期内史常任的差遣。高父大约是主管南淮夷事务的常驻官员，由他率领南淮夷大小邦来见。南淮夷贡献如命。本铭可贵处，在于第一次有巡察索贡于南淮夷的记载。南淮夷仍保留了邦国的组织，但有周人专司监督的高父常驻。䣄回程在蔡停留。蔡是姬姓诸侯比较接近淮上地区的大国。春秋时代，蔡不能抵抗楚国的压力，折而为楚的附庸。在西周中期，蔡大致仍是周人经营南方的重要据点。

汉水流域以至长江中游的若干小国，在西周中期也服属周人。乖伯𣪕："隹王九年九月甲寅，王命益公征眉敖，益公至告，二月眉敖来见，献貭，己未，王命中，致归乖白貔裘，王若曰，乖白朕丕显玟斌，雁受大命，乃且克𡨦先王，异自他邦，又芾于大命，我亦弗□享邦，易女貔裘。乖白拜手韻首天子休。弗望小裔拜，归夆敢对扬天子不𠧟鲁休，用乍朕皇考武乖几王隮𣪕，用好宗朝，享夙夕，好倗友雩百者婚遘，用旂屯彔永命鲁寿子孙，归夆其迈年，日用享于宗室。"（白川静，1969：283—291）此器或以为立于宣王时，但由夷王时有王年诸器的历朔合算，颇能符合，故仍以为夷王时器（同上：283）。乖疑为楚国的芈姓，均从羊。归子（夔子）本是芈姓。据《左传》僖公二十六年，夔子先王熊挚，以有疾而不能嗣位，自窜于夔。楚与夔的关系并不良好，这一年楚遂灭了夔。楚国国君号为敖之例，所在多有，如莫敖若敖之类。眉敖，当即微国的国君，地当川东。则此铭内容，周人征眉，眉敖来见而且献纳贡赋。中又奉命赐归伯皮衣，追述其由远方归顺的先德。芈伯仍自称小裔邦（小夷邦），足知是蛮夷之国。

结合䣄父盨盖及乖伯鼎铭，可知西到川峡，东到淮上，都已归属西周，为献贡纳赋之臣。西周中期能有此威势，自然是由周初以来列代经营的后果。至于周人经营的路线，大约以蔡为基地，监督淮上，甫吕为基地监督汉上。成周则是两线的后方支援。由宗周出南山，顺汉水东出，折而达川东与鄂西，则是经营后世楚地的一条路线。远到长江流域的下游，宜侯及吴国当然也代表了周人政治势力的前哨，但二者离北方平原太过辽远，恐也不能发挥多少作用。

第五节　文化圈的扩大——北面与西面

以上所说是政治力量之所及。若以文化的影响力而言，周人的文化圈范围则又不同了。兹先讨论北方的情形。1956 至 1964 年间，在赤峰药王庙和夏家店的考古工作，逐渐理出头绪，考古学家认识了沿着后日长城线左右分布的夏家店文化。夏家店文化下层是龙山文化的变种，夏家店上层文化大致与西周相当，但与夏家店下层文化之间没有明显的继承性与连续性。前者是属于铜器时代的一种北方民族文化遗存。青铜器有铜胄、戈、短剑和圆饰牌，铜器常在石椁墓出土。夏家店上层文化基本上是农业文化，兼营一些畜牧业和狩猎业（图 33）。文化的主人大约即是中国史书上的山戎和胡人（文物编辑委员会，1979：71—72；夏鼐，1964）。

在辽西，夏家店下层文化的下限不能晚于晚商，夏家店上层文化的上限不能早于中周晚期（喀左县文化馆，1982）。在这个过渡时期，中国的西周文化时时侵入。自 1955 年喀左马厂沟出土商周铜器窖藏以来，至今在其附近已另有十余处发现，分布遍及辽西，跨过辽河两岸。西周早期铜器主要是喀左出土的几批窖藏，时代都不晚于康王。西周在这几个地点的大族，显然都与北京附近燕国有关。器物形态以中原作风为主，又表现若干地方特点。抚顺新民一带的墓葬，也有若干铜制刀斧及车马器出土，大都是西周早期形态，也有未见于中原的甲饰。辽宁铜器大都能与北京附近出土的西周早期铜器相比。陶器以红褐色为主，三足器甚发达，凡此都表现接受中原文化影响，但仍保持地方特点。西周晚期到春秋时期，辽宁夏家店上层文化却呈现了强烈的独特作风。青铜短剑不仅量多，而且具

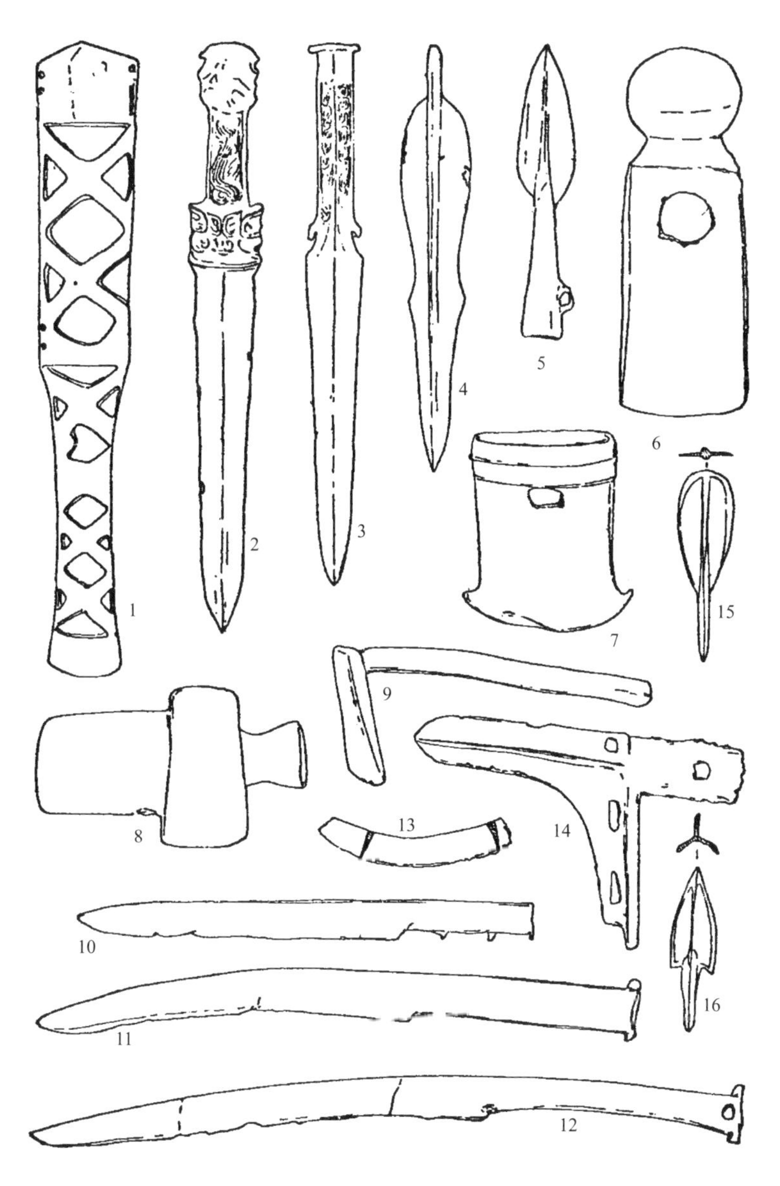

1剑鞘； 2—4剑； 5矛； 6镐； 7，8斧； 9锄； 10—13刀； 14戈； 15，16镞
1—13 宁城南山根M101；14—16 赤峰夏家店M12

图33 辽宁夏家店上层文化青铜武器与工具

有当地的发展方式。一般认为这批青铜短剑遗存的族属是山戎与后世的东胡（文物编辑委员会，1979：88—92）。整体来说，辽宁的西周文化分布，大约与周初召公建立燕国有关。到西周晚期，地方特色增强，相对的，中原的影响就比较不很突出了。

河北方面，夏家店上层文化分布在北京一带，但燕国的中心也在这一地区。黄土坡燕国墓地出土了不少铜器，证实了燕在这一带确是中原文化的中心。昌平白浮村的三座木椁墓中出土了若干鹰首马首的青铜短剑（图 34），则又是此地中原文化受草原文化影响的证据了（文物编辑委员会，1979：4—5）。在沿着渤海的天津一带，夏家店下层文化的上面，没有突变的迹象，但也有一些西周文化陶器特征出现（文物编辑委员会，1979：23—24）。这一现象说明周人在当年燕国的地区，只移殖开拓了燕国城邑附近及东延到喀左辽河的一线。西周的政治及文化影响，大致都是点状与线状的发展，占有了以北京为中心，包括东到辽宁凌源，南到满城元氏，西到蔚县的一个地区。元氏以南邢国的邢侯，在昭王时代，还须与戎族作战（文物编辑委员会，1979：39；李学勤等，1979）。

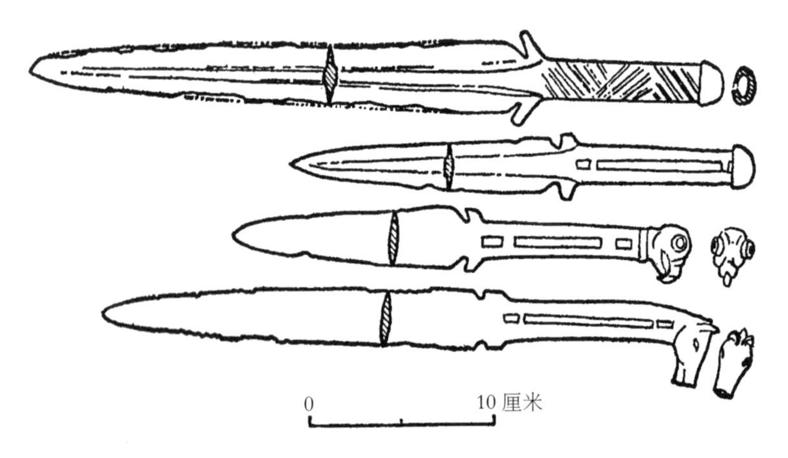

图34　北京昌平白浮村西周早期墓出土的青铜短剑（M3：22）

夏家店上层文化分布的地区，在承德、唐山、张家口等处发现数十个遗址。遗物都与中原文化的遗物不同。滦平苘子沟的土坑墓七十余座，出土的文物有千余件，死者颈下多佩有“鄂尔多斯”青铜器，有蹲踞虎形、蛙形、羊形等青铜牌饰及各种形制的青铜短剑、铜泡等，代表了草原文化的特色。夏家店文化的主人是山戎，以该文化分布的情势言，周初的山戎已控制了老哈河、大凌河、滦河、潮白河等流域，时时会威胁燕国。春秋初期，齐桓救燕救邢，对手都是山戎。足见春秋时代山戎之强大（文物编辑委员会，1979：40）。是则在西周末年时，周人在今日河北境内，大约只剩下燕国邢国这几个孤立的据点，中原文化的影响也不能与当地的夏家店上层文化抗衡。在中原东北方的情势来说，中原文化恐怕从西周早期的开张，已变化为晚期的退缩了。

山西山地是中原直北的地区，西周文化在山西的遗存却不多。主要的只有洪洞的一批青铜器，此外则是闻喜翼城等处西周晚期的铜器，侯马有晋国早期到晚期的都邑。凡此只在晋南，最北也不过汾水中游。反之，沿着黄河与陕北相接的保德、灵石、石楼等处，早在商代即已有不少草原文化遗存（文物编辑委员会，1979：58）。大约晋国与若干姬姓诸侯，在山西捍卫黄河北岸，也只能做到保住晋南地区，更北便是戎狄之所居了。

更往西去，在今日甘肃境内，与西周同时代的土著文化有湟水、洮河的辛店文化及洮河、陇山一带的寺洼一安国文化。两者都有长远的新石器文化传统，其主人当是羌氐（夏鼐，1961）。西周文化侵入陇右的考古学证据颇为众多，其中最重要者是陇西的西周居住遗址，及灵台与平凉两县的数十座西周墓葬。灵台遗址有不少西周青铜礼器出土，车马坑似为燎祭，然后埋入车马。出土的兵器，构造奇特，不见于别处。青铜短剑，有形状奇特的剑鞘、镂孔、饰牛、蛇和缠藤。铸虎纹的戈也为西周时代所少见。灵台墓葬的时代是西周早期及中期，即康王至穆王的时期。灵台县春秋时代的遗址，大约是秦国的墓地，排列严整，却只有玉器石器及仿铜的陶明器（文物编辑委员会，1979：144—145；甘肃省博物馆，1976，1977）。灵台居泾水流域，应是周人可以到达的地区，西周遗址的礼器，均为常见之物。但虎纹、燎祭及纹饰奇特的剑鞘，凡此都已带异文化的色彩了。墓中出土的玉石人形，一件裸身站立，发髻如盘蛇，饰虎头；另一件发上有带歧角的高冠。二者都不是周人的发式。原报告人以为奇特的兵器为了处死战俘，而玉人则是异族俘虏的形象（甘肃省博物馆，1977：125—127）。无论如何，这些异族色彩的存在，至少说明了灵台已是周人与异族的接触点，应是周文化领域的边陲了。虎在羌人文化中占重要地位，灵台器物多虎饰，可能即因接触最多的异族是羌人之故。青铜短剑的剑身有纹饰，剑鞘三角形，有镂孔的牛蛇缠藤的纹饰，鞘背有带漆木板。西南夷的古剑也正是如此，剑身有动物或几何纹饰，鞘作三角形，一边是带漆木板。两者之间的肖似，不能谓偶然。西南夷的铜剑，大约在其发展过程中接受了羌族的影响（童恩正，1977：42—43，52—53）。灵台的铜剑也说明了曾有过同样来源的异文化影响。

第六节　文化圈的扩大——南面与东面

四川盆地的古代文化成分复杂，巴蜀两个系统也很不相同。在这个万山环绕中的盆地中央，却也有过殷周青铜器。至今最著名的考古发现，一是新繁水观音遗址，是居住和墓葬相连的遗址。由遗存器物反映，当时经济生活仍以石器工具为主，狩猎仍是重要的补充。出土的铜器有斧剑矛戈钺等物，戈矛形制与河南殷器相似。这个遗址的时代大约是殷周之际。另一批重要的商周遗物则是前后均在彭县出土的窖藏。器物花纹形制与中原青铜器大致相似。有一件涡纹罍，形体、体积、花纹，基本上与辽宁喀左出土的商周器相同（图版19）。铜觯底的铭文是以干支为名的人名。戈矛兵器的形制，均为西周的特色，未见春秋以后形制出现，更可说明其所属的时代，最晚也不能晚于西周末季。有铭文的两觯饕餮纹尊，纯粹是中原铜器，不由贸易得来，即由战争掠获。一套列 ，虽形制与花纹酷肖晚殷和早周器物，但具浓厚的地方风格，当在蜀地本土铸作（冯汉骥，1980；四川博物馆等，1981）。成都出土的龟甲兽骨，其钻孔和烧灼痕，与殷墟骨甲一样。而广汉出土的玉件，璋璧圭琮，也是殷周礼器中常见的（文物编辑委员会，1979：350—351）。

这些发现都在成都盆地出土。成都盆地是四川的精华。由渭水流域入川，须穿越山地，但也不是不可通过。上述殷周文化在四川的据点，可能即反映中原人士辗转入川，占住了成都盆地的若干地区。也可能蜀地原居民经过交换或掠夺而取得中原文物，又学得铸铜技术，而在当地铸造有地方特色的铜器。四川的巴蜀两系文化，在春秋时代都已建立了国家，其历史也各有传说。蚕丛、开明之迹，此处均不赘述。总之，西周文化对四川土著文化影响的程度大约极为有限。即使有若干移民入川，大约也没有形成有力量的文化据点。

出川江更往东南，即是两湖地区，这一带在新石器时代早期有大溪文化，在晚期有屈家岭文化，在春秋以后则是楚文化的大本营。地方性的发展，可谓源远而流长。西周在这一地区的经营，是“南国”的更往南方伸展。汉上以至淮水上游的西周列国，到春秋时还有相当的势力。姬姓的曾国，是最近考古学上的重大发现，或以为曾国实即典籍中的随国。曾随是否同一个封国，无关宏旨。但曾国坐落在湖北随县，又与附近的江国黄国互通姻婚，凡此都由近来在这一带发现的春秋青铜器考知。曾国无疑代表西周势力，为南向经营的据点（李学勤，1980：54—56）。这些春秋时代早期的铜器，铭文简短草率，形制多沿西周之旧，说明这一地区的文化，主要仍是中原文化的延展，等到春秋中期以后，楚文化开花结果，反而笼罩了汉淮地区中原文化的后裔。总之，西周时代的河南湖北接界处，正是周文化的前哨，由此开展，周文化竟远达岭南。

中原政治与文化对两湖的影响，可以远溯至殷商时代。黄陂盘龙城的殷代遗址，有城垣及宫殿建筑，规模宏大，而遗物的形制及埋葬风俗，与郑州二里岗殷遗址的文化面貌相似。称盘龙城为殷王国南方的邦国，应无可疑（江鸿，1976：42）。带有殷人族徽的青铜器，在湖北鄂城、湖南宁乡也都曾经出现过，可见中原文化已南渡长江伸展到洞庭以南。在湖北江陵万城一处西周早期墓葬出土的青铜器，也有殷人族徽及殷人的干支人名。这些青铜器主人可能在西周早期，随着周人的开拓而移殖此地（李健，1963；湖南省博物馆，1963；文物编辑委员会，1979：299）。最值得注意的西周遗存，当推湖北圻春毛家嘴的大型木构建筑遗迹（图 35）。遗址面积达五千平方

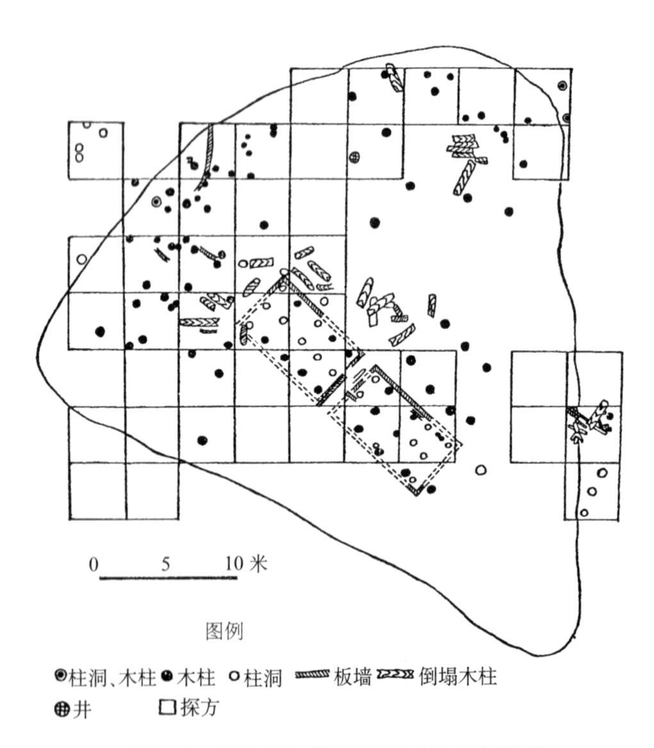

图35　湖北圻春毛家嘴西周木构建筑遗迹平面图

米以上，有二百余根木柱纵横分布。并发现木板墙、木梯，及储粮的痕迹。出土遗物则有铜器、陶器、漆器，以及卜甲卜骨，大都属于西周时期（湖北发掘队，1962）。这个遗址，以其规模及内容言，当是周人在江汉地区的一个据点。

由湖北南下，湖南境内的西周青铜器也常有发现，大都在洞庭湖四周地区，如湘潭花石西周晚期墓葬出土的甬钟（湖南省博物馆，1966）。西周器物多出墓葬，殷代遗物往往单独沉埋，作为祭祀山川之用（衡阳市博物馆，1978）。两者相比，殷商器物未尝不可能是输入品，而西周器物作为随葬，墓主就可能是中原的移民了。楚公冢戈，系征集而来，出土地不明，戈型为蜀式，有“楚公冢秉戈”五字铭文。则又是楚人自铸的铜器，遂有中原文字与蜀式形制的配合（高至喜，1959；高至喜等，1980：57）。

南方的两广，也有若干西周青铜器出现，主要分布在西江流域。广西灌阳忻城和横县的铜钟与广东信宜的铜 ，都制作精美，形制花纹均与中原作风相同，显然是由中原传进去的。但广西陆川和荔浦的铜尊，形体高大，作风粗犷，即显示浓厚的地方色彩。广东饶平的铜戈，形制未在别处发现，工艺也粗，当是当地铸造（文物编辑委员会，1979：329，341；高至喜等，1980：58；广西壮族自治区文物工作队，1978）。西周文化之远达两广显然经过湖南而南下。

由淮上南下长江下游一线，周文化也远及今日的浙江。如前所述，周人经营淮水流域，主要的根据地是蔡国及其附近的诸侯。蔡国在春秋时代也沦为楚人附庸。但在西周时，豫南仍是中原文化进入淮水流域的起点。今日的安徽，在新石器时代有大汶口文化以下到印纹陶文化的传统，在此地活动的部族主要是徐舒，属于东方的部族大集团。淮南的殷代文化遗存，不在少数，殷商是东方平原的部族，平原边缘是其自然的尾闾。周克殷后，西周一代淮夷与周人的冲突，史不绝书。文化上的交往，也因此极为频繁。目前发现安徽地区的西周文化遗存，为数不少。嘉山、潜山、肥西、屯溪，均有大批西周铜器出土。一般言之，安徽西周铜器往往基本与中原器物相似，同时也有一些在当地发展的特色。皖南屯溪离中原很远了，其铜器纹饰，显著地模仿了当地几何印纹陶的编织纹。伴同出土的釉陶与印纹陶，无疑是土著文化的特色。釉陶的硬度高，吸水性低，陕西西安张家坡，河南洛阳，以及江苏丹徒烟墩山等地出土的西周青瓷，都与皖南的釉陶有相似处（文物编辑委员会，1979：230—231；李学勤，1980：57；安徽省文化局文物工作队，1959，1964）。到春秋以后，楚文化兴起，安徽的周文化色彩，遂更形淡薄，寿县蔡器不过是楚文化的一支了（安徽省文管会，1956）。

江西地区的情形，与皖南甚为相像，也有不少西周青铜器出土，地域遍及清江、新淦、南昌、余干、萍乡、东乡、奉新。凡此诸地都在赣江下游及其接近鄱阳湖的支流河域，当是越长江南来的交通要道。西周青铜器中的精品，与中原器物并无二致；时期往往早到西周初期，中期以后反而较少。同出的陶器是几何印纹硬陶。几何印纹硬陶的分布甚为广袤，广东、福建、两湖以及皖、赣、浙江都有之，而以江西皖南为中心。这种硬陶上起新石器时代，下迄战国时代，长久为江右的土著文化。相对的，西周青铜器文化只是印纹陶大海中的点状岛屿而已（文物编辑委员会，1979：243，248—249；薛尧，1963；郭远谓，1965）。靖安出土的春秋徐国铜器，有徐王义楚的名字。徐国原在淮泗一带，经过西周屡次攻伐，遂逐步南迁。据说周穆王时代，徐国还一度复兴，据《礼记》“檀弓下”，徐国在春秋时代仍记得“先君驹王西讨济于河”的盛事。但是穆王以后，徐人渐次移入安徽濒江地区。《春秋》鲁僖公三年（公元前657）徐人取舒，已在淮南江北。靖安徐器，则更在南迁入赣北之后了（李学勤，1980：57；江西省历史博物馆，1980）。

江苏省地跨大江南北，苏北也是淮水流域，情形与安徽相同。西周的文化势力早就到达了。濒海及长江沿岸，在新石器时代以来，有大汶口与马家浜两个传统，后期交相影响，形成良渚文化。到了商周青铜文化在中原展开时，长江下游也相应地形成了湖熟文化。湖熟文化基本内涵与中原商周青铜器不同。石器、陶器都有当地的特色。虽有少许印纹硬陶，仍以红陶为主。湖熟文化的青铜冶铸技术，已在当地发展，但是工艺水平不高，只能冶铸小件工具。在这个土著文化的地盘上，西周文化可以有点状的分布，却不能有广泛的影响。丹徒烟墩山出土宜侯夨㲃的西周墓葬，及仪征、江宁等地的西周墓葬或窖藏，都是这种点状分布的例子。许多土墩墓出土的随葬品，大都仍是夹砂陶及几何印纹硬陶的当地器物，少见有青铜器出土。长江下游江南地区西周晚期到春秋墓葬中的青铜器，有些器形纹饰都极为别致，不见于中土，殆是当地铸造，遂致中原与地方风格融合成当地的特色（倪振远，1959；吴山菁，1973；刘兴，1976；南京博物馆，1977；镇江市博物馆，1978，1979，1980；文物编辑委员会，1979：201—203；南京市文物保管委员会，1980）。由西周晚期及春秋时代长江下游青铜器呈现的地方色彩，反映了中原文化的地方化，也反映了江南地区土著文化的成长。

浙江与江苏南部不能分割。然而浙江离中原更远，中原的影响力更不能与土著文化抗衡。在余杭、海盐、吴兴、安吉等处发现的商代青铜器，和在长兴出土的西周青铜器，形制与中原无异，花纹却明显地受了印纹陶影响（长兴县博物馆，1979；长兴县文化馆，1973；文物编辑委员会，1979：220）。福建地处南海，离中原十分遥远。在闽侯黄土仑，有一处相当于西周时代的遗址，出土的遗物，几乎全部是几何印纹硬陶的陶器。这批器物造形奇特，为别处所未见。纹饰简单，具有鲜明的地方色彩。在南安等地出土了若干青铜器，主要是兵器及工具，通常与印纹硬陶伴同出土；兵器上的装饰、花纹，也与印纹陶上的几何线条相似。这些青铜器物的年代，都已晚到春秋战国时代（文物编辑委员会，1979：253—254）。由此可见，西周文化，根本未能进入这个遥远的濒海地区。这里直到战国晚期，始终是几何印纹硬陶独占优势的局面。史籍上的越国，以瓯越、闽越与南越维持最久，吴越的越被并与楚后，浙南以至珠江流域仍是百越族的领域，几何印纹硬陶，殆正是与越族的分布重叠的南方文化。

第七节　结　论

本章的主旨，在讨论西周中期的成长。西周由建国分封以后，西周的政权基本上掌握了夏商以来的中国腹地。在这个基础上，周人运用中原的资源，以支持其商周合流的核心力量，向各方面扩张。大致说来，西周对北方不算很成功。由东北到西北，西周军事努力以守势为主。但西周留下的几个据点，如燕，如晋，都能撑持下去，以待来日的发展。西周对南方，大体上采积极的攻势。南方的战争，周人常是胜利者，终于使淮夷降服，成为贡纳南方资源的属邦。在长江中游及四川一带，则西周攻势未必十分显著，遂使四川的巴蜀及长江中游的楚能有发展为独立势力的机会。

西周的文化圈，大致比西周政治力量所及更为广大。东北到辽西，与夏家店上层文化相接，终于因为戎人的力量强大而不能继续发展。北到汾水中游，更北又是游牧民族的草原文化所笼罩。西北到泾水上游，却不能西越湟水，又被寺洼—安国文化代表的羌氐系统挡住。华夏文化在这三边，正如西周在北方的军事活动一样，采守势的成分较大。要等春秋战国以后，由燕、三晋、秦诸国努力开边，方得推进一步。西南方面，四川虽有西周文化进入，究因地方文化的势力太强，西周澌灭，四川的巴蜀文化得以充分发展。南方的形势，又可分两条路线。在汉上以至长江中游的一条线上，西周文化可以深入两湖，甚至远达两广，终于与当地土著文化合流，滥觞为春秋时代独具一格的楚文化。楚文化的势力，甚至回头影响了汉淮之间的若干中原地区。淮上一线，西周文化逐步取代了徐舒系统。徐人只有南趋皖南。但长江下游的土著文化，有湖熟文化的后裔与印纹硬陶两系，始终不失为当地的优势力量。西周文化在南方只是点状的文化孤岛。可是当地文化终究也因为中原青铜文化的刺激，在各地都发展了具地方色彩的青铜文化。等到春秋战国时代更多的接触与交换发生时，以上各边缘地区地方文化，以其新获得的活力，遂表现为南有楚吴越，北有燕赵秦，分别崛起的局面。论其文化活力的来源，仍当在西周的扩张过程中寻找。

第七章

西周政府组织

第一节　文献史料中的官职

周代的政府组织，如以《周礼》为依据，则规模宏大，组织复杂。然而《周礼》一书，内容虽颇有与古史资料相符的部分，全书仍难作为周史的典实。本文讨论周代政府组织则以《尚书》、《诗经》与周金文资料为主要的依据。

顾立雅（H. G. Creel）在其研究西周政府组织的著作中，认为周初至少有了官僚制度的初型。在西周的发展过程中，政府组织有若干蜕变，渐渐演变成较复杂的统治机构，而显著可见的是接近周王的人渐渐得势。但是西周政府组织中最重要的一项因素是有文书档案存在，并有一批管理文书的专门人员（H. G. Creel，1970：117—121）。本章也遵循这个方向探讨西周政府组织的成分与演变。

《尚书》中有关周代官职名称的章节，"大诰"："肆予告我友邦君，越尹氏、庶士、御事，曰：予得吉卜。"同样的辞句，在"大诰"中又屡次出现，"尹氏"、"庶士"、"御事"，显然是指三类官员。

"康诰"："曰：乃其速由文王作罚，刑兹无赦，不率大戛，矧惟外庶子训人，惟厥正人、越小臣、诸节；乃别播敷、……亦惟君惟长，不能厥家人，越厥小臣外正；惟威惟虐，大放王命；乃非德用乂……”此中“庶子”、“小臣”、“外正”，都似通名，未必是官职的专号。

“酒诰”：“乃穆考文王，肇国在西土，厥诰毖庶邦庶士，越少正、御事……”少正当即小正，则也指邦君属下的执事人员。与下文“庶士、有正、越庶伯君子”的说法，同为泛称君长。但同篇“越在外服，侯甸男卫邦伯；越在内服，百僚庶尹、惟亚、惟服、宗工越百姓里居”；及“予惟曰：汝劼毖殷献臣，侯、甸、男、卫；矧太史友、内史友，越献臣百宗工；矧惟尔事，服休、服采，矧惟若畴：圻父薄违，农父若保，宏父定辟”；都说明至少有外服诸侯与内服群臣的分别。后者之中又有尹亚一类，宗工一类，基层行政人员（百姓里君）一类，政府中的文书与宫内的文书人员（太史友、内史友），及管理田地农业和劳动力的人员（圻父、农父与宏父，或即司空）。职务的分野就比较清楚了。

“召诰”：“越七日甲子，周公乃朝用书命庶殷侯、甸、男邦伯。厥既命殷庶，庶殷丕作。太保乃以庶邦冢君出取币，乃复入，锡周公。曰：拜手稽首，旅王若公。诰告庶殷，越自乃御事。”周人动员殷族庶民，仍运用殷代原有的管理系统及行政组织，因此邦君、御事也是泛称。

“梓材”：“王曰：封！以厥庶民暨厥臣、达大家，以厥臣达王，惟邦君。汝若恒越曰：我有师师、司徒、司马、司空、尹、旅。”前半截言王畿众臣采邑、诸侯封国两条上达王室的管理系统，其下则有师氏及三有司与尹旅（正长与群士）的职务分类。这才是周室自己的行政系统。

“立政”：“周公若曰：拜手稽首，告嗣天子王矣。用咸戒于王曰，王左右常伯、常任、准人、缀衣、虎贲……宅乃事，宅乃牧，宅乃准，兹惟后矣。……其在商邑，用协于厥邑；其在四方，用丕式见德。……立民长伯。立政：任人、准夫、牧，作三事；虎贲、缀衣、趣马、小尹，左右携仆，百司庶府；大都、小伯、艺人、表臣百司，大史、尹伯、庶常、吉士；司徒、司马、司空、亚、旅；夷、微、卢、　、三亳、阪尹。文王惟克厥宅心，乃克立兹常事司牧。”此中常伯、常任、吉士均是随侍的贵族，虎贲、缀衣是侍卫，内百司指宫中，表臣百司（外百司）指政府。三有司也是政府职务，亚、旅是军事人员，夷、微、卢、烝及三亳、阪尹则是管理四族及殷商旧族的人员。整体说来，已显示有限度作职务分工，文武分途及宫中府中的分野。

“顾命”记载康王即位的仪式。太保是最主要的仪式主持人，辅助的是太宗，由太史宣读新王的册命。在场的诸侯朝见新王，分别由太保率领西方诸侯，毕公率东方诸侯，奉圭币致敬。这个仪式中，太保是圣职人员，太宗代表周人宗族的权威，而太史则是记载仪式的证人，也当是撰作及宣读册命的文职人员。太保与毕公分别率领西方与东方诸侯，仍承袭周初周召分陕而治的两分制度。

《诗经》中有关官职的记载不多，“魏风·汾沮洳”，有公路、公行、公族的名称，据云公路掌国君的路车，公行掌戎车，公族则是同姓的大夫。《左传》宣公二年，晋成公即位，因为同族自相残杀，无人堪任大夫，遂以卿的嫡子受田为公族，宦其余子为余子，其庶子为公行。晋成公的制度推广原为公室同族的官职以为贵族子弟的职务。在春秋以前，诸侯有此类官职，其性质当与《尚书》“立政”中常伯、常任的性质类似。

“小雅·节南山”：“赫赫师尹，不平谓何……尹氏大师，维周之氐，秉国之均，四方是维。”此中尹氏与太师，同是秉持国政的重臣。“大雅·常武”：“赫赫明明，王命卿士，南仲大祖，大师皇父，整我六师，以脩我戎。……王谓尹氏，命程伯休父，左右陈行，戒我师旅。……三事就绪。”尹氏与太师分别出现，均是统率师旅的将领，而卿士南仲大祖则是辅相的职务。王国维根据金文中大量出现的作册与尹氏，以为作册与尹氏，都相当《周礼》内史之职，而尹氏为其长，单称尹氏，以其位尊而重要。王氏又以为尹氏的职务掌书王命及制禄命官，与太师同秉国政，遂为执政之官。《尚书》“大诰”：“肆予告我友邦君，越尹氏、庶士、御事。”“多方”：“告尔四国多方，惟尔殷侯尹氏。”（原为尹民，王国维认为是尹氏的笔误）尹氏在邦君殷侯之次，就当是诸侯的正卿了（王国维，1959：别集，2／1）。

西周末叶的“小雅·十月之交”列了一串官员的职衔：“皇父卿士，番维司徒，家伯维宰，仲允膳夫，棸子内史，蹶维趣马，楀维师氏。”又说：“皇父孔圣，作都于向，择三有事，　侯多藏。”卿士、宰、膳夫、内史、趣马、师氏，都分别在《尚书》及金文资料中出现过。三有事，在与“十月之交”同时代的“小雅·雨无正”中是“三事大夫”，当与司徒、司马、司空三司有关。周初的“大雅·緜”：“乃召司空，乃召司徒，俾立室家。”是则周建国之初即已有了司空、司徒的官职，掌管理工役的事务。在“緜”诗中他们的任务就是经手建筑周原首都的版筑。

第二节　金文资料中的官职

《诗》《书》二经中有关西周政府组织的史料实在不多，金文中的资料则早已有人归纳过。虽然近来新发现的带铭青铜器为数不少，在职官名称方面，斯维至、郭沫若二氏所整理的结果，仍属有用（斯维至，1947；郭沫若，1954：21—75）。今据斯氏之整理结果，择要介绍各官职守，并分别归入下列数类。

1. 宫中杂役类

①宰、大宰。《周礼》家宰官职极富，而所属则都是宫中近臣，如庖人、宫人、世妇、女御之属。由蔡𣪘：“昔先王既令女乍宰𤔲王家，今余隹𤕌𩫏乃令，令女眔舀……死𤔲王家外内，毋敢又不闻。𤔲百工，出入姜氏令，厥有见又即令，厥非先告𦍒毋敢疾又入告。”（白川静，1968B：103—106）宰的职务是宫内的主管，虽说兼管王家外

内，但出入王后姜氏的命令，则其实际地位，仍是内廷主管。蔡也管理百工，百工的地位不高，在伊毁列在臣妾之下（白川静，1969C：68）。宰的名称，后世成为首辅，究其起源，则不外是内廷总管，只因身是近臣，可以出入王命（或后命），遂发展为重要的亲信人员。

②善夫、膳夫、膳宰。《周礼》膳夫，司王的饮食，是以名称与宰夫也常相混。孙诒让在《周礼正义》“天官序”的膳夫条下，疏解甚明白。师晨鼎中善夫与小臣官犬并列，是家臣中仍有善夫一职（白川静，1968A：18）。但大克鼎，善夫克的职掌已是出纳王命，性质与宰相同（白川静，1969C：498—500）。斯维至注意到善夫常是锡命礼中奉王命召唤受锡臣工的人员，正符合“出入王命”的职务（斯维至，1947：3）。

③小臣、小子。殷代卜辞中，小臣是颇显赫的官员。金文中的小臣，则仍是地位不高的家臣，如上文引师晨鼎，小臣与善夫官犬同列。但也有颇为重要的小臣，如静毁的静，原是小臣，奉命与小子服及夷仆在学宫习射。静作器颇多，除习射一事外，王也曾赐弓于静（白川静，1966C：124—138）。大约是成康间颇得宠的小臣，也许即因射而得宠。“小子”常见，静习射同人中，也有小子。

④仆、大仆。静毁有夷仆，已见前引文。又趞毁：“王若曰：趞，命女乍𢻱师冢𤔲马，啻官仆射士，𡨦小大又邻。”（白川静，1966C：115—116）仆在军中为司马的属下。《周礼》司马官属有射人、隶仆、司士、司右，官属与此铭所记正合。仆也见于师旂鼎，师旂的众仆没有从王出征，主帅白懋父特命惩罚（白川静，1966：753—756）。仆的原意为仆役，但在金文中已专事射业。师旂鼎一例，则众仆似乎自成一个作战单位，当然也不再是斯役之属了。

2. 职有专司类

①𤔲土、冢𤔲土。𢦏毁：“命女作𤔲土，官𤔲耤田。”（白川静，1967C：814）耤田是王家举行农事仪式的专用田。《国语》“周语上”

记述藉田的仪式颇详。其中司徒负责调动人力。“周语上”也记述料民（调查人口）工作时，司徒的任务是“协旅”，也是在动员人力方面。金文中司徒仅二见，一为扬毁的𤔲徒单伯。一为无叀鼎的𤔲徒南仲（白川静，1968B：83）。《国语》及其他典籍中的司徒都是金文中的司土，原意不在管理人众，而是管土地。因此免簠：“令免作𤔲土，𤔲奠还歚，眔吴眔牧。”（白川静，1968：460）管理的是郑地区的林野、猎场及牧地。同毁；“王命同，左右吴大父，司易林吴牧，自淲东至于河，厥逆至于玄水。”（白川静，1969A：330）未说明同的官称，其正官吴大父的职务则与免几乎相同，也是管辖一定地区内的土地资源。舀壶：“王乎尹氏册令舀曰：更乃祖考作冢𤔲土于成周六师。”（白川静，1968B：149）成周六师是周室在成周的常备军，舀的职务大约是管理六师驻地的土地资源。据南宫柳鼎，六师有牧场，也有虞泽及田地（白川静，1969B：465）。𤔲土一职，高可至王室三有司之一。十三年𤼈壶：“王才成周𤔲土淲宫。”𤔲土的宅第，可以为王临幸举行锡命大典，其地位之高可知。诸侯也有𤔲土，如康侯毁的渣𤔲土（白川静，1963A：153），等而下之，分邑也各有其𤔲土，师颖毁：“王若曰：师颖，才先王既令女乍𤔲土官𤔲汸闇，今余隹肇𤕌乃令。”（白川静，1969A：346）散氏盘记夨散的土地交涉中，双方有司中均有𤔲土在场（白川静，1968C：199）。

②司工。《诗经》“大雅·绵”：“乃召司空，乃召司徒。”司空的职掌已是兴筑工事。扬毁：“隹王九月……𤔲徒单伯内右㺸王乎内史史光册令㺸。王若曰：㺸，作𤔲工，官𤔲量田甸眔𤔲立，眔𤔲苃，眔𤔲寇，眔𤔲工司。”（白川静，1968B：82—83）司工的任务是经手计量王室籍田的田亩及位次，正与《国语》“周语上”所列司空除坛于籍及主道路沟洫的任务性质相近。或说扬摄司寇，或谓因官联而涉及，均属可能。至于𤔲工司，自属司工的分内工作。

③司寇、司士。前引扬毁，已有司寇的名称。司士，仅见于牧毁：“王若曰：牧，昔先王既令女乍𤔲士，今余隹或𣪘改，令女辟百寮，

有同事□乃多乱，不用先王乍井，亦多虐，庶民厥𦥎庶右𠷎。不井不中，乃侯之□□，今𩁹司匐厥辠召故。王曰：牧，女毋敢（弗帅）先王乍明井用，雩乃𦥎庶右𠷎，毋敢不明不中不井，乃毋政事，毋敢不尹六不中不井。”（白川静，1967C：364）铭文屡经传写，字多不明。文意也因此难以读通。大意则谓牧由司士原职改变任务，负责监察百寮，并谓官员行为不检，命牧督责。司士的名义与《孟子》中的“士师”相当；铭文中的“井”即“刑”，是以牧的使命也司刑罚。铭文特别说明变更了牧的工作，大约司士原来只是督察士这一级，而新王为了官员作风不良，遂扩大了牧的工作范围。“厥𦥎庶右𠷎”一语，斯维至以为“执讯”一般地位较高的平民（斯维至，1947 ：8—9）。如此，司士的职务更接近司寇了。

④司马。前引趞𣪘，冢司马的职务是啻官仆射士𦥎小大又邻（白川静，1966C：115—116），是军中执掌军法及指挥仆射的官员。师瘨𣪘：“隹二月初吉戊寅，王才周师司马宫，各大室即位司马邢伯司右，师瘨入门立中廷，王呼内史吴册命师瘨曰：先王既命女，今余隹𤕌先王命，命女官司邑人师氏。”（白川静，1968A： 510—511）师瘨的职务是指挥邑人及常备的军队师氏，师瘨正是司马邢伯的部属，而锡命礼也在司马的总部举行。司马是军事人员的性质，已可明见。司马也可能称为司戎，大盂鼎：“王曰𢆶，令女盂井乃嗣且南公，王曰盂乃𦤎夹死司戎，敏谏罚讼，夙夕𦤎我一人𢀛四方，雩我其遹省先王受民受疆土。”（白川静，1965C：664—668）这一节铭文，正说明盂的任务是对付戎地，持守疆土，与司马的执掌是相符的。不过，周人的贵族阶级，人人都是武士，高级官员也多半可以参加戎行。司马的职务并未见详细说明，当也由于文武分途不很明显。诸侯也有司马，厥名邦君司马，豆闭𣪘：“册命豆闭……用併乃且考事，司窐俞邦君司马。”（白川静，1967C：401）窐俞是地名，不知是何处。邦君司马由周王直接任命，当是如齐之国子高子，为天子的守臣。《左传》昭公四年，鲁国叔孙豹的官职是司马，与孟孙的司空及季孙的司徒，同为

鲁国三卿。叔孙豹的官职，大约即是邦君司马。

⑤三有司、三事、三左三右。三有事及三事大夫的说法，已见前引《诗经》“小雅·十月之交”及“雨无正”两篇。郑玄以三公为三有事的解释，以为司徒司马司空是三有事，并以为《尚书》“酒诰”的圻父、农父与宏父，也正当治民之官。也有人以为三事是《尚书》“立政”篇的任人、准夫与牧，分别为任事之官、平法之官及养民之官（马瑞辰，1888：20/28—29；胡承珙，1888：19/36—37；郭沫若，1957：6—7；伊藤道治，1975：318—320）。金文中的三有事或三有司则相当清楚，新近在陕西眉县李家村出土的盠方尊（图36，图版20）：“王册令尹……用司六师，王行，参有司：司土、司马、司工，王令盠曰：䊷司六师眔八师䞶。”（白川静，1967B：316）王授权盠统领六师，兼管王室的三有司，并管理六师与八师的事务。盠一时之际获得统摄文武的大权。有了盠方尊的明文，毛公鼎的三有司即有了着落，毛公鼎：“王曰：父厝，今余隹䌛先王命，命女亟一方，圉我邦我家，女雝于政，……善效乃友正，……王曰，父厝，已曰彶兹卿事寮，大史寮，于父即尹，命女䊷司公族，雩三有司，小子师氏虎臣，雩朕褻事，以及族干吾王身。”（白川静，1970A：680）毛公的使命也是内外上下一把抓，此处三有司即不能指小子、师氏、虎臣，而当如盠方尊，三有司指司土、司马、司空。令彝：“隹八月辰才甲申，王令周公子明保，尹三事四方，受卿事寮。”（白川静，1964A：276）明保受命兼统内（三事）外（四方诸侯）及王室的文书机构（卿事寮）。三事也应为司土、司马、司空。小盂鼎铭文提到三事大夫，但也提到“三左三右”：“隹八月望辰才甲申昧爽三左三右多君入服酉……雩若翌日乙酉，三事大夫入服酉。”（白川静，1965C：685，705）“三事”的定义，可如前说，不必多论，郭沫若以为三左三右为“曲礼”中的六大：大宰、大宗、大祝、大史、大士、大卜（郭沫若，1957：37）；但陈梦家则引《尚书》“顾命”召公毕公分班例，以为三左三右当指诸侯分左右

图36　盠方尊

入朝（陈梦家，1956B：85）。铭文三左三右与“多君”联文，陈氏的说法比较有理。总之，三有司的定义，指司土、司马、司空，殆已可为定论。不仅王室有三司，诸侯的三卿，大约也是这三司，例如《左传》昭公四年，叔孙豹因朝周而获赐路车，这项荣誉，即由司徒（季孙）书名，司空（孟孙）书勋，叔孙氏自己是司马，遂由工正代表书服（伊藤道治，1975：326）。

⑥诸杂职。金文铭辞中每有王命某人专司某事的记载，均可列入此类。前文引过同𣪘，同的任务是“左右吴大父，司易林吴牧，自滤东至于河，厥逆至于玄水”（白川静，1969A：328），即是管理

牧场林野。又如南宫柳鼎："册命柳司六师牧阳吴□司义夷阳佃史。"（白川静，1969B：465）南宫柳的职务是管理六师驻屯地区的牧场林野及田地。六师八师军队驻屯地区，而有土地资源，须设专人经管。此事牵涉到周代几支常备军的独立性。前引盠方尊铭有一句"𤔲司六师眔八师埶"（白川静，1967B：316），或释"埶"为"艺"，指农事言。是则西周的军队系自给自足的。也难怪由开国至西周末始终有六师与八师的番号出现（叶达雄，1979：111；伊藤道治，1977：59；于省吾，1964；郭沫若，1961：318）。又如微䜌鼎："王令𢿨䜌，𤔲𤔲九陂。"则其职务为管理九个陂塘（白川静，1969：302）。即𣪘："王……曰𤔲琱宫人虢稻用事。"（白川静，1978A：250）即的任务，一部分是管理琱宫的宫人，另一部分是管理某地的稻产。与即的前项任务相同，伊𣪘："王乎命尹封册命伊𤔲官𤔲康宫王臣妾百工。"（白川静，1969C：251）伊任务比即明确，列出了管理臣妾与百工。颂壶："王曰颂，令女官𤔲成周賈廿家，监𤔲新造賈用宫御。"（白川静，1968C：159）颂的职务是监督成周的库储物质及宫中用途。凡此诸例，都无官名，而有职事，故列入杂司之中。

3. 武职人员

司马及仆，已见前，不赘述。

①师、师氏。师在金文中每以师旅意义出现，尤以六师八师或成周八师、殷八师为常见。白川静主张殷八师之类是降周庶殷编组的军队。白川氏于是以为凡带有师氏名号，都是殷商后裔，然而也承认师某父一类人物大致是周人的将领（白川静，1973：260—277）。其实，周人师旅不限于殷人后裔改编的殷八师。成周八师虽可能即是殷八师的异名，也未尝不可能是殷师以外的周人驻防师旅。禹鼎有西六师的记载，西六师与殷八师同时出动以伐东夷南夷（白川静，1968B：450）。这支西六师可能即是驻守宗周的周人部队。周人形容王师，每以六师为言，《诗经》中例子甚多，正因六

师是王室直属武力之故（叶达雄，1979：7，12）。成鼎所述用南淮夷与东夷的军队征南国东国，除殷八师外，还有所谓扬六师（白川静，1973：261），扬六师也许即是南淮夷编成的军队。大约不带特殊地域或部族名号的师旅，就是周人自己的军队；地名或族名只是标出若干特别的单位而已。师氏则是统率师旅的官称，不当视为表示族别的徽号。以此原则，白川静讨论师系人物的十九条铭文中，只有第一条至第八条的师字，或专言成周，或专言殷师，第十九条只有师訇名字，此外均指一般师旅而言，未必仅指殷遗的师系集团（白川静，1973：268—276）。雪鼎："隹王伐东夷，濂公命师雪眔史旗曰：以师氏眔有司逡或戠伐滕。"（白川静，1963B：219）最能表示师氏是军队长官的意义。师寰𣪘，征淮夷之役，师寰受命统领若干部族及左右虎臣，出征淮夷（白川静，1970：605）。是由师任统帅出征的例证。师氏又可分为左右，师旋𣪘："王乎乍册尹克册命师旋曰：备于大左官司丰还左右师氏。"（图 37，图版 21）（白川静，1969：233）大致周人军事单位常有左右之分，师虎𣪘："啻官司左右戏緐荆。"（图 38）（白川静，1967B：356）《说文》："戏，三军之偏也。"是则师虎的任务为兼统左右二偏师。师兑𣪘："王乎王史尹册令师兑右师龢父司左右走马五邑走马。"（白川静，1970：752）则师兑属下马队有左右之分。师克盨："令女更乃且考䊷司左右虎臣。"（图 39）（白川静，1969C：543）师克的任务是"干害王身，乍爪牙"，统领的亲近卫士（虎臣），也是分作左右二支。师訇𣪘："白龢父若曰：师訇乃祖考又爵于我家，女有隹小子，今余命女死我家，䊷嗣我西隔东隔仆驭百工牧臣妾。"（白川静，1970B：741）则仆御以至臣妾都分隶西隔与东隔，也与分隶左右之制相同。周人军事组织中还有一些特种部队，世代按其族类编组，颇似明代的狼兵土兵。师酉𣪘："王乎史嗇册命师酉曰：司乃且啻官邑人虎臣西门夷、𩵦夷、秦夷、京夷、畀身夷。"（白川静，1970：555）而在询𣪘："王若曰询丕显文武受命则乃且奠周邦，今余令女啻官嗣邑人先虎臣后

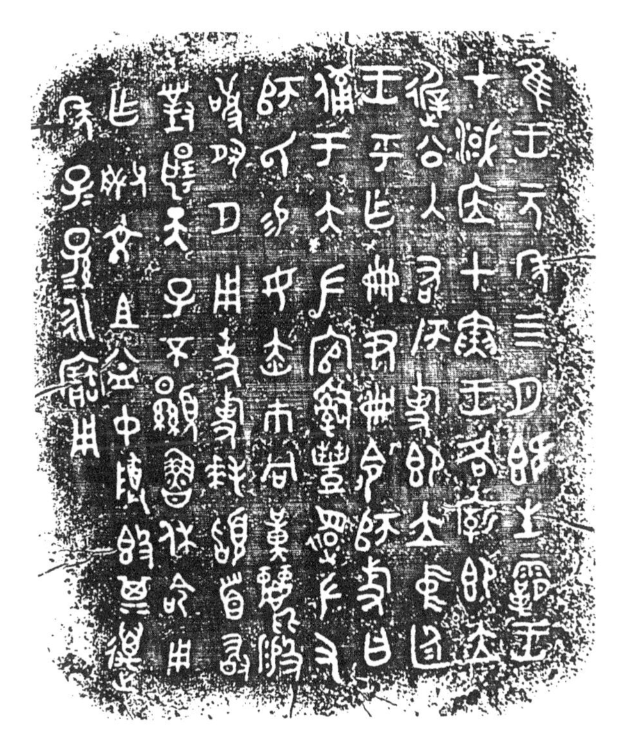

图37　师旋段（一）

庸、西门夷、秦夷、京夷、㚔夷、师苓侧新□华夷、由□夷、匽夷、成周走亚、戍秦人、降人、服夷。”（白川静，1970B：702）师酉的父亲是乙伯，询的祖父也是乙伯，故二人不是父子即是叔侄，世代相承，统率这一大批内外单位。除了诸夷种部队外，邑人可能指周人的常备军，虎臣则是卫士。加在一起，几乎是周土直属武力的全部或大部了。金文中有“师”号的人物不为少数，白川静统计有二十四人之多（白川静，1973：274—275）。然而如上文所引数例，可见“师”的统率范围，颇有不同。但师为高级武职，殆无可疑。师职所属分化为左右及各种次级的单位，具见上文例证，而凡此分化诸例，都属于西周中期懿孝夷厉以后，甚至共和之际，基本趋势反映了政事日繁后的分化。

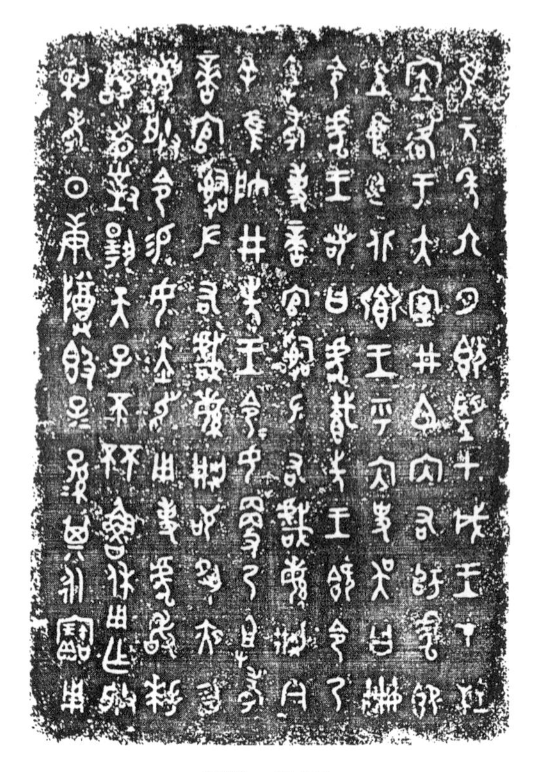

图38　师虎毁

②走马、趣马。《周礼》主马政者有校人、趣马、圉师、圉人等官，周用兵车，马政与戎事不分，故趣马也当列为武职人员。如上文论师、师氏节中，“师”属下有趣马、左右趣马、五邑走马诸职衔。大鼎：“王召走马雁，令取雒駧卅二匹，易大。”（白川静，1967C：492）大毁铭文，则大又受锡“刍羊犁”，足知大与畜牧事业有关系。走马应雁能拨出马卅二匹，可知也是管马政的。走马的职务不低，元年师兑毁及三年师兑毁，都记载师兑以师的地位，奉命专司“左右走马，五邑走马”的工作（白川静，1970B：752，759；叶达雄，1977：2—4）。1956年陕西眉县出土驹尊，铭文记载周王执驹的典礼，周代马政的重要性，可由王亲自举行执驹礼知之（郭沫若，1961：312—314）。

图39　师克盨盖

③虎臣。师氏一节中，师克盨、师酉𣪕、询𣪕诸铭都已见虎臣。由师克盨文义，可知是捍卫王身的近卫队，毛公鼎铭毛公统率内外诸官中，有虎臣一项，列在小子之后，仍是近卫性质。但师寰𣪕铭，征伐淮夷之后，“今我肇令女率齐币、曩𠭯、僰尸、左右虎臣，正淮夷”（白川静，1970：605），是以虎臣也是可以出征的。

4. 文职人员

①作册。册的字样原始或以为成束的简册，或以为成束的龟版，或以为豢牺牲的牢栅（董作宾，1929：182；白川静，1973：115—122）。金文中的“作册”一词，则明白地只用于官名，是参与册命典礼的专人。有些作册（如作册般、作册友史、作册令、

作册翻、作册大）又都曾自己接受颁赐赏赉。西周中期以前诸作册受锡的器铭，有为王作册的，有为王姜作册的，也有为周公子明保及井侯作册的。显然不仅王室有作册之官，王后及卿士也有作册在侧。作册参与的典礼则包括作器、舍命、用牲、觐见、建庙、祭祀各项，都可说与宗教仪礼有关（白川静，1973：150—155）。共王以后，金文中的作册，据白川静的统计，主要出现于册命的廷礼；同时册命任务的官员也分别为作册尹、尹氏、命尹、作命内史、作册内史、内史、内史尹、作命臣工，诸种职衔，一方面反映了职务的分化，另一方面，也反映了与史职的混淆（白川静，1973：158—160）。

②史、内史、外史、大史。史官在典籍中出现的频率甚多，由前文引《书》《诗》诸例，已可觇知。史字原义，一般都以为持筹算，是以为职司记录的专门官员（王国维，1959：263—269）。王国维以为，《说文解字》，事，职也，从史；吏，治人者也，也从史。殷人卜辞以史为事，是殷时还没有“事”字，金文中卿事的事仍是史的繁文，与史本字略有差别，然而仍是一字。殷周间官名，卿事、卿士、卿史，均由史字衍演。天子诸侯的执政在《尚书》中通称御事，如“大诰”、“酒诰”、“梓材”、“召诰”、“洛诰”诸篇中所见。而殷墟卜辞则称御史，更可证御事仍由史来。《尚书》“酒诰”：“有正有事”，又“兹乃允惟王正事之臣”；“立政”：“立政立事”。“正”与“事”往往相对，是长官谓正，庶官谓事。庶官称事，即是称史。后世分化，于是持书的是史，治人的是吏，职事是为事，其实都由“史”字变化（王国维，1959：4）。

在金文中，史的任务，最常见的自然仍是锡命礼的参与官员。然而史也有担任其他任务的例证。史兽鼎：“尹令史兽，立工于成周，十又一月癸未，史兽献工于尹，咸献工，尹商史史兽劳。”（白川静，1964A：366）史兽担任的是督工任务。在䨻鼎及员卣铭文中，史旗是一员战将，接受濂公的指挥，统率师氏，员只是史旗伐会之役的部属（白川静，1963B：217，223）。史颂㲃，史颂奉命省视穌地，辑抚当地的“里君百姓”，是史的职务不仅出入王命，还可代表周王巡省（白川静，1968C：179）。史官本行的职务，除了在锡命礼中记录及传达命令外，还可以衔命去别处传达王命，如中甗，中是征伐南国的将领，史兒奉差传达王命，授中以征讨之权（白川静，1966A：791）。史也代表周王去别处从事宗教性的仪礼，如臣辰卣铭文，史寅即与士上奉命主持在成周的殷祭（白川静，1964A：344）。史官也任监军的职务，如善鼎：“王曰：善，昔先王既令女左疋㝬侯，今余唯肇䜌先王令令女左疋㝬侯，监𤔲师戍，易女乃且旗，用事。”（白川静，1968B：97）。

史官仍以执掌记录为专业，静氏盘铭记载散与夨之间田地交换的协议，最后这件文件仍须由史官保管，“厥左执缨，史正中农”（白川静，1968C：199）。用筹计算，更是史字的本义，史懋壶：“王在莽京溼宫，亲命史懋路算，咸，王呼伊白锡懋贝。”（白川静，1968：484—489）究竟史懋计算的什么，解释众说纷纭，但其工作为计算则无疑问。史既有如许多的任务，随王伴驾，自属必然。史免簠即是史免为了从王远行而作器（白川静，1968：477），这位免，在别器上不名为史免，职务较多。他担任司土，管理林野牧场，也曾任司工的工作（同上：456，459）。可见史因位居周王左右，由掌书的工作，颇延展其任务于其他方面。这种情形，正符合中国后世内廷文书官员渐渐变成外朝要职的情形。王国维以为史、事、吏三义同源，即由这个现象所演变。

作册与史两项职务，在西周一代，一方面有二职的混合，另一方面也有工作的分化。大致成康之世，作册与史是两个系统，史又有大史、内史、中史的异辞。作册不宣王命，王后公侯各有自己直属的作册，史官宣王命，“王若曰”以下，大约即史官宣读。成康以后的史官，史、大史、内史仍旧，作册已罕见，却增加了作册内史、作命内史、作册尹、内史尹、命尹、尹氏诸职。

这几项新出现的史官，与内史一样，都代王宣读策命。尹显然是内史之长，史只是尹的僚友。官职的分化已很明显。陈梦家作表以示成康之世及其后的史官系统。陈梦家以为这番演变的程序，作册制策命的权，因史官代宣王命而由史官代王发言，西周中叶，史官中的内史取得了代宣王命的权力，西周晚期又由尹氏取代（陈梦家，1957：147—149）。

初　期	中　期	晚　期
作　册	作册尹、命尹	
内　史	内史、作册内史、作命内史	内史尹
	尹氏、尹氏友	尹　氏
史	史	史

这个现象，其实说明了周王室政权的转变。作册作策命，原是礼仪的制度化，史官代王宣命，则王个人的恩威可以表现于其个人的意志。内史之为内史，即因其居王的左右，内史取得了代宣王命的权力，也象征王权渐由左右代行，是另一阶段的制度化。尹氏的出现，则象征内廷制度化的程度已有长官僚属的分化了。但是晚至厉宣之世，史官宣读王命之后，仍有王自己加以改变的个例，如辅师嫠𣪘，即是在作册尹宣读王命及赏赐的礼单后，王又增加了若干赏赐的项目（白川静，1969A：335—337；郭沫若，1961：328—332）。

5. 杂项

①音乐人员。周代的乐师，职名与师氏的师完全相同，白川静以为西周的师氏是殷人后裔，编为特殊的师旅，由于他们有殷商先进文明的遗产，对于后进的周人不仅任战斗的任务，而其长老也负起了宗教圣职及教导周人青年贵族的工作，于是在师氏之外，师兼具德教与宗教音乐的意义（白川静，1973：290—300）。白川静的说法甚有意致，至少殷八师的来历可能如此。但是周人在开国以前必

已有武事和音乐，实无须一切均由殷商教导。“师”的原义，大约是长老，故可兼具领军、祭祀与教育诸般功能。后世分化为师旅与教师、乐师三种意义。在西周的朝廷上，音乐人员也以师为职名，不必与师旅之师混淆。有两件铜器的器铭充分说明乐师系统的工作。辅师嫠毁：“王在周康宫，各大室即位，焚伯入右辅师嫠，王乎作册尹册命嫠曰：更乃且考嗣辅。”（白川静，1969A：335）辅是击镈的乐师。师嫠毁：“王若曰：师嫠才昔先王小学女，女敏可吏，既令女更乃且考嗣小辅，今余隹醽豪乃令令女嗣乃且旧官小辅眔鼓钟。”（白川静，1970B：770）这位宫廷乐师，由副手升为正手，由管一种乐器转职为管两种乐器，明明白白是音乐专业，既不能归入师旅之职，也不能归教育之职。“师”为乐师的传统，进入春秋以后，继续未断，倒是师氏军职，似乎只在西周有之。

②五邑官员及地方官员。西周晚期厉王时代左右有若干系于“五邑”的官称。柞钟：“仲大师右柞，柞易载朱黄䜌，司五邑甸人吏……对扬仲大师休。”（白川静，1971：899）鄸毁：“王曰：鄸，昔先王既命女乍邑𦓤五邑祝，今余隹醽乃命。”（白川静，1970B：737）师兑毁：“隹元年五月初吉甲寅，……王乎内史尹册令师兑疋师龢父司左右走马，五邑走马。”（白川静，1970B：752）由这三器的职务看，五邑有祝，有甸人，有走马，似是一个行政单元。五邑为哪五个都邑，不可考，但由师兑兼职言，左右走马是王室主马政的官员，也属近卫的武职，则五邑走马的职务，也不能离京畿太远。西周在西方的都邑，曾有岐下、程、丰、镐、西郑、槐里六处，若其中五处算五个都邑，未尝不可能。岐下旧都，太王所居，文王迁丰以后，岐下未必全弃。最近在召陈村出土的大型建筑，未易确定是否宫殿。但即以召陈建筑为宫室邸宅言，这个聚落由周初以至西周末期，岐下始终是都邑。不过，金文中常见莽京，是否当列入五邑之中亦未可知。五邑也可能是首都附近有离宫别苑的地点，汉代有三辅，指京畿附近直属地区。要之，五邑可能即是京畿地区。究竟五邑何所

在，就难以肯定了。无论如何，五邑有其独特的行政系统，却又似乎直属周王朝廷。

在周室一般封建组织中，这样的地方行政单位，也并非全无相当的例子。成周的行政工作即是自成单元的。䟒𣪘："唯王正月辰才甲午，王曰：䟒，命女司成周里人眔诸侯大亚，𠭰讼罚，取遺五寽。"（白川静，1969：271）这位䟒的工作，有点像治理东部的"钦差大臣"，成周的诸侯与百姓，均在辖下，不过，䟒的中心任务似乎在听讼，而不是在行政。师颖𣪘："王若曰：师颖，在先王既令女乍司土官嗣汸闇，今余隹肇𤔲乃令。"（白川静，1969A：346）汸闇是地名，师颖奉派为该地的司土。恒𣪘盖："王曰：恒，令女更𡨦克司直鄙。"（白川静，1978A：252）恒奉命管理直鄙。直是地名，直鄙是直地的郊鄙，则这样的有司单位更低于一般地方行政人员了。卯𣪘，𦅫白派遣卯承袭祖先的职务，"㦼乃先且考死司𦅫公室，昔乃且亦既令乃父死司𦎫人，……余懋再先公官，今余隹令女死司𦎫宫𦎫人，女毋敢不善。"（白川静，1969A：317）𦎫，既有宫室，当即是𦎫京，是周的诸京之一。如何到了𦅫伯手里？已无可追考。铭文中卯的祖先是𦅫伯家的总管陪臣。他能派遣子孙中的一支治𦎫人及𦎫宫，则也是地方行政层级化的现象。

散氏盘铭列了夨有司十五人，散有司十人，名字前面，有的冠以官称，如师氏、小门人、宰、司土、司马。有的冠以地名，如原人、豆人。有的冠以地名与官名，如䣙人司土、散人小子。有的则直呼为某地有司，如𨾊人有司，襄之有司（白川静，1968C：199—200）。冠地名及直呼某地有司，大约都是地方官；地名与官名并见者，大约是该地的某一职官。由这些材料推度，西周晚期在地方一级，已有行政系统，不再是单纯的分封制度了。五邑的行政人员及直鄙与散、夨的行政人员，都见于西周晚期的器铭上，当并非完全出于巧合。

第三节 西周政府的若干特点

以上列举的西周官职，显示西周政府的分工原则，同时也显示了若干演变的趋向。王室内廷的服务人员已演变成政府的官员（例如宰、膳夫）；作册与史官系的变化，不仅说明了内廷（内史）官员渐渐掌权，尹的出现也说明史官系统逐渐扩大，以致内部产生层级的分化。三有司的出现，是朝政分工的重要指标。军队由师氏演变为有左右，而有各项特种兵种的单位，以致军队可在驻地“屯田”，也反映了军队的渐趋专业化。春秋时代各国大致仍是文武不分途，可能由于西周王室的传统随着西周的覆灭而消失，东方列国都在新的形势下再度发展其演变的过程。西周晚期出现了若干可能是地方行政人员的官称，也许正是分封制度转变为分级管理的端倪。凡此诸项，在证据不充分的情况下，至多只能视作合理而可能的推测。

西周政制的若干特点，也须在此分项讨论。首先该提出讨论的是世官制度。周代铜器铭文中，凡册命之辞几乎一定包括继承祖先的职位一语，兹只举几个最明显的例子。师克盨：“王若曰师克，丕显文武，膺受大令匍有四方，则隹乃先且考，又爵于周邦，干害王身，乍爪牙，王曰：克，余隹巠乃先且考克黔臣先王，昔余既令女，今余隹醽憙乃令，令女更乃且考，䊷司左右虎臣。”（白川静，1969C：543）又如同𣪘：“王命同，左右吴大父，司易林吴牧，自淲东至于河，厥逆至于玄水，世孙孙子子，左右吴大父，毋女又闲。”（白川静，1969A：328）上述两例，一个上推祖先，一个下延世泽，都是代表世官制度的用语。金文中最常见的情形，新王即位后，重新任命某人担任此人已在任职的工作，如师𤸫𣪘：“王乎内史吴，册命师𤸫曰：先王既令女，今余唯醽先王令，令女官司邑人师氏。”（白川静，1968：510—511）为了重新建立君臣之间的主从关系，这一番手续也未尝没有相当于肯定“契约关系”的意义。《尚书》“顾命”记载康王新即位，诸侯分班依次入见，献上贄币，正是为了确立新王与前王诸臣的关系。作册魆卣："隹公大史，见服于宗周年，才二月既望乙亥，公大史咸见服于辟王，辨于多正。"（白川静，1965A：590）陈梦家以为此铭记即是与"顾命"篇所记类似，公大史率领"多正"，亦即各位正职官员，朝见新王（陈梦家，1955A：111）。

不但王与臣子之间有这种再任命，诸侯贵族对于属下的官员，也有同样的仪式。卯毁："焚白乎令卯曰：戴乃先且考，死司焚公室，昔乃且亦既令乃父死司莽人不盄，取我家，案用丧，今余非敢梦先公。又徃徣余懋再先公官，今余隹令女死司莽宫莽人，女毋敢不善。"（白川静，1969A：317）铭文有不少文句不能通读，大意则不外焚伯委任卯接续祖先的职务，管理莽地的土地与人民。

任命官职的册命礼，也不是必然率由旧章。至少有一件铭文记载了更改任命的事。牧毁，牧在先王时担任司士的官职，但在今王的新册命中，牧的任务改为监察百僚（白川静，1967B：364）。同一人的官职，在同一周王的手上有所增减，也是可能的事。师兑在元年作的毁铭，记载他的工作是担任师龢父的助手，主管左右走马及五邑走马。三年作的毁铭，却只说师兑任师龢父的助手，兼管走马（白川静，1970B：752，759）。师兑可能由管三处走马而升为总管走马官职的职务。又有一位师嫠，在第一次的策命中，受任的职务是副乐师，负责小镈（白川静，1969A：335）；第二次策命时，嫠管理的乐器，除小镈外，又加了鼓钟（白川静，1970B：770）。两件策命中都说任命师嫠继承祖先的职位。除非嫠的祖先也经历同样的升迁过程，否则很难解释。师酉与询二人，在策命中都奉命继承祖先的职位，管理若干军事单元。由他们作器的对象都是乙伯，但师酉称乙伯为文考，询称之为文且。师酉与询的关系不是父子，即是伯叔侄。二人指挥的军事单位，有七项是相同的，但询的属下有八项未见于师酉的职务。乙伯的职务原为如何，颇难决定，也就不易说明继承的是哪几项了。

上述几例，还仅是性质类似的职位有高下与多少之分。也有同一人曾任完全不同性质的工作，策命中仍以继承祖先祖父为说。舀在舀鼎铭文中记载策命的职务是“若曰：舀，令女更乃且司卜事”(白川静，1968B：115)；在舀壶中，策命则是“更乃且考乍冢司土于成周八师”(同上：148)。由太卜改任成周八师的冢司土，官位及工作性质、工作地点，都极为不同，很难说舀的若祖若父，都经历同样的升转过程。另一个可能性，所谓继承祖先的职务已变成公文中的套语。过去惯行的世官制，只剩了形式。舀的时代，约在孝王前后，师酉约为懿王时人，询可能为厉王时人，师嫠也在厉王时，都属于西周中期以后。大约此时人事迁转，已有比较灵活的运用(Cho-yuu Hsu，1966：519—520)。有一件铭文记载策命前，王对于该人的“蔑历”，免觯：“王蔑免历，令史懋易免……乍司工。”(白川静，1968：456)蔑历的意义已见上章，此处当可解为审阅其资格及经历，是人事制度中不可缺的一番手续。免也是懿王时代人。蔑免历的事若不是偶然，世官制度当在西周中期开始变为任官制了。

夷厉之世的柞钟：“仲大师右柞，柞易载朱黄䜌，司五邑甸人吏……对扬仲大师休。”(白川静，1971：899)柞担任的是王官，接受的是王命，仲大师参加策命礼，站在柞的右边，当是柞的推荐人或上司，柞作器“对扬仲大师休”而不再“对扬王休”，与铜器颂扬的文词惯例不合。这种受职公堂谢恩私门的情形，可能是王政陵夷，也可能由于世官制已摇摇欲坠，任官的候选人必须有人保荐，有人赏识，有人考评；于是得官者对这位恩人感激涕零了。

铜器铭文中有若干证据，说明西周的政府已有相当专业的僚属(Cho-yuu Hsu，1966：520—521)。在本章前文已引过《尚书》“酒诰”：“侯、甸、男、卫；矧太史友、内史友，越献臣百宗工。”师奎父鼎：“王乎内史驹册命师奎父……用嗣乃父官友。”“友”可作出入相友的朋友解，可以作族姓相同的百姓解，也可作仆属解(刘家和，1981：129)。这二处的“友”，在令彝与“寮”联言，还提到卿事寮的组织："隹八月辰在甲申，王令周公子明保，尹三事四方，受卿事寮，丁亥，令夨告于周公宫，公令徃同卿事寮。隹十月月吉癸未，明公朝至于成周，徃令，舍三事令，眔卿事寮，眔者尹，眔里君，眔百工，眔者侯，侯田男舍四方令，既咸令。甲申，明公用牲于京宫，乙酉，用牲于康宫，咸既，用牲于王。明公归自王。明公易亢师鬯金牛曰用禚，易令鬯金牛曰用禚。乃令曰：今我惟令女二人，亢眔夨，奭左右于乃寮以乃友事。"（白川静，1964：276—303）公彝作器人的长官明保，受命主持"三事""四方"。三事指政府，四方指中央以外的各地方。在明公东去成周主持祭典时，先吩咐属员出京与卿事寮会合。在成周，明保奉行王命于内外两批人员，内是以三事令，管领卿事寮，各主官（尹）以及东都的地方首长（里君）、大小官员（百工）；外是以四方令管领诸侯包括侯、田、男三类封君。祭祀完毕后，明公吩咐亢与夨负责僚友的工作，最后这一段的乃寮乃友，大约是明公自己的幕僚，而前文的卿事寮则是王室政府中的僚属（相当于秘书处），因为明保的特殊任务，这些僚属也须向他报告工作情形。本器的时代相当早，既是周公儿子时事，自然离周初不远，西周政府已有相当复杂的组织。单论卿事寮而言，晚于令彝的番生𣪘也有之："丕显皇且考，穆穆克誓厥德，严在上，广启厥孙子于下，勵于大服。番生不敢弗帅井皇且考不杯元德，用黼圝大令，甹王立，虔夙夜。尃求不簪德，用谏四方，𩜁远能㺃。王令𣪘𤔲公族、卿事、大史寮。"（图 40）（白川静，1969B：424）番生显然也是居高位的大臣，才能以调和重臣（大服）自居，也才能自称辅弼王位。他的工作是主管公族及卿事与太史寮。大约因为番生是王族，是以有相当于宗伯的身份。卿事及太史寮一语，可能指卿事寮与太史寮已经分化的两个单位。更晚的毛公鼎铭，其中卿事寮、太史寮已明白分开："王曰：父㕗，今余唯黼先王命，命女亟一方，囩我邦我家；女雝于政……善效乃友正。王曰：父㕗，已曰彶丝卿事寮，大史寮，于父即尹，命女𣪘司公族，雩三有司，小子，师氏，虎臣；雩朕亵事，以

图40　番生毁

乃族干吾王身。”（白川静，1970A：680）毛公奉命主持两寮，反映周王朝已有外朝与内朝两套幕僚组织。寮友，也就是今日的“公务员”。《诗经》“邶风·北门”：“出自北门，忧心殷殷，终窭且贫，莫知我艰，已焉哉，天实为之，谓之何哉。王事适我，政事一埤益我。我入自外，室人交遍谪我。已焉哉，天实为之，谓之何哉。王事敦我，政事一埤遗我。我入自外，室人交遍摧我。已焉哉，天实为之，谓之何哉。”这大约正是公务员的感叹。他们不会是番生、毛公一类人物，不会是“尹”与“正”的主官人员。他们只能是僚属，一批“常务”人员。政府事务日繁，单由贵族中的若干高级人员治理，已是不可能的事。僚友组织的发生，正是政事日繁的反映。一个僚属系统分化为两个，又反映了政府组织日益扩大。

太史寮，自然由史官系统衍生。史官的工作，不论其宗教的功能（如祝宗卜史）或记录的功能（如掌书的职务），都代表传统的知识与掌握知识的能力。周代殷为中国的主人，殷代的史官挟其知识，仍在王室服务。白川静认为史官是殷遗，大体上是对的（白川静，1973：3—68）。这种工作人员不难构成一个世袭的僚属团体，属于职务，不属于个人。师奎父鼎，“用嗣乃父官友”（白川静，1968：517），正因为承袭了官职，也就承袭了父亲的僚属。

周代史官的谱系，可能起源更在殷代以前。《国语》“楚语下”，观射父叙述祝宗的起源，前者是“能知山川之号，高祖之主，宗庙之事，昭穆之世”；后者是“能知四时之生，牺牲之物，玉帛之类，采服之仪，彝器之量，次主之度，屏摄之位，坛场之所，上下之神，氏姓之出，而心率旧典者”。其实这些职务，正是史官的工作。祝宗卜史连言，不为无故。观射父又接下去叙述由尧至于夏商，祝宗的系统不断，而在周代则有程伯休父是其后人，据说“当宣王时，失其官守，而为司马氏”。《诗经》“大雅·常武”：“王谓尹氏，命程伯休父，左右陈行，戒我师旅。”诗中的程伯休父，虽然统领师旅，官职却是尹氏。王国维指出，内史尹、作册尹独称尹氏，以其位尊。陈梦家以为尹氏是史官系统的首长。均已见前文。程伯休父由史官之长统兵，遂使观射父感慨为“失其官守”。由程伯一例，一方面可见史官世职渊源之长远，另一方面也可见西周晚期世官制度的渐渐崩解。本文前面提到舀世掌卜事，却又是成周八师的冢司土，其情形与程伯的例子正同。太史寮与卿事寮的分立以及史官系统又分化为大史、内史、作册三系，而最后演变为内史最有权。这个现象使居于幕僚职位的世袭史官在实际政务上获得空前的影响力。其中若干成员由祝宗卜史转任卿士，也就不足为奇了。

西周策命金文中，常见有详细列出新任官员的任务，不仅有此人的职位，还有他该管的事务。在本文前节已列举不少例证。任务的性质大小繁易不等，有行政职务，有军事职务；有长期性的职务，也有一时的差遣。即使是承袭祖先的工作，策命中仍不厌其烦地列举，例如前举师酉与询二人，受命指挥的军事单位，一个一个地列出。如果政治组织已经相当制度化了，某人任某职，其权力及职掌都已在规定之中，不烦一次一次重复说明。另一方面，西周政府中明明已有三有司等等职衔，似乎职官的工作范围及性质已有大致的约定。一人的任命却又常包括许多不相关联的官职。同时，史官系统的官员，如上节所述，可以迁转于其他工作，则职务的划分，显然不如“人”的因素重要。大致西周由世官制度逐渐演变，走向制度化的方向，王朝的政府组织越来越确定化。可是这个过程并未完成，西周的统治即已结束。由西周金文策命文件中呈现的，遂不免是上述的过渡与混合现象。

上文曾录下毛公鼎的铭文，其中“我邦”“我家”并列，可见当时人的心目中，邦国与王室，已不能画一个等号。宫中与府中的分野，在汉代有明确的规定。大司农管国家财政，少府管王室的财务。毛公鼎铭以邦家分开为两个单位，殆是汉代观念的滥觞。蔡段铭记载蔡任“宰”的记录。策命礼中，另有一位宰舀襄礼，铭文：“王若曰：鬲，昔先王既令女乍宰，司王家。今余隹醽𦎫乃令，令女眔舀，𨍭疋对各，死司王家外内，毋敢又不闻。司百工，出入姜氏令，厥又见，又即令，厥非先告鬲，毋敢疾又入告，女毋弗善效姜氏人，勿吏敢又疾止从狱。”（白川静，1968B：101—107）当时已有宰舀任职，可是蔡（鬲）也早在先王时即已任“宰”的职务，其任务是“司王家”，足见舀与蔡并不是前后任的关系，而是同时任宰。今王的任命也是吩咐舀与蔡分工合作，司理王家“外”“内”。下文对蔡的工作性质，则明确地厘定为出纳王后姜氏的命令，管理百工，有人要见王后姜氏，必须经过蔡，蔡也负责督察“姜氏人”——当是宫中的百工臣妾。本铭的二宰，舀的工作是大宰或宰，蔡的工作是内宰或宫宰。《礼记》“月令”：“仲冬命奄尹申宫令，审门闾，谨房室，必重闭。”郑注：“奄尹于周则为内宰，掌治王之内政宫令，几出入及开闭之职。”正与蔡的工作性质相符（郭沫若，1957：103）。蔡𣪘是懿孝以后器，比毛公鼎早，是则在西周中期，大宰与内宰的分工，已象征邦国与王室有别了。

毛公鼎铭有卿事寮与太史寮同时出现。如陈梦家所说，史官系统的分化，使内史部分成为最有权力的机构（见本章前文）。令彝铭文中明保卿事寮及“舍三事令”，是以卿事寮当是三有事的僚属。相对的，史官由于常在王左右而渐变为王的私僚属，内史名称，即由此而来。卿事寮当为汉代所谓“府中”的工作人员，而太史寮（实即内史）则是“宫中”的系统。中国历史上内朝与外朝的区分，列朝都有之。整个中国政府制度演变的趋势，常由内朝逐渐夺取了外朝的权力。宫中与府中的分野，及宫中的得势，其实在西周中期已经肇始。

第四节　结　论

在周代开国之初，若干领袖人物担任了政府中最重要的工作。周公、召公、明保、师懋父……都是本书前几章中常出现的名字。他们的职位是太保、太师……一类的官职。《尚书》“酒诰”列举的官职，在内服还只是相当简单的百僚庶尹，惟亚惟服宗工，在外服也是仿佛殷制的侯甸男卫邦伯。到周公儿子明保当政时，由令彝铭文代表的西周政府就比较复杂了，内有三事及卿事寮，外有四方诸侯。《尚书》“立政”篇的官名正是令彝铭所见政府组织的补充。大约西周在天下安定后，王朝的政府就开始制度化。世官制度给周人贵族以充分共享政权的机会，史官系统（包括祝宗卜史与乐官）由于其承受知识的圣职性格，成为王朝政府中的专门人才，举凡典故、记录与档案方面的事务，王室必须依仗他们的服务。殷士肤敏，祼将于京，这一系统的殷遗多士，应即官府幕僚的主要成分。中期以后，制度化的趋势日强，世官制度渐起变化，可见的迹象则是共和时代毛公鼎铭代表的政府组织。宫中及府中的权力在卿事寮与太史寮，三有司的执掌，与小子虎臣是并列的。舀由太卜而任军中司土，以及程伯休父由史官而任领兵大将，都可象征内朝人物的出头。《诗经》“小雅·十月之交”中，掌权的官员有卿士、司徒、宰、膳夫、内史、趣马、师氏，兰有司中的成员远少于内朝直接控制的文武官员。这一现象，不同于以家内臣仆参政的原始状态。“十月之交”描述的掌权人物，毋宁是政府制度化过程中的一种变态：内朝人物的出头。

第八章

周人的生活

第一节　农作物及农具

民以食为天，因此在物质生活方面，先叙述农业及饮食。中国人的食物，分主食与佐餐食物二类，今日犹分别称为饭与菜（Kwang-chih Chang，1977A：7—8）。古籍中常见的主食作物，大别之，可有黍、稷、粟、禾、粱、麦、麻、稻、菽等种（齐思和，1948A；万国鼎等，1959：35）。关于各种作物，自新石器时代到殷代的发展史，已具见拙作“两周农作技术”，兹不赘述（许倬云，1971）。稷的学名是 Setaria italica，是中国最古老的栽培作物。周人称其始祖为后稷，而这个称号又继续沿用为农官的职称，可知稷在周人农业中的地位了。黍也是重要主食，其学名是 Paricum Miliaceum，与稷有亲属关系，但并不是同样的作物（许倬云，1971：804—806）。

麦类则是西亚的土生栽培生物。在安徽亳县钓鱼台的龙山文化遗址曾出土盛有一斤十三两麦粒的陶鬲，据鉴定是古代小麦（Tricticum antiquorum）。以鬲的形制而言，属于西周遗物（安徽省博物馆，1957；杨建芳，1963）。麦字见于卜辞者为数不多，据于省吾统计，除用作地名外，麦字仅十余见。有关来字的卜辞也不过二十余见，而黍稷类的卜辞则有百余见。据卜辞，麦仅是新年的特别食品，殆不过为贵族的食物，平民尚不能享用（于省吾，1957）。据篠田统统计，中国古籍中麦字出现次数甚多，单举或类举，合计有三十八处之多，且麦作丰歉也每入史乘，足见麦在中国古代作物中的地位。钱穆以为，西周以前，中国农业文化初启，种植以黍稷为主，而自春秋以下至战国，农作物始渐渐转变为以粟（粱）麦为主，钱氏之说殊可解释麦收丰歉在春秋以后常入史乘的原因（于景让，1957：83—89；钱穆，1956：27）。

稻是南方作物，然而《诗经》中也颇有咏稻的诗句，如“小雅·白华”：“浸彼稻田”；“豳风·七月”：“十月获稻”。足见稻也可在北方种植。稻的主要产地，仍应在汉水、淮水及长江流域。湖北圻春西周遗址中，曾发现成堆的粳稻谷粒遗迹，可能是储存粮食的地方（北大历史系考古教研室，1979：168）。

麻，在今日是为了榨油及取纤维而种植的经济作物，但是《诗经》中有“豳风·七月”：“禾麻菽麦”；“大雅·生民”：“麻麦幪幪”的诗句。《礼记》“月令”：“孟秋之月，天子食麻与犬。”足知麻也是主食。

周代金文中豆字写作尗，字形似乎看重豆类植物的根瘤。周人对于豆科植物显然也颇认识（胡道静，1963）。春秋时代，只有山西一带山地居民以豆菽为主食，战国时代则是常见的平民食物（许倬云，1971：807—808）。

周人在很早的时候，就发展了农业，后稷的功业即是以农业为主。周初农耕的方式，似是大规模的集体耕作，《诗经》“周颂·噫嘻”：“噫嘻成王，既昭假尔。率时农夫，播厥百谷。骏发尔私，终三十里。亦服尔耕，十千维耦。”这是经常为人征引以描写周代农耕方式的诗句。“十千维耦”一语，也不必胶柱鼓瑟，解释为万人的确数。在“载芟”一诗中就只说到“千耦其耘”。这种大规模的耕作，也许只见于封建领主直属的田庄上，由其直接管领的奴隶（所谓“夫”或“鬲”），从事成对成对的耦耕（天野元之助，1959：95；贝塚茂树，1962；李亚农，1962：70—75）。

这种大规模的耕作，是否为周初各地的普遍现象，仍然在待证之列。至少在《诗经》“豳风·七月”中叙述的情形，似乎已是个体小农的经营，农夫有自己的居室，妻儿随着农夫同去田间，而农夫对于主人的义务，是出于实物和劳力的双重配合，除主要作物外，农夫供献实物，包括纺织品与猎物。劳务则包括修屋、搓绳、取冰等杂项工作。这首诗的原文过长，只摘录如下：“七月流火，九月授衣……三之日于耜，四之日举趾，同我妇子，馌彼南亩，田畯至喜。……八月载绩，载玄载黄，我朱孔阳，为公子裳。……一之日于貉，取彼狐狸，为公子裘。二之日其同，载缵武功，言私其豵，献豜于公。……十月蟋蟀，入我床下。穹窒熏鼠，塞向墐户。嗟我妇子，曰为改岁，入此室处。六月食郁及薁，七月亨葵及菽。八月剥枣，十月获稻，为此春酒，以介眉寿。七月食瓜，八月断壶，九月叔苴，采荼薪樗，食我农夫。九月筑场圃，十月纳禾稼。黍稷重穋，禾麻菽麦。嗟我农夫，我稼既同，上入执宫功。昼尔于茅，宵尔索绹。亟其乘屋，其始播百谷。二之日凿冰冲冲，三之日纳于凌阴，四之日其蚤，献羔祭韭。九月肃霜，十月涤场，朋酒斯飨，曰杀羔羊，跻彼公堂，称彼兕觥，万寿无疆。”这是领主领地上的附庸人口，经营的是分配给一家的小农庄，不是在大面积上集体耕作的大农场。

“七月”一诗的时代，说者意见不一，但以在西周晚年到东周初为长。天野元之助根据《诗经》中“室家”一辞出现的篇章，认为在西周晚期到东周之间，共同耕作的大片田地才开始由私有的个别农场取代，而独立的家，也由氏族析出，成为以家族劳动作独立小农经营主体（徐中舒，1936；傅斯年，1952：Vol. Ⅰ，95。天野元之助，1959：105。对于“七月”一诗的时代，持异见的诸家，参看许倬云，1971：822，注 66）。

西周有无井田制度，及其确切的性质，至今仍纷争难决。自从孟子提出井田制度一说后，学者一直在努力弥缝各种互相抵触的叙述。本文是综合性的叙述，不拟在此作技术性的讨论，如果简单一点说，井田制不过只是封建经济下一种劳役服务的形态。领主分田给农民耕种以自赡，同时由农民耕种主人的保留地以为报偿。基本形态正相当于各级领主与其从属间的对等性权利与义务。上述劳役之中，却又不仅在于耕种，还可包括佐猎、修缮……诸般工作。“七月”一诗的描述，足可说明这些工作的性质。土地的所有权，仍在领主，农夫家户，只是在这块农地上耕种以自给，也供给主人所需。这是天野氏所谓个体小农的经营方式，却不能说是私有的农庄（关于井田制的各家讨论，许倬云，1971：823，注 69 及 70）。

关于农具方面的史料，无论文献或考古的资料，都不算多。前引《诗经》“周颂·噫嘻”与“载芟”，都提起成“耦”的耕作方式。又如《左传》昭公十六年，郑国子产叙述郑国与商人的约定：“昔我先君桓公与商人皆出自周，庸次比耦，以艾杀此地，斩之蓬蒿藜藋而共处之。”也是形容以耦耕翻掘植被的情形。大率由西周以至战国，发展用犁以前，这种二人合作刺土松土的动作，是农耕中的重要部分。二人为耦，如何并力，则有以为二人对面合作，及一拉一推前后合作，两种可能（程瑶田，1829：43—44；孙常叙，1964：51）。二人协作互助的方式，当也须视实际的工作情形而定。挖掘树根，必须二人对掘；开沟作垄，则无妨二人并肩却行。大可不必坚持某一种方式。

刺土松土的工具，最原始的不过耒耜，是单首或歧首的挖掘棒，上有柄，下有蹈足横杆（徐中舒，1930；关野雄，1959，1960）。挖掘工具的尖端，可以用石制、骨制。凡此石制骨制蚌制的农具（图 41、42），许多西周遗址，所在都有。以沣西遗址出土器具的比例言，最多的是以牛马下颚骨或肩胛骨制成的骨铲，其次为石铲，蚌铲为数最少。在西周遗址中，也出现过青铜铸成的镈和臿，但数量极少（图 43）。湖北圻春毛家嘴西周早期遗址中发现的一件青铜臿，作凹字形，与春秋时代的臿形制相同。在河南三门峡上

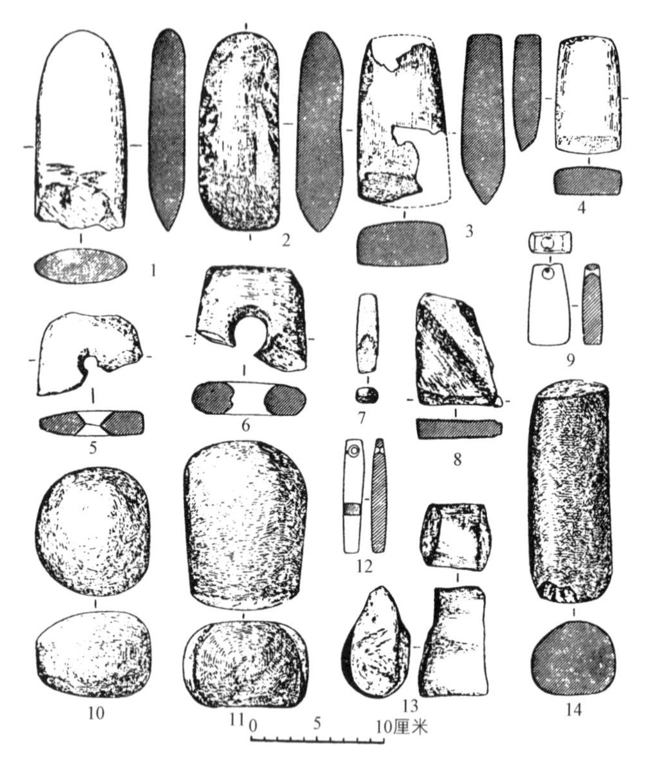

1—3，5，6 石　斧（T38:2B:35，T32：2A，T44:4，T32:2B:17，H76）；4 石　锛（T22:3）；7 石　凿（T19:3:7）；8，13 磨　石（T32:2B:30，T32:2B:44）；9，12 磨刀石（T1:2A:31，T38:2B:31）；10，11，14 研磨器（T32:2B，T32:2B:31，T32:2B:48）

图41　客省庄西周生产工具

村岭虢国墓葬出土的西周晚期的青铜臿，其形制又与商代的铜臿一样。由此可知，西周农具的水平，与其前其后，均无十分变化。其他农具如收割用的镰和刀，也是形制无大变化，而且也是以骨制、石制、蚌制为多（北大历史系考古教研室，1979：167）。

青铜农具及工具，出土者为数甚少。最近安徽贵池、江苏苏州、浙江永嘉三处，都有窖藏的青铜农具出土。这些器物中，有耘田的耨，收割的镰，以及许多种类庞杂的农具。诸器均已破旧残毁，与铜料一起储存，显然是准备销熔的废料。这批器物的时代，当在春

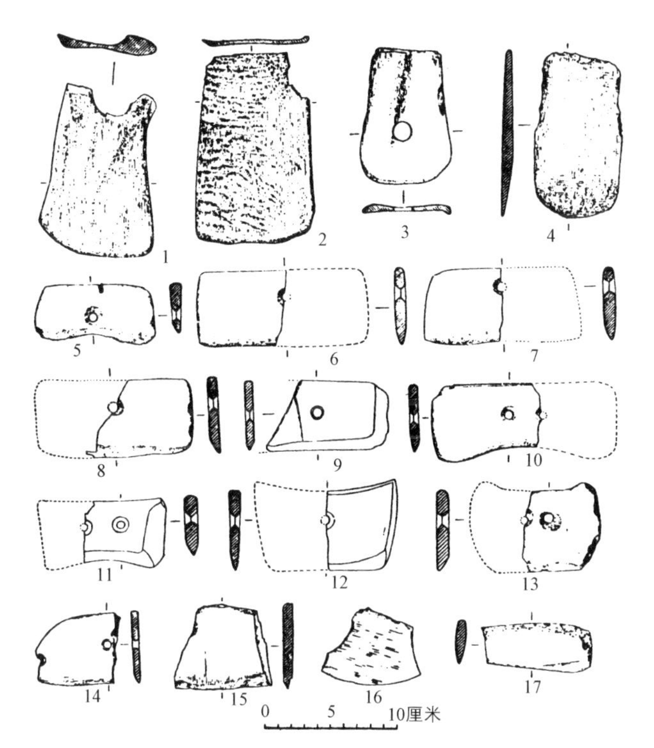

1—3 骨铲（T13: 2:16, T50:2:15, T52:2A:1）；4 石铲（T38:2B:32）；5—16 石刀（H10:1, T28:2:5, T15:2:6, T22:2, T6:2A, H76:1, T17:2:7, H3:3, T23:2, T38:2A:30, T20:2, T38:2B:22）；17 石镰（T14:2A）

图42　客省庄西周生产工具

秋时代，甚至战国晚期。由这批材料待销的情形判断，青铜农具在不堪使用时，即予回炉。同时，古代礼制不以农具随葬，墓葬中不见农具，也就不足为奇了。战国中期，铁器已流行，遂有这些青铜残件留下，西周时，青铜农具必定回炉重铸，出土的机会就更少了（李学勤，1980A：39）。

由各种农具的形制来看，西周的农具大致只有挖掘及收割两大类。农具更进一步地分化为整地、中耕、犁地等等专门用途的形制，还有待春秋战国时代的突飞猛进，也许与用铁铸制有相当的关系（许倬云，1971：810—813；刘仙洲，1963：58—62）。

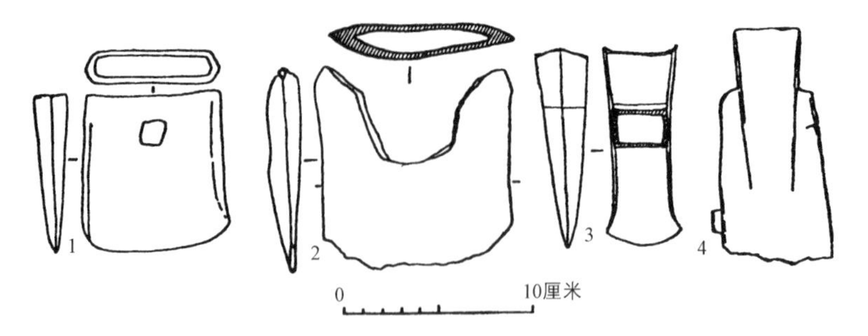

1 臿，河南三门峡市上村岭虢国墓 M1602:73
2 臿，湖北圻春毛家嘴 T1—1H（1）
3 斨，湖北圻春毛家嘴 Ⅳ20/1:3:1
4 镈，河南洛阳下瑶村 M159:65
(1 为西周晚至东周初，余皆西周早期）

图43　西周至东周初青铜农业工具

中国古代农业的大规模灌溉工程，也尚须待春秋中叶以后始出现（许倬云，1971：813—816）。西周的人工给水，大致由水井供应。沣西张家坡西周遗址的井，井深达九米以上。用古代的工具挖掘九米深的水井，已相当不易。井口呈长方形或椭圆形，足以并置两只容器，也许暗示已有两只容器一上一下的滑车装置（考古研究所，1962：77—78；刘仙洲，1963：46—48）。

西周时代的农田，有所谓“菑田”、“新田”、“畲田”的名称。如《诗经》“周颂·臣工”：“嗟嗟保介，维莫之春，亦又何求，如何新畲。”“小雅·采芑”：“薄言采芑，于彼新田，于此菑亩。”《尚书》“大诰”：“厥父菑，厥子乃弗肯播，矧肯获。”这三种田亩，徐中舒以为是三圃制的轮耕法。杨宽以为“菑”是第一年初开垦的荒田，“新”是第二年刚好可用的新田，而“畲”是第三年已垦好的熟田（徐中舒，1955；杨宽，1965：12—14，45—48）。二说相比，杨说较为合理。轮耕抛荒，在刀耕火种阶段，原为常见。但在西周的核心地带，人口已多，农具未见改良，单位面积产量不增加，只有依仗增加垦田面积，方足解决人口太多、土地不足的难题。中国古代使用绿肥以及其他肥以改良土壤，可能早到商代（陈良佐，1971）。分三次改良土地，也已见于商代（张政烺，1973：98—100）。用翻耕来开垦，在中国古代有可能，也有必要。反之，轮耕抛荒，在西欧农业史上是常见，但未必能适合西周中心地区的情况。何炳棣对菑、新、畬三词的了解，正与杨宽相同。但他把这种垦田方式置之于新石器时代的仰韶文化，而且意味着在第三年以后，熟田继续用于耕种，则用来说明周代的水平，远比用来说明仰韶时代的农业为佳（Ping-ti Ho，1975：50—52）。

第二节　饮食——食物与烹调

人类由茹毛饮血而至熟食。熟食之中，以中国传统言之，又可分为饭食、菜馔及饮料三方面。食具则在讨论这三方面时分别由其隶属附及。

中国自古以来，以谷食为主食。周代的主食，如前所举，为黍稷稻粱，麦麻菽豆。黍稷同为民食之主，《诗经》与《左传》中黍稷连言，随处可见。黍又比稷贵重，祭祀以黍为上乘，待客也以鸡黍为馔。先民之诗，以黍中的秬和粱中的穈芑同号嘉种。钱穆以为“黍为美品，然而亦仅是较美于稷耳，待其后农业渐进，嘉种嗣兴，稻粱麦诸品并盛，其为食皆美于黍，而后黍之为食，遂亦不见为美品。然其事当在孔子前后，以及春秋之中晚期，若论春秋以前，则中国古代农业，固只以黍稷为主，实并无五谷并茂之事也”（钱穆，1956：10）。

稻之普及，可能比麦还早些。西周铜器有名为“簠”的长方浅器，往往自铭，“用盛稻粱”，则贵族宴席上已用稻粱了。《左传》僖公三十年，“王使周公阅来聘，飨有昌歜，白黑，形盐，辞曰……荐五味，羞嘉谷，盐虎形，以献其功，吾何以堪之。”此中白是“熬稻”，黑是“熬黍”。但由周公阅辞谢之词看来，这仍是比较珍贵难得的食物。麦比稻更适合于中国北方，但显然到西汉初年还未普遍种植。豆类也早见文献，孟子时菽粟连言，是最起码的食物，比之如水火。在西周时代，豆似尚未为人所重（许倬云，1976：509）。

烹治谷物的方法，以古器物言之，有煮饭及蒸饭二类。前者用鬲，后者用甑甗，有一层箅子隔在水上。古人煮饭，大约近于今日的“干粥烂饭”，浓稠的称为饘，稀而水多的称为粥。孔子的祖先自称“饘于是，粥于是，以餬余口”，显然日常饮食，不外啜粥。《诗经》“大雅·泂酌”：“泂酌彼行潦，挹彼注兹，可以餴饎。”行潦是雨后地面的积水，若用来直接煮饭，未免不洁，但若夹层蒸煮，却也无妨了。固然北方水源不及多湖泊水泉的南方，如只有高贵人家用蒸，似还不须取水行潦。由此推论，蒸治当也相当普遍。但蒸饭究属费时费事，而且颗粒松散，不能“涨锅”，也因此比较费粮食。也许为此之故，古人仍以煮食为主。出土古物中，陶鬲所在皆是，而甑甗就少多了，其故大约即在于煮食比较普遍。

谷类可以粒食，也可以粉食。若只是粒食，去皮扬壳的手续，在所必然，杵臼之用，自新石器时代即已常见。压谷成粉，西汉以后用石磨。先秦遗址中尚未见石磨，但新石器时代的早期磁山裴李岗文化中，磨盘磨棒已是标准器物。用碾棒压谷，仍一样可以制粉（天野元之助，1962：80—81，843—850）。

次言菜馔，《礼记》成书较晚，但是礼仪向来是文化中最保守传统的一环，《礼记》所记也就很可能即是周代实际食用的项目了。据《礼记》“曲礼”，祭祀用食物有牛、羊、豕、犬、鸡、雉、兔、鱼。《礼记》“内则”所举公食大夫，正式的宴席，包括膷臐膮、牛炙醢、牛胾醢、牛脍、羊炙、羊胾醢、豕醢、豕胾、芥酱、鱼脍、雉、兔、鹑鷃。本书在论封建等级时，已述及贵族阶级区分其鼎食的数量种类。最考究的天子太牢，所盛的肉食为牛、羊、豕、鱼、腊、肠胃、肤、鲜鱼、鲜腊。由天子以次递降，士的一级羊、豕、鱼是隆重的少牢，一鼎的豕则是婚冠丧虞的特牲。《国语》“楚语下”：“天子举以太牢，祀以会；诸侯举以特牛，祀以太牢；卿举以少牢，祀以特牛；大夫举以特牲，祀以少牢；士食鱼炙，祀以特牲；庶人食菜，祀以鱼。”基本上与考古所见列鼎制度颇为吻合。肉食者鄙，那是贵族的特权，庶民至多食鱼，平时只是吃菜而已。除了上述种种正式场合的肉类外，《礼记》“内则”还述及一些平时燕食的食物范围，包括蜗、雉、兔、鱼卵、鳖、腶、蚳、牛、羊、豕、犬、雁、麇、麋、爵、鹌、虫、范。其中颇多今日不食之物，如蚂蚁、蝉、蜂之类。《礼记》也记了一些当时不可食用的项目：狼肠、狗肾、狸脊、兔尻、狐首、豚脑、鱼乙、鳖丑。这些特定的部分不可食，则特定部分以外的项目，大概都属可食之列了。

平民日常饮食，不会有如许异物。大约鱼类是上下都可享用的食物。平民以鱼类为盛食，已如上引《国语》“楚语下”的记载。《仪礼》“有司彻”：“卒热，乃升羊豕鱼三鼎。”可知鱼也是贵族的常食。《诗经》中提到鱼类的例子甚多。黄河中的鲂与鲤，是陈人心目中的美味。“小雅·鱼丽”列了鲿、鲨、鲂、鳢、鰋、鲤，当作燕客的下酒。“大雅·韩奕”，鲜鱼是送行盛宴中一道好菜。“周颂·潜”：“有鳣有鲔，鲦、鲿、鰋、鲤”，可作为享礼的佳肴。大致中国的农业发展，在周代田野日辟，牧地及山林都渐渐垦为新畲的农田，牧养及野生动物的供应势必减少。鸡豚羊犬，都不占农田的土地，便可豢养。鱼类更可由河川湖泊中获取。这几类食物遂成为战国以后肉食的主要项目，孟子的井田理想，即包括农家饲养鸡豕狗彘。梁惠王以羊易牛，还须解释不是为了省钱。大约西周的食单，比之战国时代的项目，牛羊及野物的比重是比较大些。

蔬果方面，按照《周礼》“醢人”，朝事之豆，盛放有韭菹、昌本、菁菹、茆菹四类，用来与庶属的肉酱相配。又，“馈食之豆”则盛放有葵菹及一些杂项菜肴。加豆之中有芹菹、深蒲、箈菹、笋菹。诸色蔬食中，只有韭、葵、芥、菖蒲、笋仍为今日常用食物。菁可能为蔓菁，茆可能为茅芽，但自来注疏家不能肯定，此处也不必强为解人（《周礼注疏》：6/1—2）。《礼记》“内则”所举诸项食物中，蔬菜有芥、蓼、苦、荼、姜、桂。调脍的蔬菜则有葱、芥、韭、蓼、薤、蓼作为调味的佐料。诸色中以香辛味烈者为多，显然当配料使用，也许为了礼经主要叙述天子诸侯的食单，蔬菜就无缘上席了。

若以《诗经》作为史料，情形又不同了。“关雎”有荇菜；“卷耳”有卷耳；“芣苢”有芣苢；“采蘩”有蘩；“采苹”有苹及藻；“匏有苦叶”有匏；“谷风”有葑、菲、荼、荠；“园有桃”有桃棘；“椒聊”有椒聊；“七月”有蘩、郁、薁、葵、菽、瓜、壶、苴、荼、樗；“东山”有苦瓜；“采薇”有薇；“南有嘉鱼”有甘瓠；“采芑”有芑；“我行其野”有蓫蓄；“信南山”有芦、瓜；“采椒”有芹、菽；“瓠叶”有瓠；“縣”有堇荼；“生民”有荏菽、瓜；“韩奕”有笋、蒲；“泮水”有芹、茆。凡此诸品，有今日常用的萝卜、苦瓜、葫芦、荏椒、葵、芥之属，却也有不少采集的野生植物，而水生植物，在今日蔬菜中较少，在当时似颇为重要。大约周代园艺未必像秦汉以后发达，固然已有在田间栽培瓜菜，不少菜蔬仍须由水陆野生植物中选撷。

水果干果之属，《礼记》“内则”列有芝、栭、蔆、椇、枣、栗、榛、柿、瓜、桃、李、梅、杏、楂、梨。《周礼》“笾人”列有枣、㮚、桃、干䕩、榛实及蔆芡。大致这些果实，也以采集得来为主。是以《礼记》“月令”，仲冬之月，农夫收藏聚积，牛马不得散佚，“山林薮泽有能取蔬食，田猎禽兽者，野虞教导之。”足见果蔬来自山泽，而不在农夫种植范围。总之，果蔬在周代贵族的食单中，重要性远不如肉类，遂致“月令”中天子尝新，除樱桃一见外，仅有谷食与肉类，不及于时鲜果蔬。考古学家及植物学家，也都只能列出十余种果蔬，认为是古代中国人食用的项目（Kwang-chih Chang，1977A：28—29；Huilin Li，1969，1970）。

烹饪的方法，古不如今。古人不过用蒸、煮、烤、煨、干腊及菹酿诸法，后世的烹调术中爆炒之法，在西周似尚未及见。中国食物烹调过程中，切割与烹调同样重要。因此伊尹以“割”“烹”要汤，两个过程是连言的。周代治肉的方式，有带骨的殽，白切的胾，碎剁的醢与杂有碎骨的臡（《尔雅注疏》：5/8）。《礼记》“内则”列有“八珍”的烹调法。约而言之，炮豚是烤小猪，烤好后，裹粉深油透炸，再水蒸三日三夜，最为费时费事。捣珍，是用牛羊鹿麋麇五种里脊肉，用棰捣击，去筋调成肉酱。此法不经火化，大约是相当古老的方法。渍是酒浸牛肉片，加梅酱同食。熬是牛肉棰捣去筋，加姜桂盐腌干透的腌肉。糁是牛羊肉细切，加上六份米，作饼煎食。肝膋是油炙的狗肝。黍酏是稻米熬粥，如狼膏。淳熬淳母，是肉酱连汁加在黍米或稻米的饭上。日常的馔食仍以“羹”为最重要，所谓羹食自诸侯以下至于庶人无等（《礼记正义》：28/4—5）。虽说如此无等，农夫的生活到底只是陈年的谷粒（《诗经》“小雅·甫田”）及采来的苦荼（《诗经》“豳风·七月”）。这样的羹食，离“八珍”就是天地之别了。

调味的佐料，太古连盐也谈不上，是以“大羹不和”，即指祭祀大典的肉汤不放盐，以遵古礼。普通的羹，却须加上多种调味品。《左传》昭公二十年：“公曰和与同异乎？对曰异，和如羹焉，水、火、醯、醢、盐、梅，以烹鱼肉，燀之以薪，宰夫和之，齐之以味，济其不及，以泄其过；君子食之，以平其心。”以梅为佐料，是后世所不用的方法。惟其调味之道不精，古人不能不借助于香草香菜之属，除昌韭之类外，所谓铏笔，亦即肉羹中的菜类，为“牛藿、羊苦、豕薇，皆有滑”。夏天还要加上葟葵，冬天加上萱菜。三牲用藙也是带一些苦辛的植物（《仪礼正义》：14/30—31；《礼记正义》：28/1）。这些植物，大都野生，由此也可看出，古人的园艺不十分发达。古人无蔗糖，但已有麦芽糖可以制成甜料。“谁谓荼苦，其甘如饴”，足见麦糖是日常可见的食品。

《礼记》“内则”记载的饮料，有醴酒、酏浆、醷、滥诸品。醴酒大约是谷物发酵的酒类，酏浆是汤水，也许稍稍发酵。滥或凉，据说是“寒粥”，当类似今日凉粉一类凝结的淀粉（《周礼注疏》：5/10）。酒类则至少有五种，依其清浊而分等级。最浊的是泛齐。高一级是醴齐，汁滓相将，大约相当于今日的酒酿。更高一级是白色的盎齐和红色的缇齐。最高一级是沈齐，亦即酒滓澄清的清酒了（《周礼注疏》：5/6）。滤清酒中沉淀，用茅过滤，管仲责贡于楚，所谓“苞茅不入，无以缩酒”，即是指楚地出产用来滤酒的一种茅草。周代锡命礼中，每有赏赐秬鬯之类的记载。秬是黑黍，鬯是香料。《说文》鬯：“以秬酿郁草，芬芳攸服，以降神也。”是以这是一种黑黍为酒，再加上香料的祭酒。周金铭文有秬鬯之赐，此物每名列赏赐礼单之首，足见其贵重。秬鬯也见于文献，如《诗经》“大雅·江汉”：“厘尔圭瓒，秬鬯一卣，告于文人。”《尚书》“洛诰”：“以秬鬯二卣，曰，明禋，拜手稽首休享。”及《左传》僖公二十八年：“秬鬯一卣，虎贲三百人。”金文铭文中所见就更多了。有鬱鬯、豝鬯、鬯鬯等不同书法，其中有无差别，则不得而知了（黄然伟，1978：166—168）。

周人饮酒之风，远逊于殷商。“酒诰”告诫周人不得聚饮。并且以饮酒为商人亡国的罪名之一。由青铜礼器成批出土的墓葬来看，西周早期，礼器的组合情形与殷商相似。西周早期以后，礼器中食器的比重，逐渐加大；相对的，酒器则比例变少。到了西周晚期，最常见的礼器是鼎、𣪘、盘、匜、壶五类，鬲、甗、豆次之，酒器则处于更次要的位置。各器的组合，也往往是一定的。从西周中期以后，一组铜器大致有甗、豆、盘、匜各一件，壶二件；鼎成单数，按阶级递升，𣪘数为双数，比鼎数少一件；鬲也随此而增减。列鼎制度是封建礼制上等级的象征，也因此反映了封君饮食的丰啬，有礼仪性的意义，不完全由口味及财力决定（北大历史系考古教研室，1979：203）。各种器皿的用途，鼎鬲甗甑釜，用以烹调，小鼎也用来盛放肉食进呈，谓之升鼎。进食时，用铏俎置肉类，簋置五谷，笾豆盘置菜肴，壶盛酒浆（图 44，图版 22—28）（《仪礼正义》：19/11）。勺匕载食，箸则挟食，匜以盥洗。在实际生活中，各项用途是否如此细分，也就

用途	炊器			
名称	鼎	方鼎	鬲	甗
陶器		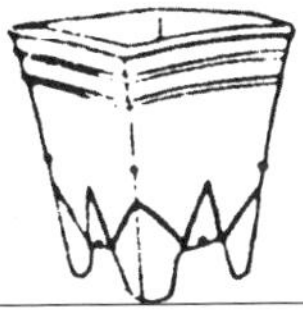		
西周铜器				
东周铜器				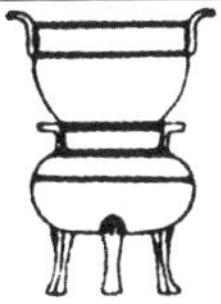

用途	食器			
名称	簋	盂	豆	簠
陶器	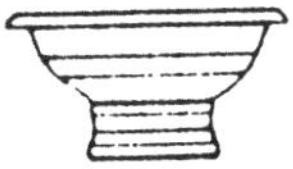		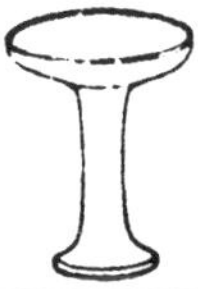	
西周铜器				
东周铜器				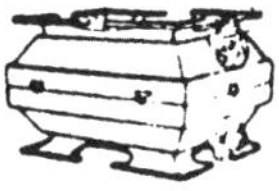

用途	酒器			
名称	爵	斝	盉	觚
陶器				
西周铜器				
东周铜器				

用途	酒器			
名称	尊	罍	壶	卣
陶器				
西周铜器				
东周铜器	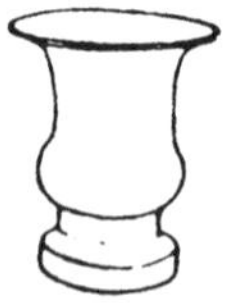			

用途	酒器		水器	
名称	卣	方彝	盘	
陶器				
西周铜器				
东周铜器				

图44　周代饮食用具示意图

无从考定了。平民食器以陶制为主，西周前后也有差别，大致趋向，是以盂豆代替簋，多少也有分化的现象（图 45）。

总之，周人的食物种类不算很丰富，饮食的方式也似乎礼仪的意义大于美食的口味。周人农业的水平较低，畜牧、园艺二项也不发达，殆是饮食不能十分进步之原因。

第三节　居室——建筑与起居

《诗经》“大雅 · 绵”记载古公亶父甫到达周原时的情形，是“陶复陶穴，未有家室”。据郑笺，所谓“陶穴”是“凿地曰穴，皆如陶然”。自从新石器时代以来，中国古代的居住遗址，处处有半地下式的窟穴，当即郑玄所谓“凿地为穴”的居室。殷墟半地下居室，及客省庄二期的居室（图版 29），也甚多例证。

沣西张家坡发现的十五座西周早期居室，都是这种挖在地面下

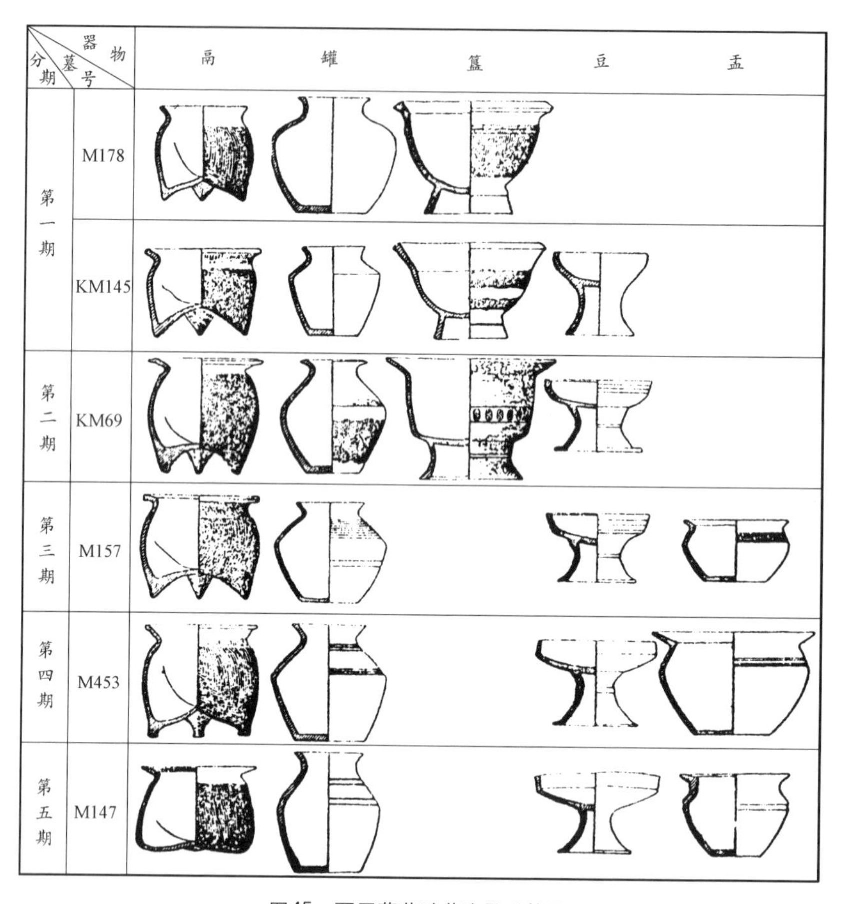

图45　西周墓葬随葬陶器比较图

的土穴（图版30、31）。土穴有深浅二类。浅穴为长方形，只残存一间。房间的大小是2.2米 ×4.1米，坑壁即室墙，最高处为1.4米，高及人肩。墙根及地面都用火烧硬。房中偏东有一圆柱的柱洞，当系架设屋顶之用。西壁偏北，当系寝卧之所，称为“奥”的角落，此处壁上有小龛，当系置放物件之用。靠南墙中部有一凹下的椭圆形小火坑，是“灶”的地方。房内北部有路土，可能出口在北边。

深穴作圆形，直径都在5米以上，深2米以上。有一个椭圆形居住遗存，口径7.8—9.5米，坑壁最高处有3米。房间的面积是浅穴的三四倍，深度加一倍。出入口是一条向南斜坡走道。坑底北壁下有一半圆形浅火坑，是炊食及取暖之所。坑底偏南有一条隔墙的墙根，分居室为南北两半，中间有一宽 1.2 米的小门，以资互通。这是外堂内室的雏形了。居住遗址附近还有很深的深穴，或为长方形，或为椭圆形，长方形的口部为长 1.6—2.4 米，宽 0.7—1.05 米，椭圆的直径 1.3—1.95 米。有深穴，深达 9 米，尚未到底。深穴坑口规整，四壁也颇光滑，并有对称的脚窝。这种深穴，有的可能是水井，有的可能是储物的窖穴。因为口部甚小，出入不方便，必非居住之用（考古研究所，1962：73—78）。

河北磁县下潘汪发现的西周房基，也都是半地下穴。其形状有长方形和圆形两种。长方形房基两座（图 46），其中之一的面积是 3.98 米 ×2.47 米，穴深 1 米。穴地上涂草泥，经火烧硬。在房内和墙外发现大小柱洞十六个，分布并不成规律。中间偏东有一大柱洞，直径 22 厘米，深 38 厘米，可以植入不小的木柱。房基四周各有一小柱洞，西北西南又各有小柱洞。这一组柱洞足可撑起屋顶。灶坑在东南角，挖入土墙。北墙根的地面有一个圆穴，内存工具，大约是储物的窖。另外一座房基，略成圆角的瓢形，长 3.4 米，宽 2.13 米，深 0.84 米，房内地面也经火烧，坚实光滑。东部有两级台阶，应是出入口。柱洞九个，中间一柱洞最大，直径 18 厘米，深 14 厘米。西南与西北

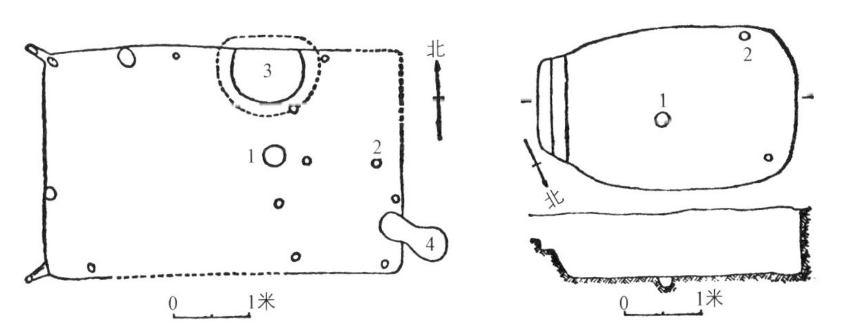

左：F4 平面图　1 大柱洞　2 小柱洞　3 窖穴　4 灶
右：F3 平、剖面图　1 大柱洞　2 斜柱洞

图46　河北磁县下潘汪西周长方形半地穴式房基

角有斜支的柱洞。圆形房基三座。其中一座直径只有 2.5 米，门向东北，有台阶，中心柱洞直径 16 厘米，深 8 厘米。穴壁经修饰，涂有黄土细泥。另一个圆形土穴，直径 2.65 米，坑壁残高 1.16 米，原来的深度可能还深些。南墙有门，门外经土坡斜入门内。室内靠东壁有小灶，并有一陶瓮，半埋在地面下，当是水缸，或粮缸（河北省文物管理处，1975：99）。类似的屋室遗存，在北京刘李店、邯郸邢台寺、洛阳王湾、沣西张家坡等地西周早期以至东周初期的遗址，常有发现（图 47）。遗址内常有简单的生活用具及工具出现，沣西张家坡的土穴遗址附近就有手工业作坊出现。大概这种土穴是西周农民工人的住所（北大历史系考古教研室，1979：188—189）。

由柱洞的大小及部位推测，土穴的上面应是四阿式的或圆锥式的木柱草顶，房屋低矮简陋。现存西周文献史料中，没有对于平民居室的描述。《左传》襄公十年，贵族讥微贱人家为“筚门闺窦之人”。筚门是柴扉，闺窦是在夯土墙上凿壁透光，上锐下方，甚至没有窗框。这是春秋中叶，一般贫户的屋室情形。西周浅土穴在地面与屋顶之间，也很可能有一段土墙，作为“闺窦之处”。战国时代的情形，有比较清楚的描写，可借来推想西周时代一般贫户的生活。据《庄子》“让王篇”：“原宪居鲁，环堵之室，茨以生草，蓬户

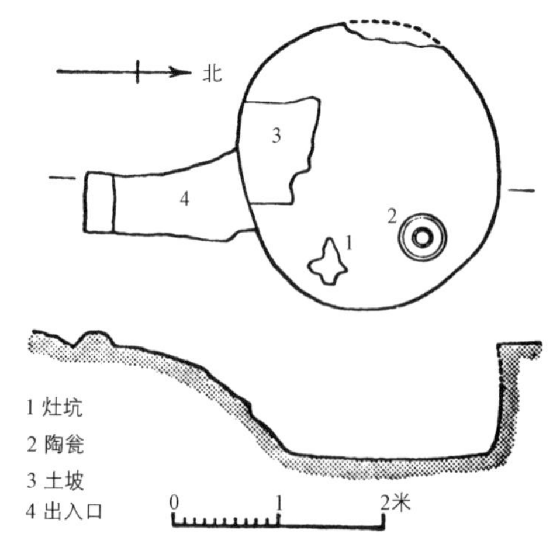

图47　西周晚期房屋的平面、剖面图

不完，桑以为枢，而瓮牖二室，褐以为塞，上漏下湿。”以这一段文句来悬想半地下穴的情形，虽不中亦不为远：小小土室，柴扉零落，用桑树的树干作为门轴，上面是草束覆蔽的屋顶，破了底的瓦罐放在夯土墙中，当作窗户，用破麻布或破毛毯塞在门缝窗缝里挡寒气，也挂在二室之间，稍微分别内外。下雨天，屋顶漏水，地面也因为是挖掘在地面以下，进水是免不了的。大致由新石器时代以至战国，最差的居室，就始终停在这个水平之上（许倬云，1976：519）。在西周，大致是最穷的人住这种半地穴的居室了。

地面上的建筑，以夯土为最重要的建筑方式。中原的黄土，土质细密，加力压紧，就可坚致。《诗经》“大雅 · 緜”形容周人在岐下建都的情形，已在本书第二章引述：先用绳子量画地基的直线，然后运“版”来筑堵，建筑宗庙与宫室。运土的小车轧轧的响，夹杂着投土入版的轰轰声，版筑时的咚咚声，削平土墙上凹凸不平处的砰砰声。近百座宫墙都在夯筑，鼓声不绝，让工人跟着节奏工作。

岐山凤雏村出土的大型建筑遗存，大约正是周室在未至岐下建都时的宗庙或宫室。“緜”诗中描写的建筑工作，也许就包括这一座房屋的工程。本书第二章，已对这座早周宫室的遗存，有了详尽的介绍。若以假想的复原来看，凤雏村的甲组建筑遗存是一座四边可以走通的大院落。前面有门塾，两边东庑西庑，各有八间小室。中央是堂，面对着前庭，堂后面经过廊道穿越后庭，而连接后面的内室三间。墙是夯土坚筑，堂室都在筑高的房基上，房基也经夯实。房屋是用复杂的柱网，构成高耸的屋架，在中堂是一个四阿的屋顶，两庑是两厦的屋顶（所谓两坡悬山顶）。整座建筑，格局规整，前中后三进，左右对称，堪称中国传统建筑方式的早期典范（图 48、49、50）（傅熹年，1981）。

王恩田用凤雏村建筑遗址来比对古籍中材料，斑斑可考。凤雏村的宫室占地南北深 45.2 米，东西广 32.5 米。按古籍中所用的名词，这座宫室建筑由屏、门、塾、 中庭、大室、东西庭、寝、闱、

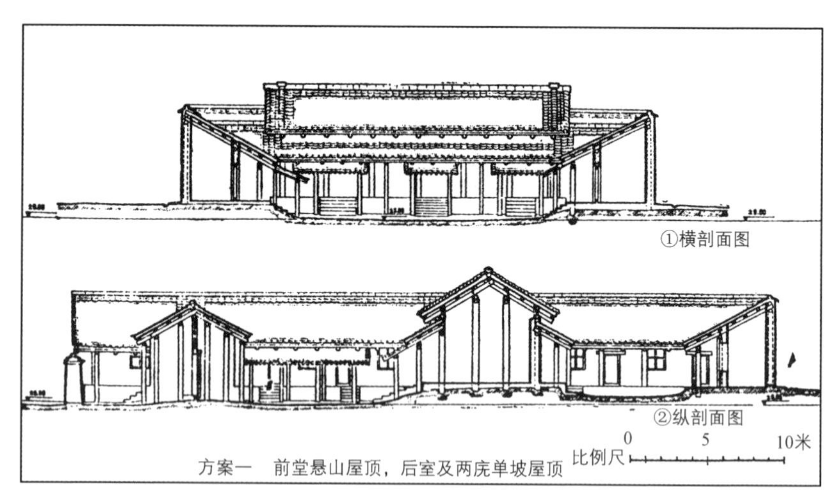

图48　凤雏村西周甲组建筑基址复原图　方案一

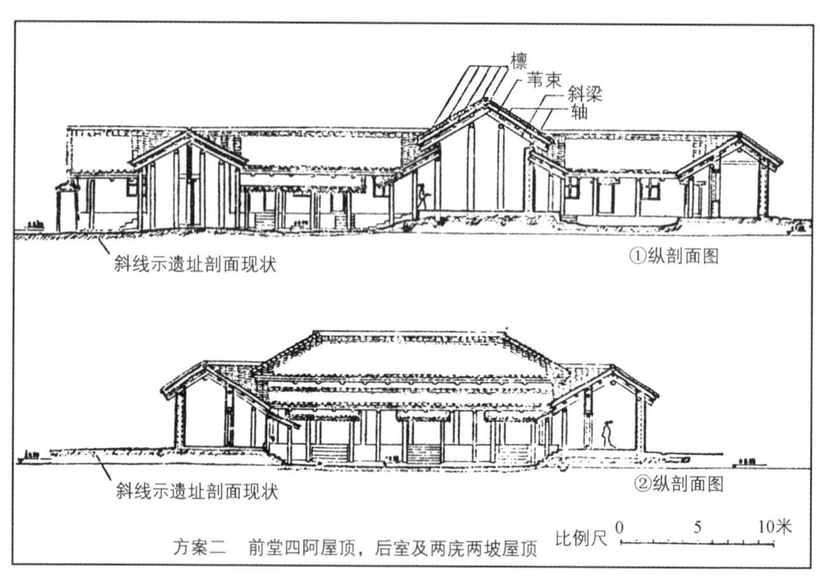

图49　凤雏村西周甲组建筑基址复原图　方案二

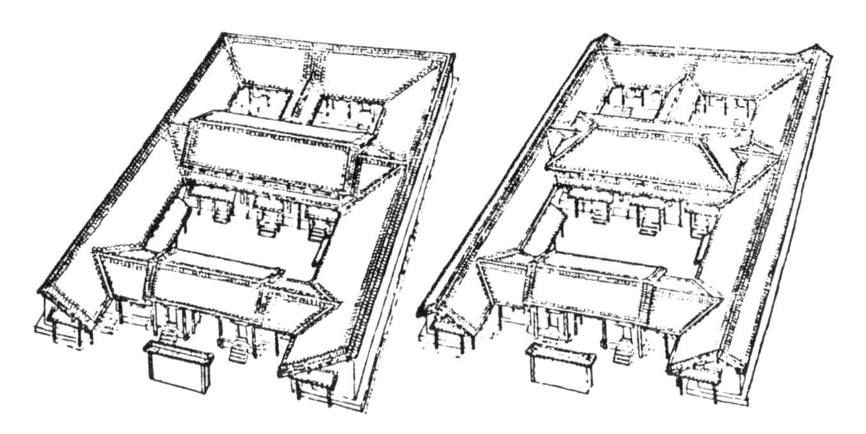

方案一　前堂悬山顶，后室及两庑单坡顶　　方案二　前堂四阿顶，后室及两庑两坡顶

图50　凤雏村西周甲组建筑复原鸟瞰图

东西厢、阙、庑共十一个部分构成。大门外的一道短墙，应即《尔雅》“释宫”的屏或树。屏与门之间的地步，“释宫”称之为“宁”，又称为“著”，《诗经》“齐风·著”，那位女郎吩咐情人等候的地方，即是门屏之间的著。屏外的广场，则是大庭，也可称为外朝，是大朝会时聚会的地方，平时则任人通行。大门两侧有柱，当然也就有屋顶覆被。门道中间有三个柱洞，当是安置门扉及门所用。门塾是门旁两侧各有房二间，与《尔雅》“释宫”相符，也是《仪礼》“士冠礼”、“士丧礼”举行卜筮的地方。中庭即是门内的大院子，金文中屡见“中庭”，是举行册命及赏赐的地点。中庭北有三组台阶，东为阼阶，西为宾阶，均见礼经。东西各二组台阶则是侧阶。那座大堂则是大室，是整个建筑的中心，也是礼仪活动中最主要的地点。堂后两个小庭，亦即所谓东西庭。堂后的一排房屋，可隔为三间或五间，是即“前堂后寝”的寝，如系宗庙，自然不是燕处之所，而是“荐新”的地方。金文中也有在宗庙的寝举行“乡礼”的记载（如师遽彝）。寝的两侧，北墙上升两个小门，称为闱，妇人出入经此便门，东西两厢各有七间房门，或称厢，或称亇，是待事之所。东西两列房舍，最南一室，突出门塾之外，据王氏假定，当是对峙

双阙的位置。中庭及堂四周围绕的回廊，则称为庑，也是宫室宗庙建筑常见的部分（王恩田，1981：75—77）。凤雏村甲组遗址的东边已发现宽大的宫墙遗址，足见甲组位在东侧。甲组的西边发现了乙组建筑，甲乙两组之间有墙隔开。乙组的前堂基础更具规模，比上述甲组的前堂更大，两侧前方则并无房屋。如按传统“庙在寝东”的说法，上文描述的甲组建筑，应是宗庙，而发掘报告尚待发表的乙组建筑，应是先人居住的寝宫。凤雏房屋的规模广大，其出土卜骨似为王室文书；由此两点推测，凤雏村的遗址群大约是周代早期的王家宫室（尹盛平，1981：13，15）。

离凤雏村遗址二公里半的扶风召陈村，也出土了一群大型建筑基址（图版32）。遗址范围很大，现在还只整理了一小部分。遗址也当是王室宫殿，时代为西周中晚期，正可接续凤雏村早期遗址的线索。召陈村建筑遗存，至少可以有两组前堂后室的组合，及一个单独的大堂（尹盛平，1981：13）。现在发表的资料是这一座单独的三号房基，是一座高台建筑，夯土台基高出地面70厘米以上，房基面积22米×14米。房基上有四排柱础，础底是大块卵石，础径约1米，可见其原来支柱之高大。中室是方形，以中柱为圆心画圆形，可以通过八个柱基，而且中柱特别粗大，直径达1.9米。由此推测，这一间大堂的中堂部分，在四阿顶的上面另有一层重叠的圆屋顶，当是金文中所谓太室（图51、52、53、54）（尹盛平，1981：17；周原考古队，1981；傅熹年，1981A）。

召陈村遗址有几处卵石铺成的散水面，是没有排水暗沟以前的排水设备。召陈建筑群出土的瓦种类很多，有板瓦及筒瓦，都有瓦钉或瓦环以固定其位置。不仅召陈有瓦，客省庄、洛阳王湾、北京董家林等地都有泥条盘筑拍制的瓦片；客省庄更有尚未烧制的瓦坯（图版33、34）。凡此均说明了西周中期至东周初期，建筑用瓦，已相当普遍。大致西周以前房顶用草，西周早中期可能开始在屋脊等重要部位用瓦，西周晚期以后则大部分盖瓦了（周原考古队，1981；

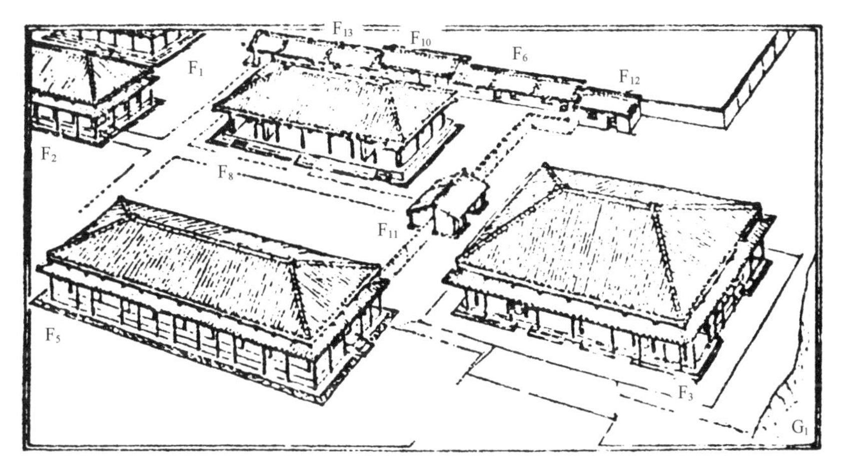

图51　扶风召陈西周建筑遗址各建筑外观示意图

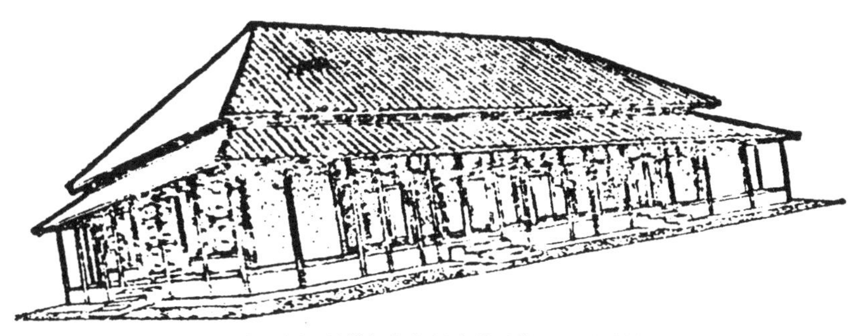

四阿瓦屋：从擎担柱推测或继承殷人重屋形制

图52　召陈F5 复原设想平面之一

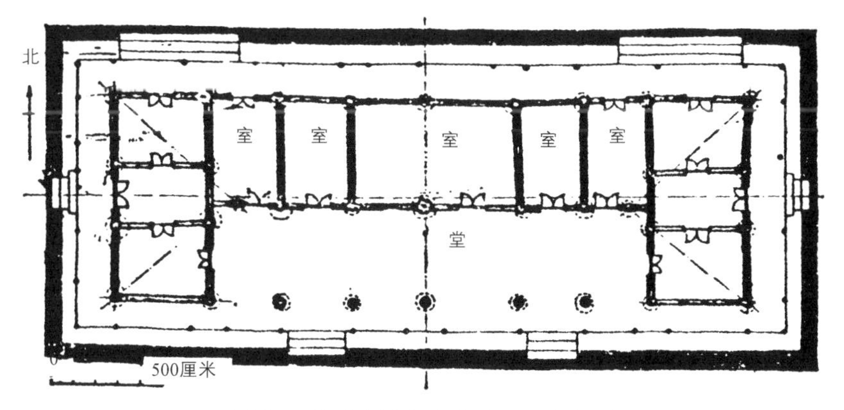

图53　召陈F5 原状初步设想——四阿瓦屋

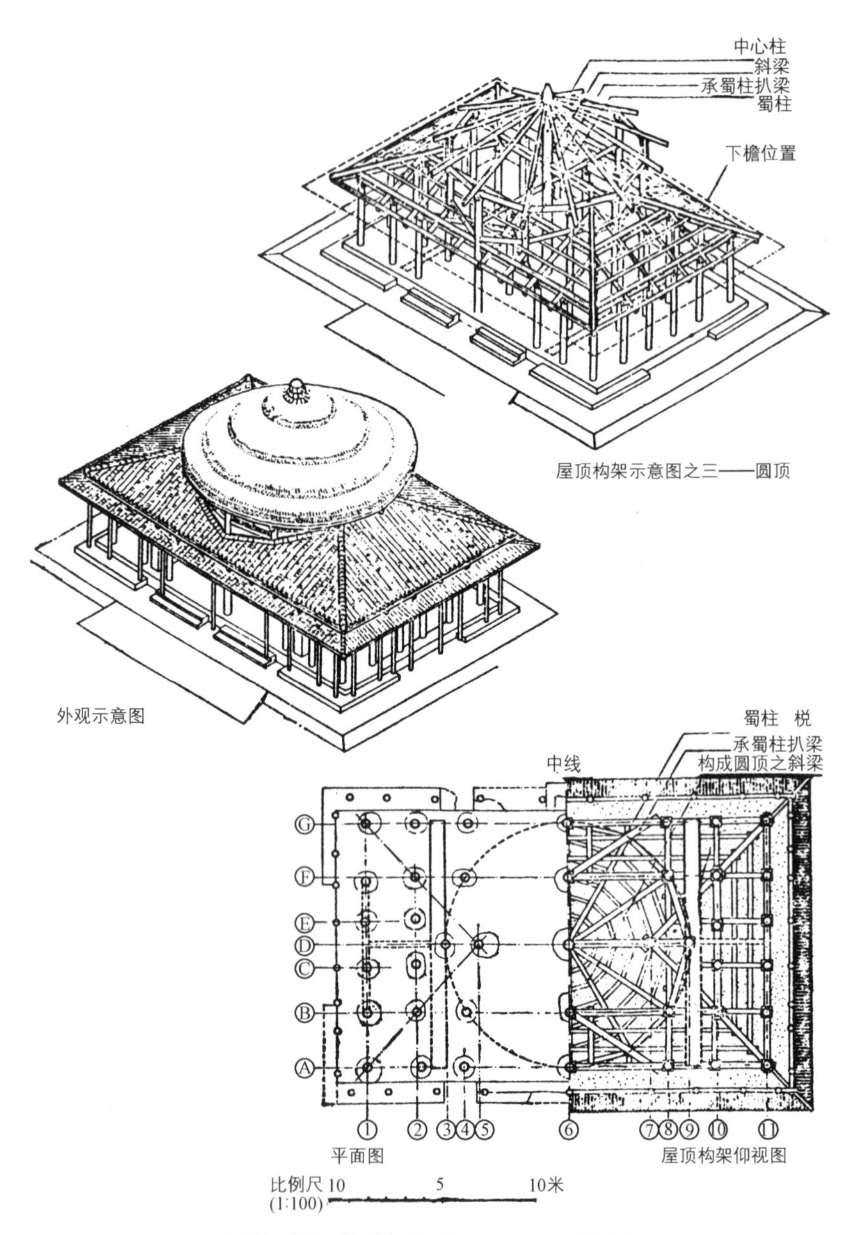

图54　召陈F3遗址复原图之二——上层圆顶

北大历史系考古教研室，1979：186—187）。最近在扶风云塘的西周灰窖中，又发现大型陶砖，体积是36厘米 ×25厘米 ×2.5厘米，质地坚硬，与陶瓦同样的陶质。砖的反面四角都有乳钉，据推测可能是用来贴在土墙外面，以保护墙面。这是西周砖块的第一次出土，更增加了有关西周建筑的知识（罗西章，1980）。

上文介绍了简陋的半地下居住穴及复杂的宫室宗庙建筑群。两者的中间，应有普通的平房。只是至今西周考古资料中还缺这一环节。最近商丘出土的平房，属于商代早期。这一批九座房址，可分为三类，第一类是先在地面夯筑一个台基，略略高出地面，四周是斜面，作为散水用。夯土台上则是三间排房，中间高于两侧的边间。土墙是先挖墙壁基槽，顺槽用草泥垛成墙壁，内外壁修平，内壁面抹一层草泥，表面用火烧烤，成为红色，然后再涂抹黄色泥浆，各间并不互相通连，都各自向外开门。屋顶先用原木为檩，用芦苇束作为屋椽，紧密叠压，上面再加涂草泥屋面。以其中一座排房为例，中间的面积是南北宽3.3米，东西长5.4—5.8米，内有短墙，隔出西北一间小间。东南角是长方灶坑。地面都用草泥抹涂再经火烧硬。东西两侧间，都只有东西长2.6米，南北宽2.3—2.7米，地坪低，面积小，估计其屋顶也比正室为低矮。

第二类房屋无夯土台基，只在地面用黑色草泥土垛成墙壁，地面也经火烤。第三类房屋是一座建在生土上的圆形小房子，直径仅2.6米，但室内有灶坑，显然也是居住用的建筑（考古研究所等，1982：49—54）。商代的建筑不能当作西周建筑。然而商周的窖穴居住形式并无大改变，西周宫室建筑则大有进步，西周的平民居住的平房，应在商代这个形式上有所改进，却也不见得有很大的变化。

北方用夯土及垛泥建屋。东南潮湿，土质又不够坚致，泥屋未为适宜。因此长江流域至今有木结构建筑的传统。在湖北荆门、圻春等地都曾发现西周木构建筑的遗迹（图版35）。兹以圻春毛家嘴的木构建筑为例。这批遗存在水塘底部发现。在5000平方米的范围，发现了两处遗址。一处有三组房屋，每组都为八米长，四五米宽。木柱成纵列及横列排列，相距二三米。另有几十根细木柱，及一节木板墙，地上有大块平铺的木板，并有木制楼梯的残迹，当是成组的木构楼房（考古研究所等，1962A）。

西周房屋的内部陈设，大致以席与几为主。室内设席，是以登堂入室都须去屦。古人量度房间面积，也以几筵（席）为单位。一筵九尺，《周礼》所谓"室中度以几，堂上度以筵，宫中度以寻。"(《周礼注疏》：41/15—16）以《尚书》"顾命"为例，堂上铺设的情形，门内设屏风与幄帐，靠南的窗间设篾席黼纯（桃枝竹制的席，饰以白黑杂绘）、华玉仍几（饰彩玉的凭几）；西面是厎席缀纯（镶边的蒲席）、文贝仍几（饰以贝壳的几）；东边是丰席画纯（彩色为画的莞席）、雕玉仍几（刻玉的几）；靠北边的是笋席玄纷纯（黑边的篾席）、漆仍几（漆几）。陈设不外是一些竹席蒲席，即使天子御用，也不能说是舒服。室有幄帐，则大约不但西周有之，晚至春秋战国甚至秦汉，都有此设备。室外更不用说，必以帷帐为幄了（许倬云，1976：519）。

第四节　服饰与衣料

叙述服装，当由头上的首服开始。古代首服有冕、弁、冠、巾、帻多种。冕是王公诸侯的首服，而弁却是由天子至士的常礼之用。二者的差别，据《周礼》"夏官 · 弁师"，爵弁前后平，冕则首低一寸余，冕前面的旒，也因爵位高低而有多少。

冠是有身份的人共用的首服，小孩成年时即须行冠礼，表示他已能肩负成人的责任。《仪礼》"士冠礼"："弃尔幼志，顺尔成德。"从此这个孩子是有名字的成年人了。平时冠的颜色是用玄黑色，有丧服则用缟素（《仪礼正义》：29/10）。冠的形制，尚少实物为参证。

既须束发受冠，冠必高耸。所谓峨冠，即是高帽子，中间用发笄贯簪。传统丧礼中服御的麻冠，虽是礼经注疏家考证的结果，当仍与古制相近。但冠制总会因地方习尚与个人喜好而有不同的样式，西周的冠式，也未必处处时时完全相同。

一般人则御巾帻，据说是卑贱执事不冠的首服（尚秉和，1966：29）。然而庶人也未尝不能御冠，《礼记》“郊特牲”说到野夫蜡祭时，也是“黄衣黄冠”。野夫是农夫野老，也仍可衣冠行祭。

风日雨雪，但凭冠巾不足以御寒。古人有台笠，《诗经》“小雅·都人士”：“彼都人士，台笠缁撮。”意谓以莎草制的笠帽，加在缁布的冠上。牧人长时在野，自然更须披蓑戴笠，《诗经》“小雅·无羊”：“尔牧来思，何蓑何笠，或负其糇。”正是写实的描述。妇女有的用笄簪处理头发，有的以飘带束在发端，有的以发尖梳合上指，如《诗经》“小雅·都人士”：“彼君子女，绸直如发……彼君子女，卷发如虿……匪伊垂之，带则有余；匪伊卷之，发则有旟。”发式变化，也不输于今日。

次说衣裳。古人上衣下裳，上衣右衽，由胸前围包肩部，由商代石刻人像到战国木俑，基本上并无大差别。裳的形制，似是以七幅布围绕下体，前三幅后四幅，两侧重叠相连，状如今日妇女的裙子，不过折裥在两旁，中央部分则方正平整。《仪礼》“丧服”：“凡衰，外削幅；裳，内削幅。幅三袧。”郑玄注云：“袧者，谓辟两侧，空中央也。祭服朝服，辟积无数。凡裳，前三幅，后四幅也。”正是说明裳的制度。裳的下面是芾蔽膝。《诗经》“小雅·采菽”：“赤芾在股，邪幅在下。”据郑玄引汉制解释：“芾，大古蔽膝之象也，冕服谓之芾，其他服谓之韠，以韦为之。其制上广一尺，下广二尺，长三尺，其颈五寸，肩革带博二寸。胫本曰股。邪幅如今行縢也。幅束其胫，自足至膝。”由此看来，邪幅是相当于今日军中的“绑腿”。同时，裙下有长长的遮蔽，于观瞻及保护两方面，均属有用。

金文中赏赐之物，很多衣物。衣，或称“玄衮衣”，当是绘有卷龙图物的命服。或称“戠衣”，戠即织的本字，当为以练丝织成的命服。或称“玄衣黹屯”，黹为如铜器上云雷纹的钩联纹，当是用这种纹饰缘边的赤黑色命服。或称冂衣，当是以苘麻织成的命服。市，《诗经》“小雅·采芑”：“服其命服，朱芾斯皇”，属于命服的一部分。金文铭辞中提到赐市时，有赤市、朱市、𢆶市、载市、叔市等项。朱赤各如其意，指颜色，𢆶可能是染黄，也可能指有连环形的绣纹。载可能指黑布，也未尝不可能是皮韦。叔，可能是“素”的音借（黄然伟，1978：170—172）。这后面三种市的本义，到底还难肯定。总之，不外以颜色或花纹来表示荣耀而已。

衣裳芾幅，究竟穿着不便，于是有深衣之制，衣裳相连，被体深邃。据《礼记》“深衣”篇的说明，这种衣服宽博而又合体，长度到足背，袖子宽舒足够覆盖肘部，腰部稍收缩，用长带束在中腰，在各种正式场合都很有用。

最后说到鞋子。古人鞋分屦舄两种。据《周礼》“天官·屦人”郑注，复下曰舄，禅下曰屦，则显然依双层底与单层底而有区别。金文所记赏赐礼物中，赤舄也是常见的项目。《诗经》“豳风·狼跋”：“公孙硕肤，赤舄几几”；又“大雅·韩奕”：“王锡韩侯……玄衮赤舄”；都与金文铭辞所见相符（黄然伟，1978：172—173）。红色的靴，似乎须经特赐，则平日大致也有更平常的颜色了。最近河南拓城孟庄的商代遗址，出土了一片树皮纤维织的鞋底，其编制方法与今日草鞋相似（考古研究所等，1982：66）。这是考古发现的第一件织成鞋底。商代有之，西周也就可能有类似的行屦，供普通人日常使用。否则单凭那种双层底单层底的红鞋子，恐怕未必经得起长时的跋涉。

衣着的附件不少。西周最多的是佩带的玉件。金文铭辞有赐“黄”一项，也是命服的一部分。名称则有幽黄、匆黄、恖黄、朱黄之类。或谓黄即佩玉，与珩衡为一物。但也有人以为上述诸种

“黄”的形词，均为颜色，遂以为黄不是佩玉本身，而是系玉的带子。如系系带，是各种可染之色，自较合理（郭沫若，1932：180；黄然伟，1978：172）。无论是佩玉，抑或是系玉的带，西周贵族玉佩随身，则无可疑问。男子须佩剑搢笏，剑象威武，笏备录忘，汉以后成为朝服的一部分，但在古代则是日常衣饰的附件。据《礼记》“内则”，一个人随身携带的大小物件，还有佩巾、小刀、佩刀、火石、火钻，男子的搢笏带笔，女子的针线包。虽然《礼记》“内则”专指子女事父母时的随身物品，平时大约也须有这些小工具在手头的。

衣服的材料，不外皮毛、麻、葛及丝织品。皮毛蔽体，在太古已然。西周金文中，近来出土的裘卫诸器即属于一个专制皮毛裘的家族。九年卫鼎铭文，提到的各式皮裘衣服及原料，有麡咬、豿裘、盠幎、羝皮、䝉皮、业舄踊皮、麡幎、瑱贲、韄鞃、羔裘、下皮等等，以今日的语言说之，此中可有鹿皮、披肩、围裙、车幔、鞋桶子、虎皮罩、革绳、皮把手，以及老羊皮、羔羊皮、次等皮等项。皮件用途之多，及种类之繁，也就可想而知了（周瑗，1976：45—46；杜正胜，1979：586）。用粗毛制成的毛褐，也是皮毛制品之一，可能以其粗短触人，显然只用来作工作服，《诗经》“豳风 · 七月”：“无衣无褐，何以卒岁。”据郑笺，褐正是毛布，则褐是农夫常用的冬衣了。

丝是中国文化中的一个重要项目。早在新石器时代，即有西阴村的家蚕蚕茧出土。吴兴钱山漾的新石器文化遗址，也出土了丝织品的残片。西周考古资料中，关于蚕丝及丝织的发现，过去曾有河南浚县辛村的玉蚕及若干留在铜尊口上的细绢纹痕（郭宝钧，1964：70）。最近则有宝鸡茹家庄西周中期墓葬中的重要发现。这批遗物中的玉蚕数量较多，大小不一，最大的长约四厘米，最小的不及一厘米。丝织物的遗痕，或则贴附在铜器上，或则压在淤泥上（图版36），三层四层叠在一起。丝织方法大多是平织纹。但是有一块淤泥印痕是斜纹提花织物，是菱形图案（图版 37）。刺绣印痕有鲜艳的朱红和石黄两种颜色，大约是刺绣后平涂的。绣法则是用辫子股绣的针法，先用单线勒轮廓，再在个别的部分加上双线。据原报告人说，线条舒卷自如，针脚均匀整齐，反映了熟练的技巧（李也贞，1976：60）。西周的丝织及刺绣，继承了商代的发展成果。商代的墓葬，也颇有玉蚕。平纹织法和用提花装置的文绮，都已有相当的水平绣。刺绣品在商代也有发现，能作菱形纹和波纹，花纹的边缘则用绞拈的丝线（夏鼐，1972：14；北大历史系考古教研室，1979：174—176）。

仅次于丝织品的是麻葛纤维的织物。吴兴钱山漾新石器文化遗址，出土过苎麻织品的残片，是平纹组织，密度很密。西周的麻料，有陕西泾阳高家堡早期墓葬的麻布及河南浚县辛村墓葬木椁顶上的数片麻布（葛今，1972：7；郭宝钧，1964：64）。葛料是夏天的衣料。《诗经》“周南 · 葛覃”：“葛之覃兮，施于中谷；维叶莫莫，是刈是濩。为絺为绤，服之无斁。”看来葛草纤维，由野生葛草采集。葛丝织物，精者为絺，粗者为绤。葛丝绵绵，是以诗人在“王风 · 葛藟”中比喻为剪不断理还乱的乡愁亲思。“魏风 · 葛屦”是新娘送给新郎的礼物，可想也必是珍贵之物。除麻葛之外，还有一些植物纤维。《左传》成公九年引逸诗，“虽有丝麻，无弃菅蒯”，菅蒯是茅草之属，据说菅宜于作绳索，蒯宜于作屦，想来即是草履了。

综合地说，西周时代的衣着，上承商代传统，下接春秋战国的一般形制，须到战国的胡服及楚制，与中原服式相融合，中国的服装始有大改变。以衣服的原料而言，西周已能掌握中国衣料的大部分，有皮、毛、丝织、麻、葛各类。直到棉花纤维加入衣料之中，中国的衣服原料也不过这几类而已。

第五节　工艺与工业

先说青铜工业。西周的青铜文化是殷商青铜文化的延长。周克商以前，商人的青铜工业是当时的主流，克商以后，商人的技术工人由周人整批整批地接过来，其中有的工人赏给分封的姬姓诸侯，但是西周王室无疑地保留了不少，为生产王室需要的物件而工作（佐藤武敏，1977：20—25）。因此，西周早期的青铜工业成品，宛然殷器，无论技术或作用，很难有明白可见的区别。西周铜器的铸造，仍沿用晚商已发展的方法，包括制模、翻范及浇铸三个步骤。通常以淘洗过的净泥做坯，塑造成形，在坯上刻画花纹，或以泥条贴附凸纹。第二步在坯外涂一层陶土，干燥后切割取下，再以各个部分拼成整件的外范。第三步则以坩埚熔化成合金的液体，灌铸入范。如果器形不大，可以整体浑铸。如果有一些零件，或则先铸好零件，贴在坯上制范；或则先铸好主体，再以零件的范贴在主体上铸合。此外用殷商晚期的范铸法和东周的范铸法示意（图 55—60）（石璋如，1955；张万钟，1962：37—39）。两个例子，一在西周之前，一在西周之后；西周的铸铜技术与这二例的水平相侔。

在洛阳北窑的西周铸造遗址，可能是西周宗室的铸造作坊，其年代大约始于西周初年；而至于穆王共王以后，沿用的时间相当漫长，留下来的遗物也很多。可惜数以万计的陶范，大多破碎不堪，只有四五百片，可以作为考察的对象。这些陶范和炉的成分，都是由石英砂和黏土组成，颗粒细小均匀，显然经过仔细地粉碎、筛检的过程。陶范分外范内范和母范，而以外范最多。大型的器范，以一件鼎范为例，是由六片范合成一完整的铸型，每片都包括口腹足三部位，再黏合底范，即为整范。器耳部位留有凹槽，可知器耳是另铸，再镶嵌在范上，然后方浇铸为一体。另有一件卣范，则系四片外范合成。器形复杂的爵，可以多到十片范片合成。然而小型的器物，则只有一个范。

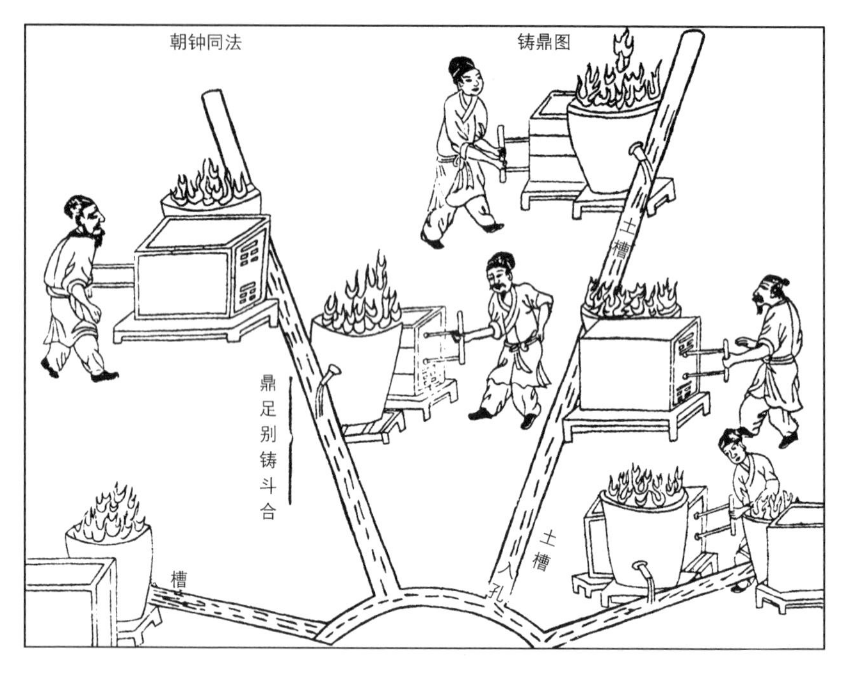

图 55 《天工开物》铸钟鼎图

发掘报告中，称这些范铸的方式为分铸法和分片合范法（图版 38）。出土的熔铜炉壁残块，数以千计，炉径大致在一米左右,厚约三四厘米。炉壁系以泥条盘筑制成。残块大多在内壁有“烧流”的铜粒及木炭。有一些炉壁下缘，发现有鼓风口。坩埚的残片，内壁呈锅底状，尚附上铜渣。据报告，熔炉温度高达 1200—1250℃，当系经过鼓风始能到达如此高温。出土的骨制及铜制锥、凿、刮削之工具不少，大致用来修整陶范及雕刻花纹之用。遗址中有几座烧窑，自然系为了烧范。另有若干卜甲卜骨及非正常死亡的人骨，或身首异处或经过捆绑，据报告推测，可能有占卜和人祭、牲祭一类的仪礼（洛阳市文物工作队，1983）。整体地说，西周的铸铜过程，与其前（殷商）后（东周）互相连续。最近新闻报道，四川广汉出土了西周的大批青铜人像与动物像。其人像大如真人，十分写实。因未见考古报告，未能妄揣。如果断代无误，则西周铸铜工艺的水平，比目前所知为更高。但基本上，掌握

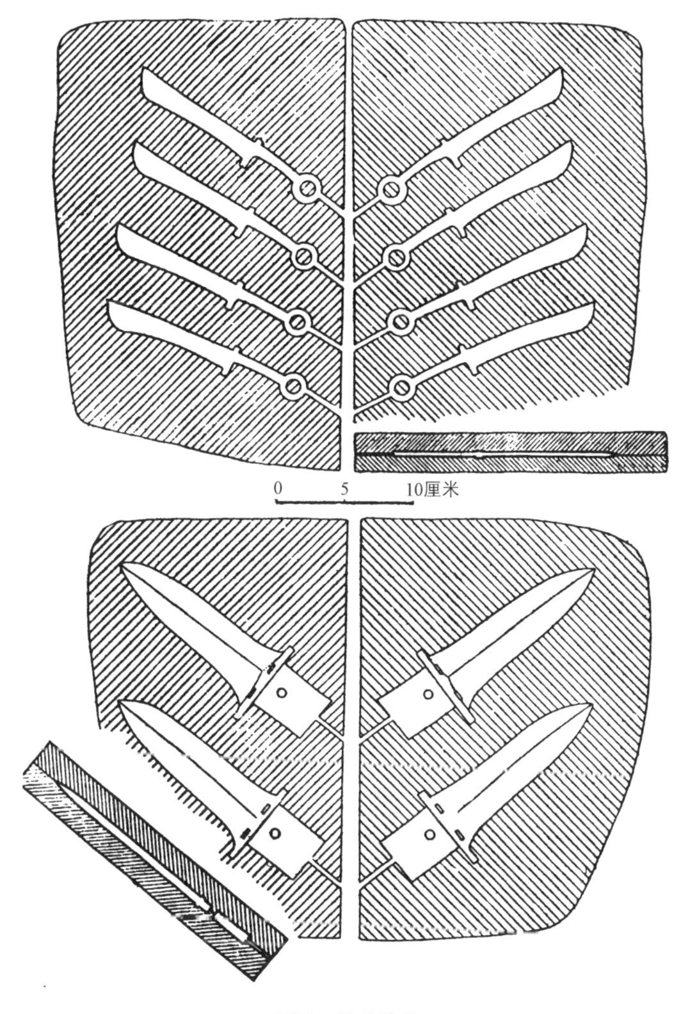

图56　单范铸件

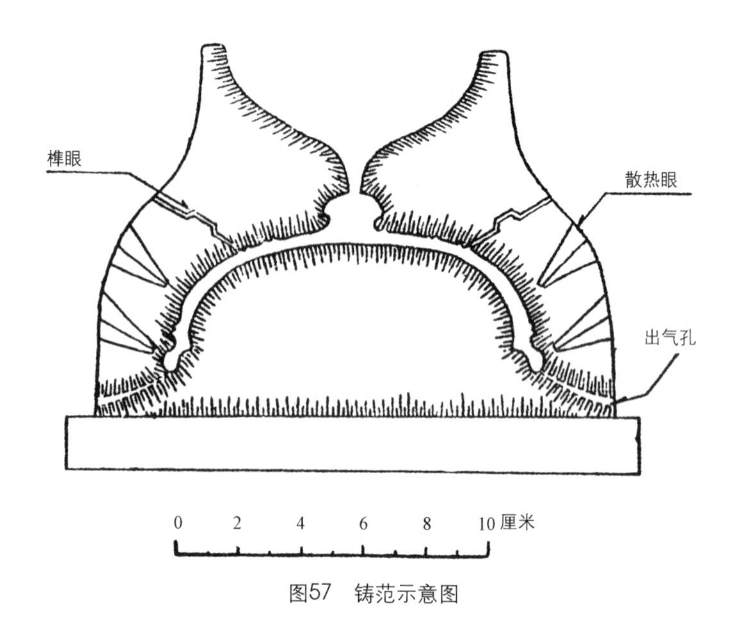

图57　铸范示意图

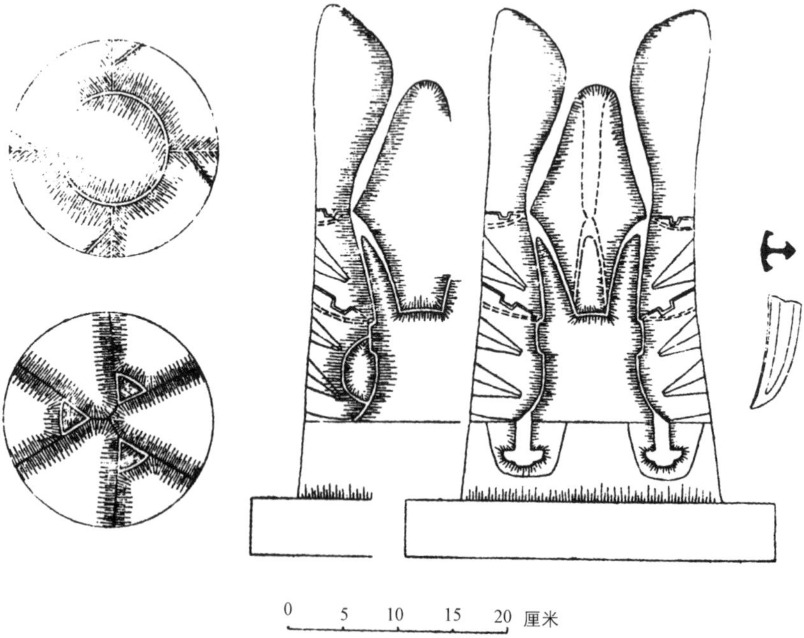

图58　分部铸合之一（斝）

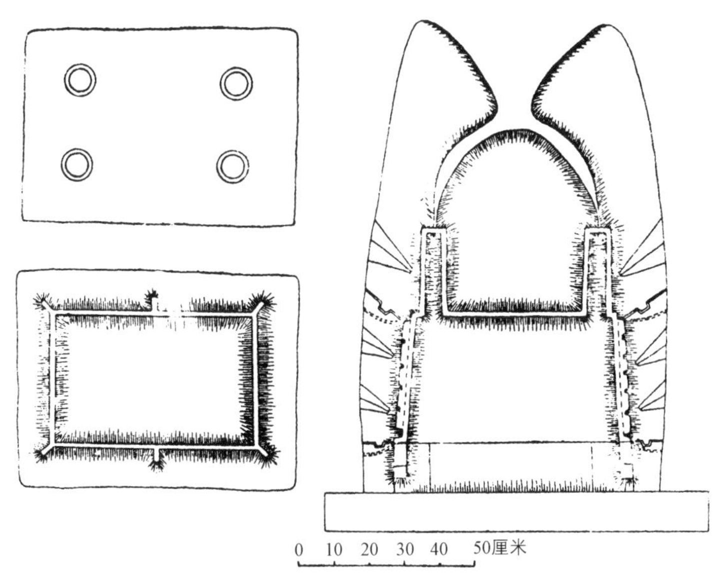

图59　分部铸合之二（方鼎）

了分范合铸及分铸坩接的原则，大型铸件也非难事。

在春秋战国时，青铜工业可能已掌握了脱蜡法，可以铸造极为精细的铜器。曾侯乙墓葬出土的盘尊，有非常精细的镂空浮雕，非用脱蜡法不能奏功。脱蜡法本身的发展，颇须时日，方能达到曾侯盘尊的水平。西周是否已有脱蜡法萌芽？至少至今在考古资料上，犹不可能做肯定的推论。大致西周的青铜铸造技术，还是以陶模浇铸为主（Li Xueqin，1980：63—64；北大历史系考古教研室，1979：472；松丸道雄，1977：66—90）。

西周的青铜工业，最主要的中心自然在丰镐畿辅与洛邑成周。洛阳附近发现大规模铜器作坊的遗址，出土了石陶范。丰镐地区现已发现的若干作坊，规模都不算大，但已看出有分工的趋向。马王村的作坊，陶范都是礼器，而张家坡的作坊，则有不少铜泡的外范和填范，当是专铸车马器的工场。

西周中期以后，青铜器的数量越来越多，一些窖藏，动辄数十

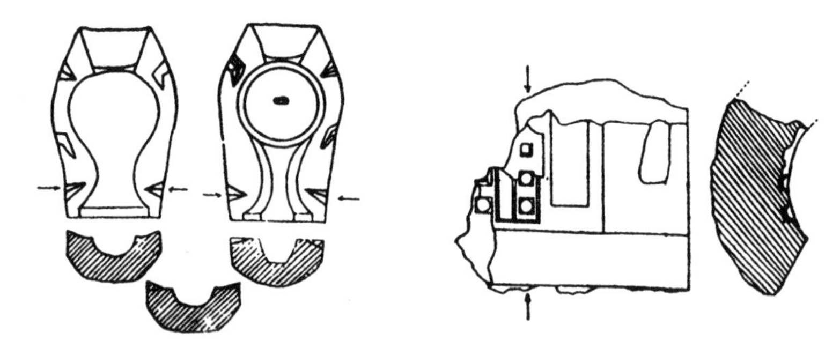

(1) 鼎腿外范结合处的榫卯正视及剖视图

(2) 钟枚镶嵌图

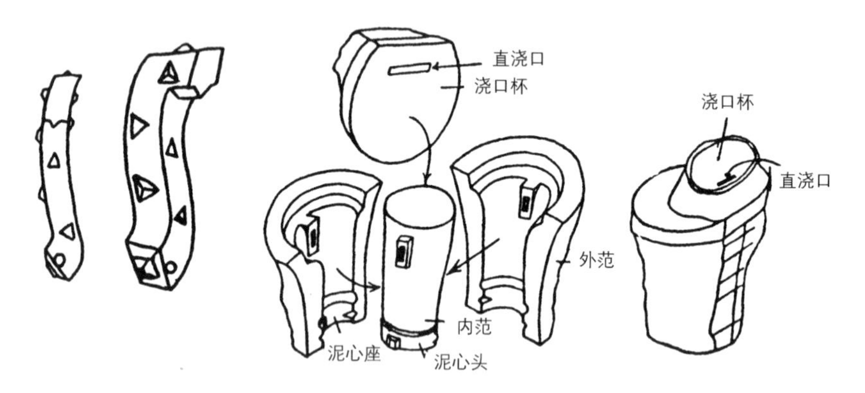

(3) 鼎耳内范

(4) 车軎范泥心座固定法示意图

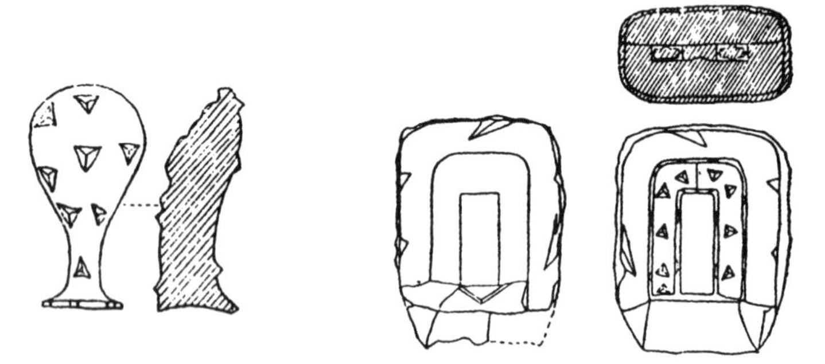

(5) 鼎腿内范的支钉正视及剖视图

(6) 鼎耳范

图60　东周铸铜陶范分部及拼合示意图

器、百余器，而大型墓葬遗址，在上村岭虢国墓地，出土礼器即达一百八十件，工具武器车马饰件，相加的总数，多到五千余件。数量的增加，是西周青铜工业的特色，动物写实，式样也多变化（图版 39、40）。为了增加产量，西周的铸造技术也有了相应的进步。殷商及周初制范方法，是一模翻一范，在西周中期以后，出现了一模翻制数范的方法。西周铜器有甚为肖似的数器，即由于这种大量生产方式的出现，零件不再浑铸，改为焊接在器身上。这也是提高生产效率的方法（北大历史系考古教研室，1979：169—170）。

除了王室铸器外，诸侯也可能有自己铸造铜器的作坊。松丸道雄仔细审察若干铭文的内容及器物上的位置，认为接受王室赐器的诸侯，往往翻铸同式的器皿，但是修改了铭文的内容（松丸道雄，1977）。青铜工业的扩散，无疑会产生各地有地方性发展的现象，在本书第七章中，若干边缘地区青铜工业的特色，当即是这一过程的后果。

数量上的增加，也可以意味着青铜成品的商品化。一方面，铜器的品质可能因量多而差了。西周铜器的早期，承继商器的传统，堪称为青铜时代的鼎盛期。中期以后，花纹渐趋简单，除了昭穆时期有顾凤纹，可算时代特色外，西周一代器形与花纹，都比不上商器的多姿多彩，精美细密。商品化的另一方面，则是消费者的普遍化。到晚期时，裘卫的家族，原本社会地位并不高，可是以其富力已可以自铸铜器。西周晚期有长铭的铜器不少，也反映工作技术的进步。若干“契约”性质的铭文，铸刻在铜器上，也反映了铜器的铸造，不再限于仪礼的目的。世俗化与商品化，本是相关联的现象。散氏盘、裘卫鼎之类铭文，正是铜器作用扩大的表现。铜器商品化了，也就可能当作货品运售别处，辽宁喀左北洞出土的一件铜器，与四川彭山出土的一件铜器，形制酷肖，而地隔千里（Li Xueqin，1980：77；四川省博物馆等，1981）。此中缘故，因为出自同一作坊，分赐不同人物？还是因为当作礼品交换？还是由商贾贩两处？究竟哪一个原因最为可能，至今仍只能存疑。

再说制陶工业。西周的陶业，可由不少考古资料觇见其发展水平。以沣西张家坡的制陶工场为例，陶窑的规模不大，火膛挖在地面以下，有烟囱和窑底相连。窑内应有窑箅，置放陶坯。至于制坯过程，西周的技术发展方向，在早期采用轮模合制，进步到中期以后的快轮法，产品也趋于规格化。这一趋势正与青铜业经历的商品化的现象颇为吻合。西周早期，已出现原始瓷器及带釉陶（图版 41、42）。陕西、河南、山东、河北各地墓葬，普遍出现原始瓷。沣西张家坡遗址中出现的原始瓷片，表面有青色或黄绿色的釉。经过显微镜观察和X光透视以及化学和物理性的测定，据专家判断，这些原始带釉瓷的烧成温度已达 1200℃，硬度高，吸水性低，矿物组成已接近瓷器。瓷质和长江流域发现的青瓷，基本上很相似（北大历史系考古教研室，1979：171—172；考古研究所，1962：附录二）。

骨器也是周人生活中重要的器用，小到装饰用的发笄，箭上的箭镞，大到耕田用的骨铲，几乎无不可用动物的骨角或蚌壳制成（图 61、62、63，图版 43、44）。最近发现的扶风云塘骨器作坊遗址，出土了两万多斤废骨料和蚌制品，无疑是一个规模极大的工场。这些骨料大多带有锯削锉磨的加工痕迹。出土的铜刀铜锯铜钻，也正是制骨器的工具。制造骨器的过程，第一步选取骨材，大致以新鲜骨为主。第二步是按适用的部位锯割，例如以肩胛骨截去肩臼作为制铲的材料。第三步削锉成形，第四步在砺石上打磨光滑。如果是细致的工业品，还须加工雕镂工作甚至镶嵌松绿石，以增加美观。由出土废料及半成品看，同类骨材的切割面很相似，可见经过分工后，由同一批工人操作，工作的过程大约也循一定规则达到相同的标准。张家坡的制骨工场，只生产镞及笄两种小型骨制品，云塘的产品也以骨笄占百分之九十，反映了分工化及专业化的现象。云塘作坊的规模庞大，用料众多。据骨料来源估计，在 21 号灰坑出土八千多斤骨块，须用一千三百零六头牛，二十一匹马！由这一现象看来，周人牛只的供应相当丰富（周原考古队，1980：29—35）。

玉石雕刻（图版 45—47），为饰物及礼仪用的兵器（如戈、斧、

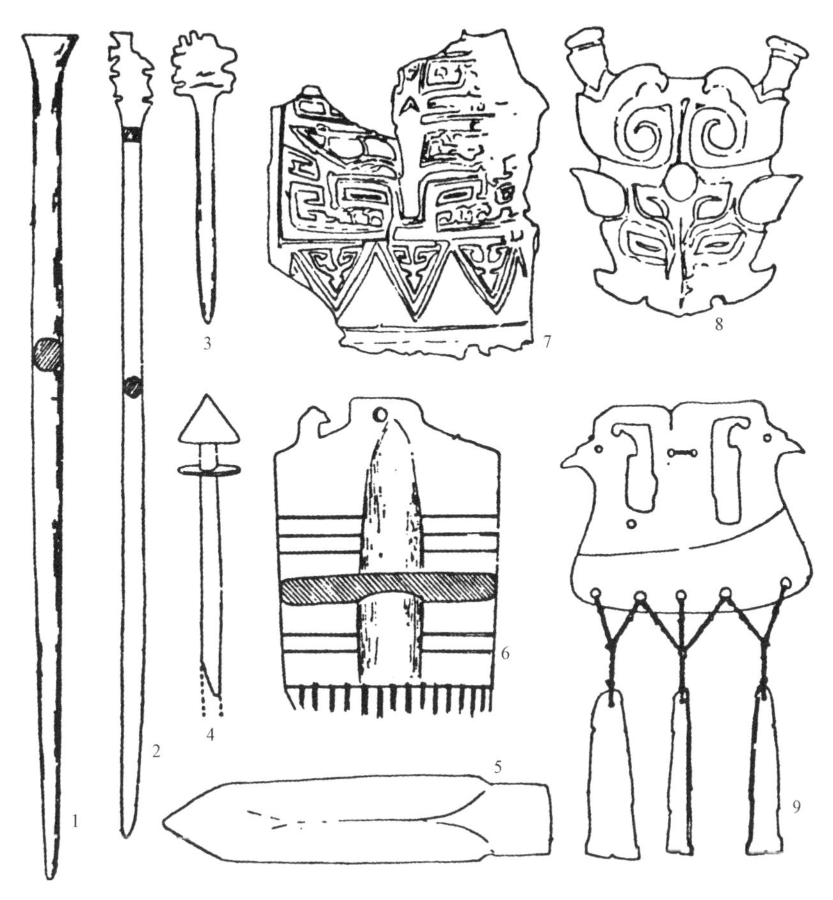

1—4 骨笄（陕西长安沣西张家坡西周遗址）（T41:3:7，H9:1，T4A ④ :8，H423:3）
5 蚌戈（河南三门峡市虢国墓 M1670:7）
6 骨梳（陕西长安马王村西周遗址）
7 雕花残骨器（河南濬县辛村西周墓 M28:12）
8 蚌刻饕餮（濬县辛村 M1:113）
9 蚌饰复原图（沣西张家坡 M466）

图61　西周至东周初骨、蚌器

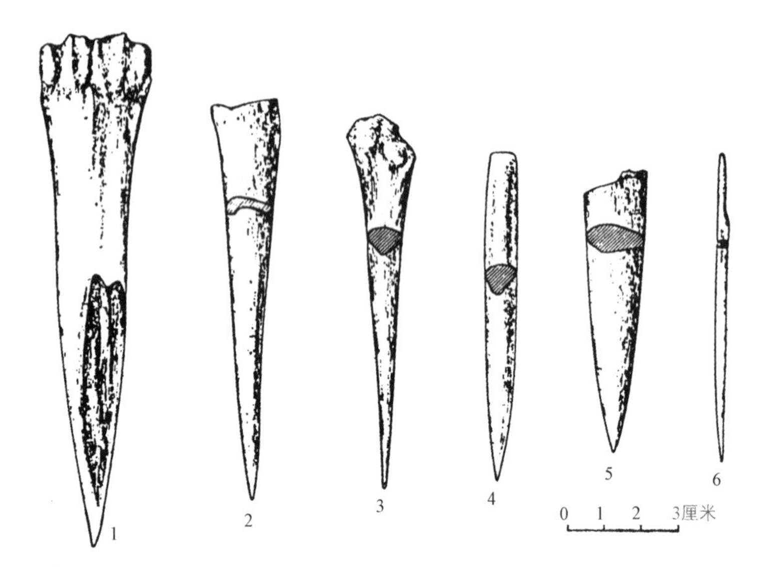

1—5 骨锥（T32:2B:37，T33:2A:1，H145，T41:2A:1，T14:2A:13）
6 骨针（T39）

图62　客省庄西周的骨锥和骨针

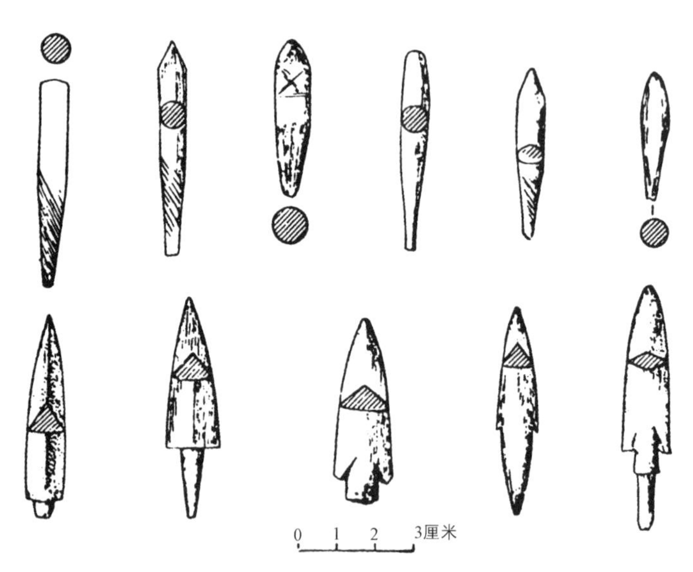

（T26:3:6，T43:4B，T38:2:4，T32:2A:8，H27:4，T37:2:3，T38:2A:28，T13:2A:5，T38:2A:2，T30:2A:1，T16:2A:4）

图63　客省庄西周骨角镞

戚、刀)、礼器（如璧、圭、璋、琮、环、瑗），也有专门制造的作坊工场。有一处遗址即离上述骨器作坊不远。以凤雏、召陈两大型建筑遗址附近分布的作坊而言，有冶铜遗址，有制陶作坊遗址，有骨器作坊遗址及玉器作坊遗址。云塘骨器作坊坐落在凤雏、召陈两大遗址的中间，东西相距各一公里半。召陈遗址出土的镶嵌松绿石骨笄，与云塘生产的骨笄品类相同（周原考古队，1980：35)。这些手工业作坊工场，密迩宗庙宫室又有专业的分工。凡此现象说明了西周都邑内部贵族与百工的共生互倚，也证明了论周代官制的第七章中所述嗣理百工，所指者即为管理这些各种各类的生产事业（佐藤武敏，1977：25—29)。

车的制造，是综合性的工业技术。《周礼》“考工记”：“故一器而工聚焉者车为多。”是以“考工记”中有车人、轮人、舆人、辀人，均说明车工的细节。“考工记”的记载，未必完全是西周制度，然也可由此说明车制的一般情形。车以曲辀架马，以直辕服牛，轮绠形成碟状的箄。乘车横軨，有较轼可以扶持。牛车直厢，以载重物。车轮木制，以火烤定型，务求其匀称。车身各部的相合，用斗榫、用革、用筋、用漆、用胶。车上的装饰，漆饰、皮包，甚至玉石镶嵌，还须有铜制的配件，轴须有铜軎、铜辖，及其他轴饰。衡端有铜矛，轭上有铜銮。驾车的马匹，也有铜制的颊饰、当卢、铜泡等，以革条穿系。络头、辔带、缰绳、鞭策，无不用皮革制作。因此，一车之制作，须动员木工、青铜工、革工、玉工诸项手工业。

车马在西周，除了实用意义外，还有礼仪的意义。一个贵族能使用的车马数量及其装饰，都按等级而增减。一国一家能动员的兵车数字，反映的不仅是兵力强弱，也说明其掌握资源的大小。

考古资料中所见的周代乘车遗物有长安、宝鸡、洛阳、浚县、上村岭各处。不乏真车真马，如原形出土的例证（图版 48—49)。这些车子的基本构造，与殷商车制无甚改变，大体上也与“考工记”所描述的构造相符，都是长方形的车厢，两轮之间相当宽。辀的曲度则相当有限，多为直木两前端上扬（图 64、65、66)。以辐数而

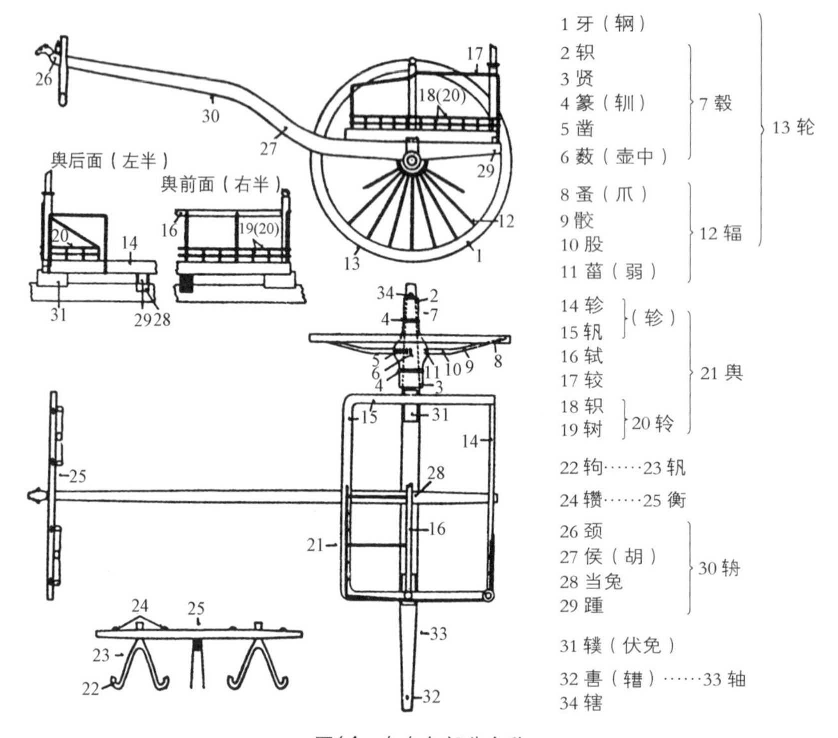

图64 车身各部分名称

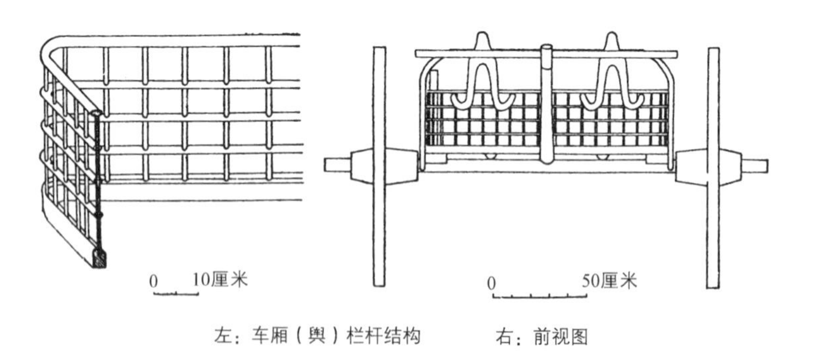

左：车厢（舆）栏杆结构　　右：前视图

图65 河南三门峡市上村岭虢国墓M1727 第3 号车复原图

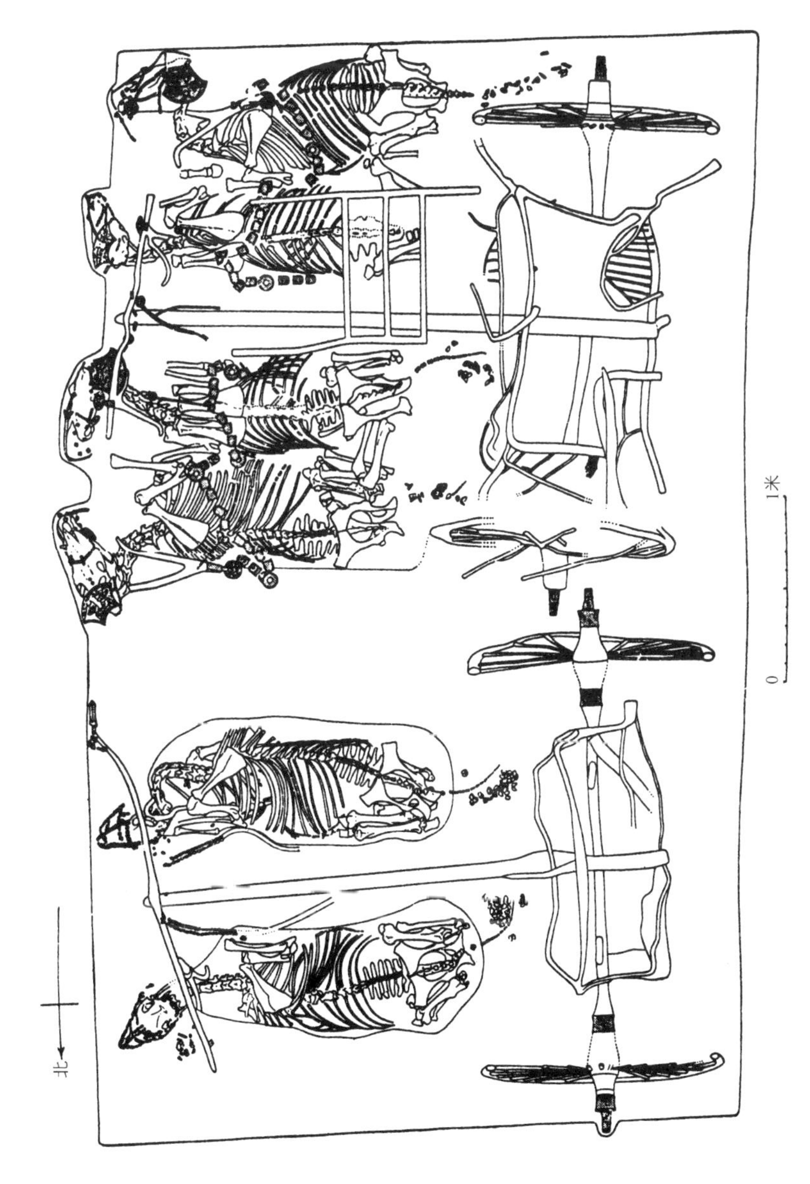

图66　张家坡第二号车马坑平面图

言，大致趋于增多。殷车十八辐，西周车由十一辐至二十二辐。洛阳东郊的西周车有二十二辐至二十四辐。到东周时，车辐更多了。春秋车可有二十五辐（许倬云，1976：522—532；郭宝钧、林寿晋，1954：115；林巳奈夫，1959）。

西周的水上交通工具，文献上只有一些零碎的记载，如《诗经》“邶风·谷风”：“方之舟之”之类。考古资料中更未见西周的舟船遗物。因此，本文也只能缺略这一段了。

第六节　岁时行事

日常生活中，除了衣食住行，可论者则是岁时行事（节庆）及一生之中几件大事：出生、婚嫁及丧葬。古代礼书中所载也大多与此相关。而《诗经》之中，也多的是在各种庆典时吟唱的歌谣。因此，这方面的材料，颇不为少，只是文字记载，大致属于社会上层生活，一般平民的生活资料，相对的就较为少见了。

时序的记载，现存最早的一批史料，当推《夏小正》，其中列举气象、动植物代表的物候、星辰的位置及凡此自然条件与人类农耕、蚕桑、狩猎、采集各项生产活动的关系。文句简短古拙。农史学家认为《夏小正》保存了春秋以前的观念及生活资料（夏纬瑛，1981）。以《夏小正》与《礼记》中的“月令”对比，前者代表了朴素简单的原型。《礼记》“月令”之中，颇多插入战国时代的资料；因此，“月令”中的岁时行事，不能作为西周生活的依据。《诗经》及铜器铭文中，则还不乏岁时行事的记载，可为参考。

古代文献资料中，“藉”是与农业有关的行事，其来源可能甚早。《夏小正》中的藉，列在正月（夏纬瑛，1981），可算是农事之始。金文铭辞中，藉也见于令毁“王大藉农于諆田”及𢦏毁“令女乍嗣土，官嗣藉田”诸铭。令毁所述，大藉之后，更有射礼（白川静，1966A：811—817；1967C：814—816）。《国语》“周语”则有王室藉礼的详细说明。春初，“土气震发”，其实是土壤中的水分，因为解冻而因毛细管作用提升到上层，这是该开始耕土的时候了。在“立春”前九日，太史即当将时令报告农官稷，庶几周王及有关臣工，都及时筹备藉礼。立春前五日，“瞽”（盲目的乐师）感觉春风微动了，周王必须住入斋宫，君臣都斋戒三日。到了立春那天，先举行祭礼，然后在稷、膳夫及农正的赞襄，太史引导周王在“千亩”行藉礼。“王耕一墢，班三之，庶民终于千亩”，象征周王与公卿都亲自参与耕作。藉的收获，存储在专用的神仓，作为祭祀之用。藉礼之日，也举行飨礼，上下都共享酒食。“毕，宰夫陈飨，膳宰监之，膳夫赞王，王歆大牢，班尝之，庶人终食。”宣王即位，不藉千亩，藉礼荒废，虢文公谏诤，追叙了藉礼的仪式，而感慨藉礼之废，将导致“匮神乏祀”，而困民之财。《诗经》“豳风 · 七月”：“三之日于耜，四之日举趾”，记载的可能不仅是单纯下田工作，而也可能指涉初耕的仪礼。“七月”一诗中的收获礼，包括了收纳各种庄稼及酿酒狩猎各种活动，而最后则是“跻彼公堂”，农夫到领主的宫殿祝贺的典礼。前述令毁，藉田之时，也行射礼，则典礼之隆重可以想见。

《礼记》“郊特牲”，有称为大蜡的收获祭。十二月岁终，天子合聚万物，大蜡所祭的人神，包括先啬、司啬、农、邮表畷、猫虎、坊、水庸及昆虫。先啬、司啬及农，均是农神；猫虎与昆虫，当是动物神（猫虎食田鼠及野兽，为农作驱害；祭昆虫，祈其不为害）；而其他三神，均为农田附近的设备（分别为表志、水沟及堤岸），则所祭为主司的神灵了。

狩猎也是季节性的仪礼。“豳风 · 七月”一诗：“一之日于貉，取彼狐狸，为公子裘；二之日其同，载缵武功。言私其豵，献豜于公。”即是领主封邑里，上下都动员的集体活动。《春秋》中，大狩，大猕，史不绝书，均是将检阅与狩猎配合着举行的仪礼。在这种场合，不仅操练军队，检查武备，贵族们也藉此讨论国事，奖黜一国的高级官员（杨宽，1968：268—274）。金文卫盉铭文中记载周王有爯旗的大典，矩伯是周室大臣，必须到场，为了出席建旗的仪式，矩伯向裘卫家借贷以置办必需的装备（白川静，1978A：257—259）。王爯旗于丰，不知究为何种仪礼。旌旗为狩狝所必用，建旗大典，可能是与狩猎活动有点关系。

岁时活动中，冬去春来，大地回苏。春天也当是青年男女寻觅配偶的时节。Marcel Granet 遂以求偶活动解释《诗经》国风中“郑风”、“陈风”若干篇诗歌（Marcel Granet，1975：147—153）。例如“郑风 · 出其东门”：“出其东门，有女如云；虽则如云，匪我思存，缟衣綦巾，聊乐我员。”又如“溱洧”：“溱与洧，方涣涣兮，士与女，方秉蕳兮，女曰观乎，士曰既且，且往观乎，洧之外。洵訏且乐，维士与女。伊其相谑，赠之以勺药。”郑国东门外的溱洧之滨，似乎正是士女云集笑语、互赠鲜花的地方。“陈风 · 宛丘”：“子之汤兮，宛丘之上兮，洵有情兮，而无望兮。坎其击鼓，宛丘之下。无冬无夏，值其鹭羽。坎其击缶，宛丘之道，无冬无夏，值其鹭翿。”“陈风 · 东门之枌”：“东门之枌，宛丘之栩，子仲之子，婆娑其下……谷旦于逝，越以鬷迈。视尔如荍，贻我握椒。”东门宛丘，是陈国青年男女唱歌舞蹈的地方。大约到了黄昏时节，约会也就开始了，所以，“东门之杨”有“昏以为期，明星煌煌”的句子，而“东门之池”既可沤洗纺织的原料（如麻、纻及菅），也正是与“彼美淑姬”相晤唱和的地点。

甚至王室也有他们自己的春天，春分，已在春意正盛的季节。《礼记》“月令”中的高禖，即在二月进行，王与后在南郊祭祀玄鸟——商人的祖先神。在这一个季节，合男女，奔者不禁；甚至牛马也是在此时交配。巫祝戴着面具，祛除不祥，而乡饮礼则为社区的欢宴，尊敬长者，也在此时。杨宽以为“乡”字具备了飨宴及社区的意义，隐含社群共享飨宴，甚至统治者也以乡饮礼加强贵族的从属感，而乡饮也是确认群中等级的场合（杨宽，1975：280—309）。

《诗经》“小雅 · 宾之初筵”形容飨礼：“宾之初筵，左右秩秩。

笾豆有楚，殽核维旅。酒既和旨，饮酒孔偕。钟鼓既设，举酬逸逸。大侯既抗，弓矢既张，射夫既同，献尔发功，发彼有的，以祈尔爵。籥舞笙鼓，乐既和奏。烝衎烈祖，以洽百礼。百礼既至，有壬有林，锡尔纯嘏，子孙其湛。其湛曰乐，各奏尔能。宾载手仇，室人入又，酌彼康爵，以奏尔时。……既醉而出，并受其福。醉而不出，是谓伐德。饮酒孔嘉，维其令仪。……”此中有乐、有舞、有射、有祭祀，显然是盛大的仪礼，属于贵族的。

小规模的聚会，可能只有炮燔的菜蔬及野物，而其借酒食欢聚的精神，则并无二致。“小雅 · 瓠叶”：“幡幡瓠叶，采之亨之。君子有酒，酌言尝之。有兔斯首，炮之燔之。君子有酒，酌言献之。”中国人在今天仍主要利用饮宴联欢，可谓其来久矣。

第七节　人生仪礼

本节叙述的是出生、婚嫁及丧礼。由于资料所限，大致是限于士大夫阶层的生活。

先说出生。在降生的时刻，男子已享有特殊的待遇。《诗经》“小雅 · 斯干”：“下莞上簟，乃安斯寝，乃寝乃兴，乃占我梦。吉梦维何，维熊维罴，维虺维蛇。大人占之，维熊维罴，男子之祥。维虺维蛇，女子之祥。乃生男子，载寝之床，载衣之裳，载弄之璋。其泣喤喤，朱芾斯皇，室家君王。乃生女子，载寝之地，载衣之裼，载弄之瓦。无非无仪，唯酒食是议，无父母诒罹。”

古代生活条件不如今日，小孩的存活率颇低，因此孩子长大到青年时，其象征将要成年的冠礼，甚为重要。《仪礼》“士冠礼”及《礼记》“冠义”都是古代成年仪礼的好资料。照常规，冠礼应在二十岁时举行，但是有时在特殊情况下，也可提前举行冠礼。冠礼的全部过程，由筮卜吉日开始，既定了日期，冠者的父兄即须邀请来宾作为青年成人的见证。冠礼中，加冠三次，一次是爵弁，一次是皮弁，一次是玄端，分别是男子参加祭祀、视朔及朝会的首服。三冠都由请来的贵宾为青年加冠，并加一番勉励及告诫。既冠之后，冠者见于兄弟，再入见母姊诸姑，然后摰见于君，成为君臣，摰见于乡大夫、乡先生，成为贵族社会的一个成员。有其宗庙朝会的位置，也有其应尽的责任与义务。成年的男子，不能再用幼时的名，冠礼时遂也包括命字的仪礼。周人的字，包括伯、仲、叔、季的长幼次序，而成年人的字，总有“甫”的称谓，如伯某甫，表示成年之后已可为人父了。在宗法制度下，长幼次序也是社会坐标之一，有了伯仲叔季的字样，一个成年男子在社群关系的地位遂得定位（杨宽，1965：234—253）。

婚礼是另一重要的生命仪礼。以下的仪节，均据《仪礼》“士昏礼”。婚礼的第一步是订婚，由男子用雁纳采，表示一个家族向另一家族要求建立婚姻关系。纳采在先，问名在后，正可觇见家族的联姻较之两人间的结合更为重要，是以两家同意结姻之后，才顾及询问女子的私名。此后的纳吉、纳征与请期，不过是肯定婚姻的赠礼及确定结婚的日期。婚礼均在黄昏，由新郎至妇家亲迎。离家时，新妇的母亲对新妇有一番告诫与勉励。婚礼次日，新妇见舅姑，“庙见”则在祢庙举行。新郎奉父命娶妇时，父亲的醮辞是“往迎尔相，承我宗事，勖帅以敬先妣之嗣，若则有常”。支子则称其宗，弟称其兄。凡此都可觇见，婚姻是为了结两姓之好，而不是为了两个个人的结合为伴侣。婚姻可说是为了延续宗嗣，将过去的祖先与未来的子孙，由当世的男女结合，而得以永远延续。

丧礼是极为复杂的仪礼。《仪礼》一书中，有一半的篇幅讨论与丧礼有关的各种仪节；因此，在本节也难以交代细节。根据“士丧礼”，人属纩时，必先有招魂复魄之举，由人持死者的衣服，登屋面，三次呼死者的名字。招魂无效之后，丧家方开始办丧事。此时亲人及同宗兄弟毕集，国君也使人来吊唁致襚。柩上有铭，书写死者的姓名，是为魂魄之所依。商祝（习商礼的祝，当是由商代即属专业的祝）则以米及贝蒲实死者口中，然后为死者袭覆。夏祝（习夏礼的祝）将二鬲粥饭，放在西墙，作为未设铭以前，魂魄之凭依。此后小殓，为死者备衣物，大殓入棺，凡此过程都有哭诵，也都须献祭食物，如在生时。葬日则由族人宗亲聚集占卜。国君吊唁及宗族的集会，事实上也有立嗣，或承认已立嗣子地位的作用。丧服因亲疏远近而有严格的等级。因此，丧礼也是厘定社会关系的场合。葬礼的等级在前章封建关系一节中已有叙述。整个丧葬事实上表现社会关系的意义，大于个人的情感意义。丧葬一方面表现了纵的封建等级，另一方面也表现了横的宗族联系。

宗庙之设，也为了同样的社会功能。宗庙并不仅是崇拜神明的地方。宗庙中的典礼及仪节，都是为了收同族之谊。同族同宗的兄弟，既然其亲族的关系由已死的祖先为同源，是以祖先与子孙的联系，也肯定了生者之间的亲戚情义。为此，周人在祭祀时必须有人担任祖先的替身，所谓“尸”，具体地参加人间祭礼。

《诗经》“小雅·楚茨”正可代表宗庙祭祀中神人交接、亲族联欢的景象：“楚楚者茨，言抽其棘。自昔何为，我蓺黍稷。我黍与与，我稷翼翼，我仓既盈，我庾维亿。以为酒食，以飨以祀，以妥以侑，以介景福。济济跄跄，絜尔牛羊，以往烝尝。或剥或亨，或肆或将，祝祭于祊。祊事孔明，先祖是皇，神保是飨。孝孙有庆，报以介福，万寿无疆。执爨蜡蜡，为俎孔硕，或燔或炙。君妇莫莫，为豆孔庶，为宾为客。献酬交错，礼仪卒度，笑语卒获。神保是格，报以介福，万寿攸酢。我孔熯矣，式礼莫愆。工祝致告，徂赉孝孙。苾芬孝祀，神嗜饮食。卜尔百福，如几如式，既齐既稷，既匡既敕，永锡尔极，时万时亿。礼仪既备，钟鼓既戒，孝孙徂位。工祝致告，神具醉止。皇尸载起，鼓钟送尸，神保聿归。诸宰君妇，废彻不迟。诸父兄弟，备言燕私。乐具入奏，以绥后禄。尔殽既将，莫怨具庆。既醉既饱，大小稽首。神嗜饮食，使君寿考。孔惠孔时，维其尽之。子子孙孙，勿替引之。”这一首长诗中，第一章叙述收获已丰，可以为祭祀为酒食。第二章叙述牛羊牺牲，两章都为祭祀致福做准备。第三章，宾客与神保（由活人扮演祖先）饮食交欢。第四章，由工祝向祖先的替身致告，请求降福。第五章，皇尸退位，众人再叙燕私。第六章，祖先与众人都醉饱，祝祷祖先的福泽将永远不绝。在这一首诗中，祖灵十分具体地参加了人间的聚会，祖灵嗜好饮食，正如活人一样，而且也因为享受了好酒好饭，祖灵保证子孙们福泽不断。不仅“楚茨”如此，“凫鹥”一诗也歌咏“公尸”（祖灵的代表）来降燕飨饮食的情形，而“既醉”一诗，则叙述“公尸”在醉饱之后，宣告子孙，嘉奖祭祀得体，献祭的食物洁净而好，如此子孙将获得祖先的赐福。

周人的生命仪礼中，不论哪一种，事实上都由族群成员共同参加，其重要性也是群体的。一个男性贵族的出生，是为了延续祖先的子嗣，婚姻是为了结两姓之好，也为了延续宗嗣。死亡，是在祖先与生者之间的过渡。死者的灵魂，必须长有依凭；暂时的依凭，竟可栖息在粥饭之上，而长久的依凭，则是以姓名为代表的铭及主。祖灵在祭祀时，不是象征性地存在，却是具体地由子孙中某人扮演。生人与死者，都可在饮宴时共同享受丰收，祖灵醉饱，更可庇佑子孙永远享有同样的福祉。燕飨遂具有联系过去与现在，人间与灵界的作用；当然，参加燕飨的宗亲，也为此而有强烈的认同。

第八节　结　论

综合本章所说的物质生活，由于资料本身的偏倚，不免详于社会上层，而略于下层。整个说来，不论衣食居住或器用，大致在上层的精致生活方面，西周的水平较之殷商有不少进步。而在贫户平民的生活方面，大约比前代也未有很大的改变。上层生活，物质生活的实质意义之外，礼仪层级化的社会意义，也增加了生活中的繁文缛节及由此衍生的分化。生产器用的手工业专业化，及生产数量的增加，二者都反映西周生产能力的提高。西周末叶，无疑因为生产能力的提高，使生活的层级差异相对地减少了。下级贵族也可以“僭越”地享用以前只保留给上层人物的东西。专业手工业者本是贵族豢养的百工，但由于生产能力提高了，生产的数量多了，生产物件渐有商品化的趋向，最终将减弱贵族对百工的垄断。——那一变化，将在春秋战国时代完成，但也可说在西周已肇其端倪了。

西周的岁时行事及人生仪礼，大致可由《诗经》及礼书见其梗概。同样由于资料本身的偏倚，也不免只反映了社会上层男性人员的生活。基本上，周人的生活仪礼，具有强烈的社会功能，群体性远超过个人的情感。西周的仪礼，大致继续见于春秋。宗族的社会组织，长期为中国古代的社会基石。

第九章

西周的衰亡与东迁

第一节　西周末叶的外族

本章所述，是厉王至西周末年。其中厉幽二代国命再绝。然而周衰实自夷王之世即已开始。《后汉书》“西羌传”引古本《竹书纪年》，夷王曾经命令虢公帅六师伐太原之戎，至于俞泉，获马千匹。据《后汉书》“东夷传”，厉王时，淮夷入寇，厉王也曾命虢仲讨伐。宣王中兴，西北西南，频有戎事。综合《国语》“周语”、《史记》“周本纪”，及《后汉书》“西羌传”的记载，秦人的祖先秦仲，曾受命伐西戎，戎为之少却。又先后伐太原戎及条戎奔戎，王师却都以败绩闻。晋人伐北戎于汾水流域，戎人则灭了周厉姜侯之邑。宣王曾征申戎，得到胜利。千亩之役，姜戎又败周师。宣王对西北方面，至多做到胜负互见。但《诗经》“小雅·六月”及“出车”，诗人颂咏尹吉甫及南仲的功劳。猃狁入侵，经过镐及方，直侵畿辅附近的泾阳。尹吉甫“薄伐猃狁，至于太原”，在北方修筑城堡，南仲也讨伐了西戎。幽王之世，据《后汉书》“西羌传”引《竹书纪年》，及《史记》“秦本纪”，幽王曾命伯士伐六济之戎，军败而伯士战死，同时戎围犬丘，俘获了戍守西垂的秦世父。幽王自己最后被申侯与西夷犬戎连结，死在骊山之下。《史记》“周本纪”：“幽王二年，西周三川皆震，伯阳父曰：‘周将亡矣……’三年，幽王嬖爱褒姒。褒姒生子伯服，幽王欲废太子。太子母申侯女，而为后。后幽王得褒姒，爱之，欲废申后并去太子宜臼，以褒姒为后，以伯服为太子……褒姒不好笑，幽王欲其笑，万方，故不笑。幽王为烽燧大鼓，有寇至，则举烽火，诸侯悉至，至而无寇，褒姒乃大笑。幽王说之，为数举烽火。其后不信，诸侯益亦不至。幽王以虢石父为卿，用事，国人皆怨。石父为人佞巧，善谀好利，王用之。又废申后去太子也，申侯怒，与缯、西夷犬戎攻幽王。幽王举烽火而征兵，兵莫至。遂杀幽王骊山下，掳褒姒，尽取周赂而去。”西周的终结，极为戏剧化。这位风流天子的戏耍，落得自己赔了一条性命，还送掉了西周的根本地盘。总之，西周的末叶数王，西北边患几乎未曾断绝。

金文的记载，颇能补文献的不足。兮甲盘、虢季子白盘和不嬰毁三器铭文，都说到周与玁狁之间的战事。兮甲盘：“唯五年，三月既死霸，庚寅，王初格伐厰窥于罯虞，兮甲从王，折首执讯，休亡敃。王易兮甲马四匹，驹车。”（白川静，1970C：787）虢季子白盘：“唯十有二年正月初吉丁亥，虢季子白作宝盘，丕显子白，庸武于戎工，经缕四方。薄伐厰窥，于洛之阳。折首五百，执讯五十，是以先行。趄趄子白，献戒于王，王孔嘉子白义，王格周庙，宣廚爰飨，王曰伯父，孔显有光。王赐乘马，是用左王。赐用弓，彤矢其央；赐用戉，用政蛮方。子子孙孙，万年无疆。”（白川静，1970C：802—804）不嬰毁：“唯九月初吉戊申，白氏曰，不嬰驭方厰允，广伐西俞，王令我羞追于西，余来归献禽。余命女御追于畧，……弗以我车圅于囏，女多禽折首执讯，白氏曰，不嬰女小子，女肇诲于戎工，易女弓一，矢束，臣五家，田十田，用从乃事。”（白川静，1970C：817—829）三器时代，考证家虽有异说，当以宣王之世为长。尤其兮甲盘与虢季子白盘均有年月、月相、干支，与宣王的年历相合。

配合三器铭文，及“小雅·采薇”、“出车”、“六月”、“采芑”四诗，猃狁与周人之间的战事，大约有过两次。第一役在宣王五年四五月至冬季。参加者是吉甫、南仲、张仲、兮甲诸人。战事在朔方、太原、焦获、泾阳、镐、嚣虘诸地。南仲戍方，以为偏师。吉甫兮甲一军，败猃狁于嚣虘，北追至于太原；南仲一军，也北至朔方，二人分别筑城防塞。第二次猃狁之役在宣王十一年，参加者有方叔、虢季子白、不嬰诸人。战事在畧、西俞、高陵、洛阳诸地，均在王畿西俞一隅。“采芑”诗中以荆蛮与猃狁连举，大约二者之间，多少有些呼应，是以有“征伐猃狁，荆蛮来威”的诗句，而虢季子白盘全篇叙述猃狁战事，末尾却加上“用征蛮方”字眼。方叔是主将，兵力有三千乘，故“采芑”：“方叔莅止，其车三千。”虢季子是方叔部将，杀敌五百人俘虏五十人。不嬰又是虢季子白的部下，是以十二年周王赏虢季子白，次年不嬰受赏于白氏，志其转战西俞高陵的功绩（白川静，1970C：834以下）。

由文献与金文的材料，综合言之，周对西北二方的外族，采防御政策，即使追奔逐北，也只是对于入侵的反击。“城彼太原”及“城彼朔方”，都是建筑北边的要塞，而猃狁入侵的地点，可以深入到泾洛之间，直逼西周的京畿（王国维，1959：595—599）。

周室对于东方与南方的外族，则采取积极的态度，开拓经营，不遗余力，已见第六章。周代南国范围，主要是召伯虎经营的地区。据傅斯年的意见，南国当是在厉宣二代逐步开拓的新疆土，地望在河以南，江以北，今河南中部到湖北中部一带。其中诸侯即汉阳诸姬。申国建立于谢地，正处王畿与南国之间。南国文物，后来成为东迁后的文化凭借。《诗经》中的“二南”及“大雅”、“小雅”，其中一部分当即南国文化的产物（傅斯年，1952：Vol. Ⅱ，34—38；丁山，1930；屈万里，1971）。

1992—1994年，山西曲沃天马出土晋国铜器不少。其中有一套十六件的编钟，铭文记载晋侯穌的事迹。

隹（唯）王卅又三年，王寴（亲）遹省东或（国）、南或（国）。正月既生霸戊午，王步自宗周。二月既望癸卯，王入各（格）成周。二月既死霸壬寅，王僫（殿）往东。三月方（旁）死霸，王至于䒥，分行。王寴（亲）令（命）晋侯稣逵（率）乃𠂤（师）左洀濩北洀□伐夙夷，晋侯稣折首百又廿，执䜌（讯）廿又三夫。王至于匔城。王寴（亲）远省𠂤（师），王至晋侯稣𠂤（师），王降自车，立（位）南卿（向），寴（亲）令（命）晋侯稣自西北遇（隅）𦎫（敦）伐匔城。晋侯逵（率）氒（厥）亚旅、小子、或人先敨（陷）入，折首百，执䜌（讯）十又一夫。王至，淖淖列列（烈烈）夷出奔。王令（命）晋侯稣逵（率）大室、小臣、车仆从逋逐之，晋侯折首百又一十，执䜌（讯）廿夫，大室、小臣、车仆折首百又五十，执䜌（讯）六十夫。王隹（唯）反（返），归在成周。公族整𠂤（师），宫。六月初吉戊寅，旦，王各（格）大室，即立（位）。王乎（呼）善（膳）夫曰：召晋侯稣入门，立中廷。王寴（亲）易（锡）驹四匹。稣拜䭫（稽）首，受驹以出，反（返）入，拜䭫（稽）首。丁亥，旦，王鄦于邑伐宫。庚寅，旦，王各（格）大室，𤔲工（空）扬父入右（佑）晋侯稣，王寴（亲）侪（赍）晋侯稣𩰫鬯一卣，弓矢百，马四匹。稣敢扬天子不（丕）显鲁休，用乍（作）元和杨（锡）钟，用卲（昭）各（格）前文人。前文人其严在上，廙在下，敳敳纂纂，降余多福。稣其邁（万）年无疆，子子孙孙永宝兹钟。

钟铭内容记述晋侯稣从周天子遹省疆土及伐宿夷事，其中涉及纪年与历日者有以下六条：

1．唯王卅又三年，王亲遹省东国、南国；

2．正月既生霸戊午，王步自宗周；

3．二月既望癸卯，王入格成周；

4．二月既死霸壬寅，王殿往东；

5．三月旁死霸，王至于菓，分行；

6．六月初吉戊寅，旦，王格大室；

丁亥，旦，王鄗于邑伐宫；

庚寅，旦，王格大室。

据考证，这是周宣王时事，周王三十三年二月，周王巡视东国南国，先由宗周到达成周，在成周停留了一段时期，又继续东行，命令晋侯稣率师伐夙夷，晋侯立了战功，有所斩获，周王亲自省视晋侯师旅，嗣后晋侯又征伐氭城，又有斩获。晋侯率大室、小臣、车仆追逐，晋侯又有斩获。上述统率的部队，都各有战功（马承源，1996；冯时，1997：407—442，尤其407—410）。这一事件，当是在周宣王三十四年（公元前794年）。《国语》“周语上”所记录千亩之战，王师败绩于姜氏之戎，是在周宣王三十九年；则伐夙夷之战，周王仍能用晋侯之师取得胜利；晋侯在战役之中，也能指挥大室、小臣、车仆。这些部队特见于王室纪勋的铭文，则可能是王师。由上可见，宣王中兴，周王借东巡南巡，有效地掌握东方领土，并能调动诸侯武装力量。诸侯不但亲自上阵，还可以指挥其他部队；周王室的封建制度，仍能发挥功能。

西周中期，周人对淮上汉上，已有相当程度的控制力。大约厉王之世，南方有一次极大规模的战事。有一位噩侯，先前曾降服于周人。噩侯鼎：“王南征，伐角鄱唯还自征，在矿，噩侯驭方，内豊于王，乃僳之，驭方晉王，王休厦，乃射。驭方鄉王射。驭方休阑，王宴，咸、畬，王亲易驭（方）玉五瑴，马四匹、矢五（束），驭方拜手韻首，敢对扬天子丕显休赘，用乍障鼎，其迈年，子孙永宝用。”（白川静，1969：261—264）据考证，噩侯当即鄂侯，姞姓，曾与周王室通婚姻。有一件噩侯段，是噩侯为了嫁给周王室的王姞所作（白川静，1969：263；郭沫若，1957：107）。南征班师归来的周王，曾接受噩侯的招待，双方关系很好。但是后来噩侯却率领南方部族叛周了。禹鼎："乌虖哀哉，用天大降大丧于二国，亦唯噩侯驭方率南淮夷东夷，广伐南国东国，至于历内。王乃命西六𠂤、殷八𠂤，曰：□伐噩侯驭方，勿遗寿幼。肄师弥宋匌匩，弗克伐噩，肄武公乃遣禹，率公戎车百乘，斯驭百，徒千，曰：于匩联肃慕，叀西六𠂤、殷八𠂤，伐噩侯驭方，勿遗寿幼。雩禹以武公徒驭至于噩䡴伐噩，休，只厥君驭方。"（白川静，1969B：450—456）这一次战役，东国南国全为战场。周人动员了两京的常备部队。一支分遣队由禹带领，即有戎车百乘步卒千人，斯驭二百人。作战命令中，居然可以有"勿遗寿幼"（老少不饶）的严峻语句，战况大约也是残酷的，最后则噩侯被擒。徐中舒推断噩地望为西邓，即今日河南邓县；更由此推论，认为宣王中兴时，方叔及召虎的经营南国，以至讨申伯于谢，都由惩于这次大动乱的经验（徐中舒，1959）。

另一件虢仲盨的铭文，说到周王曾命虢仲南征，伐南淮夷（白川静，1969：276）。此事可能即与《后汉书》"东夷传"所说淮夷入寇，虢仲征诗为同一役。但《后汉书》说此役不克，则是否和擒噩侯的战事为同一件史事，则未易考知。

宣王之世，《诗经》中颇多对于南方开拓的记录。"大雅 · 江汉"歌咏召虎经营江汉一带的淮夷，"式辟四方"，"至于南海"。"常武"记载周王命程伯休父，"率彼淮浦，省此徐土"，以致"铺敦淮濆，仍执丑虏"。然后，"徐方来庭"，出征的军人才凯旋北还。"常武"咏淮浦之役在先，接下去方才叙述"濯征徐国"，似乎同一支军队，转战二役。形容师旅之盛，诗人以江汉为比。如比兴以有关之事为之，则徐夷淮夷也在江汉之间，正是后世荆楚之地。可能徐淮诸夷，犬牙相错，住居相间，也未可知。上节叙述噩侯之叛，以西鄂而率淮夷东夷同起，也可知居地相去不远了。

宣王时，南淮曾内犯成周，及于伊班。据敔毁："隹王十月，王才成周，南淮夷迁及内伐洭昴参泉，裕敏阴阳洛，王令敔追御于上洛炂谷，至于伊班。长榜识首百，执噝卅，夺孚人四百□于熒伯之所，于㴑衣律，复付厥君。隹王十又一月，王各于成周大庙。……王蔑敔历，吏尹氏受，釐敔圭鬲□贝五十朋，易田于㪟五十田，于早五十田。敔敢对扬天子休，用乍障毁，敔其万年，子子孙孙，永宝用。”（白川静，1969B：471—477）敔的战果是斩首百，擒获四十人，夺回被俘的四百人。杨树达考证，以为作战的地区在河南淅川、商县一带山地，淮夷显然沿着伊水河谷，深入到两周之间了（杨树达，1959：25）。此役的斩获不算多，但是周王在太庙献捷，敔也受赐土田甚厚，主要原因殆在于淮夷深入，危及行在成周之故。

淮夷在周室武力控制下，大约以贡赋方式，经常向周室进纳东南的出产。第六章已说过翏父奉命索贡的事。西周末叶，淮夷入贡已视同当然的义务。兮甲盘：“王令甲政𤔲成周四方赍，至于南淮夷。淮夷旧我员晦人，毋敢不出其员其赍。其进人，其贾；毋敢不即𩛥即㞢。敢不用令，鼎即井屡伐。其唯我者侯百生，厥贾毋不即㞢，毋敢或入蛮安贾，鼎亦井。”（白川静，1970C：790—796）师寰毁：“王若曰：师寰𡢁，淮夷繇我员晦臣，今敢博厥众叚，反厥工吏，弗速我东䣄。今余肇令女，率齐币、曩㠯、僰屍、左右虎臣，正淮夷。即䝞厥邦嘼，曰冉，曰䍩，曰铃，曰达。师寰虔不㒸，夙夜卹厥墙事，休既又工，折首执讯。无谋徒驭，殴孚士女羊牛，孚吉金。今余弗叚组。余用作朕后男□障毁。其万年，孙孙子子，永宝用享。”（白川静，1970：601—609）两铭主要意思，都以淮夷历来有贡献的义务，兮甲盘铭是严令索贡。师寰毁铭则因淮夷叛东国而受命征讨，他索取的物资包括士女、羊、吉金，及南方的铜。

略去其中细节不具论。可知者，周人视淮夷为利薮。这些财富似乎集中在成周贮存。兮甲即奉命主持收集四方的贡赋。淮夷若反抗，周人即大兵压境，俘虏其酋长首领。对照金文，则“小东大东，杼轴其空”的诗句，未必是谭大夫独具有感慨，倒颇可能是东方人士，包括淮夷在内，对周人剥削的哀鸣了。

第二节　宗周与成周的消长

周初建立东都，原为了控御东方。周室的真正基地，毋宁仍在丰镐。自从昭穆之世，周人对于东方南方，显然增加了不少活动。昭王南征不复，为开拓南方的事业牺牲了性命。穆王以后，制服淮夷，当是周公东征以后的另一件大事。西周末年，开辟南国，加强对淮夷的控制，在东南持进取政策。东都成周，遂成为许多活动的中心。卫挺生由成周的重要，创为新说，以为穆王以后，周室已经迁都洛阳。这个理论，仍颇多待商之处，兹不具论。但卫氏指出许多在成周的活动——例如发兵、锡命……则为对于古史的一个贡献（卫挺生，1970）。

单以控制财富言，成周积存有不少东方与南方的委输。兮甲盘说到甲奉命管理成周的“四方责”。颂壶也记道：“隹三年五月既死霸……王曰：颂，今女官嗣成周责廿家，监嗣新造责用宫御。”此铭中的责，旧说以为当赐予解。但由前引兮甲盘铭，可知成周有积储。倗生毁的“其责州田”又显然为征赋的意思。故白川静以为是赋贡（白川静，1968C：158—161）。是则颂壶铭文所指，当谓成周有储存物资的仓库。有大量的囤积，有常备的武力（成周八师），成周自然具备活动中心的实力。周王常来驻节，东南军事行动常由成周发动，则也是可以想象的事了。

反过来看宗周的情势。西北的守势，未必能完全阻遏戎狄的侵略。上节所叙述周室所面临的若干战役，敌踪往往深入都城附近。幽王举烽火以博妃子一笑，其事颇涉戏剧化，然而至少也反映了烽燧直抵都下的现象。

周人为了防守京畿，必须厚集兵力。有些原在东方，而未必属于周人嫡系的武力，大约也会调集畿辅左右。《史记》“秦本记”记载，秦人前世，是原来世居东方的嬴姓，属于风偃集团。秦人祖先犬丘非子，以善养马见知于周孝王，非子遂主持汧渭之间的养马工作。非子的父亲大骆曾娶申侯的女儿，生子成，其时已为大骆嫡子。申侯因不愿周王以非子夺嫡，向周孝王进言："昔我先骊山之女，为戎胥轩妻，生中潏，以亲故归周，保西垂。西垂以其故和睦。今我复与大骆妻，生适子成。申骆重婚，西戎皆服，所以为王，王其图之。"孝王于是封非子为附庸，号为秦嬴，但不废子成，"以和西戎"。可注意者，申侯、犬丘与西戎之间的婚姻关系，成为安抚西戎的重要因素。厉王之世，西戎反王室，灭犬丘大骆之族。周宣王以秦仲为大夫，诛西戎，西戎杀秦仲。其子五人率周宣王授与的兵力七千人，破西戎而复仇，为西垂大夫。后来秦襄公又以其女弟妻丰王——丰王据说是戎王荐居岐丰的名号。襄公的伯父犬丘世父，曾一度被戎人俘虏，旋被释放。犬戎、西戎与申侯袭杀幽王于骊山之下。秦襄公将兵勤王，战斗甚力。平王东迁，襄公以兵送平王，平王封以岐西之地，答应秦能攻逐戎，即为其地诸侯。

由这一大段叙述，可知周人戍边的诸侯或将领，无论是申，是秦，都与戎狄有婚姻关系。平时，边疆可以因此平静。但是一旦内外相结，周人不免遭逢噬脐之患。上文述及西戎与申秦联姻，及戎王可以在岐丰立足。由这两点推论，戎狄浸湿渗透，大约已深入内地。这番情势，殆与西晋未乱前，戎胡已在边地繁殖的现象类似。《后汉书》"西羌传"谓：平王之末，戎逼诸夏，自陇山以东，至于伊洛。所谓渭首有狄䝠、邽冀之戎，洛川有大荔之戎，渭南有骊戎，伊洛有扬拒泉皋之戎，颍首以西有蛮氏之戎。诚可说处处有戎迹。虽然《后汉书》记载这些戎人的分布，属于平王之末；然而由上文秦与西戎的关系推断，戎狄入居当不由平王之世始。

秦人先世为西垂大夫，父子兄弟昆季相继与西戎周旋，当是以部族为战斗单位。周人军队中原有秦夷一种，与其他夷人同列，似乎都是作战单位，或后勤服务的单位。金文中至少有两器铭文，提到这个周人以外的族类，一件是师酉毁："隹王元年正月，王在吴，格吴大庙。公族𬊈厘入，右师酉立中廷，王呼史𪫑，册命师酉，𤔲乃且啻官邑人、虎臣、西门夷、𩹲夷、秦夷、京夷、畀身夷。”（白川静，1970：555）另一是询𣪘：“王若曰：询，丕显文武受命，则乃且奠周邦，今余令女啻官𤔲邑人，先虎臣、后庸、西门夷、秦夷、京夷、𩹲夷，师笭侧新，□华夷、由□夷、𠩵夷、成周走亚、戍秦人、降人、服夷。”（白川静，1970B：702）两器时代值历宣二代，师酉与询似乎不是父子，即是叔侄，所管的军事单位，是他们家庭世袭管领的武力。询𣪘提到的单位，比师酉𣪘更多，而且明说有降人服夷。举一反三，其中当也有不是降人服夷，而是调来的少数民族战士，如秦嬴之属。以后世史事推论，汉有胡骑、越骑，明有土兵、狼兵，清有蒙旗、汉军，以及回子牛录；则周人部伍中，杂有诸种外夷戎狄，也并非不可能的事。若周人为了捍卫首都，大集东南降夷，“熟番”，以抵抗西北戎狄，则畿辅之内，民族成分难免复杂了。与成周的兴旺对比，宗周虽然号为京畿，周室倒未必能有坚实的掌握与控制。

此种情形可由散氏盘铭文观之。散氏盘是周金中的名器，记叙夨人侵散失败，于是夨人割地付散，正其疆界。两家处置的土地均在渭南，包括眉豆等处田地。铭辞中参加划界的人有夨人的有司十五人及散人的有司十人。铭辞的末尾，由夨及有关人员盟誓，不再爽约，至以地图交授史正仲农，显然留作记录，以资信守。此铭中夨称王号（白川静，1968C：193—203）。

王国维由散氏盘中夨散二国在厉王之世的情形，论及周室的式微，认为南山的古代微国，及周初所建井、豆、𩁹诸国，已为散夨两国并为领地。天子亲信大臣膳夫克，其分地跨渭水南北，原是岐下强族。鬲攸从也都是能自达于天子的人物。而二人皆受胁于散氏，列名有司，失去王臣的地位。夨器出土，铭文自称夨王者，除此件外，还有数器。王氏以为周室及渭北诸国，困于𤞤狁，仅堪自保。夨散两国，依据南山，旁无强敌，遂致坐大，于是夨居然在辇毂之下，僭称王号。散人因夨人侵轶，而力能使之割地，亦不是弱者。

邦畿之内，兼并自如。两国签约，也目无王纪。王氏因此叹息，“周德之衰，于此可知矣。”（王国维，1968：2023—2044）

综合本节，成周因东南的开拓而日益重要。相对言之，宗周原是周室根本，却因逼于戎狄，四郊多垒，仍难免戎狄的渗透，甚至有戎狄与边将通婚姻的事。畿辅之内的诸侯，也有专擅自恣者。周室在东南的成功，竟未能对于王室的式微，发生强心的作用。

第三节　西周末叶的封建制度——国、邑与田

周初的分封制度，已在第五章中论及，基本上是“封人”的授民制度。疆土倒不是原始分封制度下的要件。本章前节引证师酉𣪘、询𣪘二铭，列举邑人虎臣及诸种夷属，可知二人继承的祖业，以领属的部族为主要成分。邑人当指周人组成的“周人”。虎臣是虎贲士一类的亲卫，而西门夷之属，正同第五章所提的殷民六族、七族、商奄之民、怀姓九宗之类。是以到了周代末期，“授民”的特点依然存在。

授民的分封诸侯，其“国”中的成分，因时而异。但一个诸侯管领的属民，至少是二分（周人及殷人），甚至是三分（周人、殷人及土著），是即杜正胜所谓“武装殖民”的邦国（杜正胜，1979A：22—31）。“国”即是由城墙围筑的防御基地。国的原意不是疆域，也不是仅指首都。《左传》隐公五年：“郑人以王师会之伐宋入其郛。……公闻其入郛也，将救之，问于使者曰：师何及？对曰：未及国。公怒，乃止。”焦循据此，以为郛以内方为国。焦氏遂以经典，“国有三解，其一，大曰邦小曰国，如惟王建国，以佐王治邦国是也；其一，郊内曰国，国语、孟子所云是也；其一，城中曰国，小司徒稽国中及四郊之都鄙夫家……是也。盖合天下言之，则每一封为一国，而就一国言之，则郊以内为国，外为野。就郊以内言之，则城内为国，城外为郊。”（焦循，1888：1/13—14）这三重意义，大

约城邑为国的用法最早，而邦国的用法最晚。三重意义象征了封国成长的过程。第一步是殖民队伍的筑城邑自保；第二阶段扩充管内的领地到近郊；第三步则封国与封国接界了，界内的领土就都认为国中的土域。

国的意义在第一阶段时，国人或邑人也就是原先殖民队伍的成员及其子孙。对于分封的国君，这批人是亲信的自己人；对于当地原来的居民，这批人是统治者。君子野人有别，“先进于礼乐者野人也；后进于礼乐者君子也”，则到孔子的时代，两者之间的分野仍旧存在。杨宽以此观点，讨论乡遂制度，指出了西周及春秋时代国野两分的现象，邑与野（田）的居民具有不同的权利和义务（杨宽，1965：145—165）。杜正胜则用“城邦”一词称周代的封国，国人与邑人并有问政的权力（杜正胜，1979A：29—35）。杨、杜二人都以为都邑以外的田野、聚落是在古代村社，或古代“氏族共同体”的基础上建立的农庄。这种农村，也叫做邑（杨宽，1965：124—129；杜正胜，1979A：56—64）。

诚然中国古代的城邑，具备了城市国家（城邦）的性质。李宗侗在讨论中国古代社会时，即往往引希腊罗马的古代城邦为比证（李宗侗，1954）。然而西周邦国城邑，实与希腊罗马的城邦有很大的不同。希腊罗马城邦与两河流域的古代城邦，属于同类，在统一帝国崛起前，个别的城邦都是独立的政治单元，上无统属，下无分支。西周的城邑则不然。由姬姜分封而产生的封国，固是周王朝体系中的一部分。即使原来独立的中原古国，在西周建立之后，也从此纳入王朝的体系。春秋时代，王纲不振，诸侯纷纷竞争，王朝体系已无约束力。但是这些事实上已独立的邦国城邑，均已是相当不小的领土国家，发展的方向更是走向战国的君主制的领土国家，其情形不能与希腊罗马的古代城邦相提并论。如有可以比较处，大约也只是古代城邑残留下的一些遗存（宫崎市定，1965：155）。

西周的邦国城邑，不仅上有统属，而且还下有分支。《左传》庄公二十八年，“凡邑有宗庙先君之主曰都，无曰邑”，是以都与邑无极大的差别。邑为分封的基本单位，一个春秋时代的卿大夫有数十邑及至数百邑，不为罕见。这种邑当只是很小的聚落，可以小至十家之邑，也可以大到百家之邑（杜正胜，1979A：57—59）。春秋之初，都邑之中，有些地位特殊的邑，或因地居冲要，或因次级分封出去的小贵族较善经营，诸侯的封国之内“大都耦国”（《左传》闵公二年）的现象十分常见。《左传》隐公元年“都城过百雉，国之害也”。正是为了郑国国内有了足以与都城颉颃的大邑。《国语》“楚语上”：“国有大城，未有利者：昔郑有京、栎，卫有蒲、戚，宋有萧、蒙，鲁有弁、费，齐有渠丘，晋有曲沃，秦有徵、衙。”一个诸侯的领地内，已至少有了两层城邑，构成了行政系统的层级。晋献公派遣儿子们分别出镇重邑，“使大子居曲沃，重耳居蒲城，夷吾居屈，群公子皆鄙”（《左传》庄公二十八年）。正是反映晋国城邑的属级化。鄙，又在邑的下一级，则晋国至少有三级城邑了。

春秋时代初期的城邑层级化，在西周末叶已有其萌芽。如在第五章讨论官制时曾提过，王官中已有若干管理地方城邑的官员。“五邑”虽不知确切地望，但有金文中五邑祝、五邑走马，及五邑甸人（白川静，1970B：752，737；1971：899），也有管理“直鄙”的专人（白川静，1978A：252）。

有名的散氏盘铭，记载夨散划界事，双方参加的有司，包括“夨人有嗣，眉田鲜且、散、武父、西宫襄、豆人虞考、录贞、师氏右眚、小门人繇、原人虞苿、淮嗣工虎、孝𠭯、丰父、堆人有嗣荆考，凡十又五夫。正眉夨舍散田，嗣土屰寅、嗣马單𩰫、䣄人嗣工、骍君、宰德父、散人小子眉田戎散父、效果父、襄之有嗣櫜州豪、焂从嚣，凡散有嗣十夫。”（白川静，1968C：199）二十五人中，大半系地方，如眉、豆、原、堆、䣄、淮、襄，这些地名即是夨与散在接界地区的邑。尤可注意者，双方都有眉田。若不是指一方将接收地区的官员与另一方原任官交接，即是边界两方都有地名为眉的田邑。散氏盘铭中还说“眉邢邑田自根木道，左至于邢邑封道”（同上：198）。邢邑，当即是大克鼎的“邢家匔田”（白川静，1969C：505）。是则邢侯旧地，改变隶属很久了，仍以邢邑为号。这个“邑”字不能再以“采邑”为解，只能作为“城邑”的意义了（伊藤道治，1975：185—195）。

伊藤道治又讨论鬲从盨铭。此铭中也是土地交换的契约，牵涉十三个邑，田邑都分言：“章厥𡋑夫□鬲从田，其邑□□□，复友鬲从其田，其邑复𢟪言二邑臭鬲从。复厥小宫□鬲从田，其邑彶眔句商儿眔雠，弋复限余鬲从田其邑竞楙才三邑州泸二邑，凡复友。复友鬲从邑十又三邑。”（白川静，1970：615—622）田谓田野，而必须指认所系的邑名。是则田邑并不是对立两分，事实上，田属于邑，邑属于封主的“家”。田是由邑为中心展开的农耕区，而邑则是管理田野的治所（伊藤道治，1975：198—200）。

总之，西周的城邑，当是金字塔形的层级结构。宗周成周是顶点的大邑，诸侯的国是次级的邑，国以下有贰宗大都，有卿大夫的家邑，最下层则是直接控制田野的邑，如散氏盘、鬲从盨二器铭文所代表“某”地的邑，这种层级结构，与分封制度相伴而生。随着封国由中心城邑向四周扩散，一级一级的次级城邑也陆续控制了原居民的田野。城邑的扩散，在春秋时犹继续不断进行。比较西周城邑的分布、春秋城邑与东周古城遗址的分布，其变化立刻可见（图 67、68、69）。然而西周的城邑分布也不是由开始即是如此的，附图所示，也是数百年演变的结果。当然，许多金文中的次级城邑及更小的田邑，事实上根本无法确定其位置，势难在附图中容纳了。

城邑层级分化的现象，也正反映了授民的封建已渐渐转变为授土地的封建。揆以人情，诸侯在当地定居日久，不再以驻防自居。据《礼记》“檀弓”，太公封于营丘以后，“五世皆反葬于周”。第六世以后，显然已与当地“认同”了。城邑日多，田野日辟，由点而扩展为面。旧日国都与国都之间，榛莽遍布，点与点之间，不必有清楚的分界。西周末叶的封建，由《诗经》与金文的史料观之，授

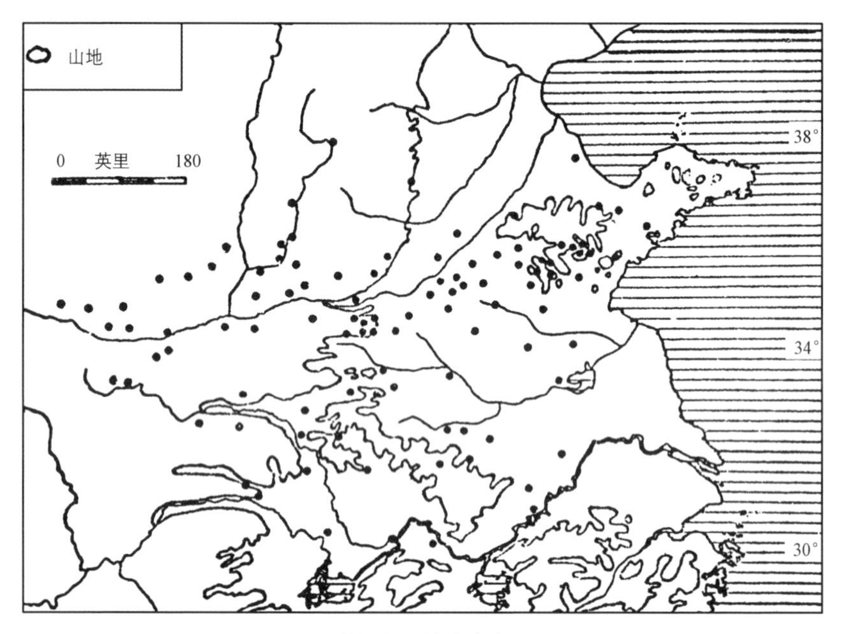

图67　西周城邑分布图

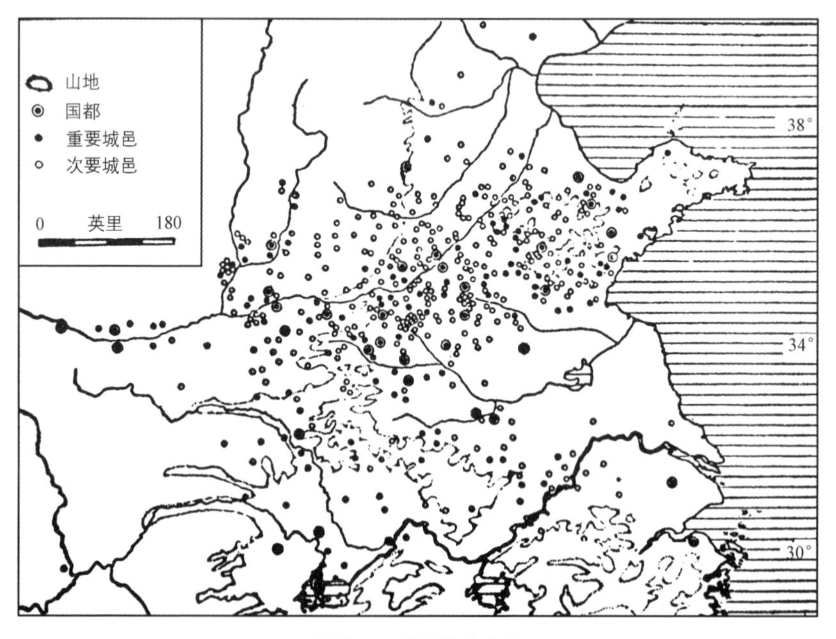

图68　春秋城邑分布图

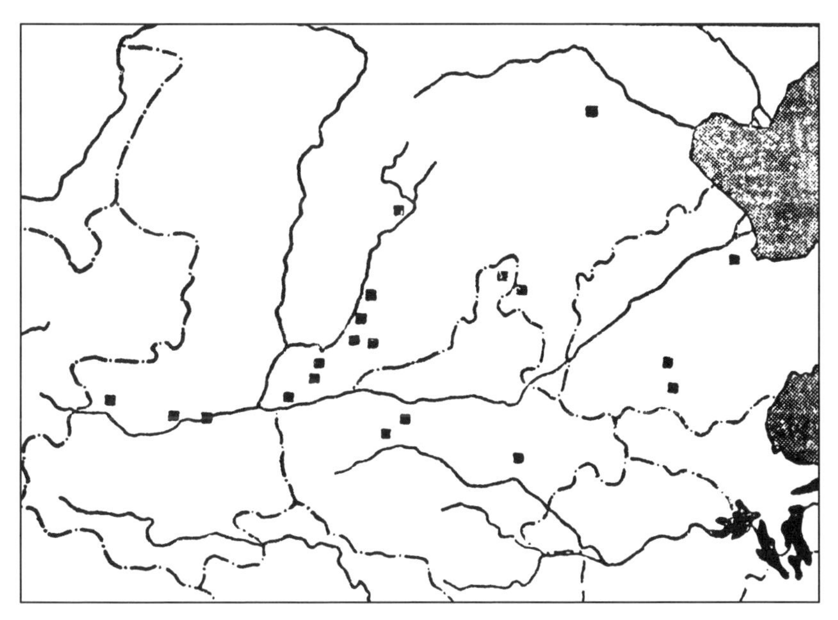

图69　东周古城遗址分布图

土地的观念，已比授民观念强烈。《诗》“大雅 · 嵩高”与“韩奕”两篇，都是韵文的锡命策。“嵩高”：“王命召伯，定申伯之宅……王命申伯，式是南邦，因是谢人，以作尔庸，王命召伯，彻申伯土田；王命傅御，迁其私人，……王命召伯，彻申伯土疆，以峙其粻，式遄其行。”其中固有“因是谢人”及“迁其私人”，代表授民的意义，也强调了“彻土田”、“彻土疆”的意义。“韩奕”：“王亲命之，缵戎祖考。无废朕命，夙夜匪懈，虔共尔位。朕命不易，干不庭方，以佐戎辟……奄受北国，因以其伯。实墉实壑，实亩实籍。”韩侯再受锡命，未见授民，倒是强调了对田亩与赋役的权利。两诗对于土地与人民的语气，已异于以前征引周初策命之偏重授民了。

西周末克氏作器传世颇多，克盨：“佳十又八年，十又二月初吉庚寅，王才周康穆宫，王令尹氏，友史趛，典善夫克田人。”大克鼎：“王若曰：克，昔余既令女，出内朕令，今余佳𩫖堇乃令，易女叔市，参冋茀悤，易女田于埜，易女田于渒，易女井家匔田于𠚩，以厥臣妾，易女田于康，易女田于匽，易女田于陴原，易女田于寒山，易女史小臣，霝龠鼓钟，易女井迲匔人䊗，易女井人奔于䝗。敬夙夜，用事，勿灋朕令。”（白川静，1969C：486，501—504）这二铭中，土地人民都在赏赐之列。至于锡土地的仔细明确，竟是一片一片田土列举不遗。据王国维考证，克的领土，建都渭水南岸，然而其封地远在渭北，北至泾水，奄有渭河南北，俨然岐下一个大领主（王国维，1959：887—888）。

上节曾说到散氏盘所记夨散立界约的事，铭文详记各处分界线，由一个定点分述向东、南、西三方面的界限。以封为界标，以陵泉、道路为界限，并说明邻封接界的田邑。散夨的田邑接壤比邻，界限势须清楚，然而也正因如此，才有侵夺行为发生。

时代可能稍早的曶鼎，记载曶与匡争讼的事。据说：“昔饥岁，匡众厥臣廿夫，寇曶禾十秭。”（白川静，1968B：131）原铭中未记寇禾经过，可能是偷粮仓，也可能是抢割田中收成。如属后者，则曶与匡领地之间的田地，也应接界，始有可能。原史料不详，未宜妄说。

倗生𣪕文辞佶屈，不易通读，但大意可知：格伯与倗生，以良马一乘（四匹）交换三十田的事。接下去是按行甸野，经过一串地方，地名均是山林川谷，大约也是勘定四至，然后以契约存放史官，与散氏盘的格式一样。文末谓格伯的田已“典”，当指已经“登记在案”（白川静，1967C：426—432）。此铭可谓土地买卖的证据。田地可以买卖，一则田地代表财富，二则领主已有充分的处置权。封建制度下，周王应是天下共主，一切封土的最高所有者。封君自己买卖田地，未尝不表示周王最高所有权及封建体制，已有了极大的转变。

岐山董家村新出土的裘卫诸器中，卫盉与五祀卫鼎两铭都提到“贮”或“贮田”的字眼。两铭方出现时，各家的注释即有出入（林甘泉，1976；唐兰，1976A，1976B；周瑗，1976）。大致以贮为租，唐兰主之；一以贮为贾，林甘泉、周瑗二人主之。卫盉（图 70）铭

图70　卫瞭铭文

文如下："隹三年三月既生霸壬寅，王爯旂于丰，矩白庶人取堇章于裘卫，才八十朋，厥贮，其舍田十田；矩或取赤虎两、麀桒两、桒韐一，才廿朋，其舍田三田。裘卫乃彘告于白邑父、燮白、定白、琼白、单白，白邑父、燮白、定白、琼白、单白乃令参有嗣，嗣土散邑、嗣马单旟、嗣工邑人服，眔受田：燹、趞，卫小子鼙，逆者其飨。卫用作朕文考惠孟宝盘，卫其万年永宝用。"（岐山文化馆，1976：27；白川静，1978A：257—259）王祀卫鼎（图71）铭文如下：

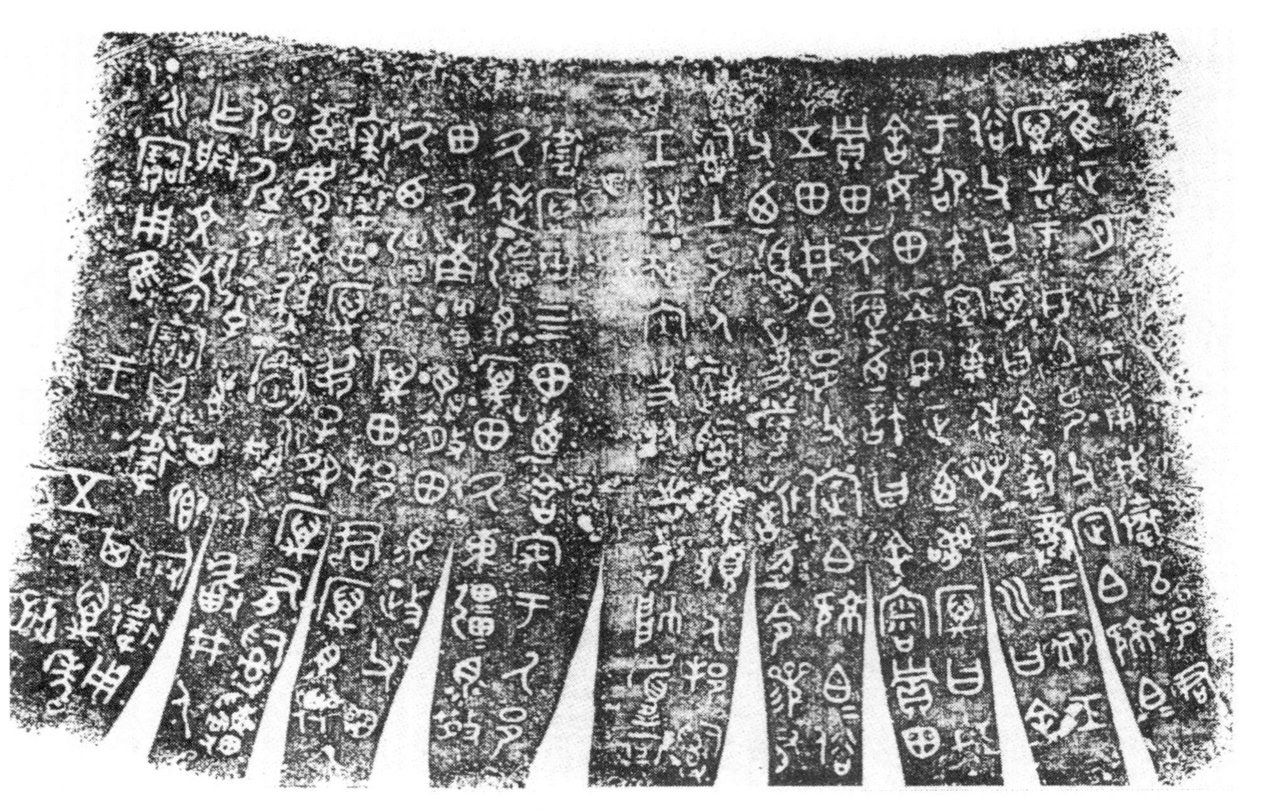

图71 卫鼎（甲）铭文

“惟正月初吉庚戌，卫以邦君厉告于井白、白邑父、定白、𤴓白、白俗父曰，厉曰余执王龏卹工，于邵太室东逆燮二川，曰余舍女田五田。正乃𠴕厉曰，女贾田不。厉乃许曰余审贾田五田。井白、白邑父、定白、𤴓白、白俗父乃𩑈吏厉誓。乃令参有𤔲：𤔲土邑人𧾸、司马𩑺人邦、司工附矩、内史友寺刍，帅履裘卫厉田四田，乃舍寓于厥邑，厥逆疆眔厉田，厥东疆眔散田，厥南疆眔散田，眔政父田，厥西疆眔厉田。邦君厉眔付裘卫田，厉叔子夙，厉有𤔲𩰫季、庆癸、燹表、荆人敢、井人倡屖，卫小子者其飨朕，卫用作朕文考宝鼎，卫其万年永宝用，隹王五祀。”（岐山县文化馆，1976：27—28；白川静，1978A：262—263）黄盛璋根据铭文口气，确定贾田既不是出租，也不是价购，而只是以田地交换另一片田地，或者别的物资（黄盛璋，1981A）。

黄说比较合理，因为在封建制下，土地只能由周王颁赐，不能由私人买卖。租赁制度也与西周封建的贡赋体制相当混淆，会发生领主身份变易的问题。只有交换，有买卖之实，而无买卖之名，比较能在已建立的封建制度下发生。西周分封，如第五章所述，主要发生于文武成康四代。麦鼎记载井侯的侯于井，及伯晨鼎所记𤼈侯封𤼈，都是承袭祖业。《诗经》“大雅·嵩高”与“韩奕”两篇，分记封申封韩事，也似乎是承袭。周人开辟南国，可能在汉上又分封了若干诸侯，大体言之，到了晚周时，可封的土地已封尽了。尤其畿内的领土，又加上许多防边的新来武力，分封土地已不可能。是以若干旧封君的土地，如上文所举邢侯的剿出，即不免改封给别人。新起的有势力的豪家大族，要获得土地，除出之交换的方式外，另无他法。交换行为刚开始时，双方必须报告执政大臣，执政们也慎重处理，派员勘察，记录存付史官。倗生毁与五祀卫鼎的铭文，正说明这种手续。甚至散氏盘记载的划界，也还交付史官存案。不过，一旦这种交换事件多了，王室大臣不胜其烦，也就不能一桩桩，一件件，全经报备、勘察、存案的程序进行。同样在董家村发现的九年卫鼎，也有土地与物资的交换行为，约中既未有王官出席，甚至没有报告王室的大臣。五祀卫鼎是共王时代器，大约正是土地交易行为方兴未艾之时，遂有此过渡现象。

在东方，诸侯之间是否也在进行换田易土的事，因史料不足，无法讨论。不过据《史记》“郑世家”及《国语》“郑语”，郑桓公原封在京兆，后来寄孥于虢郐之间，东迁雒东。虢郐二国无缘无故献出土地，必有所报偿，基本上当也是一种交换土地的方式。又，《左传》桓公元年，郑以璧假鲁国的许田，又以泰山之祊田易许田。所谓以璧假田，及易许田以祀周公，大致都是门面上的交代。郑鲁交换土地，是此事的实际内容。

本节所说，大体谓周代诸侯，已由“点”的戍守，逐渐演变成“面”的主权。诸侯戍守驻防，有赖于彼此的合作。诸侯各为领有地区的主人，情形就不同了。农田开拓，一旦两片领地接壤时，比邻之间的关系，遂不免由互相支援转变为彼此竞争。周代封建网维系的秩序，于是也面临严重的考验。宗周畿内，情形更严重。地方有限，而王臣一代一代都势必占有土地，日积月累，王室直接掌握的土地，越来越少。晚周之际，边患日亟，许多新领主，原为保卫京畿的驻防，其由驻防而变成割据，对于西周王室的实际力量，当然也构成严重的影响。厉王之世，又经过一番内乱，国力受损，王室权威更受打击，宗周王畿内外斫伤，东方诸侯离心离德，西周的覆亡，真可说朝不保夕了。

第四节　西周的末世诸王

厉王之世是西周崩溃的开始。《国语》“周语”记载两节厉王的故事，一条谓厉王虐，国人谤王。王使卫巫监察谤者，用死罪来止谤。召公用“防民之口甚于防川”的道理规劝，王不听，又据说厉王信任荣夷公，为他敛财，芮良夫因此感叹：“夫荣夷公好专利而不知大难。夫利，百物之所生也，天地之所载也，而或专之，其害多矣。天地百物皆将取焉，胡可专也？所怒甚多而不备大难，以是教王，王能久乎？夫王人者，将导利而布之上下者也，使神人百物，无不得其极，犹日怵惕，惧怨之来也。……今王学专利，其可乎？匹夫专利，犹谓之盗，王而行之，其归鲜矣。荣公若用，周必败。”终于诸侯不享。三年后，国人放逐厉王，王奔于彘。周室的统治有一段由贵族集团执政，号为共和。这是中国有可靠纪年的开始，是公元前841年。

“共和时代”的执政者，《史记》“周本纪”说是由王室重臣召公和周公二人联合，这是传统的说法。但《史记索隐》引《汲冢纪年》：“共伯干王位”，而《庄子》“让王篇”、《吕氏春秋》“开春篇”，及《史记正义》引《鲁连子》，都说在厉王奔彘期间，有一位共伯和担任执政。厉王死后，共伯奉王子靖为王，是为宣王。共和究是周召共同执政抑或是共伯和执政？周召执政之说，在金文史料中，未见佐证。至今还未见西周晚期金文中有大臣周公。只有召穆公（召虎）确是当时重要人物。另一方面，共伯和执政的传说，至少有一点金文的线索。师𠭯毁：“隹王元年正月初吉丁亥，白龢父若曰，师𠭯，乃且考又𢦚于我家，女有隹小子，余令女死我家，𬘓𬘔我西隔东隔仆驭百工牧臣妾，东𢦏内外，毋敢否善。……𠭯拜𩒨首，敢对扬皇君休，用乍朕文考乙仲将毁，𠭯其万年，子子孙孙，永宝用享。”（白川静，1970B：741—749）由本铭“白龢父若曰”的口气，白龢父有可能即是代干执政的共伯和（郭沫若，1957：117；杨树达，1952：138，225）。此说尚不能认为定论，杨氏诸人的意见，还有人置疑（白川静，1970B：745—747）。然而较之周召共同执政之说，此说仍比较可信（屈万里，1971：784—785）。

厉王的罪名中，“专利”一项，《国语》本文并无正面交代。但细玩文义，有数点可以析出。第一，利大约指天然资源，是以谓之“百物之所生”，“天地之所载”。第二，利须上下均沾，是以王人

“将导利而布之上下”。惟有以赏赐的方式，广泛地分配利源，始使“周道”延绵至今。第三，荣夷公专利的结果，是“诸侯不享”。循此推测，周人在分封制度下，山林薮泽之利，由各级封君共享。即使以赏赐或贡纳方式，利源仍可上下分治。厉王专利，相对的也就使诸侯不享。本文上节曾指出，西周王室颇有紧迫的情形。外有国防需要，内有领主的割据。周室可以措手的财源，大约日渐减少。费用多，而资源少，专利云乎，也许只是悉索敝赋的另一面。这是时势造成的情况，厉王君臣未必应独任其咎。然而，这种情势，也意指封建领主间，那座宝塔式的层级分配制度，已濒临崩解了。

宣王即位，西周号为中兴。南征北伐已见前节。西周的国力，无疑因征讨而受损。《国语》“周语上”记载了宣王料民的故事：“宣王既丧南国之师，乃料民于太原。仲山父谏曰：‘民不可料也。夫古者不料民而知其少多。司民协孤终，司商协民姓，司徒协旅，司寇协奸，牧协职，工协革，场协入，廪协出。是则少多、死生、出入、往来者，皆可知也。于是乎又审之以事。王治农于藉。搜于农隙，耨获亦于籍，狝于既烝，狩于毕时，是皆习民数者也。又何料焉？不谓其少而大料之，是示少而恶事也。临政示少，诸侯避之。治民恶事，无以赋令。且无故而料民，天之所恶也，害于政而妨于后嗣。’王卒料之，及幽王乃废灭。”

仲山父的一番议论，透露了若干消息。一方面，他指出“古者”如何如何，说明不必经过户口调查，人口统计的资料，已在掌握之中。另一方面，他又指出，户口的数字已经少了，何必再大举调查以示弱。实则宣王在丧师之后，要作一次“国势调查”，若仲山父议论的古制仍未失去功能，宣王自然不必多此一举。大约实际人口与官府记录，已有了差距，宣王始不得不“料民”。很可能仲山父也预见“料民”的后果是人口太少，或人口减少了，遂有何必示人以弱的议论。由这一段史料推论，宣王时，周室可能经历了户口减少的危机，至少也是周王室直接控制下的户口，比应有之数为少。

户口减少总不外两端：或由天灾，或由人祸。人口增殖趋于负值，也可能由于人口的逃避登记。前者目前无史料可为讨论依据，兹不具论。后者的可能则有一段金文可为佐证。大克鼎的铭文列了一连串赏给克氏的田地人夫，其中有一项是“井人奔于量”。白川静以为可解释为原属邢氏而逋播的臣仆（白川静，1967C：507）。这段解释如果成立，则不仅有人逋逃，而且缉获之后，逃户可降为赏赐的人口。至于料民之举是否也隐含缉捕逃户，则史料不足，未敢妄说。又有人以为宣王料民与另一件不藉千亩的事都指宣王解放了奴隶，使他们变成了有户籍、纳地租的农奴（李亚农，1962：743—755）。但是史料原文，实无丝毫可以引申为此种“政治改革”的证据。增字解经，学者所不取，故亦置而不论。

宣王之后，幽王即位。在幽王手上，送了西周的终。幽王二年，周地有一次巨大的震灾，泾水、渭水、洛水三条河流都曾涸竭。岐山也有崩塌的地方。《诗经》“小雅·十月之交”，形容一时罕见的天灾：日蚀、地震、百川沸腾、山冢崩摧，高岸为谷，深谷为陵。有人以为“十月之交”一诗可能属于厉王之时（刘启益，1980A），但以各项史料配合而言，仍以幽王之世为合理。《国语》“周语上”，伯阳父所谓“源塞，国必亡。夫水土演而民用也。水土无所演，民乏财用，不亡何待？”显然意指因水源干竭而造成旱灾，妨碍了农业生产。西周地处陕西的黄土高原，土层深厚，汲水必须下达河谷，始及水源。如无灌溉系统，农耕用水，即需依仗黄土层的毛细作用，吸引水头，上达地表。地震可使三川塞竭，岐山崩坍，地层变动，则地下水分布的情况，也必受极大的干扰。西周时代的农作物，以黍稷为主。黍稷即使比麦类耐旱，仍须吸收相当水分。地下水不足，就只能依靠天落水。于是，雨量稍不足，便造成旱灾了。古人对于天灾极为畏惧，总认为天灾是上帝对下民的惩罚。天灾在心理上所造成的打击，往往比实际的经济效果更为沉重。《诗经》“大雅·云汉”一诗，据诗序属之宣王之时。但其中所提到冢宰、趣马、师氏、膳夫，大约与“十月之交”一诗中的近臣是同一批人物，而且“周余黎民”一语，也像骊山之难后的口吻，不像是宣王中兴气象。如此，“云汉”所咏叹的旱象，也当是幽世大乱前后的事。呼天不应，先祖的神灵也不施援手，诗人只有悲叹“旱既太甚”，“饥馑荐臻”了。“召旻”一诗，蹙国百里，必然是幽王时代的现象，诗人也提到“池之竭矣”、“泉之竭矣”，草也枯槁，以致“瘨我饥馑，民卒流亡”。描写灾荒，至为痛切。

若只是西戎在骊山下袭杀幽王，一旦戎人退却，新王即位，西周非不可收拾。然而周室治下的京畿，天灾人祸之外，原有的社会秩序，也正在逐渐改变。高岸为谷，深谷为陵，不单是震灾的描写，也是社会大变动的比喻。最近岐山董家村出土的一批铜器，其铭文颇可表现矩伯裘卫两个系族的消长，及其在周室封建社会秩序上的影响。

这批铜器，出自窖藏，属于一个家族屡代的制作。铭文中的器主，裘卫是最早的一代，公臣大约是第二代，旅伯、旅仲和僩是第三代，时代最晚的是荣有司爯。裘卫的职务，根据铭文中提到的不少皮件，大约是西周中晚期掌管制皮作裘的小官。属于裘卫的四器，大约在共王、懿王时代。公臣可能与裘卫世代相接。旅伯的官位是膳夫，旅仲是其兄弟，他们的时代是宣王时。僩匜中的伯扬父也是西周晚期人物。荣有司爯则在幽王时。这个家族，由其嫁女媵器的铭文判断，属于嬴姓。秦赵的先祖都是嬴姓，如前节已说过，这一姓族，可能是由东方调来防边的部族，与畜牧事业有相当的关系。制作皮裘，也就很可能是嬴姓畜牧工作中的一个部门（周瑗，1976：45—46）。

矩伯是周室的贵族，号为邦君，又有“矩内史友”，足见是周室的重要大臣。这位矩伯却穷得必须向裘卫家借贷。卫盉的铭文，已见前节征引。主要的意思：周王建旗大典上，矩伯必须到场，矩伯用田地向裘卫家换来了必须用的瑾璋和几件虎皮、鹿皮的皮饰。这些物品显然很贵重，玉件价值八十朋，皮货价值二十朋。交换的物品是田地，可是却用货贝的数量来计算代价。两年以后，五祀卫鼎的铭文又记载了第二件交换行为。铭文也已在前节征引，不再举。铭文主要的意思是，裘卫为了替王室服务，得到了“邦君厉”的同意，用五片田地，换取后者靠近两条河川的四片田地。

九年卫鼎（图 72）的铭文，则是裘卫矩伯间第三次交换的记录。“隹九年正月既死霸庚辰，王才周驹宫，各庙，眉敖者肤为吏，见于王。王大黹。矩取省车：較、桒圅、虎冟、帣㦪、画轉、鞭、㡀、鞣、帛辔乘、金麃铤。舍矩姜帛三两。乃舍裘卫林㬱里。𫻋㽙隹䫉林。我舍䫉陈大马两，舍䫉姒虞吝，舍䫉有嗣寿商貈裘、盠冟。矩乃眔𣶃粦令寿商眔意曰：顜。履付裘卫林㬱里。则乃成夆四夆。䫉小子具叀夆，寿商𠡍。舍盠冒梯𦍌皮二，纵皮二，𩏃舄俑皮二，朏帛金一反，㽙吴喜皮二。舍𣶃虞冟、𩏂桒䩢圅、东臣羔裘、䫉下皮二，眔受。卫小子家逆者其賸。卫臣虣朏。卫用乍朕文考宝鼎。卫其万年永宝用。”（岐山县文化馆，1976：28）铭文细节，因有不少奇字，不能完全解释。主要的大意：周王接见眉敖献俘的使者，矩伯又向裘卫索取了车辆、车马用的皮革饰件和用品。裘卫又送给矩伯的夫人三两帛，换取了裘卫在颜林中猎兽的权利。裘卫又送了颜林的直接领主夫妇两匹马和不明物品为礼物。颜家的有司（管理人员）帮助裘卫猎兽。事毕后，裘卫又赠送这些有司一大堆各式各样的皮货（周瑗，1976：48）。

由这三次交换看来，周室的大臣穷乏不堪，甚至不能拥有像样的车马、玉饰、衣著。为了撑场面，矩伯必须用田产和山林的狩猎权，向不足称道的小官，交换来贵重的物品。裘卫是暴发户，不仅能供给封君所需的物品，并且还可以制作铜器，以为纪念，其实际的财力也就可想而知了。裘卫的后人，地位一代比一代高。旅伯是旅邑人膳夫，当已是旅地的地方官员。如果是王室的膳夫，则更是出内王命的内廷高官了。公臣是虢仲手下“司朕百工”的大总管，而虢仲正是厉王时代的执政，荣有司爯则是荣公手下的

图72　卫鼎（乙）铭文

家臣。荣公当即《国语》中的荣夷公，是厉王极为信任的大臣。旅伯的妻子是毛仲姬（旅伯鼎），裘卫的曾孙女（或孙女）浸嬴嫁给成伯孙父（成伯孙父鬲）。毛伯与成伯，都是西周姬姓的头等世家。裘卫一族以司裘小官起家，数代之后，竟然能与毛成通婚，其社会地位之高，已可想见（周瑗，1976：49；杜正胜，1979：586—587）。

第五节　结　论

急剧的社会升降，好处在新陈代谢迅速，社会增加了活力；坏处在社会成员一时会有失调的感觉。社会结构中居领袖地位的旧时贵族，更会为此失去信心，新兴分子中不能得到预期升迁的人，则又不免有怨望之心。西周末叶，正是这样的时代。《诗经》中抱怨的诗歌，多在末世，殆是此故。西周上层社会成员，在晚期已颇有逃难的想法。“小雅·十月之交”：“皇父孔圣，作都于向。择三有事，亶侯多藏，不慭遗一老，俾守我王。择有车马，以居徂向。”屈万里解释为皇父预先安排避难之所（屈万里，1971：12）。同样的情景，也可由郑伯早作东迁之计一事观之。《国语》“郑语”：“桓公为司徒，甚得周众与东土之人，问于史伯曰：王室多故，余惧及焉，其何所可以逃死？”终于迁国在虢郐之间。

有一些未做充分准备的西周贵族，大难来时，惟有仓促逃难，而将重器宝物窖藏在地下。若干窖藏到今天又重见，仍完整如新入土。早在1940年时，陕西扶风有农民发现一个深洞，内藏各种铜器百余件。据说深洞是一有建筑性的悬坑，不是埋藏的土穴。诸器整齐排列，金色灿烂，俨然如新，据推测是宗周贵族遭遇变乱时的窖藏（不著撰人，1951：143—144）。1961年，陕西长安张家坡，出土铜器53件。诸器时代不一，有早到成王时代的，有在西周中叶或更晚的。诸器也并非作于一家，有作于他姓，似为媵赠。埋藏情况，不似殉葬，而是窖藏（郭沫若，1961）。上文已征引的裘卫诸器，1975 年出土于岐山董家村，是一批 37 件铜器的窖藏。诸器作于三四代，时限由西周中期到宣王幽王之时（岐山县文化馆，1976：26）。扶风县庄白的微史一家铜器 103 件，也是窖藏（图版 50），时代由共王时起，下限在西周末（周原考古队，1978：1）。凡此窖藏，若是厉王奔彘时所藏，宣王复辟，一切恢复正常，原主会启封。惟有幽王骊山之祸，有些贵族仓促逃难，窖藏才永未再启。

《诗经》“大雅”和“小雅”中，颇有一些忧愁怨叹之词。若抛开诗序的刻板解释，有不少诗句显然是描述逃难的痛苦。这些周余黎民，在颠沛流离中的心情，颇可以“小雅·小弁”的几章作为代表：“弁彼鸒斯，归飞提提，民莫不穀，我独于罹。”自己的命运，比不上有巢可归的乌鸦，难怪他要仰首向天，问自己“何辜于天，我罪伊何”。平易可行的周道，已长满了茂草，自己却不得不离开桑梓，离开父母。流亡生涯，譬如河上漂浮的小船，不知何处可以届止。末尾两句，“我躬不阅，惶恤我后”，大约所有流亡的人士都不难有此体会。在“大雅·桑柔”一诗中，难民感叹亡国之痛，无人能先去兵寇之害，“乱生不夷，靡国不泯。民靡有黎，具祸以烬。”人民栖栖遑遑，不知何往，“国步蔑资，天不我将；靡所止疑，云徂何往”，“自西徂东，靡所定处。”他们怨叹天道无情，降下灾难，他们也诅咒人谋的不臧，及执政的非人。例如“大雅·瞻卬”、“小雅·雨无正”、“小雅·北山”诸篇，都充满了呼天不应，不免怨恨人事的情绪。终日不得一饱，流亡的人会兴起“生不如死”之感。乱世之音怨而怒，亡国之音哀以思。西周的覆亡，当时人的哀伤，由不朽的诗句，长为后人有相同经历的人掩卷悲泣：“知我如此，不如无生！”

结 论

周人以蕞尔小邦，崛起渭上，不仅代替文化较高的大邑商，成为古代中国的主流，而且开八百年基业，为中国历史上重要的一个时代。在新石器时代的中国，若干平行发展的文化，各在一个地区滋生发达，相互影响，彼此交流，遂使各个地方文化的面貌逐渐接近。但是今日号为中国的东亚大陆，在新石器时代并未出现任何一个主文化，其势力范围可以笼罩全局。商王国的文化圈可能远超过其政治权力所及的范围，但是商人与各方国之间，大多有战争及贸易的交往，商以大邑商自居，大约只有商王畿之内的人以此认同。在王畿之外，未必有一个广泛的共同意识。

殷商时代可以看作一个主轴的政治力量，逐步扩张充实其笼罩的范围，却还未能开创一个超越政治力量的共同文化。因此殷商的神，始终不脱宗族神、部落神的性格。周人以小邦蔚为大国，其立国过程必须多求助力，因此在先周时代，周人崎岖晋南陕右的山地，采撷了农耕文化及北面草原文化的长处，终于与姜姓部族结为奥援。此后翦商经过，也是稳扎稳打地一步步逼向殷都。天下归仁，也未尝不是多所招抚的另一种说法。及至克商以后，历武王周公及成康之世的经营，周人的基本策略，不外乎抚辑殷人，以为我用，再以姬姜与殷商的联合力量，监督其他部族集团，并以婚姻关系加强其联系，同时进用当地俊民，承认原有信仰。新创之周实际上是一个诸部族的大联盟。周人在这个超越部族范围的政治力量上，还须建立一个超越部族性质的至高天神的权威，甚至周王室自己的王权也须在道德性的天命之前俯首。于是周人的世界，是一个“天下”，不是一个“大邑”；周人的政治权力，传铸了一个文化的共同体。周人克商，又承认商人曾克夏。这一串历史性的递嬗，代表了天命的交接，代表了一个文化秩序的延续。这是周人“华夏”世界的本质。中国人从此不再是若干文化体系竞争的场合。中国的历史，从此成为华夏世界求延续，华夏世界求扩张的长篇史诗。中国三千年来历史的主旨是以华夏世界为文化主流。四周的四裔必须逐渐进入这个主流，因为这个主流也同时代表了天下，开化的天下。西周中期以后，周人对西北采守势，当系由于以草原文化为主的西北，本来不是农耕的华夏文化所能进入。周人对东南采攻势，则因为当地农耕文化的地盘，原与华夏农耕的本质只有程度的高低，没有根本性的互斥。

分封在外的诸侯，一方面是华夏的代表，一方面也与各地方原有的文化接触与交流。西周三百多年来，华夏意识渗入中原各地，自西徂东，无往而没有分封网的触角伸入各地，当地文化层次，一方面吸收取新成分，一方面反哺华夏文化，经过三千多年的融合，西周代表的华夏世界终于铸成一个文化体系，其活力及韧度，均非政治力量可以比拟。这一段过程中，政府不复仅以人治为本而趋于组织化与制度化。封建的分封制度不再只是点状的殖民与驻防，而趋于由邦国与田邑而形成层级式的组织。甚至世官世禄的贵族社会，也因若干新兴力量的出现，而较为开放。华夏世界的韧力，经历王幽王两度丧乱的考验，王室的威权削弱了，但是华夏世界凝聚性之强，足以维护其世界于不坠。平王东迁，王纲不振，这一个政治体系竟可由强大的诸侯接过去，依旧维持了对外竞争的团结。齐晋先后领导华夏世界抵抗戎狄，攘御荆楚，只能归之于华夏世界内部因共同意识而产生的文化凝聚力。

另一方面，西周文化不断扩散，其文化的同化力也极为强大。任何文化体系本身若不具有普遍性和开放的“天下”观念，这个体系就难以接纳别的文化成分，也难以让别的文化体系分享其输出的文化成分。华夏文化在西周形成时，先就有超越部族的天命观念以及随着道德性天命而衍生的理性主义。为此，华夏文化不致有强烈的排他性。西周一代，周人文化的扩散，正由其不具排他性。春秋时期，南方的楚文化与中原华夏文化相激相荡而终逐渐融合，为华夏文化增添了更丰富的内涵，对南方文化的吸纳而统摄为更广大的华夏文化，这一成就，也当归功于华夏世界有广大的包容性及开放性。

华夏文化体系，兼具坚韧的内部抟聚力，及广大的包容能力，遂使中国三千年来不断成长不断扩大，却又经常保持历史性共同意识。世界上若干伟大文化体系中有些有内聚力强的特质，如犹太文化系统；也有的包容力特强，如回教与基督教的两大系统。中华民族的华夏文化却兼具两个特点，而且都异常强劲。

西周，是孔子心目中的典型，“郁郁乎文哉，吾从周”。孔子是中国文化的代言人，也正因为他体认了华夏文化的性格。儒家学说是华夏文化的阐释，儒家理想人格是择善固执，是以仁恕待人，这种性格，可称为外圆（包容）内方（执善），也正是华夏性格的化身。儒家文化的基本性格成为中国文化的基本性格，而其成形期，正是在西周形成华夏文化本体的时候。

引用书目

Ⅰ. 中日文部分

二里头工作队

1974 《河南偃师二里头早商宫殿遗址发掘简报》,《考古》1974(4),234—248。

丁　山

1930 《召穆公传》,《历史语言研究所集刊》第2本,97—100。

1930A 《䖒夷考》,《历史语言研究所集刊》第2本,419—422。

1935 《由三代都邑论其民族文化》,《历史语言研究所集刊》第5本,87—130。

1956 《甲骨文所见氏族及其制度》(北京,科学出版社)。

丁　颖

1959 《江汉平原新石器时代红烧土中的稻谷考查》,《考古学报》第26期,31—34。

丁福保

1928 《说文解字诂林》。

于省吾

1956 《释蔑历》,《东北人民大学人文科学学报》1956(2)。

1957 《商代的谷类作物》,《东北人民大学人文科学学报》1957(1),

81—107。

1964 《略论西周金文中“六自”和“八自”及其屯田制》，《考古》1964（3），152—155。

1977 《利簋铭文考释》，《文物》1977（8），10—12。

于景让

1957 《栽培植物考》（台北，台湾大学农学院）。

万国鼎等

1959 《中国农学史》（初稿）（北京，科学出版社）。

上原淳道

1965 《齐の封建の事情およぴ齐と莱との关系》，《中国古代史研究》2（东京，吉川弘文馆，1965），85—110。

山西省文管会

1955 《山西洪赵县坊堆村古遗址墓群清理简报》，《文物参考资料》1955（4），46—52。

1959 《山西长子的殷周文化遗存》，《文物》1959（2），36。

山东省文管处

1959 《济南大辛庄遗址试掘简报》，《考古》1959（4），185—187。

山东省文管处、济南市博物馆

1974 《大汶口》（北京，文物出版社）。

山东大学历史系

1979 《大汶口文化讨论文集》（济南，齐鲁书社）。

广西壮族自治区文物工作队

1978 《广西出土的古铜器》，《文物》1978（10），93。

卫挺生

1970 《周自穆王都洛考》（台北，中华学术院）。

马承源

1976 《何尊铭文初释》，《文物》1976（1），64—65，93。

1996 《晋侯稣编钟》，《上海博物馆集刊》第七期。

马瑞辰

1888 《毛诗传笺通释》，《皇清经解续编》（江阴，南菁书院》卷 416—447。

历史研究编辑部

1955 《中国奴隶与封建制分期问题论文选集》（北京，三联书店）。

1957 《中国古代史分期问题讨论集》（北京，三联书店）。

王玉哲

1950 《楚族故地及其迁移路线》，《周叔弢先生六十生日纪念论文集》（香港，龙门书店）。

王思治

1980 《中国古代史分期问题分歧的原因何在》，《历史研究》1980（5），27—36。

王恩田

1981 《岐山凤雏村西周建筑群基址的有关问题》，《文物》1981（1），75—79。

王国维

1940 《毛公鼎铭考释》，《海宁王静安先生遗书》（上海，商务印书馆）。

1959 《观堂集林》（台北，中华书局影印本）。

1968 《王观堂先生全集》（台北，文华出版公司）第 6 册，2023—2045。

天野元之助

1959 《中国古代农业の展开》，《东方学报》30（1959），67—166。

1962 《中国农业史研究》（东京，御茶の水书房）。

木村秀海

1981 《西周金文に见ぇゐ小子につぃて——西周の支配机构の一面——》，《史林》64 卷第 6 号，62—93。

不著撰人

1951 《文物参考资料》1951（10），143—144。

中国社会科学院考古研究所泾渭工作队

1989 《陕西长武碾子坡先周文化遗址发掘纪要》，《考古学集刊》1989

(6)，123—142。
贝塚茂树
1962 《金文に现た鬲の身份について》，《东方学》23（1962），1—5。
长兴县文化馆
1973 《浙江长兴县的两件青铜器》，《文物》1973（1），62。
长兴县博物馆、夏星南
1979 《浙江长兴出土商周铜器》，《文物》1979（11），93。
文物编辑委员会
1979 《文物考古工作三十年，1949—1979》（北京，文物出版社）。
尹盛平
1981 《周原西周宫室制度初探》，《文物》1981（3），13—17。
石璋如
1948 《传说中周都的实地考察》，《历史语言研究所集刊》第20本下册，91—112。
1951 《小屯C区的墓葬区》，《历史语言研究所集刊》第23本，477—487。
1952 《周都遗迹与彩陶遗存》，《大陆杂志特刊》第1辑下册（1952），357—380。
1954 《殷代地上建筑复原之一例》，《中央研究院院刊》第1期，2672—2680。
1955 《殷代的铸铜工艺》，《历史语言研究所集刊》第26本，95—129。
1956 《关中考古调查报告》，《历史语言研究所集刊》第27本，205—323。
1959 《殷墟建筑遗存》（台北，中央研究院）。
1970 《殷代地上建筑复原的第二例》，《民族学研究所集刊》29册，321—341。
1976 《殷代地上建筑复原的第三例》，《台湾大学考古人类学系刊》第39—40期合刊，140—157。
左忠诚
1980 《渭南县南堡村发现三件商代铜器》，《考古与文物》1980（2），

16，4。

甘肃省博物馆

1976 《甘肃灵台县两周墓葬》，《考古》1976（1），39—48。

北大历史系考古教研室

1979 《商周考古》（北京，文物出版社）。

北京市文物管理处

1976 《北京地区的又一重要考古收获——昌平白浮西周木椁墓的新启示》，《考古》1976（4），246—258。

1977 《北京市平谷县刘家河发现商代墓葬》，《文物》1977（11），1—8。

北洞文物发掘小组

1974 《辽宁喀左县北洞村出土的殷周青铜器》，《考古》1974（6），364—372。

叶达雄

1977 《西周马政初探》，《台湾大学历史学系学报》第4期，1—12。

1979 《西周兵制的探讨》，同上第6期，1—16。

1980 《㝨尊的启示》，同上第7期，31—41。

四川省博物馆、彭县文化馆

1981 《四川彭县西周窖藏铜器》，《考古》1981（6），496—499，555—556。

田宜超

1977 《甘肃灵台白草坡西周墓》，《考古学报》1977（2），99—130。

1980 《虚日斋金文考释》，《中华文史论丛》第4辑（1980），1—10。

史　言

1972 《扶风庄白大队出土的一批西周铜器》，《文物》1972（6），30—35。

史　明

1974 《西周春秋时代“礼制”的演变和孔丘“克己复礼”的反动实质》，《考古》1974（2），81—88。

史念海

1963 《中国史地论集》（又名《河山集》）（北京，三联书店）。

白川静

1962 《金文通释》第 1 辑，《白鹤美术馆志》第 1 辑。

1962A 同上第 2 辑。

1963 同上第 3 辑。

1963A 同上第 4 辑。

1963B 同上第 5 辑。

1964 同上第 6 辑。

1964A 同上第 7 辑。

1964B 同上第 8 辑。

1965 同上第 9 辑。

1965A 同上第 10 辑。

1965B 同上第 11 辑。

1965C 同上第 12 辑。

1966 同上第 13 辑。

1966A 同上第 14 辑。

1966B 同上第 15 辑。

1966C 同上第 16 辑。

1967 同上第 17 辑。

1967A 同上第 18 辑。

1967B 同上第 19 辑。

1967C 同上第 20 辑。

1968 同上第 21 辑。

1968A 同上第 22 辑。

1968B 同上第 23 辑。

1968C 同上第 24 辑。

1969 同上第 25 辑。

1969A 同上第 26 辑。

1969B 同上第 27 辑。

1969C　同上第28辑。

1970　同上第29辑。

1970A　同上第30辑。

1970B　同上第31辑。

1970C　同上第32辑。

1971　同上第33辑。

1975　同上第44辑。

1973　《甲骨金文学论集》（京都，朋友书店）。

1977　《西周史略》，《白鹤美术馆志》第46辑。

1978　《金文补释》，同上第48辑，171—184。

1978A　同上第49辑。

1979　同上第50辑，323—340。

冯汉骥

1980　《四川彭县出土的铜器》，《文物》1980（12），38—47。

冯　时

1997　《晋侯稣钟与西周历法》，《考古》1997（4），407—442。

考古研究所

1959　《上村岭虢国墓地》（北京，科学出版社）。

1962　《沣西发掘报告》（北京，文物出版社）。

1979　《文物考古工作三十年》（北京，文物出版社）。

考古研究所、湖北发掘队

1962A　《湖北圻春毛家嘴西周木构建筑》，《考古》1962（1），1—9。

考古研究所、西安半坡博物馆

1963　《西安半坡——原始氏族公社聚落遗址》（北京，文物出版社）。

考古研究所、河南一队等

1982　《河南柘城孟庄商代遗址》，《考古学报》1982（1），49—70。

伊藤道治

1975　《中国古代王朝の形成》（东京，创文社）。

1977 《盠彝铭考》，《神户大学文学部纪要》6（1977），47—66。

1978 《周武王と雒邑——䄍尊铭と逸周书度邑》，《内田吟风博士颂寿纪念东洋史论集》（东京），41—53。

刘仙洲

1963 《中国古代农业机械发明史》（北京，科学出版社）。

刘兴、吴大林

1976 《江苏溧水发现西周墓》，《考古》1976（4），274。

刘家和

1981 《书梓材人宥人鬲试释》，《中国史研究》1981（4），127—134。

刘启益

1979 《西周金文中月相名词的解释》，《历史教学》1979（6），21—26。

1980 《西周金文中所见的周王后妃》，《考古与文物》1980（4），85—90。

1980A 《西周厉王时期铜器与十月之交的时代》，《考古与文物》1980（1），80—85。

齐文涛

1972 《概述近年来山东出土的商周青铜器》，《文物》1972（5），3—18。

齐思和

1940 《燕吴非周封国说》，《燕京学报》第28期，175—196。

1946 《西周地理考》，《燕京学报》第30期，63—106。

1947 《周代锡命礼考》，同上第32期，197—226。

1948 《西周时代之政治思想》，《燕京社会科学》第1期，19—40。

1948A 《毛诗谷名考》，《燕京学报》第36期，276—288。

江西省历史博物馆

1980 《江西靖安出土春秋徐国铜器》，《文物》1980（8），13—15。

江　鸿

1976 《盘龙城与商朝的南土》，《文物》1976（2），42—46。

江头广

1970 《姓考——周代の家族制度》（东京，风间书房）。

池田末利

1964 《中国に于ゐ至上帝仪礼の成立——宗教史的考察》，《日本中国学会报》16。

关野雄

1959 《新耒耜考》，《东洋文化研究所纪要》19（1959），1—77。

1960 《新耒耜考余论》，同上 20（1960），1—46。

宇都木章

1965 《西周诸侯系图试论》，《中国古代史研究》2（东京，吉川弘文馆），111—152。

安志敏

1979 《裴李岗磁山和仰韶——试论中原新石器文化的渊源及发展》，《考古》1979（4），335—346。

1979A 《略论三十年来我国的新石器时代考古》，《考古》1979（5），393—403。

安阳发掘队

1961 《1958—1959 年殷墟发掘简报》，《考古》1961（2），63—76。

安徽省文管会

1956 《寿县蔡侯墓出土遗物》（北京，科学出版社）。

安徽省博物馆

1957 《安徽新石器时代遗址的调查》，《考古学报》第 15 期，21—30。

安徽省文化局文物工作队

1959 《安徽屯溪西周墓发掘报告》，《考古学报》第 26 期，59—88。

1964 《安徽舒城出土的铜器》，《考古》1964（10），498—503。

许宗彦

1829 《鉴止水斋集》，《皇清经解》，卷 1255—1256。

许倬云

1968 《周人的兴起及周文化的基础》，《历史语言研究所集刊》第 38 本，435—458。

1971 《两周农作技术》，同上第 42 本，803—827。

1976 《周代的衣食住行》，同上第 47 本第 3 分，503—535。

牟永抗、魏正瑾

1978 《马家浜文化和良渚文化》，《文物》1978（4），67—73。

孙星衍

1815 《尚书今古文注疏》（四部备要本）。

孙海波

1934 《甲骨文编》（北平，哈佛燕京学社）。

孙常叙

1964 《耒耜的起源及其发展》（上海，上海人民出版社，1959 年初版，1964 年再版）。

杜正胜

1979 《封建与宗法》，《历史语言研究所集刊》第 50 本第 3 分，485—613。

1979A 《周代城邦》（台北，联经出版事业公司）。

1979B 《西周封建的特质——兼论夏政商政与戎索周索》，《食货月刊》复刊第 9 卷第 5、6 期，194—216。

杜乃松

1974 《从列鼎制度看克己复礼的反动性》，《考古》1974（1），17—20。

杨希枚

1952 《姓字本义析证》，《历史语言研究所集刊》第 23 本，409—442。

1954 《左传因生以赐姓解与无骇卒故事的分析》，《中央研究院院刊》第 1 辑，91—115。

1955 《先秦赐姓制度理论的商榷》，《历史语言研究所集刊》第 26 本，189—226。

杨青山、杨绍舜

1960 《山西吕梁县石楼镇又发现铜器》，《文物》1960（7），51—52。

杨　泓

1977 《战车与车战——中国古代军事装备杂记之一》，《文物》1977（5），

82—90。

杨建芳

1963 《安徽钓鱼台出土小麦年代商榷》，《考古》1963（11），630—631。

杨 宽

1965 《古史新探》（北京，中华书局）。

杨绍舜

1981 《山西石楼褚峪曹家垣发现商代铜器》，《文物》1981（8），49—53。

杨鸿勋

1981 《西周岐邑建筑遗址初步考察》，《文物》1981（3），23—33。

杨树达

1952 《积微居金文说》（北京，中国科学院）。

1959 《积微居金文说余说》（同上）。

苏秉琦

1954 《斗鸡台沟东区墓葬》（北京，中国科学院）。

1978 《略谈我国东南沿海地区的新石器时代考古》，《文物》1978（3），40—42。

劳 干

1978 《金文月相辨释》，《中央研究院成立五十周年纪念论文集》（台北，中央研究院），第2辑，39—74。

李也贞

1976 《有关西周丝绸和刺绣的重要发现》，《文物》1976（4），60—63。

李仲操

1978 《史墙盘铭文试释》，《文物》1978（3），33—34。

李孝定

1965 《甲骨文字集释》（南港，中央研究院）。

1979 《再论史前陶文和汉字起源》，《历史语言研究所集刊》第50本第3分，431—483。

李宗侗

1954 《中国古代社会史》,(台北,中华文化出版事业委员会)。

李志庭

1981 《西周封国的政区性质》,《杭州大学学报》第11卷第3期,48—53。

李亚农

1962 《欣然斋史论集》(上海,人民出版社)。

李　健

1963 《湖北江陵万城出土西周铜器》,《考古》1963(4),224—225。

李剑农

1962 《先秦两汉经济史稿》(北京,中华书局)。

李学勤

1957 《眉县李家村铜器考》,《文物参考资料》1957(7),58—59。

1959 《殷代地理简论》(北京,科学出版社)。

1978 《论史墙盘及其意义》,《考古学报》1978(2),149—158。

1980 《论汉淮间的春秋青铜器》,《文物》1980(1),54—58。

1980A 《从新出青铜器看长江下游文化的发展》,《文物》1980(8),35—40,84。

1981 《西周甲骨的几点研究》,《文物》1981(9),7—12。

李学勤、唐云明

1979 《元氏铜器与西周的邢国》,《考古》1979(1),56—59,88。

李　峰

1991 《先周文化的内涵及其渊源探讨》,《考古学报》1991(3),265—284。

李伯谦

1997 《从晋侯墓地看西周公墓墓地制度的几个问题》,《考古》1997(11),51—60。

扶风县文化馆、陕西省文管会

1976 《陕西扶风出土西周伯彧诸器》,《文物》1976(6),51—60。

吴大焱、罗英杰

1976 《陕西武功县出土驹父盨盖》，《文物》1976（5），94。

吴山菁

1973 《江苏省文化大革命中发现的重要文物》，《文物》1973（4），2—4。

吴振录

1972 《保德县新发现的殷代青铜器》，《文物》1972（4），62—66。

岐山县文化馆

1976 《陕西省岐山县董家村西周铜器窖穴发掘简报》，《文物》1976（5），26—44。

岑仲勉

1956 《西周社会制度问题》（上海，新知识出版社）。

佐藤武敏

1977 《中国古代工业史の研究》（东京，吉川弘文馆，1962年初版，1977年再版）。

佟柱臣

1975 《从二里头类型文化试谈中国的国家起源问题》，《文物》1975（6），29—33。

邹　衡

1974 《从周代埋葬制度化剖析孔子提倡“礼治”的反动本质》，《文物》1974（1），1—4。

1980 《夏商周考古学论文集》（北京，文物出版社）。

岛邦男

年代不详 《祭祀卜辞の研究》（油印本年月不详）。

1958 《殷墟卜辞研究》（温天河、李寿林译，中译本，台北，鼎文书局）。

1971 《殷墟卜辞综类》（东京，汲古书院增订本）。

汪宁生

1979 《释臣》，《考古》1979（3），269—271。

沈刚伯

1974 《齐国建立的时期及其特殊的文化》，《中华文化复兴月刊》第7

卷第 9 期（1974 年 9 月），21—27。

沈振中

1972 《忻县连寺沟出土的青铜器》，《文物》1972（4），67—68。

张光直

1963 《商王庙号新考》，《民族学研究所集刊》第 15 期，65—94。

1965 《殷礼中的二分现象》，《庆祝李济先生七十岁论文集》（台北，清华学报社），353—370。

1970 《商周青铜器形装饰花纹与铭文综合研究初步报告》，《民族学研究所集刊》第 30 期，239—315。

1976 《殷商文明起源研究上的一个关键问题》，《沈刚伯先生八秩荣庆论文集》（台北，联经出版事业公司），151—179。

1978 《从夏商周三代考古论三代关系与中国古代国家的形成》，《屈万里先生七秩荣庆论文集》（台北，联经出版事业公司），287—306。

1980 《殷周关系的再检讨》，《历史语言研究所集刊》第 51 本第 2 分，197—216。

张忠培

1980 《客省庄文化及其相关诸问题》，《考古与文物》1980（4），78—84。

张朋川

1979 《甘肃出土的几件仰韶文化人像陶塑》，《文物》1979（11），52—55。

张政烺

1973 《卜辞裒田及其相关诸问题》，《考古学报》1973（1），93—120。

1976 《何尊铭文解释补遗》，《文物》1976（1），66—67。

1978 《利簋释文》，《考古》1978（1），58—59。

张长寿

1980 《论宝鸡茹家庄发现的西周铜器》，《考古》1980（6），526—529。

张亚初、刘雨

1981 《从商周八卦数字符号谈筮法的几个问题》，《考古》1981（2），153—163。

张秉权

1970 《殷代的农业与气象》，《历史语言研究所集刊》第42本，267—332。

张　剑

1997 《谈西周燕国殷遗民的政治地位》，《北京建城3040年暨燕文明国际学术研讨会会议专辑》（北京，北京燕山出版社），269—273。

陈　平

1997 《克罍事燕六族全释考证》，《北京建城3040年暨燕文明国际学术研讨会会议专辑》（北京，北京燕山出版社），252—268。

陈全方

1979 《早周都城岐邑初探》，《文物》1979（10），44—50。

陈世辉

1980 《墙盘铭文解说》，《考古》1980（5），433—435。

陈良佐

1971 《中国古代农业施肥之商榷》，《历史语言研究所集刊》第42本第4分，20—47。

陈邦福

1955 《夨段考释》，《文物参考资料》1955（5），67—69。

陈梦家

1954 《西周文中的殷人身份》，《历史研究》1954（6），85—106。

1955 《西周铜器断代（一）》，《考古学报》第9期，137—175。

1955A 《西周铜器断代（二）》，《考古学报》第10期，69—142。

1955B 《宜侯夨段和它的意义》，《文物参考资料》1955（5），63—66。

1956 《殷墟卜辞综述》（北京，科学出版社）。

1956A 《西周铜器断代（三）》，《考古学报》第11期，56—114。

1956B 《西周铜器断代（四）》，《考古学报》第12期，85—94。

1956C 《西周铜器断代（五）》，《考古学报》第13期，105—127。

1957 《尚书通论》(上海，商务印书馆)。

陈　槃

1969 《春秋大事表列国爵姓及存灭表撰异》(台北，中央研究院)。

1980 《泰山主死亦主生说》，《历史语言研究所集刊》第 51 本第 3 分，407—412。

罗西章

1980 《扶风云塘发现西周砖》，《考古与文物》1980（2），108。

尚秉和

1966 《历代社会风俗事物考》(台北，商务印书馆)。

松丸道雄

1977 《西周青铜器制作の背景——周金文研究序章》，《东洋文化研究所纪要》第 72 册，1—128。

松田寿男

1965 《汾水流域における原始农耕の问题》，《石田博士颂寿纪念东洋史论丛》(东京，东洋文库)，425—443。

林巳奈夫

1959 《中国先秦时代的马车》，《东方学报》(京都) 29（1959），155—283。

1968 《殷周时代の图象记号》，《东方学报》(京都) 39（1968），1—117。

1970 《殷中期に由来する鬼神》，《东方学报》(京都) 41（1970），1—70。

林甘泉

1976 《对西周土地关系的几点新认识》，《文物》1976（5），45—49。

周　文

1972 《新出土的几件西周铜器》，《文物》1972（7），9—12。

周法高

1951 《康侯毁考释》(南港，中央研究院历史语言研究所)。

1971 《西周年代考》，《香港中文大学文化研究所学报》第 4 卷第 1 期，178—205。

周原考古队

1978 《陕西扶风庄白一号西周铜器窑藏发掘简报》，《文物》1978（3），1—18。

1979 《陕西岐山凤雏村西周建筑基地发掘简报》，《文物》1979（10），27—34。

1979A 《陕西岐山凤雏村发现周初甲骨文》，《文物》1979（10），38—43。

1980 《扶风云塘西周骨器制造作坊遗址试掘简报》，《文物》1980（4），27—35。

1981 《扶风召陈西周建筑群基址发掘简报》，《文物》1981（3），10—22。

1981A 《扶风县齐家村西周甲骨发掘》，《文物》1981（9），1—6。

周萼生

1957 《眉县周代铜器铭文初释》，《文物参考资料》，1957（8）。

周 瑗

1976 《矩伯裘卫两家族的消长与周礼的崩坏》，《文物》1976（6），45—50。

金祥恒

1959 《续甲骨文编》（台北，艺文印书馆）。

1974 《从甲骨卜辞研究殷商军旅中之王族三行三师》，《中国文字》52（1974），1—26。

金 鹗

1888 《求古录礼说》，《皇清经解续编》（江阴，南菁书院），卷663—677。

河北省文物管理处

1975 《磁县下潘汪遗址发掘报告》，《考古学报》1975（1），73—116。

河南省博物馆、郑州市博物馆

1977 《郑州商代城址试掘简报》，《文物》1977（1），21—31。

竺可桢

1979 《竺可桢文集》（北京，科学出版社）。

单周尧

1979 《墙盘“[illegible]”字试释》，《文物》1979（11），70。

屈万里

1965 《读周书世俘篇》,《庆祝李济先生七十岁论文集》上册(台北,清华学报社),317—332。

1971 《西周史事概述》,《历史语言研究所集刊》第42本第4分,775—803。

钟柏生

1978 《武丁卜辞中的方国地望考》(台北,书恒出版社)。

钟凤年、徐中舒等

1978 《关于利簋铭文考释的讨论》,《文物》1978(6),77—87。

保 全

1981 《西安老牛坡出土商代早期文物》,《考古与文物》1981(2),17—18。

南京市文物保管委员会

1980 《南京浦口出土的一批青铜器》,《文物》1980(8),10—11,34。

南京博物馆

1977 《江苏句容县浮山果园西周墓》,《考古》1977(5),292—297。

姚仲源、梅福根

1961 《浙江嘉兴马家浜新石器时代遗址的发掘》,《考古》1961(7),345—351。

洛阳市文物工作队

1983 《1975—1979年洛阳北窑西周铸铜遗址的发掘》,《考古》1983(5),430—441。

洛阳发掘队

1965 《河南偃师二里头遗址发掘简报》,《考古》1965(5),215—224。

胡承珙

1888 《毛诗后笺》,《皇清经解续编》(江阴,南菁书院),卷448—494。

胡顺利

1981 《对晋宁石寨山青铜器图像所见辫发者氏族考的一点意见》,《考古》1981（3），238。

胡道静

1963 《释菽篇》，《中华文史论丛》第3辑（上海，中华书局），111—119。

临潼县文化馆

1977 《陕西临潼发现武王征商簋》，《文物》1977（8），1—7。

济南市博物馆

1974 《大汶口》（北京，文物出版社）。

宫崎市定

1950 《中国上代は封建制か都市国家か》，《史林》第33卷第2号。

1965 《东洋的古代（上）》，《东洋学报》第48卷第2号，153—182。

1970 《中国上代の都市国家とその墓地——商邑は何处にあったか》，《东洋史研究》28（4），265—282。

萧　璠

1981 《殷墟甲骨文众字试释》，《食货月刊》复刊第10卷第12期，521—524。

夏纬瑛

1981 《夏小正经文校释》（北京，农业出版社）。

夏　鼐

1961 《临洮寺洼山发掘记》，《考古学论文集》（北京，科学出版社）。

1964 《我国近五年来的考古收获》，《考古》1964（10），485—497，503。

1972 《我国古代蚕桑丝绸的历史》，《考古》1972（2），12—27。

1983 《商代玉器的分类、定名和用途》，《考古》1983（5），455—467。

顾颉刚

1963 《逸周书世俘篇校注写定与评论》，《文史》2（1963），1—42。

殷玮璋，曹淑琴

1991 《周初太保器综合研究》，《考古学报》1991（1），1—21。

钱　穆

1931 《周初地理考》，《燕京学报》第10期，1955—2008。

1956 《中国古代北方农作物考》，《新亚学报》第 1 卷第 2 期，1—27。
倪振远
1959 《淹城出土的铜器》，《文物》1959（4），5。
唐　兰
1956 《宜侯夨𣪘考释》，《考古学报》第 12 期，79—83。
1962 《西周铜器断代中的康宫问题》，《考古学报》1962（1），15—48。
1976 《𢼂尊铭文解释》，《文物》1976（1），60—63。
1976A 《用青铜器铭文来研究西周史》，《文物》1976（6），31—39。
1976B 《陕西省岐山县董家村新出西周重要铜器铭辞的释文和注释》，《文物》1976（5），55—59。
1977 《西周时代最早的一件铜器利簋铭文解释》，《文物》1977（8），8—9。
1978 《略论西周微史家族窖藏铜器群的重要意义——陕西扶风新出墙盘铭文的解释》，《文物》1978（3），19—24。
1979 《蔑历新诂》，《考古》1979（5），36—42。
徐中舒
1930 《耒耜考》，《历史语言研究所集刊》第 2 本第 1 分，11—59。
1936 《豳风说》，《历史语言研究所集刊》第 6 本第 4 分，431—450。
1936A 《殷周之际史迹之检讨》，同上第 7 本第 2 分，137—164。
1955 《试论周代田制及其社会性质》，《四川大学学报》第 2 期（又收入历史研究编辑部《中国奴隶制与封建制分期问题论文选集》，北京，三联书店，1956，443—508）。
1959 《禹鼎的年代及其相关问题》，《考古学报》第 23 期，53—66。
1978 《西周墙盘铭文笺释》，《考古学报》1978（2），139—148。
徐旭生
1959 《1959 年夏豫西调查夏墟的初步报告》，《考古》1959（11），592—600。
1960 《中国古史的传说时代》（北京，科学出版社增订版）。
徐锡台
1979 《早周文化的特点及其渊源的探索》，《文物》1979（10），50—59。

1980 《岐山贺家村周墓发掘简报》,《考古与文物》1980（1），7—11。

晏　琬

1975 《北京辽宁出土铜器与周初的燕》,《考古》1975（5），274—279。

浙江省文管会及浙江省博物馆

1978 《河姆渡遗址第一期发掘报告》,《考古学报》1978（1），39—94。

浙江省博物馆

1978 《河姆渡遗址动植物遗存的鉴定研究》,《考古学报》1978（1），95—108。

高至喜

1959 《楚公冢戈》,《文物》1959（12），60。

高至喜、熊传新

1980 《楚人在湖南的活动遗迹概述——兼论有关楚文化的几个问题》,《文物》1980（10），50—60。

高鸿缙

1962 《大盂鼎考释》,《南大中文学报》（1962），4—32。

郭沫若

1932 《金文丛考》（东京，文求堂）。

1954 《金文丛考》（北京，科学出版社）。

1956 《夂毁铭考释》,《考古学报》第11期，7—9。

1957 《两周金文辞大系考释》（北京，科学出版社增订本）。

1961 《文史论集》（北京，人民出版社）。

1961A 《长安县张家坡铜器辞铭文汇释》,《考古学报》1961（1），113。

1972 《班毁的再发现》,《文物》1972（9），2—13。

郭　勇

1962 《石楼后兰家沟发现周代青铜器简报》,《文物》1962（4、5），33—34。

郭宝钧、林寿晋

1954 《一九五二年秋季洛阳东郊发掘报告》,《考古学报》第7期，

91—116。

郭宝钧

1959 《山彪镇与玻璃阁》（北京，科学出版社）。

1964 《浚县辛村》（北京，科学出版社）。

郭远谓

1965 《江西近两年出土的青铜器》，《考古》1965（7），372—373。

琉璃河考古工作队

1974 《北京附近发现的西周奴隶殉葬墓》，《考古》1974（5），309—321。

琉璃河考古队

1990 《北京琉璃河1193号大墓发掘简报》，《考古》1990（1），21—30。

梅福根

1959 《浙江吴兴邱城遗址发掘简报》，《考古》1959（9），479。

黄盛璋

1957 《保卣铭的时代与史实》，《考古学报》第17期，51—59。

1981 《班簋的年代地理与历史问题》，《考古与文物》，1981（1），75—83。

1981A 《卫盉鼎中贮与贮田及其牵涉的西周田制问题》，《文物》1981（9），79—82。

黄然伟

1978 《殷周青铜器赏赐铭文研究》（香港，龙门书店）。

鄂　兵

1973 《湖北随县发现曾国铜器》，《文物》1973（5），21—25。

梁思永、高去寻

1962 《西北岗1001大墓》（南港，中央研究院）。

随县考古发掘队

1979 《湖北随县曾侯乙墓发掘简报》，《文物》1979（7），1—24。

随县博物馆

1980 《湖北随县城郊发掘春秋墓葬和铜器》，《文物》1980（1），

34—38。

张万钟

1962 《侯马东周陶范的造型工艺》，《文物》1962（4、5），37—42。

韩嘉谷

1995 《燕史源流的考古学观察》，《燕文化研究论文集》（北京，中国社会科学出版社），61—82。

斯维至

1947 《西周金文所见职官考》，《中国文化研究汇刊》第7卷，1—26。

葛　今

1972 《泾阳高家堡早周墓葬发掘记》，《文物》1972（7），5—8。

董作宾

1929 《新获卜辞写本后记》，《安阳发掘报告》第1期（北平，史语所），182—214。

1929A 《商代龟卜之推测》，《安阳发掘报告》第1期，59—130。

1952 《周金文中生霸死霸考》，《傅故校长斯年先生纪念论文集》（台北，台湾大学），1—14。

1964 《殷历谱》（南港，中央研究院影印本，1964）。

1965 《甲骨学六十年》（台北，艺文印书馆，1965）。

黑光、朱捷元

1975 《陕西绥德墕头村发现一批窖藏商代铜器》，《文物》1975（2），82—87。

喀左县文化馆

1982 《记辽宁喀左县后坟村发现的一组陶器》，《考古》1982（1），108—109。

傅筑夫

1980 《中国经济史论丛》（北京，三联书店）。

傅斯年

1935 《夷夏东西说》，《庆祝蔡元培先生六十五岁论文集》下册（南京，中央研究院历史语言研究所），1093—1134。

1952 《傅孟真先生集》（台北，台湾大学）。

傅熹年

1981 《陕西岐山凤雏西周建筑遗址初探》，《文物》1981（1），65—74。

1981A 《陕西扶风召陈西周建筑遗址初探》，《文物》1981（3），34—45。

焦　循

1888 《群经宫室图》，《皇清经解续编》（江阴，南菁书院），卷359—360。

程瑶田

1829 《沟洫疆理小记》《耦耕义述》，《皇清经解》（广州），卷541。

童恩正

1977 《我国西南地区青铜剑的研究》，《考古学报》1977（2），35—55。

逯耀东

1979 《中共史学的发展与演变》（台北，时报文化出版公司）。

游修龄

1976 《对河姆渡遗址第四文化层出土稻谷和骨耜的几点看法》，《文物》1976（8），20—23。

湖北省博物馆、盘龙城发掘队

1976 《盘龙城一九七四年度田野考古纪要》，《文物》1976（2），5—15。

湖北发掘队

1962 《湖北圻春毛家嘴西周木构建筑》，《考古》1962（1），1—9。

湖南省博物馆

1963 《介绍几件馆藏周代铜器》，《考古》1963（12），679—682。

1966 《湖南省博物馆新发现的几件铜器》，《文物》1966（4），1—6。

谢端琚

1979 《试论齐家文化与陕西龙山文化的关系》，《文物》1979（10），

60—68。

蒙文通

1933 《古史甄微》(上海，商务印书馆)。

裘锡圭

1978 《史墙盘铭解释》,《文物》1978 (3), 25—32。

解希恭

1957 《山西洪赵县永凝东堡出土的铜器》,《文物参考资料》1957 (8), 42—44。

1962 《光社遗址调查试掘报告》,《文物》1962 (4、5), 28—32。

蔡凤书

1973 《济南大辛庄商代遗址的调查》,《考古》1973 (5), 272—275。

潘其凤、韩康信

1980 《我国新石器居民种系分布研究》,《考古与文物》1980 (2), 84—89。

衡阳市博物馆

1978 《湖南衡阳市郊发现青铜牺尊》,《文物》1978 (7), 88。

镇江市博物馆、金坛县文化馆

1978 《江苏金坛鳖墩西周墓》,《考古》1978 (3), 151—154。

镇江市博物馆浮山果园古墓发掘组

1979 《江苏句容浮山果园土墩墓》,《考古》1979 (2), 107—118。

镇江市博物馆

1980 《江苏丹阳出土的西周青铜器》,《文物》1980 (8), 3—9。

薛 尧

1963 《江西出土的几件青铜器》,《考古》1963 (8), 416—418, 422。

戴春阳

1997 《论克罍、盉铭文与燕国始封的有关问题》,《北京建城3040年暨燕文明国际学术研讨会会议专辑》(北京，北京燕山出版社), 152—163。

Ⅱ. 古籍部分

《毛诗正义》（四部备要本）

《史记会注考证》（台北，新兴书店影印本）

《竹书纪年》（四部备要本）

《全唐文》（台北，汇文书局影印本）

《周易正义》（四部备要本）

《周礼正义》（四部备要本）

《周礼注疏》（四部备要本）

《尚书正义》（四部备要本）

《春秋左传正义》（四部备要本）

《国语》（四部备要本）

《逸周书》（四部备要本）

《仪礼正义》（四部备要本）

《后汉书集解》（台北，艺文影印本）

《汉书补注》（台北，艺文影印本）

《尔雅注疏》（四部备要本）

《礼记正义》（四部备要本）

Ⅲ. 西文部分

Barnard, Noel

1958 "A Recently Excavated Incribed Bronze of Western Chou Date", *Monumenta Serica* XVII : 12-45.

Chang Kwang-chih

1977 *The Archaeology of Ancient China* (New Haven: Yale University Press. Third edition).

1977 A *Food in Chinese Culture* (New Haven :Yale University Press).

1980 *Shang Civilization* (New Haven : Yale University Press).

Clark , Grahame

1977 *World Prehistory* (Cambridge：Cambridge University Press, Third edition).

Childe,V. Gordon

1942 *What Happened in History* (Harmondworth：Penquin Book, Inc.).

Coulborn, Rushton (ed.).

1956 *Feudalism in History* (Princeton: Princeton University Press).

Creel, H. G.

1970 *The Origins of Statecraft in China*, Vol. Ⅰ (Chicago: University of Chicago Press).

Eberhard, Wolfram

1942 "Kultur und Siedling der Randvolker Chinas", supplement to *T'oung Pao*, vol. 36 (Leiden: Brill).

1965 *Conquerors and Rulers*：*Social Forces in Medieval China* (Leiden: Brill, revised edition, 1965).

Fong, Wen (ed.)

1980 *The Great Bronze Age* (New York：Metropolitan Museum).

Granet, Marcel

1975 *Festivals and Songs of Ancient China* (tr. by E. D. Edwards. New York: Gordon Press).

Ho, Ping-ti

1975 *The Cradle of the East* (Chicago: University of Chicago Press).

Hsu , Cho-yun

1965 *Ancient China in Transition* (Stanford: Stanford University Press).

1966 "Notes on the Western Chou Government", *Bulletin of Institute of History and Philology* No. 26: 513-524.

1979 "Early Chinese History: The State of the Field", *Journal of Asian Studies* 38 (3) : 453-475.

1981 "Stepping into Civilization: The Case of Cultural Development in China", *The National Palace Museum Quarterly*, XVI (1), 1-20.

Kao, Chu-hsun

1960 "The Ching-lu Shen Shrine of Han Sword Worship in Hsiung-nu Religions", *Central Asiatic Journal* V (3).

Keightley, David N.

1978 *Sources of Shang History* (Berkeley, University of California Press).

Lattimore, Owen

1962 *Studies in Frontier History* (Oxford University Press).

Li, Hui-lin

1969 "The Vegetables of Ancient China", *Economic Botany* 23: 253-260.

1970 "The Origins of Cultivated Plants in Southeast Asia", *Economic Botany* 24:3-19.

Li,Xueqin

1980 *The Wonder of Chinese Bronzes* (Peking: Foreign Languages Press).

Nivison, David S.

1980 "The Ho Tsun Inscription and the Beginning of Chou", Paper presented at Annual Meeting of the American Oriental Society (San Francisco, 1980).

1980A "Datable Western Chou Inscriptions", Paper presented at Conference on Great Bronze Age in China (New York).

Oppenheim, A. Leo

1977 *Ancient Mesopotamia: Portrait of a Dead Civilization* (Chicago: University of Chicago Press, revised edition).

Shaughnessy, Edward L.

1981 "New Evidence on the Zhou Conquest", *Early China* 6:57-79.

Sherratt, Andrew (ed.)

1980 *The Cambridge Encyclopedia of Archaeology* (New York: Crown Publisher and

Cambridge University Press).

Walker, Richard L.

1953 *The Multi-State System of Ancient China* (Hamden: The Shoe String Press).

Watson, William

1971 *Cultural Frontiers in Ancient East Asia* (Edingburgh: Edingburgh University Press).

Wilson, John A.

1951 *The Cultures of Ancient Egypt* (Chicago: University of Chicago Press).

附录

西周考古的新发现和新启示
——跋许倬云教授《西周史》

李峰*

三联书店计划再版许倬云先生的《西周史》，这是一个喜讯！许先生的这部名著1984年由台湾的联经出版公司出版；1988年耶鲁大学的英文版对原书内容进行了扩充，并据此完成中文的增订本，分别由联经（1990）和北京的三联书店（1994，2001）出版。这部大著视野广阔，思路缜密，今天读来仍是处处锐意。它能在海峡两岸一版再版，足见其在海内外读者心目中的地位，也可见许先生在中国史学界的深远影响。许先生命我做一篇长跋，概述《西周史》（增订本）出版以后这二十余年来西周时期的考古发现及其新启示。能得到许先生如此的信任，为这部对西周研究有奠基之功的学术殿堂添砖加瓦，我感到非常的荣幸。许先生既是师长，我们同时也是芝加哥大学毕业的校友，能为他做这点小事，即使从个人角度也是一件十分惬意的事！

纵观这二十余年西周时期的考古发现，可以用“峰回路转”这几个字来形容。80年代以前的考古工作大致集中于西周王朝中心地区的陕西渭水流域和河南省西部以洛阳平原为中心的地区。前者是周人故地，有丰京、镐京和周原等都城遗址，后者则有周王朝的东都洛邑

---

* 李峰，美国哥伦比亚大学东亚语言和文化系教授。著有《西周的政体：中国早期的官僚制度和国家》（三联书店，2010年）和《西周的灭亡：中国早期国家的地理和政治危机》（上海古籍出版社，2007年）等。

和王城，是其在东部平原的统治中心。两个区域均出土了丰富的考古资料，通过研究使我们取得了西周时期的考古编年和对西周物质文化的一个基本认识。这也是《西周史》初版所依据的考古学基础。至于中心地区以外的地方封国，也就是诸侯国，虽有河南浚县辛村卫国墓地和北京房山琉璃河燕国墓地的新发现，除此之外我们实际知之甚少。80 年代中期西周考古的重点开始由中心地区向边缘地区转移，特别是到了 90 年代，随着晋侯墓地等一系列重要遗址的发现，西周考古遂进入了一个地方诸侯国的大发现时期。这些发现一方面加深了我们对边远地区的青铜时代文化的了解，同时也为我们重新考虑诸侯国与中央王室的关系，以至西周国家整体政治结构和其统治的性质提供了一个新的考古学基础。到了新世纪，随着周原考古工作的重新展开和随之而来的周公庙的发现，中心地区再次成为西周考古学上备受瞩目的重点。特别是眉县李家村等地铜器群的发现，更引起了我们对西周中心地区政治文化生态的重新关注。

上述的发展轨迹看来像是偶然，但实际上又有它作为一个学科自身发展的内在逻辑，因为对一个政治文化体系的中心和边缘地区的认识是互为表里、相互促进的。沿着这样一个发展途径，我们对西周时期历史文化的认识可以得到不断的加深，也能实现不断的自我超越。下文将首先讨论 80 年代中期以来西周考古的重要发现；第二节则逐类介绍新发现的重要西周青铜器铭文。考虑到《西周史》广阔的读者面，本文将采取简要概述的方式，并重点指出各项发现的意义所在。有专业兴趣的读者可以根据注释中的信息作进一步深入阅读。第三节将分议题讨论上述发现的新启示及我们所获得的对西周国家及其政治和文化的新认识。

西周考古的新发现

《西周史》初版之际正是西周地方诸侯国的发现如火如荼之时，因此书中对西周国家的整体结构，特别是边远地区文化和人群组成有特别的关注。[1] 北京琉璃河燕国墓地的发掘是 80 年代中期西周考古的亮点。燕国远离周人中心地区，其在周初以后到西周晚期之前的历史在文献中完全失载。因此，琉璃河的发现不仅在考古学上揭示了一个边缘诸侯国物质文化的实像，同时也为揭开史学上燕国之谜提供了重要线索。该遗址在 70 年代首先由北京市文物工作队进行了调查和试掘，确定了墓地的范围及残存城墙的位置；这是当时发现的属于西周时期的独一城墙。[2] 80 年代中期由中国社会科学院考古研究所和北京市文物工作队组成的联合考古队在这里连续工作，发掘了数座大型西周墓葬及车马坑，其中 M1193 带有四条墓道，是西周时期考古中所首见。特别重要的是该墓出土了克罍和克盉两件铜器，其铭文直接记载了周初燕国始封的经过。[3] 而出土这篇铭文的 M1193 很可能即是燕国始君之墓，这随即引起了学术界有关这位国君究竟是谁，及封于何时的激烈争论。总之，琉璃河燕国城址和墓地的发现揭示了西周地方诸侯国研究的潜力，也真正把学者们的注意力引向了周人世界的边缘地区。

同样肇始于 70 年代，北京大学对山西境内的西周遗址进行了调查，在曲沃和翼城之间发现了天马—曲村遗址，后来学者们推测晋国始封之唐城应该就在这一带。[4] 从 1980 到 1989 年，考古工作者在这里进行了六次发掘，共揭露西周到春秋时期墓葬 641 座及

〔1〕 许倬云：《西周史》（北京：三联书店，2001 年），第 131—159 页（本文引用《西周史》页码均以三联 2001 年重印本为准）。

〔2〕 北京市文物研究所：《琉璃河西周燕国墓地》，北京：文物出版社，1995 年。

〔3〕 琉璃河考古队：《北京琉璃河 1193 号大墓发掘简报》，《考古》1990 年第 1 期，第 20—31 页；又见许倬云：《西周史》，第 137 页。

〔4〕 北京大学考古专业商周组等：《晋豫鄂三省考古调查简报》1982 年第 7 期，第 1—4 页；李伯谦：《天马—曲村遗址发掘与晋国始封地的推定》，载《中国青铜文化结构体系研究》（北京：科学出版社，1998 年），第 114—123 页（重点引自第 117 页）。由于觋公簋的新发现，天马—曲村遗址为唐城之说现在看来需要更正，即晋国始君叔虞初所封之唐可能另有其地。见朱凤瀚：《觋公簋与唐伯侯于晋》，《考古》2007 年第 3 期，第 64—69 页。

大面积的居住遗址，其中47座墓葬出土了青铜容器，全面展现了汾水流域西周文化的面貌。[5] 1991年由于盗墓又发现了天马、曲村和北赵三个自然村之间的晋侯墓地，随后几年考古工作者在这里发掘了8组共17座大墓，整齐排为两列，据铭文可知每组包括一代晋侯及其夫人的墓葬（图1）。[6] 2000年末在两列之间又发现了M114和M113一对墓葬，并出土了极可能为唐叔虞所作的一件方鼎，而所出墓葬则可能是由唐改封晋后第一代晋侯燮父的墓葬。[7] 关于这9组大墓的排列顺序及每组晋侯的认定目前还没有一致意见，但它们无疑包括了自燮父到文侯的九位晋侯，年代自西周早期延续到春秋早期，为我们提供了西周诸侯墓地的一个完整典型的例子。其次，80年代发掘的641座中小型墓葬中极少被盗，是一批珍贵的完整墓葬资料，它们允许我们在考古学上对其墓葬规制、器类组合和演变进行系统的排比，也允许从历史学角度对晋国的社会结构和习俗，甚至包括人口结构方面进行考察。第三，由于每组墓葬均出土了晋侯的铭文，特别是M8中还出土了刻有长篇铭文的晋侯苏编钟，[8] 可以与文献中记载的晋国世系作比对，从而使我们看到西周传统文献（主要来自王室系统）中的问题，也为我们重新考虑西周晚期周王室和地方诸侯的关系提供了契机。从曲村一带向南越过绛山即到了绛县横水镇。2004年考古工作者在这里发掘了三座带墓道的大墓，其中两座保存完好，出土了

---

〔5〕 见邹衡主编：《天马—曲村1980—1989》，全4册，北京：科学出版社，2000年。

〔6〕 见北京大学考古系、山西省考古研究所：《1992年春天马—曲村遗址墓葬发掘报告》，《文物》1993年第3期，第11—30页。以后四次发掘的报道分别见：《文物》1994年第1期，第4—28页；《文物》1994年第8期，第1—21页；《文物》1994年第8期，第22—33、68页；《文物》1995年第7期，第4—39页。

〔7〕 见商彤流、孙庆伟等：《天马—曲村遗址北赵晋侯墓地第六次发掘》，《文物》2001年第8期，第4—21,55页。另见李伯谦：《叔夨方鼎铭文考释》，《文物》2001年第8期，第39—42页。

〔8〕 马承源：《晋侯苏编钟》，《上海博物馆集刊》7（1996年），第1—17页。晋侯苏编钟的长篇铭文在《西周史》赠订本中已有引用，见第294页。

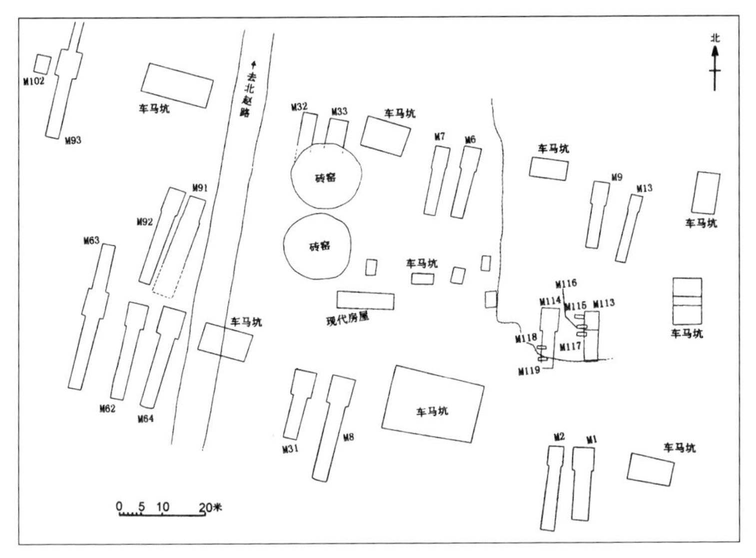

图1 北赵晋侯墓地（《文物》2001年第8期，第4页）

有“倗伯”铭的青铜器。[9] 据其他铭文可知倗国为媿姓，其族源可能与山西和陕西北部的鬼方有密切关系，并曾嫁女于陕西镐京附近的毕氏宗族和位于山东西部的郕国。倗国不见文献，可能并非周人封国。2010年又在翼城县城以东约六公里的大河口发现了霸国墓地。霸国亦不见于文献，但据出土铭文可知它和位于北京的燕国及陕西东部的芮国均有来往，详情尚有待进一步报道。这些新发现对研究西周国家内异姓小国的来源及与周王朝的关系有重要意义。

位于河北邢台的邢国和位于河南平顶山的应国是分别从北方和长江中游进入中原的门户，在西周国家的防御体系中是有重要地位的。[10] 邢台地区古代即曾出土过五件邢侯夫人姜氏所作的鼎。[11]

〔9〕山西省考古研究所等：《山西绛县横水西周墓发掘简报》，《文物》2006年第8期，第4—18页；《山西绛县横水西周墓地》，《考古》2006年第7期，第16—21页。

〔10〕关于这点，参见李峰：《西周的灭亡：中国早期国家的地理和政治危机》（上海：上海古籍出版社，2007年），第83页。

〔11〕柯昌济：《金文分域编》，第2卷（馀园，1935年），第12页。

1993年起，河北省文物研究所在邢台市西端的葛庄清理了二百三十多座西周墓葬，多属西周早中期，个别属于晚期，其中包括五座带一条斜坡墓道的甲字形大墓，按等级应属国君及其配偶的墓穴。[12]由于历史上的猖狂盗掘，这批墓葬基本没有出土有铭文的青铜器，从而也无法判定具体墓主；但结合文献记载，再联系到1978年邢台市北70公里处的西张村墓葬出土的邢国铭文资料，[13]基本可以判定葛庄这些大墓即是邢侯之墓。属于应国的青铜器过去已有不少发现，其中最重要的是出自陕西蓝田的应侯钟，并早有学者作过讨论。[14]1982—1992年间，河南省文物研究所在平顶山市滍阳镇以西的滍阳岭一带连续发掘出了一百三十多座墓葬，年代自西周早期偏晚一直到东周早期。这批墓葬中出土了多件由应国贵族铸造的铜器，作器者包括应侯爯、应伯等。目前这批资料只有其中的M1、M84和M95正式发表，有关墓地的正式报告尚在整理之中。[15]结合古代文献推测，应国都城的“应城”即在今滍阳镇的附近。

西周东方的地方封国以齐、鲁为最大，另有滕和郕两个姬姓国，和鲁国一起分布在鲁西山前地带。齐、鲁两国都城的临淄和曲阜古城在六七十年代曾经过系统的探查，但是两处均未发现明显的西周早期现象，因此可能均不是该国在西周早期的都城，这是一个基本认识。相反，由于滕公铜器和滕侯墓葬在山东滕县的一座古城附近出土，年

〔12〕任亚珊、郭瑞海、贾金标：《1993—1997年邢台葛家庄先商遗址、两周贵族墓地考古工作的主要收获》，载《三代文明研究（一）》（北京：科学出版社，1999年），第7—25页。

〔13〕见河北省文物管理处：《河北元氏县西张村的西周遗址和墓葬》，《考古》1979年第1期，第23—26页。该墓出土了记载“邢侯搏戎”的臣谏簋。

〔14〕周永珍：《西周时期的应国邓国铜器及其地理位置》，《考古》1982年第1期，第48—53页。

〔15〕河南省文物考古研究所等：《平顶山市北滍村两周墓地一号墓发掘简报》，《华夏考古》1988年第1期，第30—44页；《平顶山应国墓地九十五号墓的发掘》，《华夏考古》1992年第3期，第92—103页；《平顶山应国墓地八十四号墓》，《文物》1998年第9期，第4—17页。

代均属西周早期，因此可以基本推定这一带即是滕国早期的中心。[16]齐国早期的遗迹近年来有重要发现。由于“南水北调”工程之故，山东省考古研究所于2008年起在山东省高清县陈庄发掘了一处重要的城址，南北、东西长各约180米。城内中部偏南有圆形夯土台基，可能为祭坛遗址，其北侧发现两座带斜坡墓道，为规格较高的墓葬。城内共发现墓葬九座，均在东南部，其中M18出土有“丰般作文祖甲齐公尊彝”铭文。[17]而另一座墓葬则出土了一件引所作的铜簋，铭文约七十余字，显然是受周王册命，驻守所谓“齐师”的将领所作（见下文）。从这座城址的规模和内部建筑布局判断，它作为齐国早期都城的可能性并不大。但它无疑是齐国公元前859年迁都临淄之前的一处重要遗址，其性质可能主要与齐国早期的祭祀活动有关。

山东地区族姓繁杂，除了周人所封的姬姓和姜姓诸侯国外，尚存在为数众多的土著人群，他们在西周时期纷纷自立为国，有一个广泛的二次国家形成过程。其中与周人关系最为密切的有莱和纪（己）两国，均曾参加周人对南方淮夷的战争。[18]莱国都城文献一致认为在山东龙口市（旧黄县）的归城遗址；在离归城东南约15公里的鲁家沟过去曾经出土过“莱伯”所作的铜鼎。[19]为了研究莱国的形成过程及与西周国家的政治和文化关系，2007年由哥伦比亚大学、中国社会科学院考古研究所和山东省考古研究所组成中美联合考古队，对龙口归城遗址和黄水河流域进行了为期四年的系统调查和试掘。现已查明归城内城南北长490米，东西宽525米，城内发现两区共17座夯土基址。归城外城则呈椭圆形，在莱山北麓随山势而建，总面积约8平方

〔16〕滕县文化馆万树瀛：《山东滕县出土西周滕国铜器》，《文物》1979年第4期，第88—91页；滕县博物馆：《山东滕县发现滕侯铜器墓》，《考古》1984年第4期，第333—337页。

〔17〕郑同修等：《山东高青陈庄西周城址》，文化中国网，2010年9月3日（http://culture.china.com.cn/2010-06/13/content_20255951.htm）。

〔18〕见许倬云：《西周史》，第139—142页；李峰：《西周的灭亡》，第358—359页。

〔19〕见林仙庭：《莱国与莱都》，《烟台考古》（济南：齐鲁书社，2006年），第131—140页。

公里，与曲阜的鲁国故城大致相当。[20] 根据试掘，我们基本可以确定内城建筑在西周时期，而外城的建筑则有可能较晚一些。这是近年来西周考古工作的另一项重要收获，正式报告目前正在编写之中。

在西周国家的西部，秦国早期的考古是 90 年代的一个重大发现。1994 年 6 月，两件成对的青铜壶突然出现在纽约拉利（James J. Lally）公司的东方艺术展厅中，同铭为“秦公作铸尊壶”，年代属东西周之际，比之已知的任何秦器都早。[21] 稍早，另有 8 件大型的黄金饰片出现在巴黎的古董市场，为韩伟先生赴法国时所见，据说来自甘肃省礼县。[22] 1994 年夏甘肃省文物考古研究所随即对礼县大堡子山盗余之墓进行了清理，确定有两座带双墓道的大墓，南北相距约 40 米，其南并有两座车马坑，而所出地域正当文献中所讲秦人本宗大骆部族所居住的“犬丘”。[23] 出自这两座墓葬的青铜器目前可知器形和（或）铭文者至少有 22 件之多，分藏于中国（包括台湾和香港）、美国的公私藏家。另据说有铜编钟流入日本，但至今未见正式报道。大致来讲，这批器物均作于东西周之际的几十年中，它们的发现确定了历史上秦国早期活动的中心。但是，两座大墓究竟属于哪两代秦公，这在学术界引起了热烈的讨论。笔者认为有充分的理由将这批铜器定在大骆被犬戎灭族，由秦庄公于公元前 821 年重新攻取犬丘以后到秦文公于公元前 762 年由犬丘迁至陕西之前。这期间在犬丘实施过统治的只有庄公（卒于前 778 年）和襄公（卒于前 766 年）两位秦公，他们应当就是大堡子山两墓的墓主。[24]

〔20〕中美联合归城考古队：《山东龙口归城遗址 2007—2009 年度调查简报》，《考古》2011 年第 3 期，第 30—39 页。

〔21〕这两件重要的青铜器随即由李学勤和艾兰教授著文介绍回了中国。李学勤、艾兰（Sarah Allan）：《最新出现的秦公壶》，《中国文物报》1994 年 10 月 30 日。

〔22〕韩伟：《论甘肃礼县出土的秦金箔饰片》，《文物》1995 年第 6 期，第 4—11 页。

〔23〕参见戴春阳：《礼县大堡子山秦公墓地及其有关问题》，《文物》2002 年第 5 期，第 74—80 页。

〔24〕李峰：《西周的灭亡》，第 306—309 页。

为了进一步了解大堡子山所在的西汉水上游古代文化的分布及与早期秦人的关系，甘肃省文物部门邀集甘陕两省及北京的五个考古单位，于2004年起对礼县、西和地区进行了广泛的调查，发现周—秦文化遗址37座，寺洼文化遗址25处，并确定大堡子山、西山、山坪三处中心城址。[25] 这项工作随即引来2006年对大堡子山的全面钻探和“秦子”乐器祭祀坑的发掘。[26] 该祭祀坑北距秦公大墓仅20米，从中出土了整齐排列的3件镈钟、8件甬钟和一组10件的石编磬，其中最大的一件镈铭文26字，为“秦子”所作，这是大堡子山上又一次重大的考古发现。但是，这项重要的发现也引起了学者们对大堡子山秦公身份的重新疑惑。笔者最近撰文，认为这批秦子铜器的年代大致相当于1978年宝鸡太公庙出土的秦武公钟或略晚，应该是公元前688年秦人西征重新占领陇南故地后上祭大堡子山两位先公时的遗存。再联系到大堡子山上其他中小型墓和附近园顶山秦国墓葬的年代，我们可知秦人于春秋早期晚段以降在西汉水上游的活动又变得相当频繁。[27]

靠近西周国家的中心，晋、豫、陕三省交界地带是90年代以来西周考古的另一个重要地区。虢国在西周初年即分为数个支系，虢叔一支被派往中原，建立了所谓东虢，在荥阳一带。留在陕西王畿内的虢氏后裔以宗族的形式存在，其中虢季氏一支最为繁盛，中心居地在陕西宝鸡县即今虢镇一带。西周晚期，虢氏东迁今河南三门峡一带，即上村岭的虢国墓地。1990年同一墓地北部又发现18座墓葬，其中多座墓葬规格较高，出土了大量的青铜器和玉器。特别是出自M2001的二十余件青铜器上均有“虢季”铭文，其中一件并直称“季氏”，

〔25〕甘肃省文物考古研究所等：《西汉水上游考古调查报告》（北京：文物出版社，2007年），第5页。

〔26〕早期秦文化联合考古队：《2006年甘肃礼县大堡子山21号建筑基址发掘简报》，《文物》2008年第11期，第4—13页；《2006年甘肃礼县大堡子山祭祀遗址发掘简报》，《文物》2008年第11期，第14—29页。

〔27〕李峰：《礼县出土秦国早期铜器及祭祀遗址论纲》，《文物》2011年第5期，第55—67页。

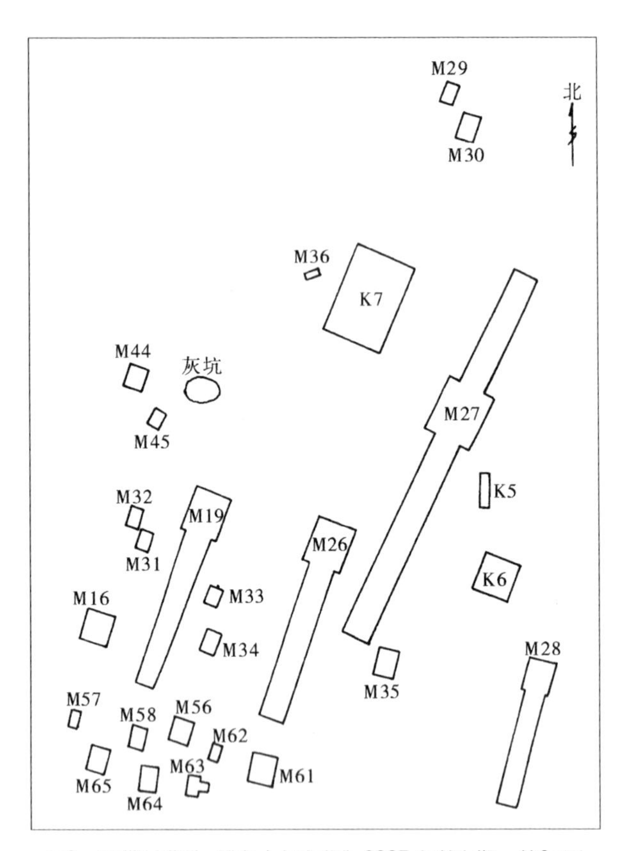

图2　梁带村墓地（《考古与文物》2007年第6期，第3页）

再次说明三门峡的虢国墓地应属于虢季氏一支，从陕西的宝鸡地区迁来。〔28〕另外一座大墓M2009出土有长铭文的编钟，并出土有“玉遣策”和大量的精美玉器及4件铁刃的铜兵器，可能也是一代国君之墓。〔29〕这些发现不仅为研究虢国的历史提供了新资料，同时也对研究西周宗族的组织方式和分化迁徙的一般规律具有重要的意义。

〔28〕河南省文物考古研究所等：《三门峡虢国墓》，北京：文物出版社，1999年。

〔29〕河南省文物考古研究所等：《三门峡虢国墓（第一卷）》（北京：文物出版社，1999年），第15—234页。另见河南省文物考古研究所：《河南考古四十年1952—1992》（郑州：河南人民出版社，1994年），第248页。

位于这个地区的另一个小国是芮，这是近年来的最新发现。2005年由于盗墓发现的梁带村芮国墓地，至2007年已勘探发现约一千多座墓葬，位于今韩城市东北7公里的黄河西岸上。现已发掘的墓葬中包括四座带墓道大墓，其中M27有两条墓道，出土了7鼎6簋，规格很高，据铭文判断应为一代芮公的墓葬。而其旁边的M26出土了多件“仲姜”所作铜器，被认为是芮公夫人之葬（图2）。这些墓葬中出土了大批的青铜器和精美玉器，年代大多在东西周之际。而文献上也有关于芮国在这一带活动的记载，并提到芮国夫人姜氏，很可能即是M26的仲姜。也有学者指出，芮国墓地可以看到青铜器铸造的“复古现象”，如出自M27的一套尊、卣；[30]而出自M502的四件约一米高的木质人俑更是罕见。另外，M502还出土了“毕伯”所作的铜鼎，是为数甚少的毕公后人之器。[31]和其他学者一样，笔者曾认为《诗经·大雅·绵》中所讲的虞、芮两国应在周人之西北，而两国后来在陕东和晋南的出现反映了西周晚年宗族东迁建国的历史大背景。[32]从这个意义上讲，梁带村芮国墓地的发现为我们理解西周晚年的政治形势提供了一批珍贵的资料。

经过整个80年代的搁置，周原的考古工作经相关单位的组织和协调于1999年重新展开，标志着西周中心地区考古工作进入了一个新的时期。在以后的几年中，周原的联合考古工作取得一些新的进展，其中最重要的当然是云塘—齐镇两组宗庙建筑基址和李家村一带铸铜作坊及相关遗址的发掘。这两组建筑东西并列，相距仅50米

---

〔30〕Jessica Rawson, "Carnelian Beads, Animal Figures and Exotic Vessels: Traces of Contact between the Chinese States and Inner Asia, ca. 1000-650 BC," *Archäologie in China,* vol. 1, Bridging Eurasia (Berlin and Beijing, 2010), 17-19.

〔31〕梁带村的发掘资料均见陕西省考古研究所等：《陕西韩城梁带村遗址M19发掘简报》，《考古与文物》2007年第2期，第3—14页；《陕西韩城梁带村遗址M26发掘简报》，《文物》2008年第1期，第4—21页；《陕西韩城梁带村遗址M27发掘简报》，《考古与文物》2007年第6期，第3—22页；《陕西韩城梁带村墓地北区2007年发掘简报》，《文物》2010年第6期，第4—20页。

〔32〕李峰：《西周的灭亡》，第61—62页。

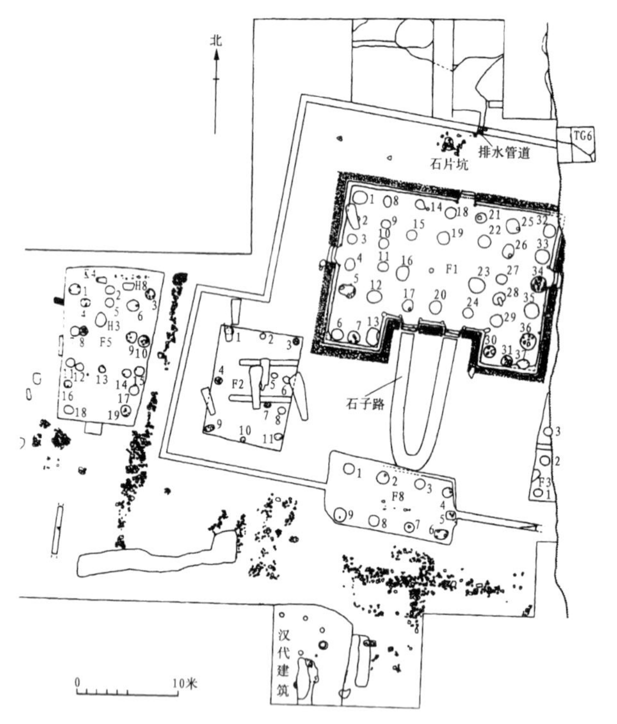

图 3　云塘西周宗庙建筑基址（《考古》2009 年第 9 期，第 5 页）

之远，每组有三座基址构成一个“品”字，外围有宫墙环绕，自成体系（图 3)。由于它们功能简单，其结构与凤翔马家庄秦国宗庙完全一致，应属宗庙类建筑无疑。〔33〕它们发现的重要性就在于提供了西周时期宗庙的一个范本，从而也间接证明了过去在周原凤雏村和召陈村发现建筑基址并非宗庙，而是周王或其他贵族的居室。笔者曾指出一种可能性：即它们有可能是西周册命金文中常常讲到的位于周地的康宫、康邵宫、康穆宫、康宫夷宫等一类周王宗庙中的两座；当然这只是一种猜想，需要进一步证明。〔34〕李家村铸铜作坊的

〔33〕见周原考古队：《陕西扶风县云塘、齐镇西周建筑基址 1999—2000 年度发掘简报》，《考古》2002 年第 9 期，第 3—26 页。

〔34〕见李峰：《西周的政体：中国早期的官僚制度和国家》（北京：三联书店，2010 年），第 120 页。

发掘提供了西周时期最大宗的陶范之一，约有 15000 件之多，其中并包括大量的陶模标本，对研究青铜器的铸造工艺很重要。[35]

周原的重新发掘几年后又引来了周公庙的发现。2003 年北京大学学生在周原外围调查时在岐山县以北周公庙一带发现两片有字甲骨，随即由北京大学和陕西省考古研究所另行成立周公庙考古队，于次年开始对这处遗址的全面调查和钻探。经过两年的工作，考古队共确认了六处墓地，特别是北部山上的陵坡墓地规格最高，包括有四条墓道的大墓 10 座，三条、两条和一条墓道的 4 座，整个墓地由一条长达 1500 米的围墙所环绕。在这群墓葬的西南坡下钻探发现四十余处夯土建筑基址，总范围南北长 300 米，东西宽 90 米，无疑是遗址的中心部位。在遗址的东北边缘地带又发现了铸铜作坊遗址，出土陶范数百块之多。更为重要的是，在遗址范围内还采集和发掘出土了七百余片甲骨，其中九十余片有刻辞，内容数次讲到“周公”、“周”、“新邑”等。[36] 由于山上 10 座四条墓道的大墓是前所未见的最高规格墓葬，而且周公庙遗址的时间又从先周晚期一直延续到西周晚期，这随即引起它们是否西周王陵、周公庙遗址是否另一处王都的猜想。但遗憾的是，已发掘的两座大墓几乎早被盗掘一空，未能提供任何证据。尽管目前仍没有确切证据，但大多数学者倾向于认为山上大墓应是历代周公的墓葬，而山下则是周公一族的宗邑。如果这样，这并不降低周公庙发现的重要性；相反地，从西周社会史研究的角度讲，它可以为我们提供一个西周宗邑社会的范本，这是前所未有的，甚至是更为重要的。周公庙铸铜遗址的发现则说明王室以外的宗族拥有着自己的青铜器制作体系；而甲骨文的出土更说明以宗族为中心的占卜活动的存在。这将为我们开启一系列值得研究的课题。

---

〔35〕周原考古队：《陕西周原遗址发现西周墓葬与铸铜遗址》，《考古》2004 年第 1 期，第 3—6 页。另见陕西省考古研究所：《考古年报》2003 年，第 13—14 页。

〔36〕见徐天进：《周公庙遗址的考古所获及所思》，《文物》2006 年第 8 期，第 55—62 页。

西周青铜器铭文的新发现

考古学家中有一些人反对脱离青铜器的器形来谈铭文，这当然有一定的道理。不过，铭文通过它们之间在内容上的联系确实构成了一个独立的信息系统，因此有必要对它们作一专门介绍。《殷周金文集成》所收铭文以1994年为限（实际上，由于该书按器类编写并分册出版，比如钟铭，以1984年第一册出版年为限）。之后刘雨、卢岩的《近出殷周金文集录》，收录1258器，以2000年为限；钟柏生、陈昭容等的《新收殷周青铜器铭文暨器影汇编》收至2005年，共新出2005器。关于这些新出铜器的综述尚未见之中文，但英文的却已有了夏含夷教授撰写的两篇介绍，可以参考。[37] 以下笔者仅就过去二十年最重要的发现，特别是《西周史》未及纳入考虑的铭文进行分类简介，并讨论它们对西周研究的意义。

谈及大宗有铭青铜器的发现，最重要的当然是眉县杨家村出土的单氏家族铜器。发现的地点离1955年出土盠方尊和盠方彝的李家村仅约一公里，同在陕西眉县车站附近。这个窖藏2003年由农民取土而发现，包括27件青铜器。其中最重要的是逨盘，铭文372字，历数十一位周王世袭和单氏家族八代先祖的功绩，从文王直至宣王时期，其中第四代先祖盠父就是前述盠方尊和盠方彝的作器者。这是史墙盘出土以后的有关西周王世和家族世系的最重要的一次发现。更有趣的是这篇历数单氏家族历史的长文被冠在册命金文之前；后文讲述王命逨担当荣兑的助手，协助其管理四方的林沼（图4）。同出的还有两件作于宣王四十二年的铜鼎和一套10件作于宣王四十三年的铜鼎。前者提供了有关猃狁之战的新史料，而后者记录了周王

[37] Edward L. Shaughnessy（夏含夷）, "New Sources of Western Zhou History: Recent Discoveries of Inscribed Bronze Vessels," *Early China* 26-27 (2001-2002), 73-98; "New Sources of Western Zhou History: Inscribed Bronze Vessels, 2000-2010"（芝加哥大学古文字国际研讨会论文，2010年11月5—7日）。后文重点讨论了新出土铭文对西周诸王年代研究的意义。

图4　逨盘铭文（《考古与文物》2003年第3期，第10页）

对逨的另一次册命，改命他管理历地的人众。[38] 笔者已指出，这是西周金文中官员由副职升为正职的又一例证。[39] 总之，眉县青铜器的发现对我们研究西周家族的历史、分支原则、铭文的文体和西周的官僚制度有多方面的意义。西周铜器窖藏的另一个重要新发现是扶风五郡西村窖藏。该窖藏发现于2006年，出土青铜器26件，包括2簋、2尊、5件编钟和兵器、马器等。其中最重要的是两件琱生尊，铭文各113字，与传世耶鲁大学所藏的五年琱生簋及中国国家

〔38〕陕西省考古研究所等：《陕西眉县杨家村西周青铜器窖藏发掘简报》，《文物》2003年第6期，第5—17页；《陕西眉县杨家村西周青铜器窖藏》，《考古与文物》2003年第3期，第3—12页。

〔39〕见李峰：《西周的政体》，第217—218页。

博物馆所藏的六年琱生簋所记的是同一件由琱生的宗君召氏家族所代理的土地诉讼。[40] 耶鲁大学的簋作于五年正月，中国国家博物馆的簋作于六年四月，而新发现的琱生尊则作于五年九月，正好在前两器之间，提供了有关这一土地诉讼事件的连续记录，十分难得。除了对西周法律史研究的意义外，五郡窖藏的另一个意义在器形学方面：两件琱生尊均仿西周早期陶尊的模式，同出的另两件簋也仿陶器器形；而传世两件琱生簋虽铸于西周晚期，却保留了西周早期铜簋的形态（图 5）。凡此种种均说明了琱生家族可能保持了自己独特的青铜器铸造风格，并呈现了一种仿古的爱好，这对我们研究西周青铜器铸造工业的组织的传承有重要意义，值得进一步研究。

有关新发现的册命金文，当然最重要的是井伯親簋和虎簋，无疑分别作于穆王二十四年和三十年，是我们目前所知最早的两篇册

图 5　扶风五郡西村窖藏出土青铜器（《文物》2007 年第 8 期，第 8—9 页）

〔40〕宝鸡市考古研究所等：《陕西扶风五郡西村西周青铜器窖藏发掘简报》，《文物》2007 年第 8 期，第 4—27 页。

命金文，为研究册命制度的兴起提供了关键性资料。井伯又称司马井伯，是穆王、共王时期的重臣，也可能是井氏宗族的始祖。过去我们知道有九篇铭文中讲到他为册命仪式中的“右者”，一般即是被册命人的上级，但是从未发现井伯自己接受册命的铭文。井伯䚄簋记载周王任命井伯䚄担任冢司马，也就是大司马，无疑是初命，早于提到他的其他铜器（图6）。[41] 虎簋与作于懿王元年的师虎簋为同人所作，但虎簋在二十余年前，两者的比较反映了虎本人官职升迁的一个过程。[42] 1997年扶风出土的宰兽簋是另一件重要的册命金文。宰在西周金文中一般多是作为“右者”出现，所右之人都是在王室工作的职员；宰受册命的过去只有蔡簋一件。宰兽簋中宰受命管理康宫王家臣妾，是宰为王家主管的又一直接例证。[43] 另外，新发现的重要册命金文还有七年师兑簋、士山盘和引簋等器。前一器在香港某私人藏家，与传世的元年师兑簋、三年师兑簋为同人所作，记述师兑在康邵宫受到周王的册锡，但册命内容不详。士山盘2002年以前入藏中国国家博物馆，铭文97字，记载王册命山去接纳蓴侯，并征收蓴侯及一干人员的贡赋。铭文饶有趣味，但通读尚有难点。[44] 引簋2008年出自山东省高清县陈庄齐国城址，铭文67字，内容讲述引在龚太室接受周王册命，命令他继续前职，掌管驻扎在齐地的军队；引簋作器者应为周王朝派驻齐国的一位将军。这篇铭文不仅对我们理解西周中晚期周王朝与齐国的军事关系提供了新资料，而且它是西周金文中第一次提到“龚太室”（即共王宗庙）的铭文，对我们研究西周王室的宗庙系统也很重要。

其他和王室活动有关的重要铭文尚有几件，如入藏保利博物馆的

---

〔41〕王冠英：《䚄簋考释》，《中国历史文物》2006年第3期，第4—6页。

〔42〕王翰章：《虎簋盖铭考释》，《考古与文物》1997年第3期，第78—80页。又见李峰：《西周的政体》，第196—198页。

〔43〕罗西章：《宰兽簋铭略考》，《文物》1998年第8期，第83—87页。

〔44〕见朱凤瀚：《士山盘初释》，《中国历史文物》2002年第1期，第4—7页。

图6 井伯觌及其铭文（《中国历史文物》2006 年第3 期，封面，封一）

师酉鼎，与传世已知的师酉簋为同人所作，记载了周王亲自对师酉的赏赐。[45] 作册吴盉现在香港私人藏家，与过去所知的作册吴方彝为同人所作。该器铭文记载王于三十年四月于某地行执驹之礼，礼毕，

〔45〕朱凤瀚：《师酉鼎与师酉簋》，《中国历史文物》2004 年第 1 期，第 4—10、35 页。

授驹于作册吴的事。[46]按铭文所记载的高年位，该器应作于穆王时期，并可能与上述虎簋同年同月。另一件重要的铭文是吴虎鼎，1992年出土于陕西长安县，1998年见于报道。铭文长164字，记载周宣王18年于康宫夷宫中宣布周厉王的旧命，将原属于吴盠的旧疆付于吴虎，并详细记录了这片土地的四界所至（图7）。[47]吴虎鼎除了是宣王时期的标准器，在铜器断代上有意义外，在以下几个方面则更为重要：首先，它讲到田地的四界，特别是毕地和莽姜土地所在的相对位置，对我们了解周都（镐京）附近的地理环境非常重要。其次，它详细记录了土地转让的程序、人员构成及其土地文书的使用，对我们理

图7 吴虎鼎铭文（《考古与文物》1998年第3期，第70页）

〔46〕关于执驹礼的讨论，参看许倬云：《西周史》，第191—192页。

〔47〕穆晓军：《陕西长安县出土西周吴虎鼎》，《考古与文物》1998年第3期，第69—71页。

解西周晚期官僚体系的运作至关重要。更重要的是，这次土地让渡事件虽发生于宣王时期，但它是厉王的旧令，这为我们深刻理解西周厉王时期的社会危机提供了直接的新资料。[48]

来自地方诸侯国的铭文资料在过去的二十多年中有显著增加，其中最重要的几件如克罍和晋侯苏编钟已见于《西周史》增订本，不须赘述。[49]这些铭文除了对了解所出诸侯国的具体史实有所帮助，有些更是对我们了解西周国家的性质，特别是诸侯国在西周国家中的地位有重要意义。如叔夨方鼎出于北赵晋侯墓地 M114，经李伯谦先生考订，作器者即是唐叔虞，尽管出土此器的 M114 现在看可能并非叔虞之墓。重要的是，这件出自诸侯国的铭文记载的却是发生在周东都成周的大典，大典之后叔夨受到周成王的召见，并得到赏赐。[50]近年出土于绛县横水 M1 的倗伯偁簋则讲到倗国国君偁大约在穆王二十三年访问周朝都城，并在那里受到益公的赏赐。[51]应国位于河南平顶山；过去陕西蓝田出土的应侯钟记载应侯见工自平顶山一带封地来到陕西王畿觐见周王的事。北京保利博物馆新入藏的应侯钟记载了应侯见工在某地侍奉周王燕飨和周王对见工的赏赐。[52]

笔者曾经指出，在西周早期，诸侯国国君及其臣属对于宗周的回访非常频繁，特别是经常性地参加周王在东都成周举行的各种典礼。西周中期以后周王室与东方封国的人员往来又呈明显下降的趋势。[53]另一方面，即使到了西周中晚期，东方的诸侯国仍然通过对王室组织的军事行动提供援助的方式来参加西周国家的活动。上述应侯见工所作的铜器另有两件近年被发表：应侯见工鼎 2000 年入藏

〔48〕关于最后这点，参考李峰：《西周的灭亡》，第 155 页。

〔49〕见许倬云：《西周史》，第 137、294 页。

〔50〕李伯谦：《叔夨方鼎铭文考释》，《文物》2001 年第 8 期，第 39—42 页。

〔51〕山西省考古研究所等：《山西绛县横水西周墓发掘简报》，《文物》2006 年第 8 期，第 10 页。

〔52〕保利博物馆：《保利藏金（续）》（广州：岭南美术出版社，2001 年），第 124—127 页。

〔53〕李峰：《西周的灭亡》，第 137—139 页。

上海博物馆，铭文记载应侯受周王之命征伐南夷毛，多有俘获，并因之为其父武侯铸器。[54]另有应侯见工簋藏于纽约首阳斋，器铭14字，而盖铭却有82字，可能并非原配。盖铭所记与应侯见工鼎为同一事，但所伐的敌人被称为淮南夷毛，明显即是南淮夷的一位首领。见工多有斩获，因此为王姑单姬作尊簋。[55]首阳斋所藏另有一件伯㦰父簋，记载周王亲自南征，伐𠬝子，至桐潏；伯㦰父从王南征，亲自执讯十人，斩首二十，得孚金五十勻。𠬝子即过去所知厉王𫹳钟（又称宗周钟）所讲的“南国𠬝子”，而桐潏见于过去所知的翏生盨，是南淮一个地名。[56]

当然，近年发现的有关南征的最重要的一件青铜器是柞伯鼎，2005年入藏北京中国国家博物馆。柞伯鼎铭文112字，记录了大约是周厉王时期对淮夷的另一次战争。这场战争由王室派出的重臣虢仲为主帅，并由很可能也来自于陕西王畿的柞伯进行协助。柞伯首先率领封土离淮夷不远的蔡侯前往攻打昏邑。当合围完成之时，柞伯派出蔡侯将有关情况报告给最高指挥官虢仲。虢仲随后赶到现场并发起总攻（图8）。[57]这篇铭文不仅对战争过程有较详细的描述，也对我们了解王室与诸侯国之间的军事合作提供了重要信息。

最后，我们还应该提到一件特殊的有铭青铜器，即豳公盨。豳公盨2002年由北京的保利艺术馆购自香港，铭文共98字，体例特殊，完全由豳公口述大禹的功德，激励时人常用此美德。铭文讲道：“天命禹敷土，陟山，濬川。乃差方艺，征降民，监德ā ā”云云（图9）。[58]其内容与传统上所知大禹的事迹有诸多相合之处，

[54] 李朝远：《应侯见工鼎》，载《青铜器学步集》（北京：文物出版社，2007年），第282—293页。

[55] 见首阳斋、上海博物馆、香港中文大学文物馆：《首阳吉金：胡盈莹、范季融藏中国古代青铜器》（2008年），第114页。

[56] 见首阳斋等：《首阳吉金》，第106—107页。

[57] 朱凤瀚：《柞伯鼎与周公南征》，《文物》2006年第5期，第67—73页。

[58] 朱凤瀚：《𤞷公盨铭文试释》，《中国历史文物》2002年第6期，第28—34页。

图8 柞伯鼎及其铭文（《文物》2006 年第5 期，第68 页，封二）

图9　豳公盨及其铭文（《中国历史文物》2002 年第 6 期，第 4 页，图版一下）

其文体也像《尚书》中的一些篇章，因此在它被发现后立即引起学者们的极大兴趣。另外，这件盨器形古朴，作器时代应在西周中期偏晚，也是我们所知同类器中较早的一件。

新认识、新收获

上文分别讨论了《西周史》增订本出版以来西周时期遗址考古和青铜器铭文的新发现，并且指出了各项发现的重要意义和贡献。这些新发现综合起来，究竟使我们在西周史的研究上对哪些大问题取得了新认识？换句话说，我们现在看西周时期究竟和二十年前有什么不同？这个问题所涉及的方面很多，受篇幅所限，这里无法一一讨论。下面笔者主要谈谈对西周国家和西周社会的几点新认识。

众多地方封国的存在是西周国家作为一个政治体系的最重要特点。这些年来随着诸侯国考古工作的展开和资料的不断增加，使我们对它们的性质及其在西周国家中的地位有了更为明确的认识。首先，西周的“封建制度”实际上就是按照周人自己的血缘亲属关系系统地将中国东部平原和其周边地区成千上万的聚落即“邑”进行重新分配和编排的制度，从而形成了一个个有周人处其上层的地方政治经济实体，由诸侯作为周王的代理者来进行统治；这也就是许先生书中讲的“统治族群与各地土著族群的重叠关系”。[59]这种制度作为一种统治的手段虽然通行于周初，大成于成康时期，但是现在看来它并非限于西周早期，而是根据西周国家政治环境的变化可以随时施行的。这里最典型的一个例子是眉县杨家村新出土的四十二年逨鼎，铭文记述逨被任命担当荣兑的助手，协助后者管理四方的林沼，并被派到山西汾水下游帮助长父建立他的杨国。此后，两件杨姞壶出土于北赵晋侯墓地 M63，即是杨国在汾水流域活动的

〔59〕见许倬云：《西周史》，第 150—151 页。

证据。[60] 孝王时秦国在渭水上游秦地的建立是另一个例子，目的是巩固王畿西部边缘。另外一个例子是宣王时在南阳立国的申，其事在《诗经 · 大雅 · 崧高》中有详细叙述。金文资料表明，南阳之申实际上在金文中称为“南申”，与位于宗周西北的西申有别；后者可能是南申伯的原居地。同时在这时期封于南阳地区的还有吕国。现在看来，这些小国在长江中游的出现可能和厉王时期铲除鄂侯御方，从而在南方地区留下权力空间有关，因此我们必须从宣王时期重建西周国家政治秩序的历史大背景来理解它们的出现。[61]

因此我们应该认为，西周的“封建制度”首先是周王室政策的一种延伸，是以西周国家特别是周王都的安全为着眼点所设立的一套制度。在西周早期的复杂政治形势下更是这样。过去很多学者认为在西周封建制度下国无常处，国都迁移是一种常态。譬如说，陈槃曾列举了七十多国，认为它们至少迁徙过一次。[62] 这里有很多迁徙实际发生在东周时期，与当时的小国被大国兼并其幸存者被迫异地而居有关；另一些则可能是由于文献中对同一地点的误记或误传，而并非必有迁徙之实情。现在考古发现已经证明近十个诸侯国在西周时期之所在，并不能支持古史辨派以来的上述这个看法。如燕国，过去认为先在河南，后迁河北；而琉璃河的考古发现证明燕国始封即在北京附近。应国和邢国的新资料也说明两国从西周早期到东周早期遗址一直位于原地，并无迁徙；卫国的情况也大致相同。鲁国看来西周早期并不在曲阜；齐国于公元前 859 年迁往临淄，但其年代已到了西周中晚期之交。新铭文资料也证明唐叔虞所封在唐，晋侯燮父封于晋，相距并不远。但叔虞时并无晋国，封晋以后一直在北赵一带，直到东周初

〔60〕见山西省考古研究所等：《天马—曲村遗址北赵晋侯墓地第四次发掘》，《文物》1994 年第 8 期，第 1—21 页。

〔61〕有关情况，参考李峰：《西周的灭亡》，第 156—161、251—262 页。

〔62〕陈槃：《春秋大事表列国爵姓及存灭表撰异》（台北：中央研究院历史语言研究所，1997 年），第 16—17 页。

年晋国曲沃一支兴起之前。更重要的是，新的考古发现实际上促使我们对西周时期地方封国的地理位置进行一个总体的考虑。我们可以看到，西周封国的分布往往在主要的交通路线上，或是在山脉到冲积平原的过渡地带上，其位置有明显的规律性，并且与地形地貌紧密联系在一起。[63]很显然，西周主要封国的分布是经过周王室精心规划的一个网络，它们反映了西周国家的一个整体的地缘政治建构。而一个诸侯国一旦正式受封便有守土之责；尽管它的国都也可能移动，但基本上是不能随意离开其所在的小地域的。

西周地方封国的相对稳定性也表现在诸侯国内部的政治结构上。许倬云先生曾指出，西周各封国在历史上从未见有因不稳定而覆灭的个例，[64]这是非常重要的一点，它当然与东周时期诸侯国之间的频繁兼并形成反差。究其原因，这是一种体制内的稳定，也就是说，这种稳定的因素来自西周国家所提供的政治秩序。在这种政治秩序之下，各诸侯国内部逐渐完成了不同族群文化的同化过程，从而形成了东周时期各地地域文化圈的基础。西周的封国虽然拥有独自的行政和军事权力，但它们并不是独立的主权国；相反，它们是西周国家的积极参与者。近年来特别是青铜器铭文的发现使我们看到地方诸侯国与中央王室的关系可能比我们过去所了解的更为密切，尽管这种关系也会随时间的推移而变化。上述叔夨方鼎是唐叔虞封唐之后所作，但他来到周都，仍被周王称为“厥士”，也就是说他仍是周王的下属，或者说是西周国家的一个“官员”。这种关系也表现于传世的麦尊铭文之中。[65]新发现的引簋讲到引受周王册命统帅“齐师”，也很可能是周王室驻扎在齐地的军队；从山东半岛的考古发现看，这个时期正是西周国家向山东半岛东部积极扩张之时。非常重要的一点是：周王朝的军事行动并不是只以保护王畿为目的；相反

〔63〕见李峰：《西周的灭亡》，第78—90页。
〔64〕见许倬云：《西周史》，第150页。
〔65〕关于麦尊的讨论，见李峰：《西周的政体》，第258—261页。

地，终西周一代它是以西周国家的整体为预设保护范围的。而对王室的军事行动提供支援则是地方封国的责任和义务，这在西周金文中有很多例子，如西周中期的史密簋，西周晚期的师寰簋。后者记载宣王时期对南方淮夷的一场征伐，由来自陕西王畿的师寰做统帅；在他指挥之下有来自齐、莱、己等山东各国的军队。晋侯苏编钟的长铭则记载晋侯参加由周王亲自指挥的一场战争，在其中晋侯奉命率先攻入敌城，受到周王的嘉奖。更好的一个例子是新发现的柞伯鼎，它记载蔡侯不仅参加了王室对南淮夷的征讨，而且在这场战争中他明显充当了王畿派出的虢仲和柞伯等将领的下属。重要的一点是，诸侯往往远离自己的领地参加周王室组织的战争，这说明西周国家作为一个庞大的政治军事整体是确实存在的，而地方封国则是这个整体的组成部分。总之，西周的“封建制度”与欧洲中世纪的 Feudalism 是非常不同的；前者是一种下对上的无条件服从关系，而后者则是基于相对独立原则的有条件的契约关系。当然，它与马克思主义史学中的“封建社会”也完全不是一回事。[66]

过去这二十年考古发现的另一个重要启示在于王畿和东部地区在体制上的不同。譬如，不管东方的诸侯在传世文献中怎样称呼，在考古发掘所得的青铜器铭文中他们均自称为“侯”，如燕侯、晋侯、应侯、邢侯、鲁侯和滕侯等等（个别诸侯也称“男”，如许男）。相反地，在陕西王畿地区的贵族宗族之长从未有称“侯”，而常常是被称为“伯”，有时为“仲、叔、季”，这些称谓表明了他们在家族中的长幼顺序。青铜器铭文语言中这种严格的区别说明，在周人的政治理念中，东部封国与西部宗族群体间存在着重要的差别，它们代表两个完全不同的秩序：即地方封国是一个政治秩序，它是以西周国家作为参照体系，而王畿地区“伯、仲、叔、季”是一个社会秩序，它是基于

〔66〕关于这个问题的详细论述，见李峰：《欧洲 Feudalism 的反思及其对中国古史分期的意义》，《中国学术》第 24 期（2006 年），第 8—29 页。

周人的伦理价值来规范宗族内部的权力和财产传承的一个制度。换句话说，西周国家的这两个地域是建立在不同的组织原则之上、而且以不同的方式进行管理的两大社会和行政区间。尽管我们或不妨将这种区别与后代儒家文献中所讲的“内服”和“外服”作比附，但是把王畿内的宗族长叫作所谓的“内诸侯”则是一种严重的错误。

对西周政府的了解主要靠册命金文，它们是西周中央政府行政程序的直接产物，其数量在过去二十余年中也有显著增加。与个别官制的考订相比，更重要的问题当然是西周政府的官僚化程度。关于这个问题，《西周史》中已有涉及，特别是指出了内史和尹氏（即内史尹）的出现象征着周王“内廷”的出现和制度化，是西周政府逐渐官僚化的一个表现，这是很有先见之明的。[67] 现在我们知道，在西周中期所谓的“王家”已经形成了一个相对独立的行政和经济体系，由王宫、宗庙和各主要都邑的王家财产构成，以宰为其总管。在册命仪式中，由宰作为“右者”的被册命人均被任命在王家内工作，说明王家无疑已形成一个较封闭的行政体系，与西周中央政府其他部门，如卿事寮的行政程序相分隔。“王家”概念与中央政府的相区别不仅是官僚制度出现的重要步骤和标志，在世界历史上有其他例子，它也标志着“国家”概念的形成。当然，关于西周政府官僚化的问题还可以从动态、静态的其他诸多方面进行考察，譬如说官员的生活和仕途发展。在这后一点上，青铜器铭文的不断增加可以让我们对西周的选官制度作一个比较深入的研究。研究表明，在西周中晚期虽然有不少官员以世袭的方式进入政府服务，但周王实际上在很大程度上是按照自己的意愿任命官员。即使那些以世袭方式进入政府的官员，也不保证他们能够担任父祖的旧官，而是和其他年轻人一样先担任助手，在经过一段时间的服务后才可升为正职。

---

〔67〕见许倬云：《西周史》，第224—225页。在耶鲁的英文版中，许先生是直接使用了Bureaucratization（官僚化）这个词的。见 Cho-yun Hsu and Katheryn M. Linduff, *Western Chou Civilization* (New Haven: Yale University Press, 1988), pp. 246-247。

同样，在西周政府中官员的升迁也不是什么例外，而可能更是一种常态。[68] 这也是官僚制度的一个表现。

《西周史》中讨论过“五邑”的问题，这很重要，因为它涉及到王畿内地方行政的关键。尽管我们现在仍不能确定这个“五邑”究竟指哪五处，但无疑它指的是西周时期渭水平原上五处最重要的城市。这些城市既是王室活动的中心，也是贵族宗族宅第毗邻之所。从这一点上讲，西周的王权并不是像商王朝那样基于安阳一个超大的中心，而是基于一个城市的网络上，沿着这个网络周王日常性地进行移动。从地方行政角度讲，这五个城市形成了一个特殊行政层位，因此我们在西周册命金文中常常看到周王任命官员统一管理五个城市中的某项事务。另一方面，每一个城市也有自己的功能性官员，如司徒、司工和司马之类。但是从未有某个城市的总管一类职务出现在金文之中。这说明每个城市并不是一个独立行政体系，这与地中海世界的城市，特别是古代的所谓城邦有着很大不同。当然，西周并不是所谓“城邦制”的国家。另一方面，“五邑”也是地方社会的集结点，因为很多宗族虽在五邑有居宅，其宗族本身则是在远离城市的乡村地带，其下控制着许多小的属邑。这样就形成了宗周社会的一种“都邑—宗邑—属邑”的三层结构。

最后，笔者想谈一谈所谓的“五等爵”问题，这是周代社会的一个大问题。关于在周代，特别是西周是否真正存在过所谓的“公、侯、伯、子、男”的五等爵禄制度，过去古史辨派学者是一致否定的。到了80年代甚至90年代初，几篇文章则又认为应该是存在过的，[69] 于是“五等爵”问题成为困惑西周史研究的一个难题。现在

〔68〕关于这个问题的新研究，参考李峰：《西周的政体》，第192—230页。

〔69〕见王世民：《西周春秋金文中的诸侯爵称》，《历史研究》1983年第3期，第3—17页。陈恩林：《先秦两汉文献中所见周代诸侯五等爵》，《历史研究》1994年第6期，第59—72页。另见竹内康浩：《春秋から见た五等爵制—周初に於ける封建の问题》，《史学杂志》第100卷第2号（1991年），第40—74页。

我们看来，这五个称谓在西周金文中都出现过，但问题是它们并不能构成一个系列，即一种制度，而是各有其意义。“侯”和“男”是地方封国诸侯的自称，反映的是西周国家的政治秩序；“伯”是宗族之长，反映的是一种宗族伦理秩序；“子”，如“楚子”、“南国𠬝子”，是外邦首领之称，反映的是西周国家与异邦邻国之间的外交秩序。至于“公”，它是少数几位占有极其重要地位的王朝重臣的称呼，反映的是一种官僚级别。当然地方诸侯如有机会服务于中央王室并据此等要位，也是可以称“公”的，但这毕竟是极少数。只是到了东周初年，由于陕西王畿的贵族宗族纷纷东迁及东部地区的民族融和，原处于外围的异族小国纷纷涉入中原地区的政治，这几种秩序才在地理上变得混杂起来。于是，由于“霸”的体制的兴起，这五种称谓被重新编排成一个系列，并与对霸主国的贡赋制度结合了起来，这才形成了整齐的“五等爵”制度。[70]这也可以说是我们研究这二十余年间新资料的又一个小收获。另外，最近的考古发现对“公”和“侯”的这种区别也有一些启示。譬如北赵晋侯墓葬随葬铜器群最高的级别是五鼎四簋，但是离晋国不远的两个小国（三门峡的虢国和韩城的芮国）其国君墓葬中却都有七鼎六簋之制。远在甘肃的秦公墓中也随葬了七鼎六簋。这三国的国君均称为“公”，并且都可能在西周晚期中央王室担任过重要职位。这样看起来，在西周晚期，称“公”和称“侯”在礼器制度上可能确实是有差别的。只是这种差别并非来自“五等爵”制的差别，而是反映了他们在西周国家政体中的不同地位和作用。

2010年1月10日于纽约森林小丘新宅

〔70〕 Li Feng, “Transmitting Antiquity: The Origin and Paradigmization of the ‘Five Ranks’,” in *Perceptions of Antiquity in Chinese Civilization*, ed. Dieter Kuhn and Helga Stahl (Würzburger Sinologische Schriften) (Heidelberg: Edition Forum, 2008), pp. 103-134.

图　版

门道及东西门房

中院西厢台阶

夯窝痕迹T36（3A层）

前堂檐柱灰痕

前堂南边三台阶

图版1之①　凤雏村周初宫室遗址

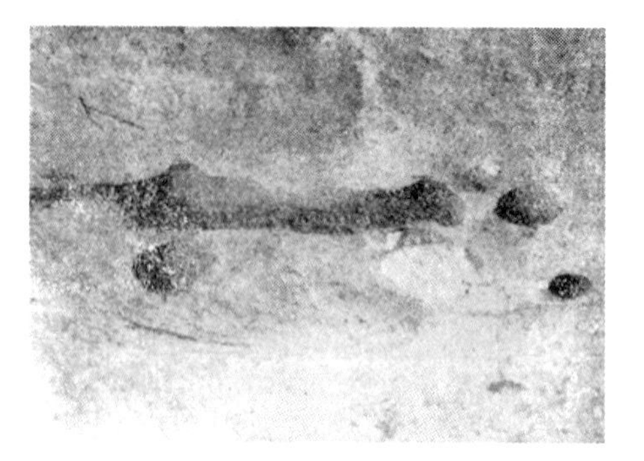

后室第一室后门门槛槽俯视

后室四室的红烧土

东门房底部台
基下陶管水道

东小院底部的水道

图版1之②　凤雏村周初宫室遗址

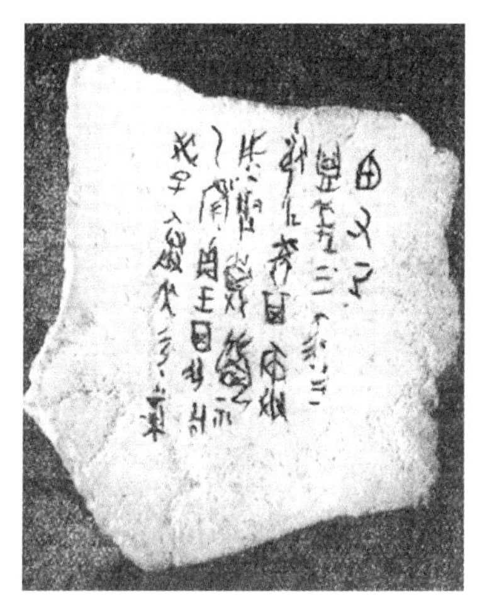

卜祭：第一片（H11:1）

卜祭：第二片（H11:4）

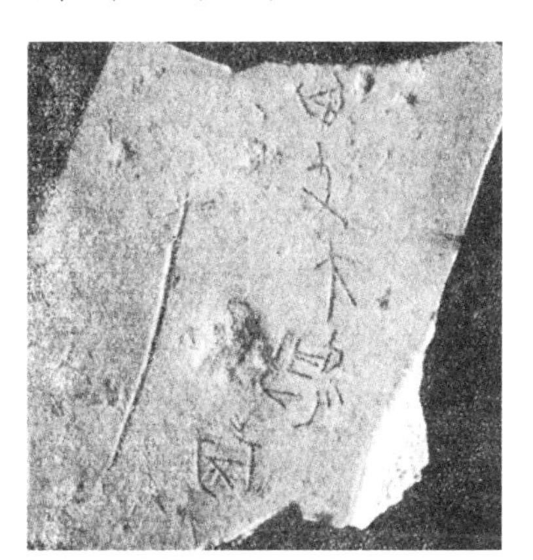

卜祭：第四片（H11:12）

卜祭：第五片（H11:30）

卜祭：第六片（H11:27）

图版2　周原卜骨刻辞

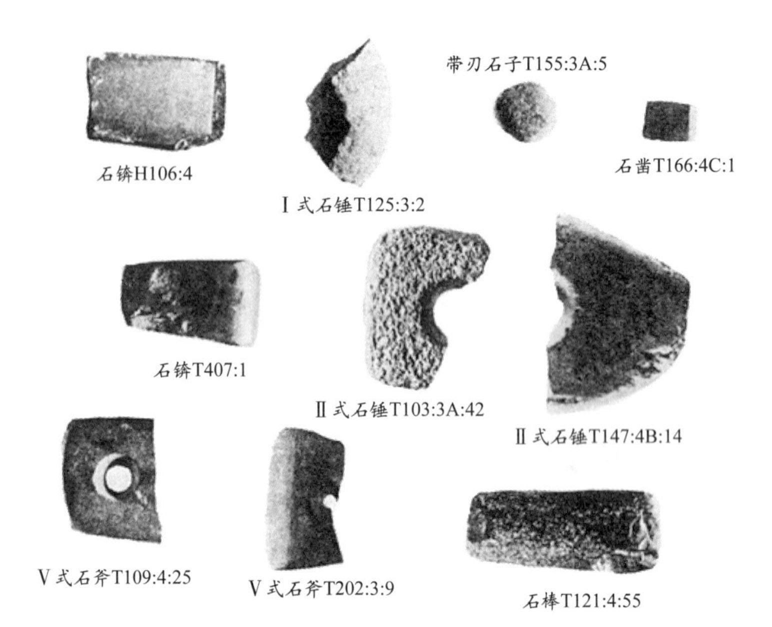
石锛H106:4
Ⅰ式石锤T125:3:2
带刃石子T155:3A:5
石凿T166:4C:1
石锛T407:1
Ⅱ式石锤T103:3A:42
Ⅱ式石锤T147:4B:14
Ⅴ式石斧T109:4:25
Ⅴ式石斧T202:3:9
石棒T121:4:55

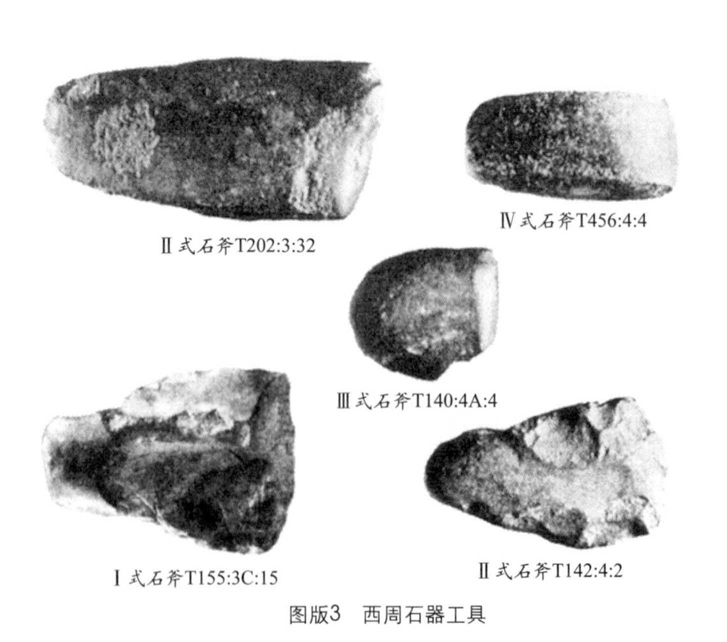
Ⅱ式石斧T202:3:32
Ⅳ式石斧T456:4:4
Ⅲ式石斧T140:4A:4
Ⅰ式石斧T155:3C:15
Ⅱ式石斧T142:4:2

图版3　西周石器工具

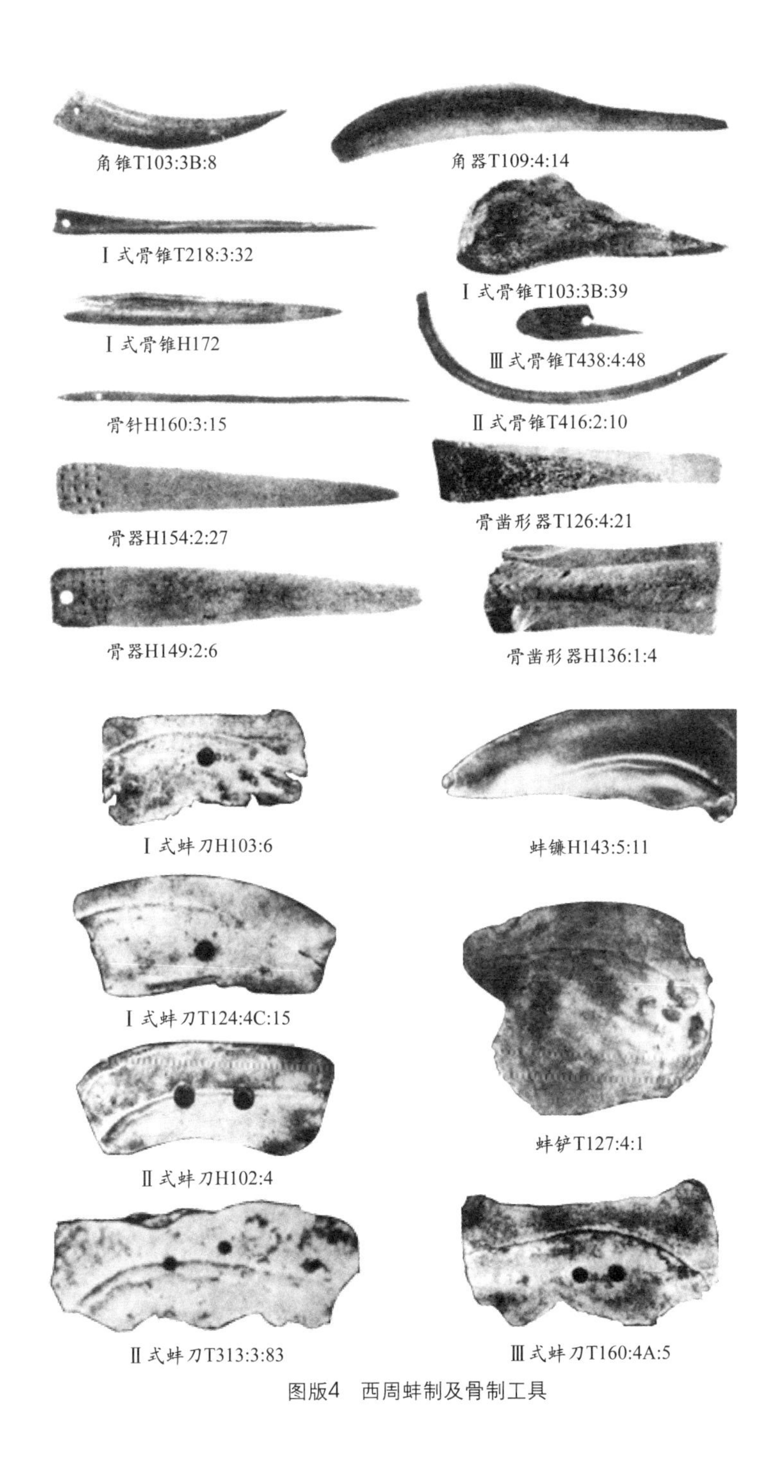

图版4　西周蚌制及骨制工具

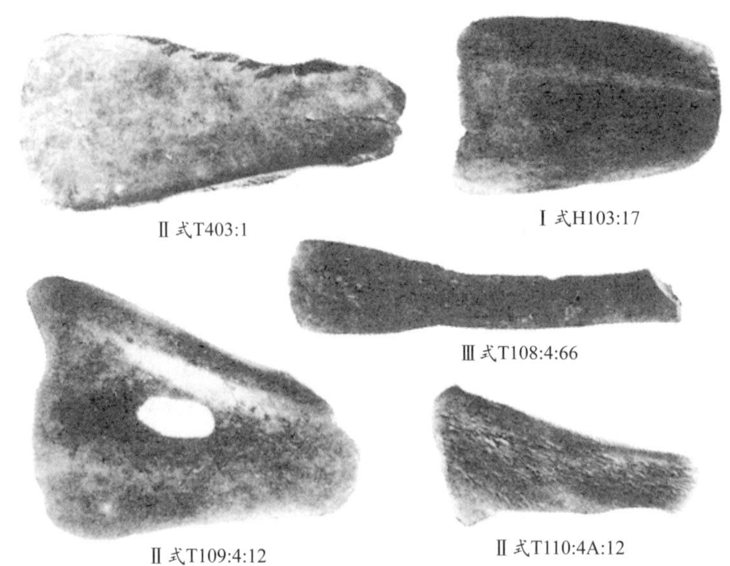

张家坡西周居址的骨铲

张家坡西周居址的铜刀

图版5　西周骨铲及铜刀

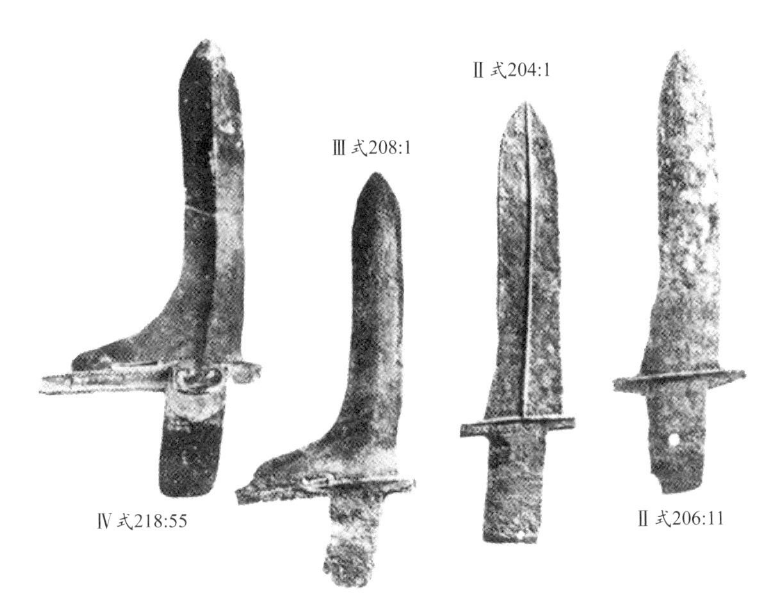

西周墓葬出土的铜戈

图版6　西周铜兵器：戈、戟、矛

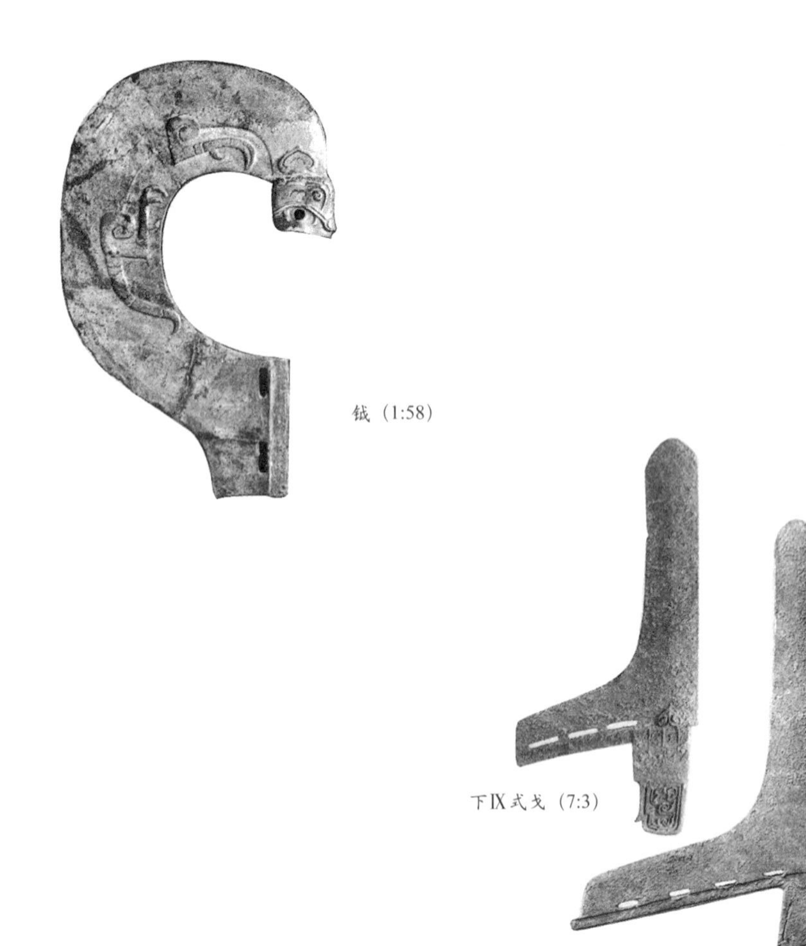

钺（1:58）

下Ⅸ式戈（7:3）

上Ⅹ式戈（7:1）

图版7　西周铜兵器：戈、钺、戟

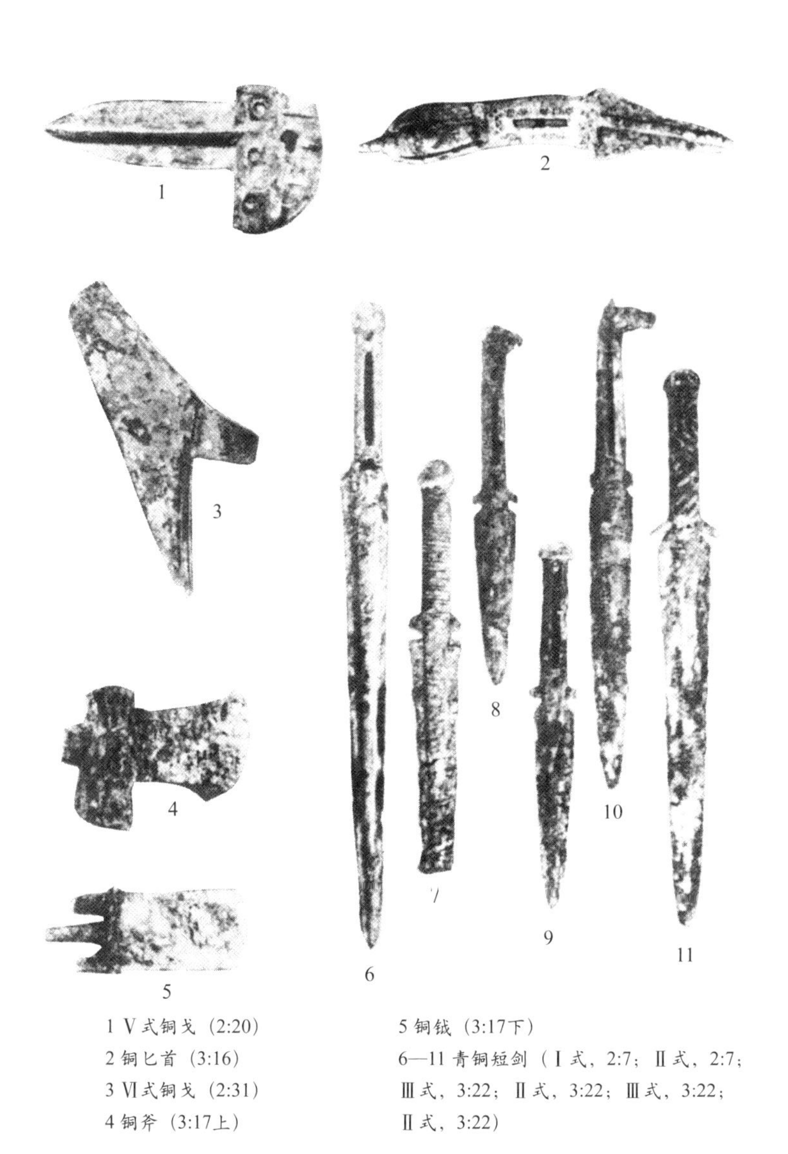

1 Ⅴ式铜戈（2:20）
2 铜匕首（3:16）
3 Ⅵ式铜戈（2:31）
4 铜斧（3:17上）
5 铜钺（3:17下）
6—11 青铜短剑（Ⅰ式，2:7；Ⅱ式，2:7；Ⅲ式，3:22；Ⅱ式，3:22；Ⅲ式，3:22；Ⅱ式，3:22）

图版8　西周铜兵器：戈、斧、钺、剑

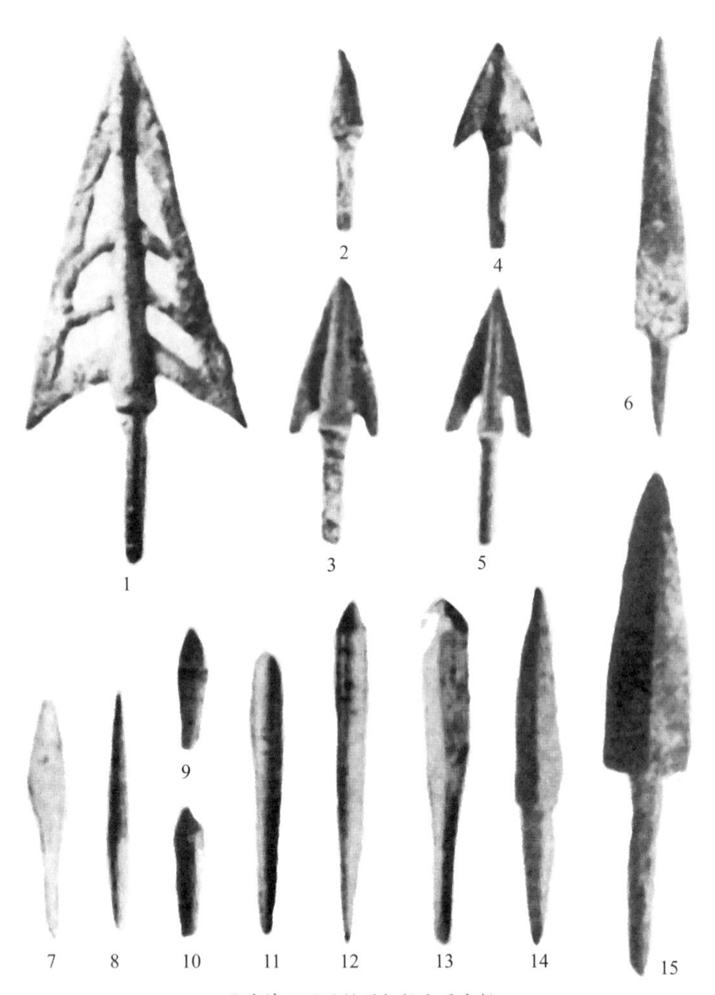

张家坡西周居址的铜镞和骨角镞

1—6　铜镞（T162:4C:14，T202:3:88，T156:4:19，T169:4A:14，T112:3:5，T159:4B:70）

7—15　骨角镞（T110:4:32，T314:3:14，T159:4A:45，H416:1，H172:71，H172:14，T144:4:7，T159:4A:46，T108:4:21）

图版9　西周箭镞：铜、骨、角制

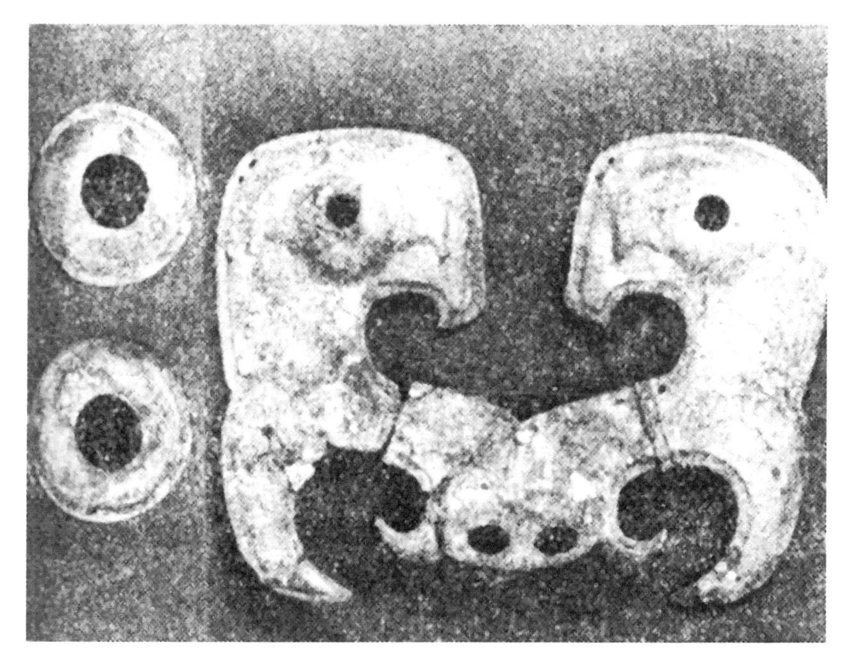

图版10　西周胸甲

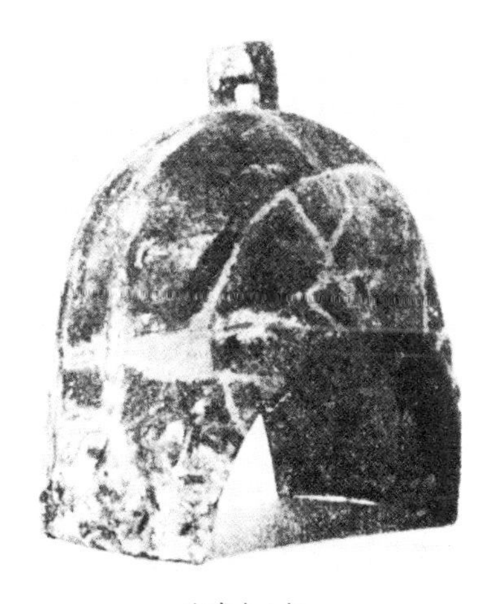

宁城南山根

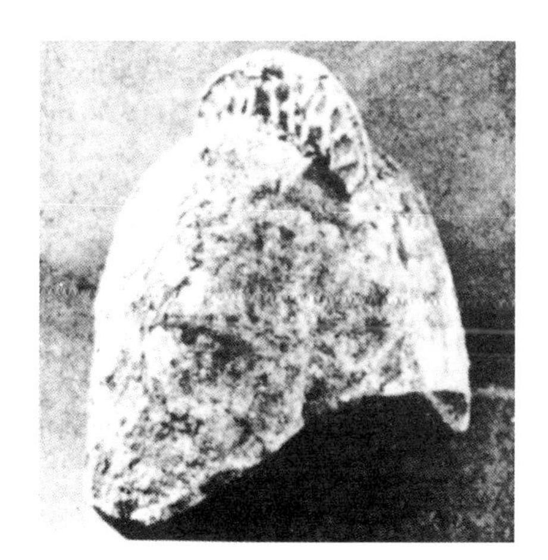

昌平白浮材

图版11　西周铜胄

图版12　利簋

图版13　㸓尊

图版14　宜侯夨𣪕

图版15　史墙盘

上：五鼎（M1甲：1—5）
下：四鼎（M1甲：6—9）

图版16　列鼎：陕西宝鸡茹家庄周墓

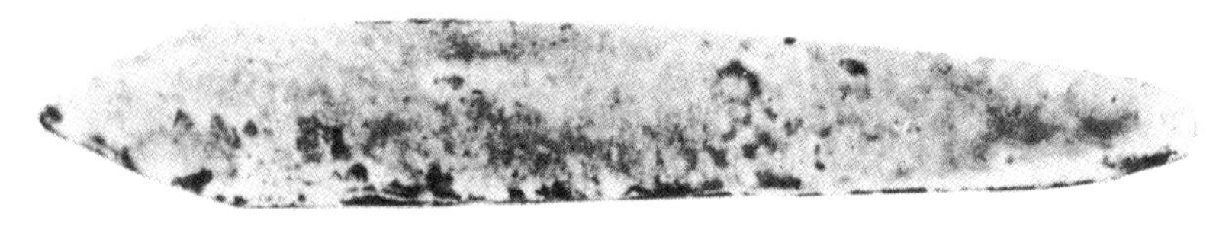

蚌圭

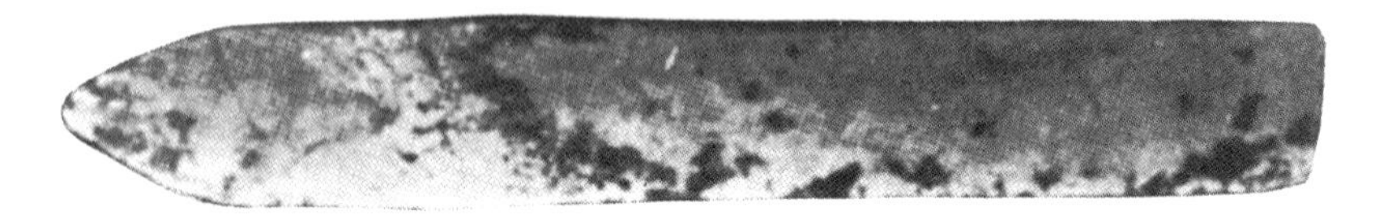

石圭

图版17　周人的圭

图版18　驹尊

图版19　涡纹罍：辽宁喀左

图版20　盠方尊

正面

反面

图版21　师旋毁

簠

匽侯盂

图版22　新出铜器选粹（1）

𣪕

尊

图版23　新出铜器选粹（2）

白矩鬲

乙公簋

图版24　新出铜器选粹（3）

中义父鑐

曾中斿父壶

图版25　新出铜器选粹（4）

陖伯壶

陖伯盉

图版26　新出铜器选粹（5）

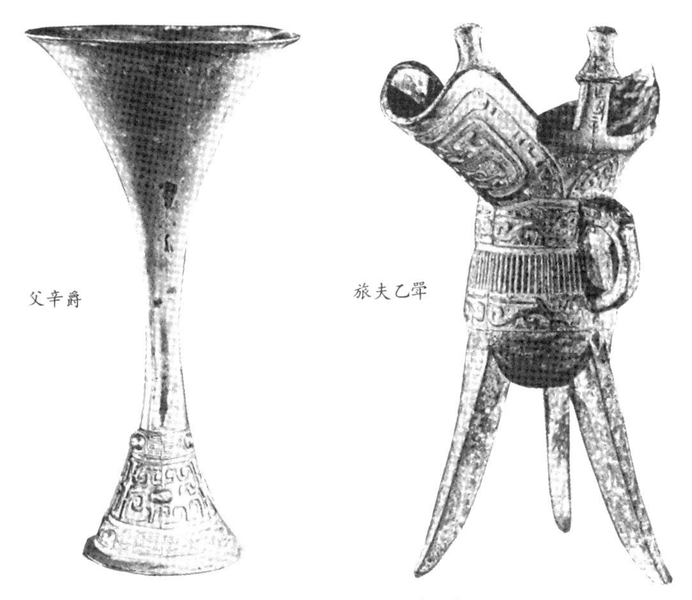

图版27　新出铜器选粹（6）

图版28　新出铜器选粹（7）

H108圆形房屋内室第三层居住面

陶窑（H181）

图版29　客省庄二期居住遗迹

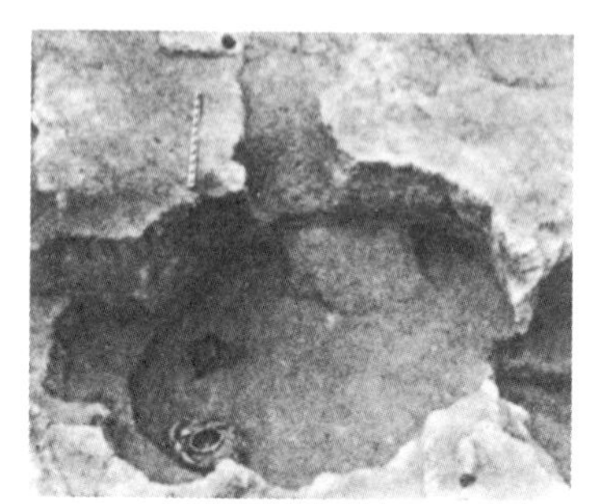

房屋（H104，由北往南）

房屋（H441，由南往北）

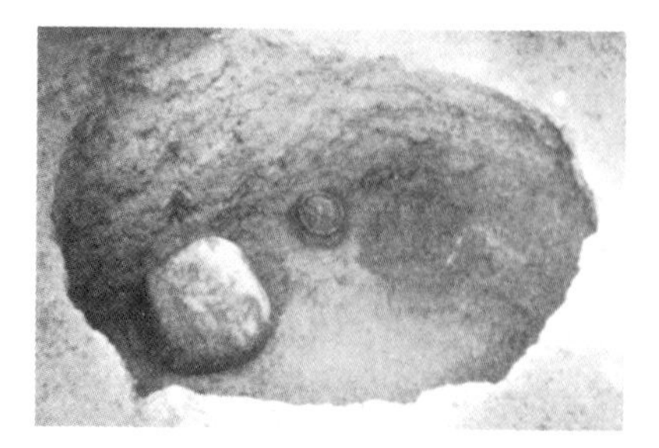

“袋状窖穴”（H162）

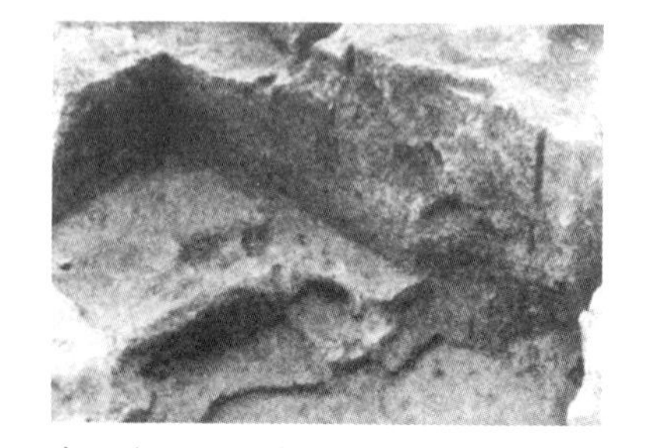

房屋（H425，由东北往西南）

图版30　张家坡居住遗迹

西周早期房屋（H105，由北往南）

西周晚期陶窑（H404）

图版31　张家坡居住遗址及陶窑

召陈建筑群基址发掘工地（自东南向西北摄，前为F3）

F2东边散水（自南向北摄）

F7南部暗水道（自南向北摄）

F5西侧台阶
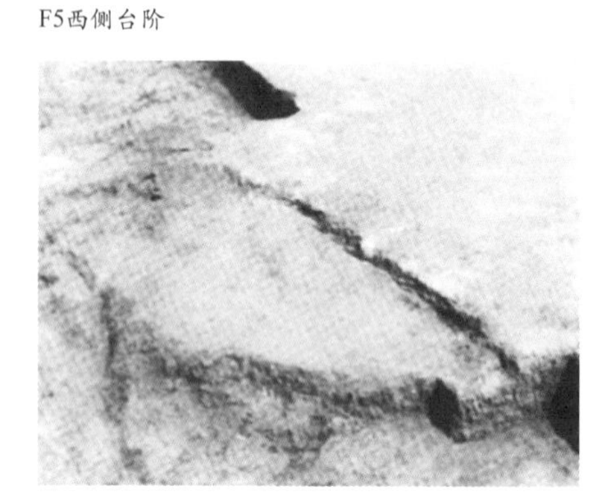

F3房基（自西向东摄）
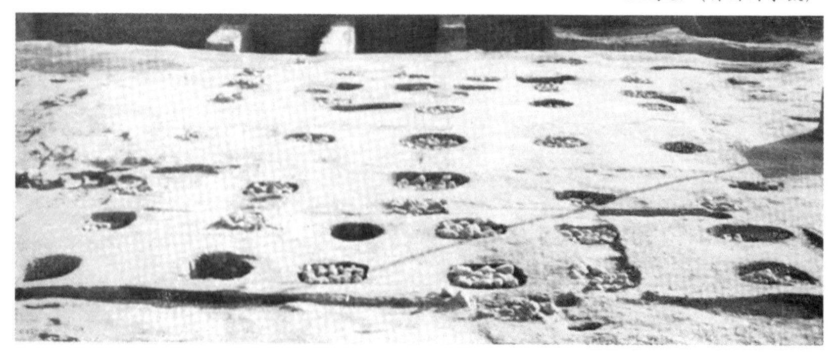

图版32　扶风召陈村大型建筑遗址

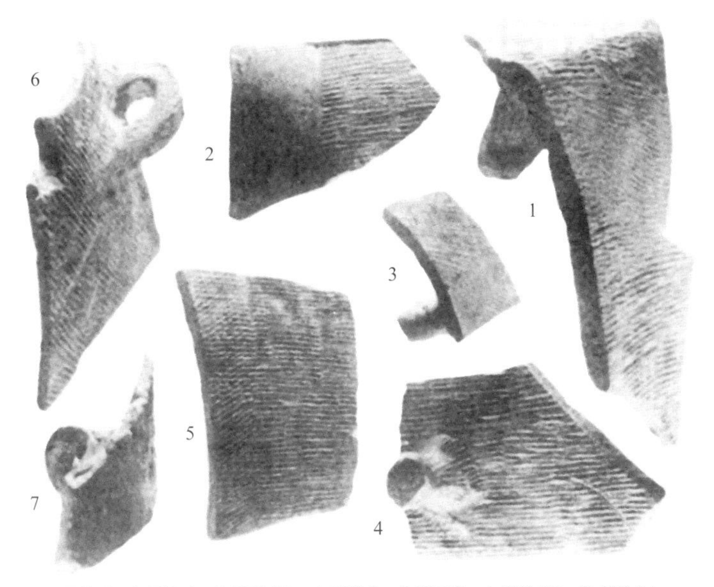

1 T40:4　2 T47:4　3 T38:2B　4 T20:2　5 T23:2　6 T38:2B　7 T29:2A

图版33　客省庄西周的瓦

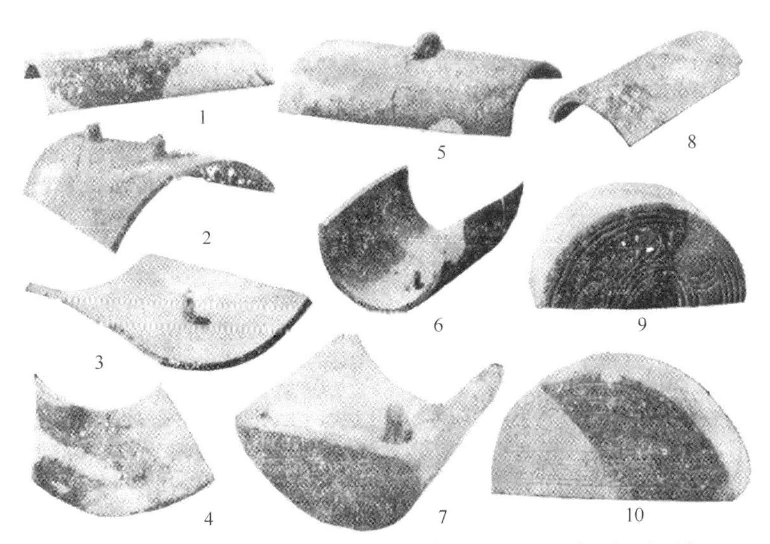

1　西周早期瓦　2　背面带双钉的板瓦　3　沟面带单钉的板瓦　4　沟面带双钉的板瓦
5　背面带瓦环并有陶文“巳”的板瓦　6　沟面带瓦环的大型扣瓦　7　西周中期筒瓦
8　西周晚期板瓦　9,10　西周瓦当

图版34　西周各式瓦

图版35　圻春毛家嘴木构建筑遗迹

图版36　西周丝织品织纹印痕

提花组织放大图

斜纹提花组织图

图版37　西周织物提花组织

1 圆鼎外范（H84:1）

2 卣外范（H81:2）

3 簋外范（T4⑤:18）

4 方鼎外范（H175:3）

5 簋范（H136:3）

6 方尊外范（T4⑤:36）

图版38 西周铸铜陶范

图版39　动物形铜器（1）

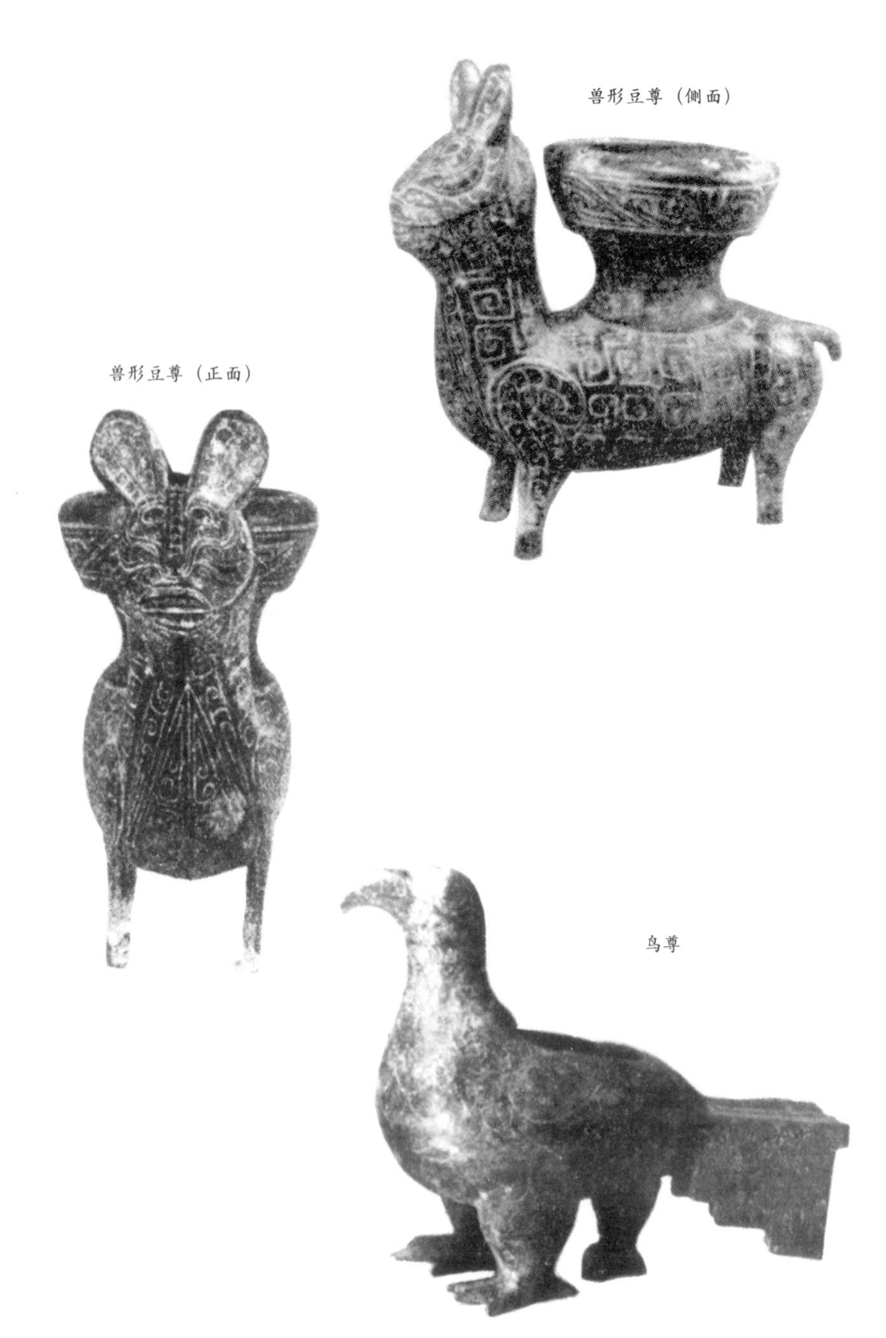

图版40　动物形铜器（2）

图版41　西周釉陶

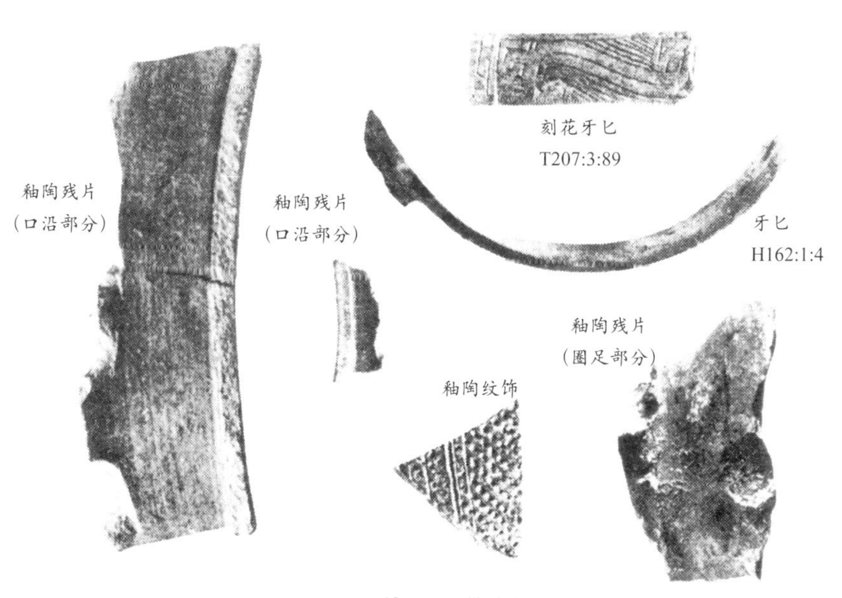

图版42　西周带釉陶

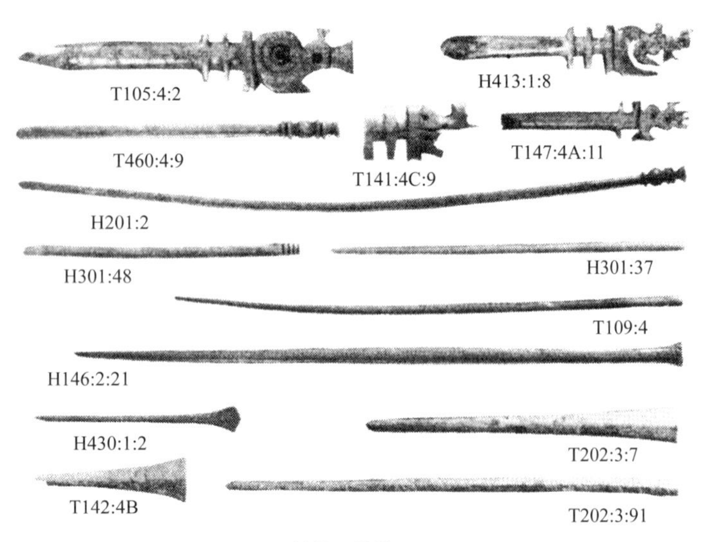

图版43　骨笄

1　玉圭T207:3:23　　2　石鱼T151:4B:43
3　玉佩饰T207:3:41　　4　玉琮T202:3:95
5　玉戈T162:4B:1　　6　玉圭T207:3:97
7　骨雕马头T467:4:16　　8　石磺T141:4:34
9　石饰T108:4:13　　10　骨刀T316:1:2

图版44　玉器和骨器

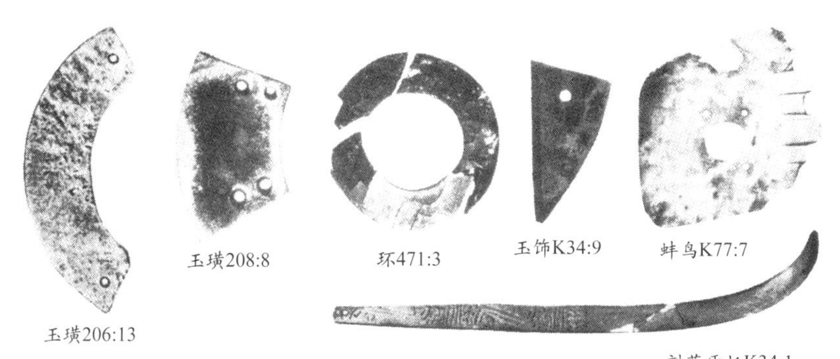

图版45　玉器

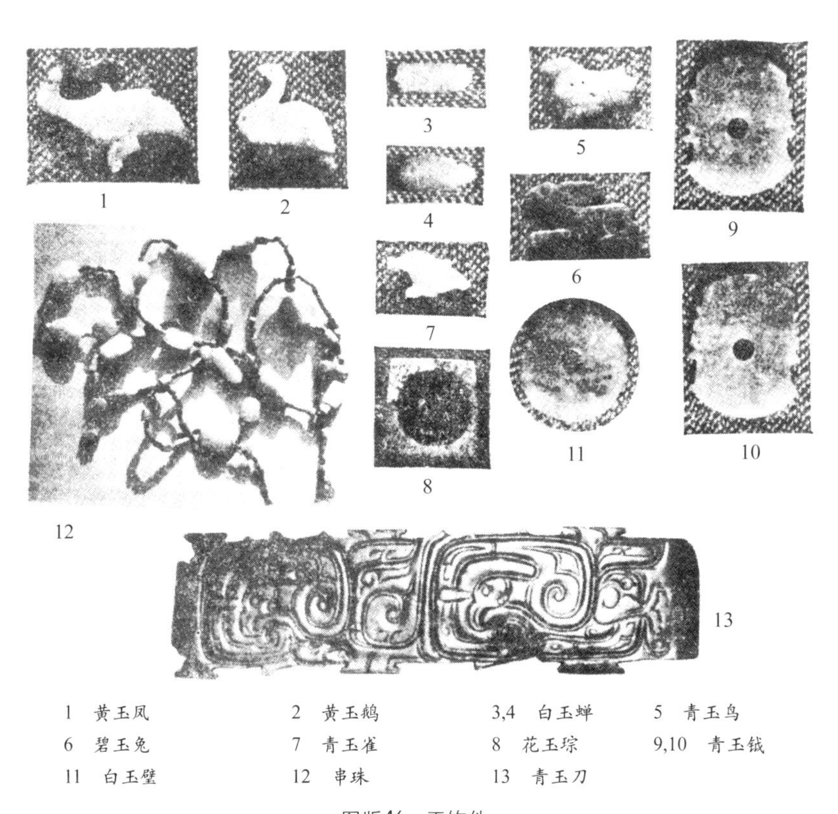

1　黄玉凤　　2　黄玉鹅　　3,4　白玉蝉　　5　青玉鸟
6　碧玉兔　　7　青玉雀　　8　花玉琮　　9,10　青玉钺
11　白玉璧　　12　串珠　　13　青玉刀

图版46　玉饰件

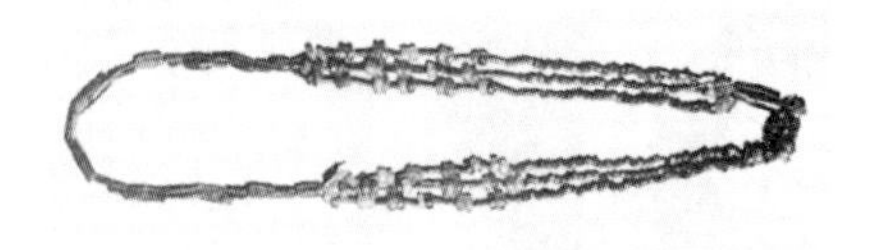

项链（M1乙）

玉虎（M1乙）

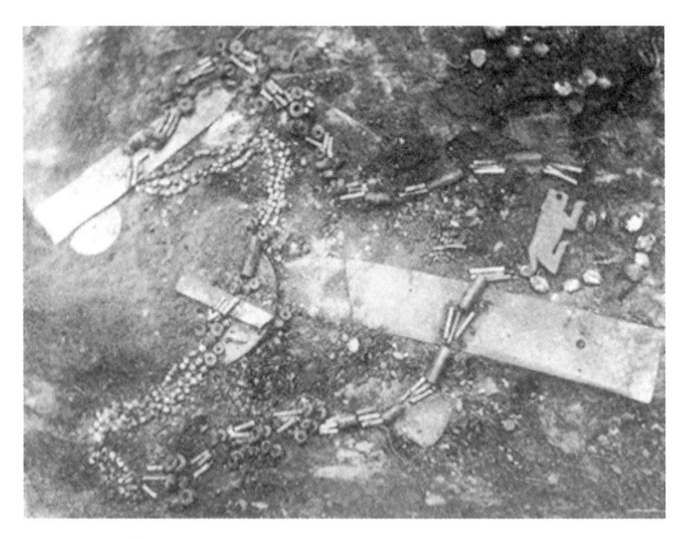

M1玉器出土情况

玉鹿（M1甲）

图版47　玉饰物

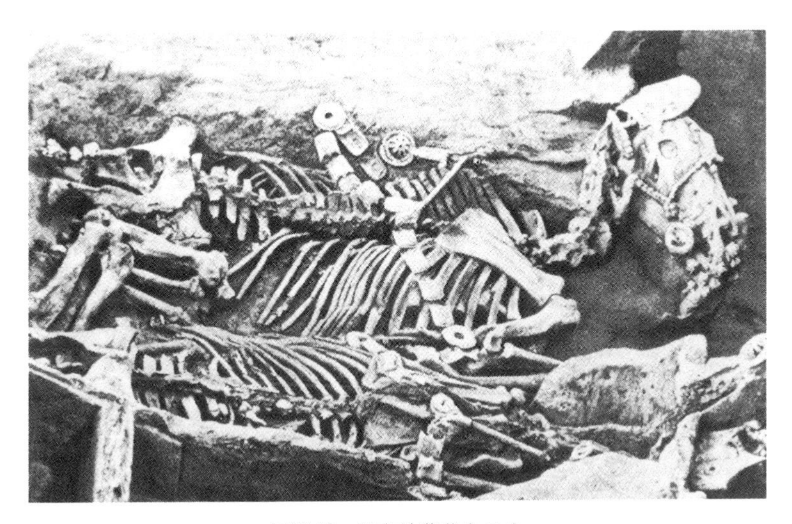

图版48　张家坡墓葬车马坑

图版49　上村岭虢国墓车马坑

图版50　扶风庄白窖藏

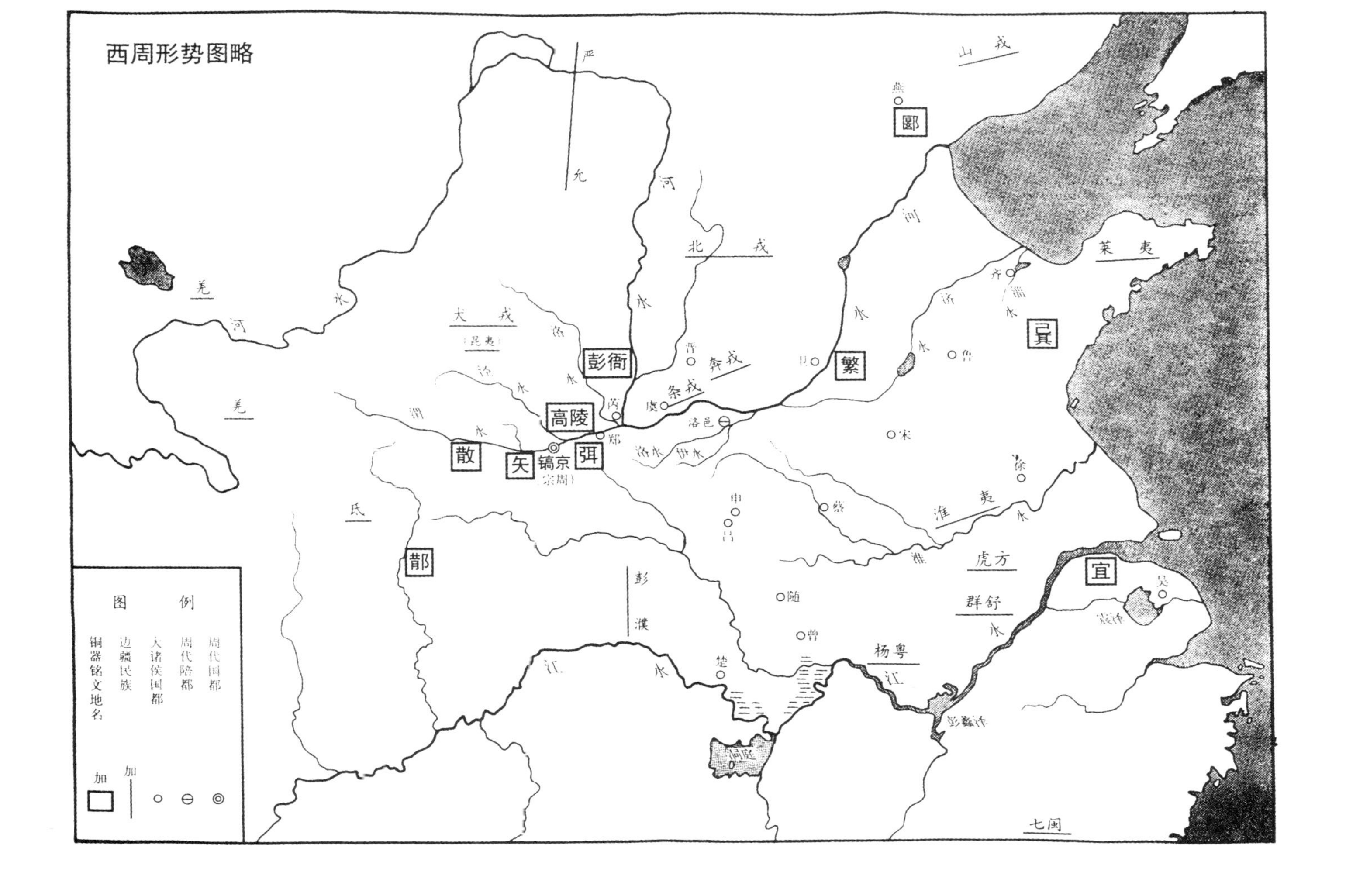
西周形势图略
山戎
燕
郾
莱夷
北戎
河水
渭水
洛水
犬戎
（昆夷）
彭衙
高陵
散
矢
镐京
（宗周）
弭
丙
郑
晋
奔戎
条戎
洛邑
繁
齐
鲁
宋
徐
淮夷
淮水
蔡
申
吕
虎方
群舒
宜
吴
杨粤
江水
随
曾
楚
彭
濮
羌
氐
鄁
洞庭
彭蠡泽
七闽
图例
周代国都
周代陪都
大诸侯国都
边疆民族
铜器铭文地名

“当代学术”第一辑

美的历程
李泽厚著

中国古代思想史论
李泽厚著

古代宗教与伦理
陈 来著

从爵本位到官本位（增补本）
阎步克著

天朝的崩溃（修订本）
茅海建著

晚清的士人与世相（增订本）
杨国强著

傅斯年
中国近代历史与政治中的个体生命
王汎森著

法律与文学
以中国传统戏剧为材料
朱苏力著

刺桐城
滨海中国的地方与世界
王铭铭著

第一哲学的支点
赵汀阳著

生活·讀書·新知 三联书店 刊行

“当代学术”第二辑

七缀集
钱锺书著

杜诗杂说全编
曹慕樊著

商文明
张光直著

西周史（增补2版）
许倬云著

拓拔史探
田余庆著

近代中国社会的新陈代谢
陈旭麓著

甲午战争前后的晚清政局
石 泉著

民主四讲
王绍光著

心灵秩序与世界历史
吴 飞著

海德格尔与伦理学问题（修订版）
韩 潮著

生活·讀書·新知 三联书店 刊行